听杨绛谈往事

增补版

听杨绛谈往事

吴学昭 著

生活·讀書·新知 三联书店

图书在版编目（CIP）数据

听杨绛谈往事／吴学昭著．—增补版．—北京：生活·
读书·新知三联书店，2017.5 （2019.6 重印）
ISBN 978 − 7 − 108 − 05933 − 8

Ⅰ．①听…　Ⅱ．①吴…　Ⅲ．①杨绛（1911—2016）−生平事迹
Ⅳ．① K825.6

中国版本图书馆 CIP 数据核字（2017）第 062526 号

特邀编辑　吴　彬
责任编辑　王　竞
装帧设计　薛　宇
责任校对　张　睿　龚黔兰
责任印制　董　欢
出版发行　生活·讀書·新知 三联书店
　　　　　（北京市东城区美术馆东街 22 号　100010）
网　　址　www.sdxjpc.com
经　　销　新华书店
印　　刷　北京隆昌伟业印刷有限公司
版　　次　2017 年 5 月北京第 1 版
　　　　　2019 年 6 月北京第 3 次印刷
开　　本　880 毫米 × 1230 毫米　1/32　印张 14
字　　数　354 千字　图 80 幅
印　　数　15,001 − 20,000 册
定　　价　45.00 元

（印装查询：01064002715；邮购查询：01084010542）

杨绛先生

钱锺书与杨绛

序

我不值得传记作者为我立传,但我也不能阻止别人写我的传记。不相识、不能知的人如有意写我的传,尽管对我的生平一无所知,只要凑足资料、能找到出版社,就能出书。不过并没有几个人为我写传,这本用《听杨绛谈往事》命题的传记,是征得我同意而写的。

作者吴学昭是我的好友。她笃实忠厚,聪明正直,又待人真挚,常为了过于忠实而吃亏。她富有阅历,干练有才,但她不自私,满肚子舍己为人的侠义精神,颇有堂吉诃德的傻气。不过她究竟不是疯子,非但不荒谬,还富有理智,凡事务求_{踏实而且}确凿有据,所以她只是傻得可敬可爱而已。

她要求为我写传,我觉得十分荣幸。有她

为我写传，胡说乱道之弊就有所避忌了，所以我一口答应。她因此要知道我的往事。我乐于和一个知心好友一起重温往事，体味回情，所以有问必答。我的生平十分平常，如果她的传读来淡而无味，只怪我这人是芸芸众生之一，没有任何奇异伟大的事迹可记。我感激她肯为一个平常人写一篇平常的传。

不过我还活着呢。我身后的事，她没法儿问我了，怎么办？我想不要紧，写到九十八岁还忠实，以后的事也不会走样。为我写的传垄没有几篇，也许我去世后会增加几篇，但经得我同意而写的传记，只此一篇。是为序。

杨绛

二○○八年七月八日

我的第
三稿供学的样：严正差修词。 译88

出版说明

　　《听杨绛谈往事》初版于 2008 年，彼时，钱锺书先生逝世十周年，传主杨绛先生九十八岁高龄。杨先生曾在序言中说，本书是"和一个知心好友一起重温往事，体味旧情，所以有问必答"，并且，"写到九十八岁还忠实，以后的事也不会走样。为我写的传并没有几篇，我去世后也许会增加几篇"。

　　2016 年 5 月 25 日凌晨，杨绛先生驾鹤西去。三联书店发行《听杨绛谈往事》精装版以为纪念。杨先生生前曾对本书重新披阅校订，精装版已做出相应修订。虽如此，但本书作者作为杨先生的遗嘱执行人之一，当时未及对旧版加以任何说明即仓促付印，是以对读者以及对杨先生为存真而花心思讲述的苦心有所歉疚，特补充三篇文章，以无愧传主"为后世存真"的心愿。此三篇文章分别写于 2010 年 5 月、2011 年 7 月及 2016 年 7 月，前二篇曾经杨绛先生生前审阅，后一文完稿于杨先生逝后。

　　在杨绛先生逝世一周年之际，谨以此增补版来表达对杨先生深深的怀念和敬意。

生活·讀書·新知 三联书店

2017 年 5 月

目录

序

我不值得传记作者为我立传，但我也不能阻止别人写我的传记。不相识、不相知的人如有意写我的传，尽管对我的生平一无所知，只要凑足资料，能找到出版社，就能出书。不过，并没有几个人为我写传。这本用"听杨绛谈往事"命题的传记，是征得我同意而写的。

作者吴学昭是我的好友。她笃实忠厚，聪明正直，又待人真挚，常为了过于老实而吃亏。她富有阅历，干练有才，但她不自私，满肚子舍己为人的侠义精神，颇有堂吉诃德的傻气。不过她究竟不是疯子，非但不荒谬，还富有理智，凡事务求踏实而且确凿有据，所以她只是傻得可敬可爱而已。

她要求为我写传，我觉得十分荣幸。有她为我写传，胡说乱道之辈就有所避忌了，所以我一口答应。她因此要知道我的往事。我乐于和一个知心好友一起重温往事，体味旧情，所以有问必答。我的生平十分平常，如果她的传读来淡而无味，只怪我这人是芸芸众生之一，没有任何奇异伟大的事迹可记。我感激她愿为一个平常人写一篇平常的传。

不过我还活着呢。我身后的事，她没法儿问我了，怎么办？我想不要紧，写到九十八岁还忠实，以后的事也不会走样。为我写的传并没有几篇，我去世后也许会增加几篇，但征得我同意而写的传记，只此一篇。是为序。

杨　绛

二〇〇八年六月八日

1. 北京女孩

杨绛先生平时说普通话带点南方口音，可每当忆及往日北京旧事如说邻里间的和气有礼，见面总招呼"您早，吃了吗？""您慢走，回头见。"……竟是一派京腔。一次谈到上世纪三十年代的清华静斋生活，那时女生宿舍有会客室，男同学来访，通常由宿舍的女佣高声通报，得到通知的女生就到会客室会客。"×××小姐有人找！"杨先生为我们摹仿宿舍女佣的呼叫，京味十足呢。

杨先生似乎对来自贝满女中的清华小女生印象颇深，她们特孩子气，日常言谈中频繁出现的不外这五句话："哎，好玩儿"；"好看"；"给我"；"讨厌"；"打你"。那发音吐字之纯正，语调神态之娇憨，活脱儿一个北京女孩！我正惊讶杨先生善于捕捉人的特点，蓦然想起她本来就曾是个北京女孩。

1911年7月17日（辛亥年阴历六月二十二日），杨先生在北京出生。父亲杨荫杭（字补塘，笔名老圃）当时在北京一所政法学校教书，并应为宣统"辅政"的肃亲王善耆之请，晚上到王府讲授法律课。按说杨先生出生时，上面已有寿康、同康、闰康三个姐姐，不会受到太多重视，没想到父亲老圃先生竟对这第四个女儿从小特别钟爱，宝贝得不知怎么宝贝才好。也许因为这是他逃亡海外留学美国归来后所生的第一个孩子，也许因为婴儿初生就透着一股灵性，招人喜欢。老圃先生为女儿取名季康，小名阿季。

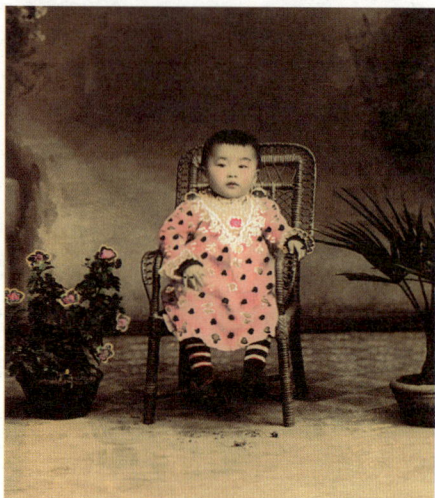
杨绛一岁，小名阿季

据说阿季生性爱笑，出生时哭完以后，眼睛滴溜溜四处看。尽管家里因时局动荡、各地骚乱而极度不安和苦恼，她却笑得非常开心。她出生那年，家里买了一只制冰淇淋的桶，因为老圃先生爱吃冰淇淋，经常家里自制。阿季出生那天，恰巧家中做了一桶冰淇淋。二姑妈荫粉给她尝点冰淇淋，小嘴都冻紫了，吧嗒吧嗒地舔，品味呢！

阿季的三个姐姐，都生在无锡，接生的稳婆（亦称"老娘"）每次接生，只需一百铜钱，即十个铜板，合一角大洋。阿季生在北京，而北京的"老娘"以力大粗暴著称，南方太太受不了。所以阿季是日本产科医生接生的，接生费是十五两银子。姐妹间说笑着跟阿季算账，说他们姊妹兄弟的全部接生费，加在一起，也不及十五两银子的一个零头（因一两银子比一枚银元贵）。

爸爸曾对阿季说："阿季，你一生出来就被人讨厌。"当时，她家和她的景苏叔公（即胡适《四十自述》中的杨志洵老师）比邻。他们家的女佣过来问："生了？小子还是姑娘？"答："姑娘。"那女佣说："讨厌死了！"老圃先生听见了，赌气给她一元银币"报喜钱"。阿季事后听爸爸说了，很不服气。爸爸说那女佣"欢天喜地，出乎意外地称心满意，哪还讨厌呢？"。

虽说家有四女，大女二女在上海启明女校住读，三女依祖母和大伯母留在无锡老家，所以阿季一时成为家里的"独养女儿"，欢乐的中心。

妈妈告诉阿季，她出生后，有时哭闹，爸爸就抱着她来回踱步，口中噢依哈噢依咳地哼唱日本催眠曲，这是各姐妹弟弟中阿季唯独享有的"殊荣"。

阿季姊妹身材高低呈元宝形：大姐和八妹长得较高，三姐和七妹其次，阿季居中，最矮（二姐早夭，所以不算在内了）。据二姑妈荫枌说，阿季初生的时候，抱她要两手凑近了托住，分得太远就掉下去了。阿季长大后身材短小，爱猫的老圃先生笑说："猫以矮脚短身者为良。"

只是阿季当"独女"的时间不长：辛亥革命前夕，老圃先生辞职回南照顾祖母等，随即偕妻携阿季到上海避难，与大姐、二姐会合。再后来，大弟宝昌、小弟保俶、七妹杨棨、八妹杨必相继出生，阿季上有三个姐姐，下有两弟两妹，复为众多姐弟中的老四。

阿季在家从不争宠，但她天资聪慧，善解人意，与父母特亲，对父母有声的教诲，无言的榜样，感悟深、吸收快，点滴入心。

阿季的父亲有点与众不同，这固然源于他率真豁达的天性，更与他的学养有关。他为人处世刚正磊落；对家人平等，尊重；他不重男轻女，男孩女孩一概平等。他从不打骂孩子，也不宠他们。他认为，孩子不能宠，不能每个要求每件事都 take for granted，他（从孩子的角度说）"视为应得"；只要宠，将来孩子一定自私。

阿季说父亲"凝重有威"，孩子们都怕他；不过怕归怕，却和父亲很亲近。大家知道，他心底里是喜欢孩子的。钱锺书先生初次见到老圃先生，也有点怕，后来他对阿季说："爸爸是'望之俨然，接之也温'。"

父亲用无锡话称孩子们"老小"。当老小们放肆淘气影响他工作时，

妈妈抱着胖乎乎的阿季摄于上海，她那时一岁半

他不动手也不训斥，只是请母亲把老小引到别处去调教。

父亲喜欢饭后孩子们围绕着吃点甜食，常要母亲买点好吃的东西"放放焰口"。"放焰口"这个从盂兰盆会借来的词儿，在杨家意思就是爸爸请客，被孩子们用来要求爸爸，吃的，用的，玩的，都行。"放焰口"的时候，老小欢喜，爸爸高兴，天伦之乐无穷。所以，许多年过去，老小们已长大成人，甚至有了自己的老小，还要求爸爸"放焰口"；吃什么已不重要，大家看重的是那种亲情交融的温馨。

阿季手巧，父亲饭后吃水果，她管剥皮；吃风干栗子、山核桃等，她善脱壳去衣。总之，果品不论干鲜，一经她手，准保收拾得干干净净。

老小们懂事，往往中午饭后"放完焰口"，大家自动散去，好让父亲午休。父亲有一次却叫住阿季，说："其实我喜欢有人陪陪，只是别出声。"阿季从此就乖乖地陪在一旁看书，行步做事，蹑手蹑脚，没有一点声响。冬天家里只父亲屋里生个火炉，孩子们都用煨炭的手炉、脚炉取暖。火炉需不时加煤，阿季动作轻巧，姐姐和弟弟妹妹全佩服她加煤能不出声。

父亲对母亲尊重爱护，母亲对父亲的特立独行全都理解，全都支持，这种平等相待的夫妻关系，在夫权为主的旧社会是少有的，也是旧式夫妇间不多见的。

阿季的母亲唐须嫈，也是无锡人。据杨绛先生说，妈妈这个古里古董的名字，肯定是爸爸给改的。因为在北京任京师高等检察厅检察长时，每年元旦，爸爸需穿西式礼服，戴大礼帽，到怀仁堂贺节；晚上改穿夜礼服，偕夫人同往。夫人需要有名片。杨先生外家是生意人家，妈妈小名细宝，不知大名叫什么。爸爸改得古雅些，嫈字是古字。杨先生还记起一个笑话。每年元旦前夜，妈妈说，"大礼帽得拿出来"，她大弟必大哭一场，说"大狸猫不要拿出来"。

阿季母亲与老圃同年，二十岁结婚时，老圃还是学生。母亲读书识字（因唐家是富商，家里延聘女先生教女儿们读书认字），通情达理。曾在上海务本女校随班听课，爱看小说，新旧都读。结婚两年，父亲由上海南洋公学官费派送日本留学，抵达日本不久，得知妻子临产，特向官方请准事假回国探视，刚好在长女寿康出生前夕赶到家里。虽然来去匆匆，在家逗留不过一周；母亲心上快慰，为老圃的情意深受感动，视为生平得意之事。

父亲留日归国后因鼓吹革命，遭到清廷通缉，母亲为父亲特制一条假辫，钉在瓜皮帽上。有一晚自外归来将抵家门，觉背后有人拉住假辫扽两下。父亲知道已有人盯梢，急忙逃亡。他由阿季外祖父帮助筹款，潜逃至日本母校早稻田大学，考入大学研究科，专研法律。次年 7 月，通过论文，获早稻田大学法学士，即到美国，入宾夕法尼亚大学法学院。

父亲一去四年多，母亲在无锡老家与婆婆和妯娌及侄儿女一同生活，抚养三个女儿。1910 年父亲回国先在北京工作，辛亥革命后在上海当律师，旋被先后任命为江苏、浙江高等审判厅长。他因杭州恶霸杀人案，坚持司法独立，同浙江督军、省长意见不合，被调任京师高等检察长。

父亲回国以来，不论南下北上，母亲总归携儿带女同行，与父亲相伴，家务操持得有条不紊，以至孩子们都深信母亲能干，无所不能！

阿季从记事起，从小到大，没有听父母吵过一次架。她回忆说：旧式夫妇不吵架的也常有，不过女方会有委屈闷在心里，夫妇间的共同语言也不多。她的父母却好像老朋友，无话不谈。他们谈的话真多：有过去的，当前的；自家的，亲戚朋友的；可笑的，可恨的，可气的……他们共同分析父亲办理的一些案件，也不时议论一些伦理道德问题。他们认为损人利己不好，于己无益而损人更坏。他们有时嘲笑，有时感慨，有时自我反思，有时总结经验。

阿季形容父亲和母亲："两人一生长河一般的对话，听来好像阅读拉布吕耶尔（Jean de la Bruyère）《人性与世态》（*Les Caractères*）。"[1]可惜阿季当时年幼无知，对父母那时断时续的谈话，听了也不甚经心，如今的领会，乃由多年不经心的一知半解积累所得。我曾问杨绛先生，她父亲和母亲那种敞开心扉、互通衷曲、相知默契的关系，对她们姊妹的影响。杨先生答："我们姐妹中，三个结了婚的，个个都算得贤妻；我们都自愧待丈夫不如母亲对父亲那么和顺，那么体贴周到。"我想，这也许是杨先生过于自谦，否则"我们仨"那种不寻常的遇合，相互关系怎会处得如此自然和谐，而钱杨式的"人性与世态"又演绎得如此精彩！

阿季四岁那年随父母重返北京，开始她"北京女孩"的生活。这次北上，大姐二姐没有同来，仍留在上海启明女校住读。三姐依祖母和大伯母住无锡。后来父亲调任浙江省高等审判厅长，迁居杭州。母亲生小弟弟时，大伯母到杭州照顾母亲坐月子，偕着三姐同到杭州。那时阿季三岁，是家里的宠儿，很浑，第一次见到三姐，命她"叫声季康官嘛"。三姐说："我为啥叫你？"那时，大姐、二姐也从启明回来，全家团聚。阿季最喜欢二姐，唯有她能哄得阿季乖。可是谁也没有想到，姊妹中最聪明的二姐同康，自此次一别后再也没能与父母弟妹团聚。她因患副伤寒于1917年死于上海，还不到十五岁，这是父母一生中的大伤心事。赶去探望的母亲随即带了大姐同回北京，大姐就在北京圣心学校上学，但她不久又回上海启明住读了。

阿季一家初抵北京，住东城。房东是满族，阿季因此得见识梳"板板头"，穿旗袍，着高底鞋的满族妇女。她们的高底不在鞋跟而在鞋底正中，木制，圆形，用整块木头刻成，所以不易折断，穿上能稳步健行。老圃

---

[1] 《回忆我的父亲》，见《杨绛文集》卷2第62页，北京人民文学出版社2004年出版。

先生曾问阿季要不要穿高底鞋。阿季认真思索了一下，很认真地说："要！"

阿季进了贝满幼儿院上幼儿班。后来全家迁居西城东斜街 25 号，阿季就随三姐闰康到西单牌楼第一蒙养院上学，阿季上学前班。

阿季六岁，在第一蒙养院学前班毕业，改入辟才胡同女师大附属小学，仍与三姐同校，每天乘黄包车往返。父亲上班乘马车，三叔上班坐包车。三叔病重回无锡老家，包车归阿季家所有，车夫也由她家专用，她们就改乘包车。

她们中午在学校包饭。那时在女高师任"学监"的三姑母荫榆，有次在小学生进餐时陪来宾到饭厅参观，整个饭厅顿时肃然，大家专心吃饭。阿季背门而坐，碗前掉了好多饭粒。三姑母过来附耳说了一句，阿季赶紧把饭粒捡到嘴里吃了。旁的小学生看样也赶快把自己掉在桌上的饭粒捡来吃了。三姑母向老圃先生形容这一群背后看去和阿季相像的女孩，"一个白脖子，两根牛角辫"，一个个忙不迭捡饭粒往嘴里送，有趣极了。三姑母说时笑出了她的细酒窝儿，她显然很喜欢这些小女孩。

也许是三姑母的缘故，阿季不时被女高师的学生带到大学部去玩，演戏的时候被借去当"花神"，运动会上和大学生一同表演跳绳。

1917 年春夏，正当阿季无忧无虑地享受她童年的快活时，家里却遭到巨大的冲击，经受了严重的挑战。作为一名刚入初小的学生，她弄不明白怎么一向勤勉奉公的父亲忽然不上班了，和一位爱作诗的植物学家、早稻田同学王子年同上百花山去采集制作植物标本了，个把星期才晒得黑黑的回来。不久，家里的马车卖了，两匹马也卖了，大马夫、小马夫全走了。家里只剩包车了。

又过了两年，阿季升入初小三年级。从不出游的母亲接连游览了颐和园、香山等京郊名胜，还买了好些梅花点舌丹、紫金锭之类的北京名药，宫制绢花等北京特产，准备带回家乡送人。随后，又收拾行李准备回南。秋季开学不久的一天清晨，阿季就跟着父母一家人登上火车回南方去了。

这已是阿季第二次"回南"。上次是她出生不久，辛亥革命前夕，局势动荡，地方骚乱，父亲辞职回南侍奉祖母，又到上海避难；可这次回南，虽然听三姐说过好多次，却糊里糊涂全没放在心上。直到突然离家时才想到她还没向要好的同学告别，"心上很惆怅"。

久后才知道，原来父亲主持工作的京师高等检察厅，审理交通部总长许世英受贿案违犯了官场的惯例：该厅开始侦查后，尽管传唤、讯问、搜查证据及交地方厅继续侦查，一切严格依法进行，本无丝毫不合，只是这位有犯罪嫌疑的交通部总长，曾担任过北京政府大理院院长、司法部总长、内务部总长诸多要职，非一般等闲人物，许多上级官员，纷纷为他说情。传唤当晚，杨家电话一夜不断。天亮之后，父亲就被司法总长停止职务了。司法总长张耀曾事先就出面干预，不顾媒体揭发、议会质询，意欲停止侦查此案。父亲不理会上司默示，反"亲诘司法总长，是否总长个人意见认为许世英道德高尚，绝无嫌疑之余地？司法总长回答说：'交情甚浅，并不能保。'"[1] 司法总长话虽如此说，但当京师高等检察官于 1917 年 5 月 4 日传唤犯罪嫌疑人进行讯问并搜查证据时，司法部竟立即呈文大总统，以检察官"违背职务"为名，将京师高检厅检察长杨荫杭、检察官张汝霖停止职务，交司法官惩戒委员会议处。

阿季以后据当时的事实推断，父亲停职的时间不长，大概就是上山采集植物标本那个把星期。停职后虽未恢复原职，仍在司法部任职。但精研法律、热衷法治的父亲，经此事件，很是心灰，对官官相护的北洋政府已看透了，无意继续做官。他和上司顶牛了。两年之后，辞

---

[1] 据 1917 年 5 月 25 日、26 日《申报·要闻》载《申辩中之高检长惩戒案》，转引自《杨绛文集》卷 2，第 112~113 页。

职南归，没等辞呈照准就带了全家动身南下了。

给阿季留下印象至深的是离开北京那天，火车站上来为父亲送行的人异乎寻常的多，"不是一堆，是一大片人，谁也没有那么多人送行，我觉得自己的父亲与众不同，很有自豪感"。[1]

这也许从一个方面反映了人心的向背吧，我想。当时的社会公众舆论是同情和支持京师高等检察长杨荫杭的。1917 年 5 月 25 日、26 日的《申报》，在报道"高检长杨荫杭因传讯许世英交付惩戒"的要闻时，就将杨检长的申辩书全文与司法部请交惩戒的原呈同时刊出，使读者对"此案的是非曲直，亦可略见一斑"。[2]

杨荫杭的申辩书，依据法律法理，义正词严地说明问题实质，逐条批驳司法部请交惩戒的呈文，将司法总长强指的所谓"违背职务"驳得一无是处，并指控司法总长"交付惩戒"之不合法，有袒护之嫌。申辩书气势之壮，充分显示出他的大义凛然和当时的激愤之情。

上述资料是一位读者在读了杨绛先生《回忆我的父亲》一文后向作者提供的，因此未及编入《老圃文集》。2006 年 2 月，台北时报文化出版公司出版繁体字版《干校六记及将饮茶等篇》，杨绛先生将以上资料作为《回忆我的父亲》的附录，收入书中，对于了解此案和杨老先生的性格主张当会很有帮助。

1992 年，我偶翻阅河北人民出版社出版的《民国人物大辞典》，在许世英名下，读到："1916 年 6 月，任内务部总长；7 月任交通部总长，后因受贿案去职。"[3] 据载，此人于 1950 年去台湾，任"总统府"资政，1964 年病逝于台北。著有《许世英回忆录》。惜未找见该书，不知作者有没有"回忆"及 1917 年 5 月被京师高检厅传讯一事。

---

[1] 《回忆我的父亲》，见《杨绛文集》卷 2，第 76 页。

[2] 《申辩中之高检长惩戒案》，转引自《杨绛文集》卷 2，第 110 页。

[3] 《民国人物大辞典》第 833 页，河北人民出版社 1991 年出版。

2. 阿季回南

上次回南，阿季还是个抱在手里的婴儿，一切浑然不晓。

这次不同，她已是自个儿东跑西颠、问这问那，充满了好奇的小学生了。

阿季问爸爸："这火车上座椅的扶手怎么还包着丝绒、镶着花边，好讲究！"爸爸告诉她，这是头等车。"那外国人坐的(车厢)是几等呢？"阿季又问。她发现洋人乘的车厢是方的，没有一排排的座椅，有点像人家的客厅，他们围着桌子吸雪茄烟，喝汽水，还有沙发。爸爸没好气地答说："二等！"阿季不明白二等（车厢）怎么比头等还舒服？她太小，还品味不出爸爸对洋人在中国享受种种特权的反感。

阿季随爸爸妈妈从北京乘火车到天津，住了两天客栈，登上一艘名叫"新铭"的海轮，一直南行，驶往上海。这轮船就像电视剧《围城》中顾尔谦、李梅亭等乘的三等舱那样又脏又挤又乱。阿季家行李特多，许多箱书，还有包括全部家当的箱子、网篮、铺盖。一家大小还有一个门房臧明和他的妻子臧妈，外加一只蒙着薄布的字纸篓子，里头藏着爸爸宠爱的那只黄白色狮子猫，也"夹带"着坐车乘船，跟大家一起回南。

爸爸站在乱糟糟的岸上照料行李上船，一直抱着七妹妹，没有片刻离手。阿季知道三岁的七妹妹够重的，她心疼爸爸长时间抱着个小胖墩儿，一定累得够呛。旅客上船时，妈妈带着一群孩子，由男女佣人照看，爸爸抱着七妹妹最后一个上船。当他正要抬脚跨上架在轮船和岸上之间的小木桥时，小木桥因船头移动，突然掉入海里。阿季在船上眼睁睁地望着爸爸，吓得要命，她怕爸爸上不了船了！然而爸爸抱着七妹妹从容地由搭在船尾的跳板上船了，行李也全都上了船。

　　大家在船上聚集后，妈妈第一件事就是找出小马桶，让孩子们方便。一家人并不都在一个房舱，阿季和三姐就在另处，不过舱是连着的。

　　轮船渐渐驶入大海，过黄水洋、蓝水洋、黑水洋。过黑水洋，轮船晃动厉害，大家都晕船了。但晕船也止不住孩子们的淘气和好奇。阿季和三姐是上下铺，当时阿季八岁，三姐十三岁。阿季要跟三姐捣乱，就用脑袋顶上铺的横板，让她不能安睡。不过两人要好的时候居多。三姐想看海上日出，她告诉阿季如醒得早，就叫醒她。后来还是三姐叫醒了阿季，她爬上上铺，和三姐一同看太阳从海面升起来。先是两个半圆的太阳，慢慢变成两个整圆的，然后分开，颜色由深红变金红，太阳就从海里出来了，阿季那时还不怎么会形容，只觉得"好看极了！"

　　两三天后，到了上海。下了轮船，换乘"拖船"。所谓"拖船"，就是拖在小火轮后面的一大串船，依靠火轮船的动力向前航行。

　　老圃先生包了一艘"拖船"，他对孩子们说："上海码头很乱，老小要乖。"阿季很乖，紧紧跟着大人。后来全家都上了"拖船"，坐在前舱。所有的行李都堆在后舱，臧明、臧妈也住在后舱。船不小，老圃先生的船在一长串拖船的中间偏后。一家人又团聚一处，很开心。三岁的七妹妹，出发时说一口纯粹的北京话，坐了几天火车轮船，已把北京话忘了，叫她说"甜的咸的"，她说成半无锡半北京的怪调，逗得大家都笑。她又要求坐船，因为她看见许多船而不知自己身在船上。爸爸妈妈紧张辛苦中，也随着一群孩子欢笑。此刻铅制字纸篓的薄布套也已经掀掉，猫咪重见天日，出头露面，不时嗲声嗲气地叫上几声，与孩子们同乐。

晚上，前舱两边的座间搭上木板，就变成了一张大床，全家人在一起休息。睡惯了小床的三姐看着大床直犯愁："床这么大，我的脚往哪儿垂呀？"爸爸笑她"好讲究"，睡觉就睡觉，垂什么脚呀！

坐了两天拖船，总算到达此次长途旅行的最终目的地无锡。他们没有回老家去挤住，爸爸妈妈预先在无锡沙巷租下裘姓的一宅房子。那是个大宅子，前部已住有两户人家，阿季家租住的是最后一进沿河的房子，屋舍比较简陋，背面临河。屋前有个小小的庭院，由一条很长的通道绕进厨房。厨房极大，外面有座木桥，过了木桥才是宅子的后门。

爸爸妈妈想另找房子，亲友介绍了流芳声巷的一处旧宅，他们去看房子，带了阿季同去。没想到钱锺书先生家正租住那所房子。那是阿季第一次登钱家的门，不过那时两家全不相识。阿季记得妈妈说，住在那宅房子的女眷说，搬进以后，没离开过药罐儿。这所房子阿季家没有看中；钱家也没有搬出，五年后才迁入七尺场他们家自建的新屋。

老圃先生夫妇对沙巷裘家这宅房子虽不满意，一时也没找到更合适的。阿季却觉得这房子非常有趣，不出家门，站在木桥上就看得见河，大小船只来来往往，这在北京是不可想象的。爸爸喜尝家乡的"炝虾"，就是刚从河里捞出来的小虾，鲜活得欢蹦乱跳，洗净后，用葱椒酱油一浇，扣上碗，再揭开碗，就可以吃，有的虾还在跳呢。据说其味道鲜美无比，爸爸和家里人都爱吃，阿季怕吃活的东西，不敢尝鲜。

不知是否因为生吃"炝虾"或河水不洁的缘故，不久，爸爸病了。接着，一家人除了阿季全都病了。男性成员病得较重。所幸家里病人经过治疗，先后康复，臧明也好了。爸爸病最重，发烧不退，后来竟说起胡话来。阿季记得爸爸病重时说满床都是鬼，妈妈站在床前，双手做驱逐扫荡状，说鬼都赶走了。爸爸昏昏睡去，妈妈坐在床前陪侍爸爸。不久大姐姐也从上海启明女校回来，帮妈妈陪侍爸爸。

老圃先生也像那时大多数留学生一样，只相信西医，不信中医。可是当时无锡只有一位西医，是外国人，每次来家诊视就抽一点血，取走一点大便，还得送到上海去化验，来回折腾几周才诊断是伤寒。而母亲在此之前自作主张请来一位有名的中医，给爸爸一把脉就断定是伤寒。

伤寒在医药发达的今天，不过是消化系统一种普通的传染病，但对上世纪二十年代初无锡的医生来说，它还是使他们感到相当棘手的病症之一，何况老圃先生的病情来势凶猛，连续几个星期高烧不退，体力大衰，神志已陷昏迷。不论中医西医，用药不见奏效。当地一位名医已不肯处方，母亲流泪恳切请求，仍被断然拒绝。医生拒不处方，就意味着病人已没有指望了。对于病人家属，这是多么残酷的警示！

女眷们提议"外修内补"，既然医生已束手无策，只有试试老辈子传下来的老办法了。"叫魂"是从前民间相当流行的一种为病人求助的方式。相信此道的人以为，人患有某些疾病是由于灵魂离开了身体所致，呼唤病人的名字能使灵魂回到身上，治好疾病。妈妈较开明，但是不便拒绝亲戚的关怀，就同意照办，反正对病人没有害处。

不知是哪位姨妈或舅妈的主意，在爸爸病最重的时候，请了几位佛道之流在大厨房里做法事，夜深时让三姐为爸爸叫魂。三姐姐觉得不好意思，不肯，就让阿季叫。厨房里方桌上放一只盛满清水的铜盆，浮着一只用一片竹叶做成的小船，盆水靠边横搁一根长毛竹筷，算是桥吧。半夜，阿季和三姐同到没有别人的大厨房，站在铜盆旁边；阿季高声喊："爸爸！转来吧！"（无锡人称"回来"为"转来"）三姐轻声应："噢，来了。"阿季又高声喊："爸爸！转来吧！"三姐又应："噢，来了。"阿季连连高声呼唤，三姐连连低声回应。直到竹叶小船漂近盆边筷子跟前，大概表示船上的魂已到桥边，阿季就再喊一遍，然后跨出厨房的门槛。早有人在门槛两侧各倚一根稻草，好让魂灵沿着稻草上下，越过门槛。阿季身上备有一小方红纸，她留心看着地面，见有浮动的东西（如鸡毛、头发丝团儿、纸团之类）就赶忙"捉住"，包在红纸包里，赶到爸爸卧房，把红纸包塞在爸爸的枕头底下。魂灵就算回来了。

杨先生如今已不记得她当时在大厨房过道的地上"捉住"点什么浮动物，不过回忆当时情景，仍能感到心境的悲凉。她说："深更半夜，我那一声声叫喊大约也很凄惨的。"

阿季朦胧记得父亲病情最危急的那天晚上，来探视的亲友无不唉声叹气，说："要紧人呀！"无锡话"要紧人"就是养家活口的当家人。当时，老圃先生一家八口，加上老家的祖母和大伯母一家，三叔遗下的妻子女儿，全靠老圃先生一人养活，负担甚重。万一老圃先生一病不起，这一大家子人的生活命运将不堪设想！杨先生就想过，倘若父亲一病不起，自己若有亲戚哀怜，照应她读几年书，也许可以做个小学教员。不然她只好去做女工，无锡多的是工厂。

当晚，亲友们来来往往，各屋全亮着灯，大家都不睡。阿季感到空气紧张，家里好像将出大事。当地的名医已拒绝处方。父亲的老友华实甫先生也前来看望。华先生也是一位很有名望的中医，他应母亲"死马当做活马医"的恳求，开了药方。母亲把一切中药伪装成西药。父亲重病期间压根儿不知道他吃的全是中药。退烧后，补给营养，也全按中医，喝去了油的浓鸡汤。妈妈把西药胶囊里的药粉倒掉，装入中医药方里的用珍珠磨成的珠粉，爸爸全吞服了。妈妈嫁时的珍珠，有许多颜色已发黄，也有大而畸形的，都磨成珠粉，给爸爸吃了。那是真的珠粉，不像现在药房里买的，入水不溶。但被比为"死马"的老圃先生，还以为是靠自己的体力，熬过了最最危急的一夜，挣扎着挺了过来。母亲始终把华实甫先生看做救命恩人，西医也认为老圃先生自我战胜了转换期（crisis）的病魔。然而无论中医西医、亲戚朋友、父亲自己和孩子们，都不能不归功于母亲无微不至的护理，阿季至今记得母亲怎样用种种方法去净鸡汤浮面的油。

父亲病中，母亲真可谓是日夜辛苦、心力交瘁。父亲辞官回南，满以为可以另找工作，没想到一场重病卧床半年多，这对于一个全靠薪水度日的家庭无异致命打击。既要保证全家老小日常生活所需，又得应付父亲的巨额医药开支，母亲尽管殚精竭虑紧缩开销、筹划调剂，仍不免困窘拮据，生活十分艰难。幸亏老圃先生年轻时候的两位好友陈光甫先生和杨翼之先生，在老圃先生一家最最困难的日子里，向他们伸出了援助之手，相帮渡过难关。

陈光甫先生是老圃先生留美时的同学知友，两人都很爱国，抱有一套"富国强民"的理想。陈光甫学经济，主张"银行不是为赚钱，而是为百姓服务"；老圃学法律，主张"民主法治"。回国后，陈光甫先生创办上海商业银行，又建立了银行公会；老圃先生则是律师公会的创始人之一。杨翼之先生名廷栋，苏州人，与老圃先生一同由上海南洋公学派送日本留学。他们在日华学校和日本早稻田大学同学，又同为留日学生励志会的会员。两人在日本与励志会的另一会员雷奋等创办留学生自办的第一个杂志《译书汇编》，专门译载欧美政法名著，如卢梭的《民约论》、孟德斯鸠的《万法精义》、穆勒的《自由论》等等。杨翼之先生回国后从政，曾当选南京临时参议院、北京临时参议院、国会众议院议员，先后在北京政府、国民政府和江苏省政府任职。

陈光甫和杨翼之两位先生当时都不住在无锡，可是他们常来看望老友探病。父亲虽然病势不轻，但见了他们总是非常高兴，谈笑风生，他们去后往往病又加重。

阿季那时只有八岁，还不懂得什么"知恩图报"，不过常听母亲谈到他们，也对他们心存感激，铭记不忘。1979 年冬，中国社会科学院近代史研究所为调查清末中国同盟会以及其他革命团体会员情况，向杨绛先生了解老圃先生的情况，亦想了解杨翼之先生的后人有谁。杨先生答称，很惭愧，她不知道，虽然她很想见到他们，表达老圃先生家人的感激。

1992 年 7 月，杨廷栋（翼之）先生的外孙女龚迪，偶尔翻阅旧杂志，在 1983 年的《当代》杂志上读到杨绛先生写的长文《回忆我的父亲》，文中多处提到翼之先生，并想知道他的后人是谁。于是写信通过《当代》编辑部与杨先生联系上了。杨先生终得以向他们表达了自己的感激之情，了却了母亲"受人滴水之恩，当涌泉以报"的夙愿。龚迪在给杨先生的信中说：

> 外祖父一生朋友很多，可是现在同杨家来往的，几乎没有什么世交了。难得您至今仍记得这一家，对外祖父曾给予的帮助念念不忘。七十多年了，仍如此表示感激，我非常感动，也为外祖父深感欣慰。

我国有句俗谚："病来如山倒，病去如抽丝。"老圃先生在太太的精心调理下，终于重病脱险，渐渐康复，尽管进展缓慢。己未年除夕之夜，居然勉强起床，一手拄杖，一手扶着阿季的头，坐到全家团聚的桌前，象征性地同吃了年夜饭。

"要紧人"活过来了，心情沉重的一家大小都松了一口气。

父亲病中，阿季得空便依偎父母跟前，听他们说话，看母亲做事。她还不识人间疾苦，只是经历了父亲这场重病，她似乎更依恋父母，依恋这个家。

阿季此时在离家不远的沙巷口大王庙小学就读。三姐小时候曾在竞志女学上学。这番回无锡，就仍到竞志上学。爸爸历来非常注意严格为子女择校，但此时妈妈因为爸爸重病也顾不上许多，就让老门房臧明把阿季和两个弟弟都送入巷口的大王庙小学去上学。阿季八岁，大弟六岁，小弟五岁。

这是一座在原先不知什么大王的庙里开办的小学，庙堂改成一间大课堂，也是学校唯一的课堂。初级小学四个班大约八十个男女学生，全挤在这间大课堂里。阿季原是三年级，学期中插进去，编入最高班。学校除了校长，只有一位老师，姓孙，剃一个光头，学生背后叫他"孙光头"。孙先生手提一根藤教鞭，动不动打学生，最爱打脑袋。他教国文，命学生高声朗诵课文，叫做"拉"（读如"喇"），阿季不"拉"，觉得拿腔拿调，怪难为情。国文教科书上有一课"子曰，父母之年，不可不知也……"，"孙光头"解说"子曰"就是"儿子说"。

大庙东庑是"女生间"，窄而小，里面放一只马桶。女生在这里上厕所，踢毽子玩。"女生间"墙上贴着一张不知谁画的"孙光头"的像，大家都对那幅画像拜拜。据说拜他的画像，就能让他倒霉，甚至能"拜死"他。

校长温和，从不打学生，只打过一次他的儿子，因为不用功做作业，气得校长当众痛打，儿子疼得大哭，校长越打越气，后来还是"孙光头"劝止了。

每天上课前，全体学生排队到大院西边的菜园做早操，由一个最大的男孩喊口令，他卷着舌头，每一个字后头都带个"儿"，算是官话或国语吧。"一儿二儿三儿四儿五儿六儿……"阿季怎么听怎么别扭。

幸好阿季在大王庙小学上了半学期就离开了，对这所学校她印象不深，但"分外生动"。

阿季的大姐寿康，已在上海启明女校毕业，留校任教。1920年2月，她的寒假即将结束，将带三姐去启明上学，也愿意带阿季。妈妈因为最最心爱的二姐同康三年前在启明上学时期得病去世，心上放不下阿季，要她自己拿主意。

阿季知道爸爸一向认为，启明教学好，能为学生打好中文外文基础，管理严，校风正；她家的二姑妈、堂姐、大姐、二姐都是爸爸送往启明上学的。她想去启明，不肯再回大王庙小学。只是到上海上学就得离开妈妈了，而且这一去，要到暑假才能回家。所以当妈妈再次问她："你打定主意了？"阿季说："打定了。""你是愿意去？"阿季嘴上答说："嗯，我愿意。"一面不由自已地簌簌流泪，流得满脸泪水。

妈妈找出一只小箱子，让阿季自己整理要带的东西。临走，妈妈给了她一枚崭新的银元，她还从未有过属于自己的钱。大姐给她一方细麻纱的红花手绢，她舍不得用，和银元一起藏在贴身的左口袋里。

1920年2月初，阿季揣着贴身的两件宝贝，带着爸爸妈妈的心意，随大姐三姐上路了，她将到一个完全陌生的新世界去，开始新的学习生活。

3. 启明小鬼

　　启明女校坐落在上海原法租界徐家汇圣母院内。这是法国天主教会 1867 年在上海专为非教徒建立的一所著名女子学塾，上世纪二十年代改称女校。

　　阿季的大姐寿康，天主教会的大才女，就是启明女校的优秀毕业生。大姐姐毕业时中文第一名，法文也是第一名。参加法语口试的法国公使奖赏她一块椭圆形的浪琴牌小金表，带着能松紧的表链，阿季很羡慕。

　　大姐姐该上大学了，可是爸爸对公立、私立的中法大学都不满意，而法国教会办的震旦大学又不收女生，大姐就留在启明进修，边学边教。

　　阿季跟着两个姐姐一踏进启明校门，就止不住的惊喜，一个接一个，都是她见所未见、闻所未闻的事物。

　　学校好神气、好气派！一间英文自修室比整个大王庙小学还大。十几间宽敞明亮的教室并排毗连，教室前面长长的一条花砖铺成的走廊，廊下是一道很宽的碎石路，面对着花树环绕的一片大草坪，鲜绿鲜绿。长廊高出地面一米半，有两座台阶：小的在中部，大的在西头。西尽头的石阶，足有一间小教室那么宽，坡面有一张床那么长，分十级。阿季一眼看出，这是练跳石阶的好地方。

　　一年后，长廊下面的花园里，还造了一座圣母亭，供着圣母像。这座圣母像与杨先生后来在欧洲许多地方所见的有所不同，那是巴黎圣母院原雕像的复制品，脸部线条柔和，表情非常慈祥。刚离开了妈妈的阿季，看着心上感觉无比温暖，立刻就喜欢上了。每年5月是圣母月，姆姆要孩子们"每天为圣母做一件好事"，阿季总是很认真、很乐意。圣母亭建立前，学校卖彩票募捐，一元一张，阔气的学生买十几张。阿季买了一张彩票，中了一个精致的黛玉葬花像。阿季买彩票得了一个教训。头等奖是各种大洋娃娃。阿季不指望得头、二、三等奖，她要求很低，她想，什么都行，只是不要那个无锡泥人。陈列的奖品一屋子呢，可是阿季中的奖恰恰就是她不想要的无锡泥人。其实那个泥人很精致，但阿季从此不敢指望，深信指望的就恰恰是得不到的。

教室后面有好大一片空地，设有秋千架、跷跷板……空地四周有大树、草地，还有一条很宽的走廊环抱空地，通往"雨中操场"，也叫大操场。

全校有两间自修室，长廊东头的一间，有大教室那么大，叫"中文课堂"，只学中文不学外文的学生在这里自修。长廊正中一间很大很

杨绛1920～1923年在启明女校学习时，每天都要走过的长廊，今为上海第四中学启明楼底层

大的教室，是"英文课堂"，学外文的学生，不论英文、法文，都在这里自修。每个人的课桌是固定的，几年不变。学生的课本和笔、墨、纸、砚以及手工课的针线活儿，都放在课桌的肚子里。这种课桌，南方叫台板，板面向下倾斜，是活动的，可以上下掀开。台板上面有半尺宽的平面是固定的，可以放墨水瓶、砚台等。启明自修室的台板特大。小阿季写字时，伸笔蘸墨水都够不着。

饭堂也在楼下，分左右两半，左右都横放着长饭桌，每条长饭桌又分为左右两小桌，每小桌坐四个人。两个小桌中间，放着两桌共用的饭桶、粥桶和茶具。阿季挨着大姐坐，对面是三姐和她的朋友。吃饭的时候，有姆姆在饭堂四周和中间走道来回巡视，她等每个人都吃完了才摇铃，让大家排队出去活动。

阿季吃饭慢，尤其早上的大米粥又稠又烫，喝不快，但也不用着急；那些吃得快的学生正好利用等人时间品尝自己的闲食。学生们的零食和本市学生从家里带来的菜肴，全收藏在饭堂两壁的食橱里，学校规定只许在饭堂吃。

寝室很大，都在楼上。所有寝室布置完全一样：也分左右两半，各有四行床，每行四张床，床接着床，每张床前，各有一只凳子。行与行之间留有宽宽的走道。每间寝室靠墙有一张单独的床，给负责寝室的老师休息。阿季的大姐就睡这种单独的床。阿季的床，在大姐的床对面，头连着三姐的床。

寝室里面，沿墙排列着学生的衣柜和盥洗设备。每人各有一个小衣柜和一套洗漱用具，每人一个冷水龙头。阿季和姐姐的衣柜挨得很近。早晨，阿季用自己的冷水龙头洗漱；晚上，洗手绢、洗袜子。洗手，不洗脚，因为没有热水。星期三有热水，孩子们被安排在那天洗澡。洗澡房就在教室后面环抱大院的长廊旁边，一长溜儿，隔成许多小间，每间一个澡盆。

厕所，上海人叫"小间"，也在楼下。孩子们晚上上楼睡觉之前，先按次序上"小间"，姆姆看着。每天早晨下楼之后，也是先上"小间"，再去饭堂。

学校的医务室在三层楼上，还有一溜儿病房。看病的是位外国姆姆，孩子们都说她治病很有效，但方式方法相当粗暴；所以大家从来不敢装病。

启明有种种自己的规矩，也有些自己的专门用语。

开学的时候，阿季只听得一片"望望姆姆"的欢叫，意思就是"姆姆，您好！"这所学校管教学生的都是修女。小班学生从早到晚有姆姆看管。白天在楼下活动，晚上回楼上宿舍。白天下了楼，要到晚上才上楼，白天谁也不许上楼。

每天早上六点打铃起床，铺床，梳洗。七点（也许是七点半）打铃，排队上"小间"，然后到饭堂吃早饭。十二点午饭。下午四点半吃点心。六点（也许是六点半）晚饭。吃饭的时候不准说话，节日吃饭时准许说话，叫做"散心吃饭"。每次吃完饭或点心，学生不准留在课堂里，都得到教室楼前后的花园或空地去游玩散步，叫做"散心"。"散心"完了才上课。晚上有夜课，不过小班的夜课时间很短。

上课在不同的教室，自修各在中文课堂或是英文课堂。自修时，总有外国姆姆坐在讲台上看管，学生要上厕所，得向姆姆说一声"上小间""出去一下"，姆姆点头，才许出去。

学校每月放假一天，住在本地的学生可以由家长接回家去，这个假日叫做"月头礼拜"。平常的星期日，小班学生穿上校服，戴上校徽，排着队，由姆姆领着到郊外或私人花园去游玩，称为"跑路"。

小孩不乖称为"没志气"，淘气的小孩叫"小鬼"或"小魔鬼"。阿季虽乖，也淘气，像多数小孩一样，属于"小鬼"之列。小鬼们称老师喜欢的学生为她的"大零"（darling，心爱的人）。阿季是好几位老师的"大零"。

启明的班级分小班、中班、大班。大班的第一班，也叫头班，是最高班。学生不是按年龄而是根据个人成绩、程度，分别插入各课教学的不同班次。比如中文课，阿季入学之前，经过一番考试，插入第五班，算中班。格致课（"格物致知"即物理）上中班。她初学英文在小班八级，一年后，由于学习出色便跳上一班，一两年后，又跳一班，属中班。音乐课也是如此。

启明的课程每天一样，只星期三和星期日不同。每天的课，分很多班，最高的是头班，依次低下去。例如中文、英文都有七、八或九、十级，一年一年升上去。星期三和星期日两天，上午的课相同，下午不同。星期三下午有体操课，还学画地图，还洗澡。星期日下午"跑路"。凡是星期三和星期日的课，只分大班、中班、小班。每日的课，虽然分好多班，也大致有大、中、小班之分。成绩好的，一年后就跳上一班。分大、中、小班的课，并不年年升。中、英文成绩特好的，过一年就跳上一班。但跳班是例外。

校长和许多位老师都是修女，称为"姆姆"。她们都头戴黑帽，身穿又长又大的黑衣，又长又宽的黑裙，给人一种端庄神秘的感觉，各人性格迥然不同。

校长礼姆姆是法国人，兼管法文教学。她似乎只教大班，小班的课由阿季的大姐姐教，相当于礼姆姆的助手。礼姆姆性情温和，头发已经花白，但精力充沛，整天忙个不停。阿季感觉礼姆姆好像能够眼观六路、耳听八方，什么事都逃不过她的眼睛。小鬼不管在哪儿摔了跤，哭了，她总会知道，匆匆赶到现场。她总说："Ah！ pauvre petite！"（啊，小可怜儿！）然后搀着摔跤的孩子到校长办公室，给一块糖吃。阿季摔了跤不哭，从没吃到糖。

列姆姆是苏格兰人，主管英文教学，也教钢琴。她比较年轻，眼睛闪亮闪亮，笑的时候，露出整齐的牙齿。她不常露面，老是在三层楼上不知忙些什么。每学年结束的时候，学校都要演戏，招待家长和来宾。大操场上搭起舞台，台下摆满座椅。大班和中班学生演一出法文戏、一出英文戏。小班演英文戏。所有的戏从剧本选择、戏剧导演、舞台布景制作到演员服装设计，无不出自列姆姆的精心策划和具体指导。

列姆姆有个得力助手"长阿姊"，演戏，她帮着排练；教课，负责小班。长阿姊是混血儿，英语流利，长得很美，也很能干。在管教小班学生的修女里，她是唯一不称"姆姆"而称"阿姊"的。孩子们传说她是非婚生女儿，没资格做姆姆。她个儿高挑，小鬼们管她叫"长阿姊"。长阿姊目光锐利，反应灵敏，小鬼们在哪儿放肆淘气，干点出格的事，她都能很快觉察发现。她声音听起来有点厉害，实际对孩子们很关心很好。她的大裙子口袋里永远装着针线和顶针，见到有小鬼的衣裤、鞋子脱线绷裂，立刻就地麻利解决。阿季有一次偷偷冒险，一口气跳下十级石阶，虽然跳跃成功，不幸在碎石路上出溜儿好远，两只布鞋的后跟各开裂出一只竖的"眼睛"，狼狈不堪，全亏长阿姊及时给密密缝上。她不嫌鞋臭，缝好了打上结子，还用牙齿去咬断线。阿季心上很抱歉，也很感激。

长阿姊教课也很尽心，效果不错。她当年教小班唱的英文歌，虽说是她教唱一句，小鬼们鹦鹉学舌般学一句，居然印象深刻。我就曾听见杨先生一字不差地哼唱长阿姊八十多年前教她们的许多支英文歌。有一支苏格兰儿歌，叫 *Old Woman Who Lives in the Shoe*，阿季和小鬼们还登台表演过。歌中唱道：

We little children ran through the town,

upstairs and downstairs

in our nightgown.

Tapping on the window，

Crying at the door，

Are the babes in their beds for its now ten o'clock？

Are the babes in their beds for its now ten o'clock！

杨先生边唱边乐，有滋有味，大概想起了自己当时的淘气劲儿。

主管中文教学的是依姆姆，她没有助手，聘请了一位留着白胡子的上海名士邹先生。邹先生只教高班，阿季在邹先生教的最低班，是班上最小的学生。读《孟子》，每段都要背。邹先生上课，珍姆姆坐在课堂后面旁听，下午就由珍姆姆辅导学生复习。一次课堂作文，邹先生出题《惜阴》，阿季写道："古之圣贤豪杰，皆知惜阴。……"依姆姆看了高兴得满处称赞："小季康'明悟'好来！"阿季有时写别字，也受到邹先生挖苦和扣分。邹先生上课时候总是叹息"儿子不肖"，有一次脑袋上贴了纱布橡皮膏，说是被儿子用什么东西砸的，以后就不来教课了。换了一位男老师，年轻漂亮，学生们并不喜欢，嫌他两眼老死盯着学生。

珍姆姆除了辅导中班复习国文，还教历史课。杨先生至今犹能记得她在历史课上讲的"和珅跌倒，嘉庆吃饱"。珍姆姆喜欢阿季，表示阿季是她的"大零"，虽然班上的同学谁也没有这么说。

格致课只在星期三上。教格致课的姆姆总把阿季唤为"同康"，这是她二姐的名字。在家里，孩子们从不敢提这个名字，因为怕爸爸妈妈伤心。大姐告诉阿季，二姐是这位姆姆最宠爱的学生。阿季对姆姆叫她"同康"不予更正，只是肃然起敬，从小魔鬼变成小天使，成为班上成绩最好的好学生。

缝纫课也在星期三。小鬼们每人一方小麻纱，学习许多针法。洋缝纫从左到右，同我国缝法方向正巧相反。阿季针脚细密整齐，跳上中班，学会抽丝挑花。

体操老师是一位白俄贵族，不会说中国话，教体操用英语喊口令。进操场，最矮小的走在最前面。阿季个儿小，年龄也小，排在头三四名，但她能听懂老师的口令，所以老师挑她领队。全校学生排着长队按照老师的口令，走出种种队形，返回原状，分队站定，每人前后左右留下足够的空间，然后做体操。有时做棍棒操，有时做哑铃操，有时空手做操。阿季灵巧，动作准确。空手操有个拍手同时拍脚的跳跃动作，斯文的女学生做不好，老师就叫她出来给大家示范。做完体操，由最高个儿的学生领头，最矮小的学生殿尾，依次步出操场。每回散课，老师总把她的一对棍棒或哑铃交给末尾的阿季，要阿季替她还给保管器械的姆姆，并代她说声"谢谢"。她管阿季叫 Baby。小鬼们说阿季是她的"大零"，阿季也乐意做。

阿季虽然很小就上学，都是走读，可以回家，有事找妈妈。现在寄宿，大不相同，虽说有两个姐姐同桌进餐、同室寝息，但是各忙各的，除了早晚说说话，她们也顾不了阿季许多，一切要靠她自己动手、自己想办法。好在阿季天生好强不屈，没有多久便适应了新的生活，逐渐融入这个完全陌生的新世界。

首先是学会拾掇帐子：站在凳子上把帐门撩到顶上，然后把左右两边帐子，连同后面一幅折好搭上帐顶。因为个儿矮，她忽而床头，忽而中间，忽而床尾，得把凳子搬来搬去，爬上爬下好多次。然后是铺床：被子一条条抖平，铺平，盖上线毯。为了要两边垂下的毯子同样宽，她得在床前床后，仔细打量。她的床在一排四张床的中间，得绕着一排四张床转好几圈。

阿季爱整齐，也喜欢人家称赞。大家都说阿季帐子搭得整齐，床铺得规范，她颇得意。

梳头，也曾是个难题。刚入学的时候，两个姐姐帮着梳。因为她原来前额有刘海儿，按启明的规矩，学生整个脸要光光的，头发全得编进辫子或梳入发髻。刘海儿短，得左右分梳两根小短辫，编入后面的两条辫子。待刘海儿长长，四条辫子就简化为一小辫纳入一大辫。大姐事忙，后来不管阿季梳头了；三姐与朋友交换梳头，时间长，阿季等得不耐烦，就试着自己编，先把小辫用夹子夹上，然后把头发分成三股，一手管一股，牙齿咬一股，三下两下，居然自己编成了辫子。三姐看了说"行"。阿季九岁自己梳头了。

上课的时候，阿季不感到冷清，一到"散心"小鬼们各奔东西找自己的伴儿玩去了，她怯生生的一个人，觉着孤单。不行！她得找一个朋友，"散心"的时候做伴儿。

找朋友，也不那么容易。先找几个都不合意。有的与阿季一般大，班次低得多，两人说不到一块儿。有个同在英文课堂自修的广东女孩，教阿季说广东话。她口袋里总装着各式各样好吃的东西，老在吃这吃那。阿季看着她吃，有点馋，她请阿季同吃，阿季又觉得不好意思，就宁可找别的孩子玩了。

后来，阿季终于找到了一个朋友，比阿季大一岁半，个儿也高些。她们同班上英文，都是出色的学生。这个女孩的保姆是白俄，阿季佩服她会说俄语，读英文也很自然。她也佩服阿季中文、历史、格致、算术都上中班，自己还在最低班。两人互相佩服，渐渐成了朋友。阿季说，她交了一个好朋友，始终是好朋友，离校后还是好朋友。后来两人英文跳了一班又一班，音乐课也一同由小班跳上中班。阿季的朋友学钢琴后，从中班跳到大班。姐姐说阿季的手太小太硬，绷不开，而且太专心，不会五指并用，所以不适合学钢琴。但阿季善记乐调，也跟着跳上大班。她半年后离校时是音乐课大班里最小的小鬼，能跟大班生一起唱洋歌（英、法文歌）。

这个朋友教阿季爬秋千，双腿盘绕秋千绳子，双手抓着绳子一手一手往上拽，双腿随着一脚一脚往上蹭。阿季能一直爬到秋千顶上。阿季后来在东吴大学上体育课时，健身房顶挂下一根很粗的绳子，她是唯一能爬绳的女生，她爬绳矫捷如猴，全靠启明练就的基本功哩。

"散心"的时候，小鬼们各有各的玩法。她们最爱玩"家家"（即演戏）。有的装小娃娃，背后拴根带子由人牵着学步；有的小女孩扮大姑娘，两手捏着手绢一甩，哭腔哭调地说："嗨妹啊，奴十八岁哉，要嫁哉！"阿季和朋友都瞧着没意思，不加入她们一伙。她们玩堆假山、造花园等等，有时也很斯文地并肩散散步，悄悄地说说话儿。

正规的游戏像拍皮球、跳绳、造房子……她们跟一大帮孩子一块儿玩，想出种种花样，反正越难越好玩。比如拍皮球，阿季会把死球拍成活球。"造房子"，有上海房子、南京房子，阿季向朋友学会造俄国房子，各有各的规则。光跳绳不过瘾，跳着绳子捡铜板；跳双绳，跳种种花样；最难的一蹦过两次绳，一蹦连一蹦，中间不停顿，阿季创纪录，连蹦十一下。总之，将智慧运用于游戏之中，越复杂困难越有趣。我忽想起"文化大革命"中，杨先生当上"牛鬼蛇神"，挨斗时，学马站着睡觉；打扫厕所，把蹲坑前挡擦得雪白锃亮，以备疲劳时可"猴子坐钉"式的休息一下……与当年启明玩游戏似有一定渊源。

有一天下午温习英文的时候，阿季跟她的朋友在课堂上说话，挨罚了。老师叫阿季"立壁角"，就是站在墙角罚站示众。阿季认为两人说话，不该罚她一个，心里委屈，不面对墙角站，却面对全班"哇哇"大哭。老师大概觉得有点扫她面子，叫阿季回去坐下，阿季不理，一个劲儿哭个不停。下课了，老师走了，同学都散了，阿季还大哭，只有她的朋友仍静静地坐在原处陪她。有几个小鬼在门口探头探脑，忽然礼姆姆来了，挽了阿季的手，掏出自己的大白手绢给她擦眼泪。阿季还从来没有见过礼姆姆用自己的手绢给哪个孩子擦眼泪，也记不起礼姆姆对她说了什么话，反正礼姆姆说了许多话，说得她心上好舒服，便止了哭，由礼姆姆牵着乖乖地走出课堂，在长廊上走了很长一段路。礼姆姆觉着阿季已趋平静，才把她交给她的朋友，自己回办公室。阿季的朋友一直跟在她们背后，她紧紧地勾住阿季的胳膊，阿季能感到她的同情，觉得她真够朋友。

听杨先生讲述这段趣事，我说："您那时也真够倔的，如果礼姆姆不来，您怎么收场？"杨先生不答，只反思道："如今我老来回忆旧事，我敢肯定比我的朋友放肆，罚我是应该的。"

珍姆姆虽然喜欢阿季，阿季却顶撞过她。

星期天下午"跑路"，小学生结成一队一队，各由姆姆率领，她们常到私家花园去玩耍。一次"跑路"，阿季又被分在珍姆姆率领的一队里。到了花园，珍姆姆拉着阿季和另外几人坐在厅堂里陪她，孩子们去花园四处玩。忽然两个小孩跑来找阿季告急，说有个孩子陷在泥塘里了。小鬼们遇上麻烦向她求救，是因为她班次高，虽然她并不比她们年长。珍姆姆说："'呒志气'的孩子让她去。"阿季急了，反抗说："让她陷在泥里吗？"她不顾姆姆阻挡，急急赶到现场。陷入泥塘的孩子已经走出泥塘，正站在对面岸边哭哩，脚上一只皮鞋掉了纽扣，陷在泥里了，刚由几个孩子用一根长竹竿从泥塘里挑出来，鞋里满是烂泥，所有的孩子，都带着期望的眼神盯着阿季。阿季人小鬼大，有眉头一皱计上心来的本事。

阿季一看，泥虽烂，不太湿，落难的孩子里面的裤子没弄湿；皮鞋可以冲洗；袜子是个难题，使劲一想，想到早上穿衣服的时候，她曾偶见有人穿两双袜子。她于是发号施令："泥裤子往外反剥下来，泥袜子也倒剥脱下，卷在剥下的裤子里。谁穿两双袜子的，脱一双给她（指落难的孩子）。"果然有两人穿两双袜子。"皮鞋拿到汽车房水龙头下冲洗干净，大家拿出手绢把鞋擦干。"

大家七手八脚照阿季说的办，一切顺当。只是皮鞋太湿，先找些旧报纸擦拭，再用大家献出的手绢擦；手绢虽多，太小，鞋还没有很干就穿上了。吹哨归队的时候，落难的孩子只不过没穿黑色的校裤，而穿一条绿花布夹裤，腋下夹着反卷的校裤，珍姆姆训了几句"呒志气"就完了。

阿季因为同珍姆姆犟嘴，有点心虚，怕她向礼姆姆告状；晚上就把这事告诉了大姐姐；大姐姐说"她不敢"，阿季也就放心了。

阿季被小鬼们拥戴为"大王"，心有醉意，不过跟小鬼们疯玩一段以后，觉得无聊，便躲着她们，仍找她的朋友一同"散心"。

启明的小鬼们都对姆姆们的穿戴好奇，猜测她们戴三顶帽子，穿七条裙子。阿季恨不得亲眼看看这多的帽子和裙子是怎么穿戴的，没想到机会竟来了。

天主教徒每年春天上佘山瞻礼，启明的大同学也上山。阿季的两个姐姐都参加，不放心阿季一人留校，教她自己去找礼姆姆"问准许"，礼姆姆一口答应。阿季就随大同学们乘小船到佘山，上山"拜苦路"。带队的是年老的锦姆姆，她很喜欢阿季，叫她"小康康"，一路照顾她，晚上带她睡。大家瞻礼完毕下山回船休息，第二天回校。晚上沿着船舱搭铺，两人合睡一铺。锦姆姆等大伙儿全睡了才在灯下脱衣，阿季装睡，细细观察。只见她先脱下黑帽子，里面是雪白的衬帽，下面又有一顶小黑帽。黑衣黑裙里面有一条黑衬裙，下面是雪白的衬衣衬裙，最里面是黑衣黑裤。阿季终于弄清：帽子确有三顶，裙子却只有三条。因为是偷看来的，阿季没敢张扬。这是她生平第一次"玩儿福尔摩斯"。

初进启明，阿季最难受的是过"月头礼拜"，本地有家的学生，一个个换上好看的衣服，欢欢喜喜地由家长接回家去。留校的小鬼没几个，心上酸酸的，真想家呀！锦姆姆管饭堂，她知道留校的孩子心里不好过，把饭堂里吃点心剩下的水果糖送给她们解闷。

这样过了几个"月头礼拜"。一天，大姐姐带阿季和三姐第一次走出校门，乘电车又走了一段路，到了一个地方，大姐说："这是申报馆，我们去看爸爸。"

爸爸已经病好了，但很瘦，他一个人住在报馆里。可是妈妈呢？阿季叫了声"爸爸"，不知怎的心里直想哭，忍住了。她乖乖地坐在挨近爸爸的藤椅里，听姐姐和爸爸说话。爸爸牵着阿季的手，带她和姐姐们到附近青年会去吃西餐，阿季坐在爸爸对面，只顾学爸爸的样子使用刀叉匙，都忘了品尝"大菜"的味道了。

暑假，阿季跟着两个姐姐回到无锡的家。没过多久，妈妈带着弟弟妹妹迁居上海，住在上海静安寺路爱文义路迁善里。阿季姊妹，每个"月头礼拜"也可以回家了。她们也带些妈妈做的菜肴到学校去吃，阿季吃得比以前好，没有初进启明时那么馋吃了。

1923年暑假，爸爸率家迁居苏州，阿季就到苏州上学了。

阿季在启明上学共三年半。杨先生对她这段生动活泼、丰富多彩的学习生活，记忆清晰，回味无穷。她片片段段地给钱先生讲过，钱先生听得津津有味，很开心。他显然听得很仔细，礼姆姆的那句口头禅"Ah！pauvre petite！"后来都跑到《围城》里去了。钱先生曾劝杨先生把这些故事"写下来"。2002年3月，杨先生怀念旧事，用她细腻幽默的笔调写了童趣横生的《我在启明上学》。二万余言。那一年，她九十一岁。

我曾请问杨先生：在启明学习生活三年多，最主要的收获是什么？

杨先生答说：中文、英文和各课学习打下坚实的基础是一个方面，最重要是锻炼和培养了独立的生活能力，不止于应付日常生活，还包括自我判断，学会克制，如何正确与别人和集体相处，等等。譬如小鬼们吵架分帮，各有头头。两帮的小喽啰来问帮哪一伙？我说"都不帮"；我的朋友说"都帮"。她的理由是：反正不是真的吵架，如说"都不帮"，就和两伙都不好了；"都帮"，就和两伙都好。我承认她乖，比我聪明，但我坚定地认为自己没错，比她更对。有一次，老师叫我送信给一位姆姆，信只折了两下，没有加封，我很想知道信的内容，打开一看也很方便，不过想到那样做是不对的，而自己还"每天要为圣母做一件好事"就克制住了。克制好奇心，需有坚强的意志。意志是逐渐练出来的。

杨先生说，学会判断和自我克制，对一个人性格的形成很重要，她感谢启明生活从小给予她这方面的培养锻炼机会。

4. 振华女生

　　1923 年暑假，阿季跟随大姐和三姐回家。这时她们那个人口众多的小家庭已由上海迁往苏州，老家仍在无锡。搬家时，阿季姊妹都在启明住读，所以还未见过新家。这次她家搬迁，是因为父亲病后身体渐渐复原，重执律师业务。他嫌上海社会过于复杂，决计定居苏州，小家随即迁往苏州。

　　回忆 1923 年暑假回家，杨先生想起了她和三姐栽入臭水浜的小插曲。原来那时徐家汇有座小火车站，同上海站之间通小型火车。回家那天，大姐姐叫了三辆黄包车，由学校去小火车站：大姐带着部分行李乘一辆；另一辆专载箱子和铺盖；阿季和三姐合乘一辆，阿季坐左边，三姐坐右边。一路都走在乡间小道上。有一段道路特别窄，左边是矮墙或小破房子，沿着小道还有一条一尺来宽的小沟；右边是一汪水浜，傍岸长满了高高的芦苇。窄道的右侧还有一个缺口，大姐坐的那辆车和行李车，车夫小心翼翼地尽量挨着左边的小沟走，安然过了这段窄道；阿季和三姐共乘的黄包车，右轮经过缺口，车就翻了，将两个女孩抛入水浜。阿季从左边被甩出，所以比三姐抛得更远。

　　杨先生笑说："在掉进水浜的一刹那间，我闪过一个念头：'这会儿我就淹死了。'可是水浜不深，我立即站起来了，没喝一口水，只闻得水很臭。三姐已经爬上小道，我跟着也穿过芦苇上了岸，感觉到苇叶的边缘锐利得像刀子。幸亏两人都没受伤，也没喝臭水，平平安安地上岸了。"

这时，前行的两辆车停了下来；拉阿季和三姐的那车夫只好把坐垫翻转过来，让两个臭水淋漓的姊妹坐在光板上，继续把她们拉到小火车站。

小火车站的确很小，员工很少，却很热心地救援两个落水姑娘。可是站上只有冷水，只有一只很小的脸盆。大姐连忙开箱找出两人需要的衣服、鞋袜和毛巾，阿季和三姐急急地洗了脸，洗了手，擦干了发辫，换上干净的衣服、鞋袜。火车是不等人的，阿季姊妹匆匆忙忙把又湿又臭的衣服鞋袜卷成一捆，就浑身带着刺鼻的奇臭上了小火车，到了上海站又换乘正式火车。一路上臭烘烘的连自己也受不了，乘客都躲着她俩，直到回家才彻底洗干净。

长期住校的孩子回家度假总有无比的快活，日子在不知不觉中流过。假期中，老圃先生请杨家的"大教育家"（指三姑母杨荫榆）为阿季和三姐在苏州选学校，她选中了自己的母校——苏州景海女校，一所很好的基督教会学校，并带了两个女孩到天赐庄景海报了名。可是几天后，三姑母偶被振华女校校长王季玉先生请到学校去演讲，她从此改变了主意，说振华比景海更好，于是阿季和三姐就插班考入振华女中。

我起初不明白老圃先生为什么要让两个孩子转学，问过杨先生："既然老圃先生一向认为启明教学好、校风正，而您本身也深感在启明获益多多，为什么要转学呢？"杨先生答说："我大姐虔信天主教，已背着爸爸受了洗礼，又闹着要当修女。我二姐也虔信天主教，去世前，重病中要求受洗，徐家汇圣母院的劳神父为她施行了洗礼。我爸爸怕教会学校影响孩子的自由思想，就不让我和三姐继续在启明上学。"她又补充道："我爸爸并不笼统反对宗教信仰，而且启明是专为非教徒开设的学校，我二姑母杨荫枌、堂姐杨保康都是启明毕业的，她们两个就丝毫没受教会的影响。"

显然杨绛先生很喜欢启明，相当留恋在那里度过的三年半学习生活。与启明的好友朱书清，也一直通着信。她初入振华，印象不佳，校舍破破烂烂，没法儿同启明比。她曾喟叹说："由上海启明转学入振华，就好比由北京师大附小转入了大王庙！"

初入振华，由于不适应，阿季有过苦恼，振华办学的种种特点和长处，她是后来通过学习和生活实践才逐步发现和体会到的。

阿季和三姐到振华报名时，学校已经开学。她俩被安排在同一间破旧教室里补行入学考试，只考一门国文。阿季的考题是《论女子解放》。她在启明读过《孟子》，读过韩愈等人的古文，平时作文虽然得分不高，作文也能作，只是从未碰到过这等难题。阿季在家是"老小"，在启明是"小魔鬼"（淘气精），她从未意识到自己是"女子"，更不知道"女子"要什么"解放"，好容易想到妈妈辈都缠过脚，就问三姐："解放是不是放脚？"三姐看了阿季一眼，竖起食指搁在嘴上，警告她勿交谈。我们是在考试呀！不过三姐点了一点头。

阿季从放脚又想到穿耳朵（耳垂扎眼儿），可是搜索枯肠，再也想不出别的什么了。一篇文章，不知有没有凑足一百字。

两姐妹都被振华女中录取。校长王季玉先生让阿季插入初中一年级，三姐插入高中二年级。住读生寄宿之前，需到博习医院检查身体，这是美国基督教会在苏州创办的一所医院，各方面都很严格。三姐查出有沙眼，每一两天上医院，翻开眼睑用小刀刮，很疼的；还经常吃泻药；三姐就变成了病号。她只交了学费，没住校，天天头痛，后来就停学了。三姐说她是栽入臭水浜，沾上晦气了。阿季心想自己大概也沾了晦气，因为一个人住在陌生的破宿舍里，很苦，尤其晚上熄灯后，斜对床的人梦中磨牙声凄厉可怕。

那时的振华校舍，在苏州十全街，是第一任校长王谢长达先生的

苏州振华女校大门

王家老宅，加盖一片简陋的建筑。如轿厅成了大礼堂，大厅成了大课堂。上层连成一片，都是教室。加盖的工程质量不高，屋顶有时会掉下灰来。有一个班六名学生，另一个班两人，合成一班。她们自称"一碗八只馄饨"，因为上课的时候屋顶掉灰，就像往馄饨里撒胡椒面儿一样。原住宅是楼房，有两进。每间屋子的前房、后房、厢房、走廊，都改成寝室，从一号到十号，共十间。大房间住四至六人，小房间二人。阿季大小房间都住过。

虽说换了学校，初来乍到，阿季依然孩子气，调皮，时常玩些幼稚可笑的把戏，如坚持"没有叫不应的人"。女孩子吵架后赌气，"不叫应"了，就是你叫我不应了。她能一个劲儿地叫唤某人，人家不理，她叫个不停，直到那人应答为止。在教初二、初三年级国文的马老师课上，偷偷弹古琴，一拨一个调儿，等等。阿季课上贪玩，老师也看出来了，教高中《说文解字》和《诗经》的孙伯南先生常宽容地说："嗳个（苏州话，这个）小妹妹又在白相（玩儿）哉！"王季玉校长除了主持校务，也给学生上课。她有点重听，耳朵里插根小管，助听。阿季看了马上学样，也在自己耳朵里插上个铅笔套，季玉先生走过来说："戆大（"大"

读如"度"——"戇度"，指傻瓜）！我的管子两头是通的。"顺手把阿季塞在耳朵里的铅笔套拔了出来。

阿季的学业，各科程度不一。启明是以学科分班的，振华则依年级定课程。阿季上二年级的英文，还嫌太浅；她的"格致"（即物理）在启明已跳上大班，动物、植物班上的课，在启明中班都上过了；算学，正学"分数"，没学"四则"，"鸡兔同笼"等算题还没开窍，做不出，常"吊黑板"。

最糟的是国文，老碰到"女子解放"之类的难题。有一次，一年级老师"大老王"（振华老师姓王的太多，各有名称）出题《游"意园"记》。班上同学都说"没游过"，但她们刚读了《意园记》："意园者，无是园也，意之如是而已……"这个阿季懂，阿季游"意园"就少不了带一包糖去，边游边吃。所以阿季的作文里有"糖一包"。

"大老王"瞧不起阿季，因为她不像一个中学生，像小学生坐错了教室。她是"老部长"（老不长）：天生个儿小，三年半寄宿学校，营养不良，十二岁看似八九岁的小女孩，再加发育得晚，特幼稚。"大老王"把阿季当小学生似的指着她的鼻子挖苦说："你倒不说带'五香豆'一包？"杨先生笑说："'大老王'一口吴江话。'你'读如'诺'（平声），'豆'读如'丢'（去声）。如果挨骂的不是我，我一定笑了。如今想起来还觉好笑。"

阿季第一学期的成绩单上，国文只六十分，不及格。因为振华的标准高，六十五分才及格。不过，"老部长"毕竟还在长，不仅长个儿，学业上也大有长进。阿季虽然淘气，极好读书，尤其后来逐渐长大，已不贪玩而贪看书了。马老师在班上授老子《道德经》选段，她背熟选段，自以为《道德经》都背熟了。父亲教她一篇《左传》，她自己通读了全书。英文课本选有 *Ivanhoe* 的选段，她不满足，暑假里自己啃完整本原著。前半部生字较多，边查字典边读，以后生字渐少，越读越顺了。她有时生病不去上课，在寝室偷读狄更斯的 *David Copperfield*。同学知友蒋恩钿向阿季推荐《寄小读者》和苏曼殊等人的作品，她也全读了。假期加读中文书，读书成了她的最大爱好。父亲一次问她："阿季，三天不让你看书，你怎么样？"她说："不好过。""一星期不让你看呢？"她说："一星期都白活了。"父亲笑说，他也这样。

高中一年级时，读到李后主的词，喜欢得不得了，自己找诗词来读。父亲说阿季"喜欢词章之学"。其实他自己也爱读诗，最爱读杜甫诗。他过一时会对阿季说："我又从头到底读了一遍。"可是他不作诗。父亲晚上临睡，朗声读诗，阿季常站在他身边，看着他的书旁听。

高中国文老师在班上讲诗，也命学生学作诗。阿季的课卷习作，曾被《振华校刊》选登。2005 年 8 月，古吴轩出版了苏州档案馆编的《馆藏名人少年时代作品选》，其中就有杨先生在振华学习时作的两篇五古。

斋居书怀

松风响飕飕，岑寂苦影独。破闷读古书，胸襟何卓荦。有时苦拘束，徘徊清涧曲。俯视溪中鱼，相彼鸟饮啄。豪谈仰高人，清兴动濠濮。世人皆为利，扰扰如逐鹿。安得遨游此，脩然自脱俗。染丝泣杨朱，潸焉泪盈掬。今日有所怀，书此愁万斛。

杨先生重读少时旧作，不禁莞尔，自批道："'潸焉泪盈掬'押韵而已，哪儿来的泪。'书此愁万斛'，其实还不识愁滋味哩。"她记得这篇五古是孙伯南先生班上大考考卷，老师批"仙童好静"。

悯农诗

日出荷锄作，日暮归家中。问立柴门外，叙话数老翁。

年年收成薄，无以度残冬。苦耕了一世，何岁免饥穷。鸟类一饮啄，较吾或犹丰。今年复明年，嗷嗷皆哀鸿。世事舟移壑，天道太不公。

杨先生还记得，这是国文老师胡石予先生班上课卷。

英文课，阿季程度高出同班生一大截。老师提问，总让阿季"先别讲"，等全班同学答不上来再让她讲。振华流行集体备课，大家一起查生字，预习新课。阿季自己看看书就上课去了。同学们说："'聪明人'是不查字典的，生字在肚子里。"她们查了生字读不懂课文，把查好的生字表摊在阿季面前，让她一面看一面跟大家讲。虽然经常挨骂，骂的不过是"聪明人"，所以她也不甚介意，和同班同学还是很要好。

物理习题，同学们除一二人外都抄阿季的。阿季直接做在练习簿上，不打底稿。同学们都加以誊清，等号都使用尺子，显得格外整齐干净。阿季偶有小错，就在课卷上改正了，她们抄的是已经改正的。学期终了，照例有"家属谈话会"，学生成绩挨名次排列展出。物理学阿季第一名，同级诧异说："咦，老师怎么知道的？"其实课堂上有问答，还有物理实验，老师怎会不知道呢。

季玉先生因为阿季是转学生，各科程度参差不一，为了使她上不同班级的课而时间上不冲突，在排课程表时，将有关课目调来换去，颇费一番心思。阿季站在她旁边看她排课程表，至今因她为自己劳神而心存感激。

季玉先生喜欢阿季聪明，有灵性；说她营养不够，让喝牛奶，她不爱喝。妈妈要她每天吃两枚鸡蛋，但振华食堂很严格，不给煮。老虎灶的开水可以烫熟鸡蛋，但是去打开水的"老妈子"爱揩油，一水壶开水只打半壶，对上一半冷水，所以洗脸水总是温的，烫不熟鸡蛋。她只好每天将生鸡蛋打碎，一个鸡蛋加一大勺又烫又稠的粥，加点家里带去的虾子酱油吃下去。每天吃两碗，这是她每天吃得最多的一顿。宿舍有两个"老妈子"，专管马桶和洗脸水。饮用水由学生自己到厨房去打。

学校生活苦，吃菜不习惯。阿季与季玉先生同桌吃饭。季玉先生每次从家里带来菜肴，分给分坐各桌的老师每人一勺，季玉先生自己也一勺，同桌同学各一勺，剩下的全给阿季吃。阿季听到季玉先生与家里通话，说想吃皮蛋，果然晚餐就有皮蛋吃，每人分几块，阿季照例分得最多。

阿季在启明，是许多姆姆老师的"大零"，在振华，没人说她是季玉先生的"大零"，但阿季感到季玉先生的处处关心而更加勤奋自勉。

阿季和三姐初到学校，发式有一点特殊，振华女生的辫子长过腰际，有辫梢，都系红头绳。阿季姐妹辫子剪得短，不系头绳，用上海进口的钢夹子夹住，辫梢剪得齐齐的。阿季小时候四条辫子，两短辫纳入两长辫；头发长长了，一小辫纳入一大辫，小辫用小钢夹子，大辫用大钢夹子。同学称阿季"洋来洋去的洋学生"（也因她姓杨）。

振华同学多半吴江人，都是丽则小学毕业的，一见阿季都说像"三妹"。"三妹"是丽则校长的女儿。恰好这个"三妹"考进上海启明女校，阿季在启明的好朋友朱书清和她通信，说来了一个新学生，人人都说像杨季康，真的很像。阿季对"三妹"很有兴趣，但她在启明上学没多久就患伤寒去世了。

阿季初入振华，苦于没有玩伴。上课时间还好，下午四点以后自由活动，同学们喜欢在寝室扎堆儿说闲话：谁家小姐受聘礼了，翡翠有多绿，珍珠大而圆……阿季听着无聊。学校操场不大，设施不多，地面薄薄铺上一层沙土，翻筋斗都嫌硬。操场沿墙沙子厚些，却多猫屎，没法玩儿。起先她跟与她差不多大的费孝通玩过几次游戏，可是没劲，他呆头呆脑，女孩常玩的游戏什么也不会，就不再找他玩儿了。阿季用树枝在沙地上给他画过一个丑像：胖嘟嘟，嘴巴老张着闭不拢。使劲问他：这是谁？这是谁？费孝通只憨笑，不作声。

费孝通是由振华附小升上来的。附小是男女同校，但中学只收女生。他母亲与振华校长是朋友，怕他受大男孩欺负，就让他上女中。费孝通与阿季同班，算术顶灵光，阿季演算四则题，常"吊黑板"，老师就让他解答，所以阿季对他有敌意。体操课阿季个儿最小，排在队尾，费孝通因为自己是男孩，排在最后。老师教大家跳土风舞，双人跳的时候需挽着舞伴的胳臂转圈，费孝通不肯跳，阿季就说："你比我高，排前面去。"他答说"女生"。阿季说："我们全都是女生，你来干什么？"费孝通结婚后告诉太太，杨季康小时候跟他同学，欺负他。费太太第一次和杨先生见面，就向她"问罪"，说："你们女生好凶啊！"杨先生听后笑了。

费孝通大概觉得混在女生中间别扭，在振华只念了一年就转到东吴附中去了。后来到苏州东吴大学，两人都跳了一班，又同学，又同班。东吴许多男生追求杨先生，费孝通对他们说："我跟杨季康是老同学了，早就跟她认识；你们'追'她，得走我的门路。"杨先生听到这话说："我从十三岁到十七岁的四年间，没见过他一面半面。我已从一个小鬼长成大人，他认识我什么呀！"

振华女校的校舍虽然简陋，但王季玉先生办学有方，想方设法延聘名师来校任教，教科书采用外国中学教科书最新的版本，学业成绩是一流的；学风朴素务实，她提倡劳动，让学生扫地、擦桌子、轮流登记送出去洗的衣服，改掉那些在家饭来张口、茶来伸手，使唤惯了用人的娇小姐习气。操场小，她组织学生分队到"南园"游玩；每队有组长带领，沿路不许买东西吃。苏州"南园"多菱塘，产红菱绿菱。菱塘的主妇采菱坐在木盆里，用手划水，采了菱都堆在盆里，论斤卖。学生准许买菱吃。鲜嫩的菱角，吃得满嘴清香，快活得不得了。吃不

王季玉校长

完的老菱还可以在专为学生开设的"小厨房"里煮熟了吃。开设小厨房是鼓励学生练习烹饪。她们可以合伙煮一大锅面，一个个吃得撑肠挂腹。

由于居住面积小，活动空间不多，同学间很亲熟，师生间也很亲近。旧式院落通常都有长长的过道，学生们称为"弄堂"。王家老宅的过道很长，只大教室前悬着一盏电灯。晚饭后，季玉先生常在灯下站着，和同学们闲聊。她们七嘴八舌、没大没小地跟季玉先生提要求，说瞎话，所以季玉先生和同学中间没有距离，她洞悉校内种种情况，也知道学生对老师的意见。大家说话随便，气氛轻松，课堂上的严肃全没有了。学生们喜欢这种平等的交流，称为"立弄堂"。有的教师也来"立弄堂"。

振华与别的学校大不相同的还有：不是什么事都由老师管、姆姆管，而是训练和培养学生的自治能力，自己管自己。学校建有学生自治会，让学生学会自己管理自己。阿季就担任过学生自治会的会计，美称"财政部长"。她又当过高中部长。又做过两年英文会长、一年演讲会长，锻炼了人际交往、组织活动能力，各方面学到许多本领。

杨先生回忆说，那时当个会计也不简单，大洋、小洋，每天的"贴水"都不一样，计算相当复杂。收下的铜板很脏，堆了一床，褥单脏得不能睡了。当英文会长，每年两次举行 Open Meeting，只讲英文，不准讲中文。演出英语节目，完全自编自导自演，阿季主持兼报幕。所有外籍教师都到场。有一次 Open Meeting，因苏州女师的校长等亦到会，阿季破例，在主持开会和报幕时，先讲一遍国语再讲英语，得到嘉宾赞赏，季玉先生为此很得意。英文会，每周分组主持，全讲英语。演讲会，组织全校学生演讲，由校内师长评议。阿季第一次上台演讲，吓得讲了一半，下半全忘了。但后来演讲得了第一名，还奖给一册日记本。爸爸妈妈都很高兴。

阿季十六岁那年，正念高中，北伐胜利，学生运动活跃，常常上街游行、开群众大会等。一次学生会发动各校学生上街宣传，抬一只板凳，站上向街头行人演讲，阿季也被推选去宣传。她脸皮薄，不想去。当时，苏州风气闭塞，街上轻薄之徒会欺负女孩。她看上去比实际年龄小，如果站上板凳，他们定会看猴儿似的围上来凑热闹，甚至还会耍猴儿。她料想不会有人好好听演讲。古板人家的"小姐"，只要说"家里不赞成"，就可免去一切开会、游行、宣传、当代表等等。阿季也想学她们的样，被父亲一口拒绝。他说，"你不肯，就别去，不用借爸爸来挡。"阿季辩说，"少数得服从多数呀。"父亲说："该服从的就服从；你有理，也可以说，去不去在你。"

父亲还特意给阿季讲了一个他自己的笑话。他当江苏省高等审判厅长的时候，一位军阀到了上海，当地士绅联名登报欢迎。父亲在欢迎者名单里发现了自己的名字，那是他的一位部下擅自做主，以为名字既已见报，老圃先生即使不愿意也就算了。没想到老圃先生不肯欢迎那位军阀，立即登报声明自己没有参加欢迎。父亲讲的时候自己失笑，因为深知这番声明太不通世故了。有朋友劝父亲："唉，声明也可以不必了。"父亲问阿季："你知道林肯说的一句话吗？ Dare to say no！你敢吗？"

阿季明白父亲要女儿敢于说"不"，可是她这回不是为了什么大原则，只不过爱面子不肯上街出丑罢了。所以到学校说不出充分理由，只是"我不赞成，我不去"。同学向校长告状，校长狠狠训斥了一顿，阿季还是不肯去宣传。被推选的其他三位同学比阿季年长一些，才宣传了半天，就有自称团长的国民党军官大加欣赏，请她们游留园吃饭。校长知道后大为吃惊，生怕下面另有文章，不许她们再出去宣传，阿季拒绝宣传，也就不再追究。

阿季上课，不人云亦云，敏于思考，有不同意见敢说，也敢淘气。国文课上，马先生讲胡适的《哲学史大纲》，"白马，非马也"。阿季故意说："不通，就是不通。假如我说'马先生，非人也'，行吗？"马先生立刻回敬阿季："杨季康，非人也；杨季康，非人也。"有同学起哄，说"哦！马先生不是人噢"，挨了骂；阿季倒没有挨骂。

尽管阿季痛感自己在振华时期学识方面长进不大，主要靠自学；尽管她在启明学得的一口纯正的英国口音，被美籍老师强迫改为美国语音而感到无奈；每年成绩，常是名列第一，她用五年时间修完了六年课程，提前一年，于1928年毕业。在东吴大学的入学考试中，她的成绩仍是第一。一年后，东吴因为杨季康成绩好，准予振华毕业生保送东吴，免试入学。季玉先生非常得意。

阿季是苏州十全街旧校址老振华毕业的最后一班，这班同学毕业后，学校就迁到清代织造署遗址新校舍去了。阿季和同班同学只到新校址去拔过草、捡破砖，进行义务劳动。

解放后，振华女校被政府收为公立，换过许多校名，先后变成江苏师院附中、工农速成中学、第十中学等等。1996 年，为纪念振华建校九十周年，各地校友集资，在织造署校园为她们敬爱的老校长王季玉先生建立了一座塑像。

2005 年 12 月 16 日，振华北京校友会的四位老校友陪同年轻校友、苏州第十中学的校长来到北京南沙沟杨先生家，来认老学长、老校长（杨先生 1939 至 1941 年担任过振华上海分校校长，算是振华女校的第三任校长），请她为振华建校百年题词纪念。

杨先生说："我年纪老了，耳朵重听，血压也不稳定，所以闭门谢客。去年振华的同志们来，我就没见，对不起，实在对不起。这次北京校友会来信，几乎是命令式的，所以我就投降了，像是本·拉登从基地被人抓出来了。"

那天下午，谈的全是振华的事，吴侬软语，一片乡音，叙旧论新，十分热闹。校友们带来昔日振华的老照片，也带来苏州十中的新图像。老照片引起杨先生对母校深深的怀念，她向客人们回忆了当年老振华的校歌（和后来汪东填词、诸月英选谱的振华女校校歌不一样），并轻声为大家吟唱：

> 三吴女校多复多
> 学术相观摩
> 吾校继起
> 德智体三育是务
> 况古今中外
> 学业日新月异
> 愿及时奋勉精进
> 壮志莫蹉跎

这支老校歌，在座的校友从来没听过，大家深为老学长惊人的记忆力和对母校的一往情深而感动。

　　杨先生说："我上的振华和你们不一样，我们的振华全是女生，你们是男女生合校，校长也是男的。"

　　客人们称杨先生为"杨老"，杨先生说："你们怎么叫我杨老，按照振华规矩，该叫我'季康姊'嘛！"惹得大家哈哈大笑。

　　临别的时候，校友们要求杨先生为母校百年校庆题词。写什么好呢？杨先生想起在振华学习时，季玉校长每天朝会向同学们训话，开头第一句话就是："昵（苏州话，我们）振华要实事求是。"她走进书房，在一张大红纸上恭恭敬敬地写下"实事求是"四个大字，书明"季玉先生训话"，题款"杨绛敬录"。

　　如今，季玉老校长训示的"实事求是"，已被振华北京校友会刻于石上，置于苏州十中校园，作为母校百年校庆的纪念。

　　听杨先生生动地讲完在振华上学的许多趣事，我请她谈谈这段时期最主要的收获。我说，西方习俗认为 teenage（十三到十九岁）是女孩一生最幸福快乐、活力焕发的时光，我国也有豆蔻年华之说，而您

杨绛 2006 年仲夏为母校百年校庆题写季玉校长训词：实事求是

十五岁的振华女生杨绛
在苏州庙堂巷旧居

的 teenage 几乎大半是在振华度过的，这段时期，您感到幸福快乐吗？最主要的收获是什么？

杨先生说：我虽然初入振华，感觉处处不如启明，校舍简陋，程度浅，同学小心眼儿，排斥我；作为一个敏感的女孩，有过失落感，不开心。不过慢慢就开窍了，逐渐发现和体会振华办学的特点和长处，觉察自己的任性和无知。校舍虽然简陋，学生人数少，大家挤在一起，有点家庭味儿。教学水平其实不低，很有一批优秀教师，可惜我那时太孩子气、调皮，错过了向名师求教的机会。另外，通过课外活动，学到许多本领，学会克服困难，学会做事。

杨先生强调，这段时期，我最珍惜和感念的是与家人的亲近，与自然的亲近。我曾经设想，如果当年一直在启明读下去，我就会像大姐、二姐一样，受学校的影响大于家庭，与家人多少有些隔膜，不会似现在这样亲。在振华不同，住读的时候每周回家，后来有一两个学期走

1927年冬摄于苏州庙堂巷老宅的一张全家福。七妹杨棨、八妹杨必站立母亲两旁，小弟保俶站在父亲身边。后排左起为三姐闰康、杨绛、大姐寿康和大弟宝昌

读，与家人相聚的时间大大增多。我已不再是个小女孩，已能同父亲母亲平等对话，做较深层次的交流，体会他们的心情。我从听他们说话、看他们做事中，学到许多东西，父亲的刚正不屈，母亲的温柔敦厚，对我性格的形成和日后的为人处世都有很大影响。

杨先生回忆说，父亲在庙堂巷置了家产，花园里添种许多花木果树，成为孩子们的乐园。夏天，全家人坐在浓荫如盖的一棵非常大的大树底下乘凉，仰望天空看星星，孩子们跟着一年忙到头、难得清闲的母亲认天河、北斗、牛郎织女星……还常常看到划天而过的流星。

杨先生说："在庙堂巷，父母姊妹兄弟在一起，生活非常悠闲、清静、丰富、温馨。庙堂巷的岁月，是我一生最回味无穷的日子。"

5. 东吴高材生

　　阿季用五年时间修完了六年的中学课程，1928年6月从苏州振华女校提前毕业。按说，这是件令人高兴的事，值得庆贺，可阿季每忆及此往往自叹运气不好，不如不提早一年毕业。因为心心念念进清华大学外国语文学系的阿季，毕业那年，清华开始招收女生，但没有到上海来招生。下一年，阿季原来同班的蒋恩钿、张镜蓉等同学全都如愿进了清华外文系，而以阿季的学业成绩考入清华应不成问题。

　　阿季要上大学了，这在她家是件大事。

　　她已考取南京金陵女子文理学院和苏州东吴大学。金陵女大录取成绩第一名。东吴的入学考试成绩，初试是第一名；复试第二名，第一名为孙令衔。但学校说，复试第一名仍应是杨季康；因为复试的考题，全部是孙令衔在东吴附中毕业考试时已经考过的。

　　阿季是家里第一个上大学的孩子，所以除了爸爸妈妈，曾经留洋的姑妈荫榆、堂姐保康、表姐袁世庄以及中学的师长王季玉先生、俞庆棠先生等，也都来关心，提出意见。上女校，较闭塞；男女同学好，男孩子思想较活跃。大家主张阿季该进东吴，多结交一些朋友，可以互相启发，共同切磋，切不可只交一个朋友。

　　杨先生说："我初到东吴，还比较害羞，面皮太嫩，不够大方。有人为我作了十首旧体诗，是振华初一的老同学费孝通偷给我看的。现在还记得一句'最是看君倚淑姊，鬓丝初乱颊初红'。这也是我最初不大方的写照。"

"淑姊"指东吴女生沈淑，原在振华的同班朋友，比她年长，称为淑姊，此时与阿季在女生宿舍住同屋。

阿季入校头一两年，东吴女生宿舍还没有建成，女生也不多，住一所小洋楼，原是一位美国教授的住宅。窗外花木丛密，墙上攀着爬山虎，很幽雅清静。

阿季第一年住在楼上朝南的大房间里，阳光充沛，明亮宽敞。同房间的，沈淑外，有某巨公的未婚儿媳××和她的女友。还有一个镇江人，名葛楚华，阿季学了她一口镇江话，能与镇江人攀同乡。

××的未婚夫是全校功课最糟糕的学生，各门成绩均是六等。清华大学成绩只分五等，末等是Fail；东吴大学还有第六等，即不准补考。但这位公子善讨好未婚妻，借走一条手绢，还她时装在讲究的皮夹里，又送贵重衣料。出身官僚家庭的××女士，也很有派头，不拘小节，常自比英文读本上的女主角，家长专制婚姻的牺牲品。她和她的女友把沈淑的花生米拿来就吃。阿季说，那是沈淑的。她说："管它，吃了算！"

她和她女友曾在北京大学旁听，自负见多识广，很老练先进，称东吴女生为"三层楼上的小姐"，没见过多少世面。一次，她以为阿季睡熟了，在屋里大发议论说："杨季康具备男生追求女生的五个条件：（一）相貌好；（二）年纪小；（三）功课好；（四）身体健康；（五）家境好。……"阿季窘得只好装睡。

实际××女士高谈的"五个条件"也不是什么新鲜玩意儿，据《吴宓自编年谱》，此说盖源自清华学堂1915级毕业留美学生蔡正（竞平）所作《爱情衡》，乃仿清华1916级毕业留美学生朱君毅据《游美同学录》所作"成功人士"的统计分析办法，就男女的恋爱婚姻如何可以取悦对方、达到目的，寻求其所需的（一）（二）（三）（四）（五）种条件，并每种条件所应占比重，制成一表格，名曰《爱情衡》，加以说明，刊布于《留美学生季报》。当时同在哈佛大学的陈寅恪先生，曾作诗戏讽蔡"文豪新制爱情衡，公式方程大发明"。

××女士和那位公子的恋爱婚姻也许就是按《爱情衡》的模式进行的，她和未婚夫完婚后就一同出国了。

阿季天生的脸色姣好，皮肤白是白、红是红，双颊白里透红，嘴唇像点了唇膏似的鲜亮。苏州太太见了都说："喔唷，花色好得来。阿有人家哉？"妈妈说："小呢，上学呢。"她们就说某少爷懂几国"英文"，要为阿季做媒。

阿季进东吴时梳个娃娃头，自忖像个无锡大阿福，不意却被称作"洋囡囡"（也因为她姓杨），当时以此闻名全校。简笔勾画的阿季卡通头像，画在体育馆各类球赛的记分牌上。球员全体照上有一个洋娃娃，是球队的吉祥物。

"洋囡囡是玩具，我怎么成了玩具呢？"阿季起初认为被称做"洋囡囡"是奇耻大辱，很不自在，以后发现同学们并无恶意，也就不介意了。1930年的东吴校刊上有张图片：底下一堆洋囡囡，顶上一个阿季的娃娃头像，标题是：We are 洋囡囡s。无锡的亲戚都知道了，阿季觉得很没面子。

但阿季很快就克服了她的害羞，大大方方地与同学们相处。和同班同学都"叫应"，除了朱雯，因为他说阿季"太迷人了"，所以阿季见了他不睬不理，整整四年不睬不理。解放前夕，朱雯偕夫人罗洪同到上海钱宅拜访钱锺书，杨先生特喜欢罗洪。从此他们夫妇和朱雯、罗洪，成了多年的老朋友。

我问杨先生："您在东吴是不是收到许多情书？小报上说当时追求您的男同学有孔门弟子'七十二人'之多。"

杨先生答："没有的事。从没有人给我写过情书，因为我很一本正经。我也常收到男同学的信，信上只嘱我'你还小，当读书，不要交朋友'；

东吴大学女子篮球队，前排左起第一人为杨绛

以示关心。"

杨先生说："有些女同学晚上到阅览室去会男朋友，挤在一处喁喁谈情。我晚上常一人独坐一隅，没人来打扰。只有一次，一个同学朋友假装喝醉了，塞给我一封信。我说，'你喝酒了，醉了？——信还给你，省得你明天后悔'。这是我上东吴的第三年，很老练了。这人第二天见了我，向我赔礼，谢谢我。以后我们照常来往如朋友。我整个在东吴上学期间，没有收到过一封情书。"

女同学中，阿季与学医的周芬交为好朋友，就像她当启明小鬼时候交的好友朱书清、振华时候的好友蒋恩钿等一样，她很珍惜这种从青少年时代建立起来的纯真友谊，长久保持联系，成为一辈子的朋友。阿季十岁上结交的小鬼朋友朱书清，在阿季转学苏州后还互相通信，直到1949年春上海解放前夕，有一天，两人在霞飞路（今淮海中路）上碰见，这位当年的启明小友，附在阿季耳朵上对她说："我得走了，我的 boss 是董显光。"两人这才失掉联系。蒋恩钿从清华大学毕业后当

杨绛在东吴大学读书时的好友周芬

了几年外文系助教,嫁给了清华经济系毕业同学、陈衡哲的小弟弟陈益,一同出国去了。北平解放后,是阿季在上海为她和蒋恩钿的朋友袁震(吴晗夫人)转信,动员他们回国效力的。没想到回国后被政治运动折腾得死去活来,陈益还曾受屈坐牢。阿季心上对好友很感歉疚,如今好友夫妇都已作古人,他们的儿子却始终牵挂和关心季康阿姨,把她当做母亲般和她亲近。

周芬来自苏女中,是一位朴素文静、非常用功的优秀生,曾获苏州全市演讲第一名。周芬身材高挑,阿季长得小巧,两人一高一矮同出同进,谈天说地,很投缘。周芬童年也在北京度过,她对阿季说"你爹爹是我爹爹的上司",但她不记得小时候其实与阿季见过面,倒是阿季有印象。那时周芬的母亲在北京女师大附中任教,给学生分数把关极严,有个女生得分较低,害怕后母苛虐,上吊自杀了,周芬母亲为此来阿季家,找当时任女师大学监的姑母荫榆商谈,来时手牵一男一女两个小孩,即周芬和她哥哥。

东吴是所教会学校，女生生活由舍监特特女士（Miss Tuttle）主持管理。饭前必须祷告，听话的女生都跟着祷告；有些激烈的就在祷告时吃饭。阿季和周芬等属于"温和派"，略晚些进食堂，特特女士坚持饭前祷告，后来引起抗争，结果是反对祷告的胜利了。

东吴原先规定，男生下午四时以后可以出校门蹓跶，女生不许。争取结果是允许女生由女佣买点心（炒面、汤面之类）。后来四年级女生下午四时以后可以出校门，但最远不得越过博习医院。又女生夜晚不准到校园散步，说校园大，多暗处，防男女同学约会谈情说爱。阿季和周芬是没有男朋友的，阿季就和舍监吵，说不公平，为啥不许女生散步？她和周芬，还有沈淑常三人一同在校园散步。舍监无奈，晚上查房，不便明说查房，只端一盘杏脯请大家一人吃一个。阿季说，吃了也不感谢。但有一次和周芬散步，碰到两个追她们的男生前来和她们攀谈，两人不理，逃回宿舍，以后就不敢夜间出去了。

上海中西女校来的四位女同学：阿薛、阿黄、阿狄和阿俞，也与大家相处很好。尤其薛正，年稍长，会处事，护着小学妹，受到大家敬重。一次朱雯写了一篇《杨朱合传》，将在校内一张不入流的小报上刊登。女同学看到预告的题目，都代阿季不平，薛正招朱雯谈话，朱雯立即将该期小报统统买下销毁。阿季对所有的女同学，尤其阿薛心存感激，至今不忘。阿薛后来从燕京大学毕业，回上海当了中西女校校长。

阿季和周芬都喜欢音乐。周芬会吹笙。阿季和沈淑能吹箫，买了一对同样粗细的九节紫竹箫，三人在校内课余活动时合奏民乐，如《梅花落》之类。阿季还能弹月琴，都是自学的。她们曾参与东吴民乐队的演出。

阿季不只会演奏乐器，还能唱昆曲，那是在家偶然学的。父亲业余研究说文音韵之学，请了一位拍曲先生，向他请教某些文字的发音。"拍先"不懂音韵，就让他教家人唱昆曲。二姑母、大姐姐、大弟弟和阿季一大堆人一同学,大家都不识"工尺",学的是《西楼记》。第二次"拍先"又来上课,除了阿季,谁都忘了;因此就剩了阿季一个学生了。"拍先"称阿季"二小姐",说"二小姐只需教两遍就能上笛,是少有的"。父亲自谦"曲聋",教他多遍,还不会唱,甚佩服阿季学得快。

东吴课余有昆曲班,阿季唱小生,人家是先认工尺,后学唱;阿季是先会唱,后识工尺。周芬也会昆曲,她们用"说白"的调子说话,以为笑乐。阿季曾多次登台清唱。

在东吴,阿季还交了一个与她同岁的美国朋友陶乐珊·斯奈尔(Dorothy Snell),一个天真活泼的女孩。两人上课连座,上老校长文乃史博士(Dr. Nance)的课,她俩边听课边玩。阿季双手合成船式,吹小球可绕手指转十几转,乐得笑出声来。老师发觉,叫阿季起立答问,一连问了十多道题,居然对答如流。老师无奈,让坐下来。

一次,做生物实验时,陶乐珊问阿季:"Can you swear？"(你敢咒骂吗？)阿季答:"我不能。"她得意地 swear "×那娘",阿季吓得赶快叫她低声。她惊奇说:"不能说吗？"阿季问她哪里学来的？她说是听黄包车夫说的。

美国人很注重感恩节,为准备过感恩节,陶乐珊的爸爸、博习医院外科主任,特地到上海去采购食品。陶乐珊邀请阿季吃过节晚饭,问她想吃什么。她还请了所有上海中西女校来的同学,因为都能说英语。阿季欣赏她妈妈做的南瓜馅饼。那天,正吃晚饭,斯奈尔大夫得医院电话,放下刀叉,立即出门,没见到他再回家。阿季方知医生吃饭是如此。

过一天,陶乐珊又拉阿季上她家去尝她妈妈自制的巧克力。她能吃大量的糖,阿季却甜得难受了,"齁"了。由此得出结论:中国人吃饭,美国人吃糖。

一次,陶乐珊告诉阿季,她爸爸将做一台大手术,为喉部堵塞不能进食的患者插一根橡皮管子到胃里。患者已将饿死。阿季如有兴趣，她将 smuggle（偷带）阿季入医院去见识。阿季洗了澡又洗了头。陶乐珊一身白衣，冒充护士，也为阿季穿上护士的白衣，戴一只圆顶白帽，混进手术室，站在不碍人的近旁。陶乐珊说："假如你晕倒，我抱你出去。"阿季没有晕倒，她细细看了整个手术的过程。但是足足两个星期不想吃肉。

想必这次观摩给阿季留下了深刻印象，六十多年后，杨先生在北京医院陪住，偶与为钱先生手术取出一肾的邵洪勋大夫闲话，得知邵大夫解放前作为地下工作者，曾在博习医院受到保护，便讲给他听当年混入手术室事，知道如何用针缝皮肉。邵大夫说她看得很仔细。

苏州东吴大学的两个强项专业是医学预科和法学预科，前者三年毕业可直升北京协和医学院，后者可直接升入上海东吴大学法科。

阿季在振华学习时，听了南丁格尔的故事，深受感动，想学护士。爸爸说，学护士不如学医。可惜阿季虽然理科成绩门门都好，天性害怕杀生，生物实验要活剥螃蟹的壳，看那还在跳动的心。阿季替螃蟹痛得手都软了，手指都不听使唤了。全班同学都剥下了蟹壳，唯独阿季苦着脸，剥不下。这回亲眼看了一台外科手术，更使她感到自己不适合学医。进了文科，想进法预科，因父亲坚决反对她做女律师，又没学法律。父亲鼓励她学习跟自己性情相近的学科，喜欢什么学什么。只是阿季虽喜欢文学，苏州东吴此时并无文学系，进大学一年之后，由法预转政治系，而对政治又没兴趣，课余爱在图书馆书库各书架边乱翻书，偶读到希腊悲剧等，大感兴趣。

假日回家，与弟妹欢聚说笑，弟妹散后，阿季还在爸爸房里说说闲话或听爸妈说话，然后回房夜读，主要读中外文学经典作品。读书使她尝到甜头，兴味盎然。一次不知什么考试，有个题目：《枯树赋》作者何人？同学都不知道，阿季曾在周末回家时偶读庾信该赋，答对了。

同学们考后问阿季，她说了作者姓名，他们都听作"女性"（苏州人读"庚"如"女"）。

平时在校，常在图书馆阅览室和同学朋友讨论传看的新书，谈论各种新思想，弗洛伊德心理哲学、爱因斯坦相对论……费孝通思想很活跃，常介绍些新书给阿季读，如冯友兰的《中国哲学史》、弗洛伊德、房龙的《我们生活的世界》（*The World We Live In*）。

阿季不懂时间是空间的第四量向，费孝通说："你去问孙令衔，只他一人懂。"阿季听了孙的解释就知他在唬人，他也未懂。直到 1935 年出国前在家整理箱子，忽想到三年以后是否能再回到这里。因而想到虽然还是老地方，实际上已不是原来所在了，因为地球随着时间流逝在转动。阿季自己想通了这个问题。

阿季还是班上的"笔杆子"，中英文俱佳。东吴 1928 级英文级史出自她的手笔。1929 年中文级史是她的第一篇散文，因为害羞，没使用真名而叫"含真"。

阿季最有兴趣的一门课是大学二年级的 Ethics（伦理学），由前校长文乃史神学博士讲授，课本名 *How To Fulfill Yourself*（《如何完成你自己》），薄薄一本教科书。上文是如何发展个人的才能，结论是"自我完成"是牺牲自我。阿季觉得，这本书上下文都不贯穿，分明是传教士的蹩脚作品。

文乃史教授摆出一书架的参考书，都是他自己的藏书。杨先生说："参考书，我读了大半，现在书名、内容全忘了，连作者的名字都没记清，大概因为读时就半懂不懂。费孝通和我竞争，读过两三本，旁的同学一本都不读。"

杨先生还说："我们的反抗思想不知是否无神论或唯物论，自以为很科学。论文题'论不朽'，我的谬论，'将来科学发达，不是神不朽，肉体也不朽'。文乃史博士看出我在和他捣蛋，笑着对我摇头，但他还很客气地给了我一个二等（相当于清华的 Good）。我那时对成绩的分数满不在乎，一般功课全是一等（Excellent）。"

阿季属于那种不死用功，但记性强、悟性好，有所谓"鬼聪明"的学生。入学以来，从没开过夜车，进校之初，童心未泯，课上还曾与陶乐珊玩吹球；然而大学第三年功课成绩（包括体育）都是一等。东吴全校一共三个"纯一等"，阿季班上两名：一理科，一文科。同班学理科的那位纯一等，是徐献瑜，诨名"长子"，因个儿很高，后来在中科院物理所工作。另一位纯一等，比阿季高一班。

阿季得了纯一等，非常难得，东吴师生纷纷向三姑母荫榆祝贺，她那时在东吴教授日文。她不喜欢阿季，听了并不高兴。据杨先生说："三伯伯对我爸爸说，'我以为纯一等只她一人，有三个人呢！'"她原在周芬母校苏女中任教，欣赏周芬。东吴第一任中国校长杨永清也欣赏周芬，时常表扬，三姑母常对阿季嘟囔："怎么总听人说周芬好，没听说你好？"阿季说："那就是我不好呗。"

阿季上了大学，虽已不像振华时候那样"贼皮塌脸"，仍未全脱孩子般的淘气。她后来改与周芬住同屋，早晨第一节课是 7:45，她贪睡，往往起床后脸也不洗，用湿毛巾捞捞眼角就上课去了。周芬早饭替她拿一个大馒头，下课吃。她用馒头皮捏成一条蛔虫，像极了。周芬和另一医预女生下课后，孙令衔、沈福彭等男生总把他们的笔记送给周芬参考。阿季就把蛔虫放在他们的笔记本上，假装害怕，放得远远的。周芬回屋见了，不敢碰。阿季就拈来"阿乎"一口，咬下半截。周芬发现上当，满屋子追她，要胳肢她"报仇"，她四角逃避，只好告饶。孙令衔、沈福彭知道了都找她算账。

与她们同房间的有一位阔小姐，上海某保险公司老板的女儿，爱吃零食，每天她吃零食时，阿季和周芬就躲出去，免得大家不便。

东吴学生课外活动种类繁多，内容丰富。戏曲、歌咏、器乐等演出、演奏而外，男女同学也一同出去游山玩水。阿季春假就曾随全班同学同游上方山、灵岩山等处，也有坐船游一整天的。阿季很得意她善"削水片"，一片薄砖或瓦片抛出去能在水面上跳十几跳。杨先生清晰记得："一次，大家摇船到'青阳地'看樱花。天微雨，抬头是樱花，空中是飞花，地下是落花，很美。同游者费孝通、孙令衔、沈福彭、孙宝刚，还有姚克的弟弟。我总和周芬一起，还有沈淑和周芬同学医预的女生。"

东吴大学近在城墙边上，假日，阿季常和女伴上城墙去绕城走一圈，观赏城内外的景色。离葑门城楼不远，有一处河水清澈，岸上几棵古老的垂杨，枝条拂着水面。河边有块石磴，沿着土道上坡，有堵粉墙，开着小门。从城墙高处可以望见墙里整齐的青竹篱笆和一座瓦房。阿季每走到这里都要停下遥望，赞赏"好个临水人家！"没想到自己竟有朝一日走进这户人家。

那时她正自修法文。大姐姐利用暑假教了她基本读音，开学到上海去了，叫她自习。她就自己学文法，记生字，做练习，心想如有位老师指点指点多好。大姐的好友苏雪林先生这时在东吴教课，知道阿季的心思，就介绍一位比利时夫人。据大姐姐说，这比利时女人嫁了一个留学比利时的中国学生。那人回国后当了一个玻璃厂的厂长。玻璃厂厂长和两个哥哥同居一宅，原配夫人也住一起，洋夫人不习惯大家庭生活，出来单过。她平居寂寞，愿意和女大学生来往。阿季经苏雪林先生约定时间，就按地址找到她家去相见。

阿季找了同屋的周芬同去学法文，由城市街道走入乡间小径，经人指点找到篱笆门。走进院子一看，正是她向往已久的临水人家。院里没有栽竹种花，种的全是菜瓜豆类，两只大白鹅充当看门狗。堂屋里泥地没有压平，只旧方桌一个、旧椅子几把，还有几条白木板凳。洋夫人苍白憔悴，看上去三四十岁，花绸裙子已退色过时，穿一双中国土式布鞋。女儿很像妈妈，乖得一点没有声息。洋夫人当着客人在泥地上给女儿把尿，让阿季和她的同学感到吃惊。她们每星期去一两次，照例是下午。

一次课上到半截儿，玻璃厂厂长来迎阿季她们参观他的厂，步行好一段路才到，不过是一堆乱七八糟的小房子中的一间破陋大屋，泥地的角落堆着破玻璃瓶、杯和碎玻璃片。沿墙两个炉子，一个烧得正旺，熬着一锅玻璃浆。另一个炉子闲着，几个工人像小孩吹肥皂泡那样吹起一个个大玻璃泡。厂长介绍，长圆形的玻璃泡泡，定型后截去两端能分割成两个洋灯罩，据说偏僻的乡村多用洋灯，而生产洋灯罩的只此一家，销路很好。说话间，洋夫人张开双臂抱来一个小圆桌面大小的一笼屉馒头，又提来一洋铁桶粉条汤，为工人开饭。阿季等连忙告辞。

阿季的朋友不想再跟洋夫人学法文，她就独自一人抱了一本英法字典去上课。洋夫人跟阿季渐渐熟了，有一肚子话要说。她告诉阿季，她"不爱大家庭"，"大家庭奢侈，懒惰，不工作，一天到晚打麻将"。她丈夫离了婚的妻子也住在大家庭里。她自己产后，顿顿只喝粉条汤。阿季在她的卧室门外看到墙上挂着洋夫人的"合家欢"，几位年长的洋人很神气，年轻漂亮的是她的兄弟姊妹和嫂子，她自己面颊丰润，眼波流动，很美丽。据说她父亲是玻璃厂厂长，她丈夫在比利时留学时曾在她父亲厂里实习。照片上的美丽姑娘跟眼前这位苍白憔悴、衣着寒碜、劳累过度的洋夫人反差实在太大了。

有一天上课后，洋夫人给阿季看一方旧报纸，报尾有两节手指那么大小的一个扁方块，刊有芝麻点儿似的细字，声明某某（玻璃厂厂长）已与某某离婚。不知是张什么报纸，没有报头，也没有年月日，可能是报纸末尾最没人注意的"寻人启事"或"失物招领"栏。洋夫人想问这小小一片报纸，是否可作为离婚的合法证据。阿季已不记得自己当时是怎么回答的，不过她疑惑的神情大概也让洋夫人看出了几分真相。阿季自从看到了那张合家欢照片，那一小方报上登的离婚启事，想起洋夫人左手无名指上戴的结婚戒指制作粗劣、金色不正，上面有清清楚楚的"大联珠"三字，分明是香烟牌子抽签中彩的奖品；她心上不安，不愿再到洋夫人家去。阿季送了些礼物，推说功课忙，没有再见她。

过了没多久，大姐姐告诉阿季，那比利时女人回国了。据说，玻璃厂厂长对天主发誓，他如果欺骗她，愿受天主惩罚，让他们的女儿死掉。女儿果真死了。洋夫人没想到他竟敢亵渎神明，忍心把爱女做牺牲。她立即通过教会联系比利时领事馆，送她回国。

以后阿季还和东吴的同学朋友多次走城墙，每走近河水清湛处，看到河岸上几棵古老的杨树，仍不免要向那柳条掩映的临水人家驻足遥望，心中很是怅惘。

阿季在东吴和清华学习期间，保持启明养成的习惯，每天洗一次脸，只由早晨改为晚间。饭后用手绢抹抹嘴。女同学们饭后都洗脸擦粉。上东吴二年级时，招来一批很爱打扮的女生。周芬、沈淑都不甚打扮，1930年，周芬、沈淑和阿季三人发愿每日乘别人打扮时，习字一页。杨先生自谦说："她们书法都天生好，唯我独劣，但我从1930年坚持至今，字又那么糟，很有恒心了。"我知道杨先生至今每天悬腕练字，不只一张，字写得好，精神尤其可嘉。

有一位女同学，绰号"红嘴绿鹦哥"，每上一课，换一套新衣，戴大钻戒指，爱搽个白墙般的脸，涂个血红的嘴。阿季饭后不洗脸打扮，满处蹓跶。她好奇，问这位女士："许我'水晶帘下看梳妆'吗？"（阿季是高班好学生，不打扮，不爱出风头，不大用功，所以同学间能相容。）她让阿季玩弄她的脂粉，并告诉阿季，"要白，得用檀香粉——（国货，多铅）"。

三年级时，上海东吴法科将法预全部并入苏州东吴，学校来了几名法预学生，非常浪漫。有一位常在草地上半躺半坐，四周围坐一圈男朋友。她打网球失手，总说 Sorry，苏州《明报》就刊登《吕宋小姐　骚来》，形容她的洋气。相形之下，周芬和阿季等 1928 级女生就十分保守了。

美国的特特女士做了两年女生舍监，改由教社会学的钱长本女士兼任。她穿高跟鞋，戴翡翠戒指、"荡荡圈"（耳环），周芬和阿季怕受这等女士管就走读半年。其实她很老实，很忠厚，跟女生也是很友好的。她曾与同房间的加拿大来的体育教练马克小姐（Miss Mark）亲手做早点，请周芬和阿季同吃早餐。

钱长本女士想唱昆曲《思凡》，她唱尼姑，叫阿季陪唱小生。钱女士请晚饭，请了苏州填佛曲的著名昆曲专家贝叔美先生教她们怎样咬字，怎样换气。贝家全家善昆曲，贝先生在东吴读书的侄儿也来辅导。演出过后，钱女士急急拉着阿季到阅览室去看报纸反应，随即一声不响蹓了。原来报上一句没提尼姑表演如何，只说小生声调高亢悦耳，余音袅袅，三日绕梁云云。杨先生说她压根儿没有嗓子，只是有人捧场罢了。

1930 年，好友蒋恩钿就读清华已经一年，劝阿季转学清华。暑假期内，她陪阿季到上海交通大学报考清华转学，已领到准考证。不料阿季的大弟宝昌原患肺结核症，暑期忽又并发急性结核性脑膜炎，在当时为不治之症。那时不兴得病送医院，只在家延医调理。阿季帮助母亲和大姐轮班守夜。母亲只许阿季坐在弟弟房外，隔着珠罗纱帐子能看见弟弟。那天下半夜，爸爸把大家叫起来，大弟已经去了。大弟去世，不早不迟，正是清华招生考试的第一天，阿季恰恰错过了考期。

据杨先生说，这是她第三次亲眼看到去世的人。"第一次是祖母，她是含笑去世的，满面慈祥的微笑，一点不可怕。第二次是外祖父，他和生前不像了，略有点可怕。大弟弟完全变样了，脸缩小了，变成儿童时期的大弟，不可怕。钱瑗初生，我觉得她活像我的大弟。"妈妈说大弟是"豆腐肉",入殓时,内衣内裤都选的柔软细料,怕硌着。又让阿季给大弟的帽子钉上一颗珠子,行走时好照亮前面的路。盖上棺盖时,得对着棺材叫三声"宝昌"。阿季明知这一切大弟已无从感知领受,但体谅妈妈的一番心意,一一遵行。

妈妈心疼大弟身体素弱,生性老实,心最软,兄弟姐妹中最肯忍让;多年四处求医,倍加爱护,最终没能留住,妈妈的悲痛之深是全家任何人也无法比拟的,阿季也只在后来失去爱女阿圆之时,才深深体会到那种心如刀绞的伤痛。

阿季由大弟的去世,想到二姐阿同的早夭,对母亲无限同情。经过这次变故,她与家里更贴近,更珍惜亲情。

这一年,阿季母校振华的季玉校长为她申请到美国著名女校卫斯理(Wellesley College)的奖学金,学费全免,只旅费和生活费需自筹。虽然机会难得,父母也说,阿季如果愿意,可以去。阿季经过认真考虑,决定不去。一是不忍增加父亲已经太重的负担。母亲称父亲是"老牛"的说法对她印象太深。人口众多的一大家人生活开支和学费等等,全由父亲一人扛着,担子已经不轻了。二是她如去卫斯理,必须完成本大学课程,与其万里迢迢到美国去读她并不喜欢的政治学,不如在国内较好的大学研修文学。阿季告诉父母亲,她不想出国读政治,只想考清华大学研究院研习文学。

苏州东吴当时是一所比较淡化政治的教会大学,学校当局牢牢把握教学为主的教育方针,防范一切可能发展为政治活动的事,避免介入或卷入社会政治旋涡。

1930年,阿季读二年级第二学期时,校方偶查得塞在某处的一份名单,开除了一批不知什么政治倾向的人,据说与共产党无关。费孝通胆小,怕受牵连,自己忙转到北平燕京大学去了。在东吴,他爱当学生领袖,开大会,总是书记之类。常当主席的孙宝刚,这一年也退了学，由阿季介绍跟三姑母学日文，以后赴日本学习军事去了。回国后当了国民党军官。

"九一八"事变日军侵占沈阳后，由于蒋介石命令"绝对不抵抗"，东北军大部撤至山海关内，日军几个月内就占领了辽宁、吉林、黑龙江三省，并开始向热河进攻。各地人民纷纷要求抗日，反对国民党的不抵抗主义。平、津、沪、穗等地学生先后奔赴南京请愿，要求国民政府对日宣战。

苏州东吴也有学生到南京请愿，不过他们叫东吴附中的小蒋（蒋纬国）打鼓，领队。阿季等不愿跟在小蒋后面，不去。阿季提议为华北水灾捐款做寒衣救济灾民，许多女生同意。阿季领头写了信，大家跟着签名。她们买了布和棉花，自己裁自己做，成绩斐然。请愿的同学仗着有小蒋开路，不但未像他校学生遭遇困扰，在南京还受招待，各发毛毯晚上盖着取暖，有饼干充饥，白坐了一趟火车，阿季等不去的认为他们很丢脸。

1931年秋冬，阿季已升入大学四年级。学期将终，临近大考，学生罢考，闹风潮，要求政府接管东吴，改教会大学为国立大学。学生由几个先进分子领导，不许上课；不许上图书馆读书；不准离校；天天排队军操。学校内外有人巡逻，他们把电话线都剪断了，隔绝校内外的联系。

阿季母校振华校长王季玉先生知道东吴的情况，就打电话通知阿季的妈妈，让她接阿季回家。阿季的妈妈就乘黄包车到东吴女生宿舍，上楼去找阿季。当时她和周芬两人同住一室。阿季不愿撇下周芬，立刻使劲想了一想，想出一个主意——所谓"眉头一皱，计上心来"，现在称"脑筋急转弯"。她早年在启明上学时，为了帮助落难同学，"使劲想一想"，便想出办法，立即发号施令，成了小鬼里的"大王"。她有此经验。

阿季对妈妈说，坐您车上，也许给人看见，不让出校门。而且回到家里，课本、笔记等没带回去，还是不能念书。我和周芬且把我们书桌里的书和笔记等等包上，让妈妈带回家；我们两个，下午四点后可以出校门，我们会蹓回家。妈妈觉得不错，阿季就和周芬迅速各把宿舍书桌里的全部书籍纸笔等打成一包，提了送妈妈上车。两个大包包放在妈妈脚边，妈妈就回去了。那是上午十时左右。

阿季把她的打算告诉周芬，她都同意。她们从容地把衣服都归入箱子，把洗脸房的面盆、脚盆、湿毛巾、漱口杯、湿手绢、袜子等，全搬到屋里。她们的箱子不大，箱子里塞不下的，打在铺盖里。阿季在振华上学时学会打铺盖，鞋子、面盆等，都能包在铺盖里。

吃饭时，阿季和周芬不露声色，多半工作是饭后干的。下午四点以前，两人的空床上各有箱子一只，铺盖一个。两人又各自写好一张便条，上面说，"请将箱子一只、铺盖一个，交来人带走"。字条儿随身带，有些现钱也随身带。她们坐在空床上，靠着铺盖卷儿闭目养神。到了四点，她们锁上门，把钥匙交给管宿舍的女员工，她们跟她关系特好。她们平时不锁门，如离校出门，钥匙照例交给她。

两人空着手，很自在地走出校门蹓跶。走过博习医院，就急步登上望星桥。望星桥顶上有一家点心店，卖炒面、汤面等，也卖冰淇淋；她们如被追上，可说是蹓上桥去吃点心。桥顶很高，回头看，后无追兵，她们便急步下桥，走过十全街，到十梓街半中可拐弯，拐了弯便脱身了；但为了赶紧办事，两人一路急走（阿季和周芬一同走读时，回家的路四分之三是两人同走的。阿季近，周芬远。如边走边谈，可同走一小时）。这回四十分钟阿季便到家了。她立刻叫门房雇一辆车，送周芬带了她那包书回家；又叫门房拿了她的便条，到东吴宿舍领取行李。

门房车去车回，一小时内就把阿季的箱子、铺盖领回了。周芬家有个忠心的老佃户，学期开始或终结时，小姐上学或由学校回家，他总要拿扁担挑行李。他领取行李也顺利，可是挑到学校门口受到盘问，那位佃户不顾阻挠，硬是挑着箱子、铺盖冲出校门。于是引起全校大戒严，各门加紧把持。

算阿季和周芬运气，安然逃归。后来想逃离学校的同学，就没有阿季她们走运。闹风潮的学生一旦发现，不但捉回，还要处罚呢。中西女校来的四个女生阿薛、阿黄、阿狄、阿俞和前体育教练 Robert Chou（赵占元，后来的燕京大学体育教授）等，见阿季和周芬蹓了，很羡慕。他们商量从水路到火车站，船都雇了，但未及上船，就被捉回，开群众大会"公审"。有一女生被围困在校，想逃出去。螺蛳浜一带的学校围墙最矮，这学生将行李扔出去，立刻被墙外巡逻的人给扔进来。

东吴大学当局对学生闹事始终不理不睬。学生闹了一场没结果，就做了一个纸糊的杨永清 effigy（假人儿），一把火烧了，然后作鸟兽散。

东吴大学因学潮停课，开学无期。阿季是毕业班学生，不能坐等浪费时间，就找文乃史博士商量借读燕京大学，借读手续由孙令衔请费孝通帮助就近办理。孙令衔因为借读的事常来阿季家，父亲本来就与他叔父相识，父母见他人聪明，功课好，办事踏实有耐心，印象不错。他后来做了阿季的七妹婿。

1932 年初，借读燕京手续办妥，阿季与父亲商量要北上借读。父亲不大放心，说："你若能邀约到男女同学各三人同行，我便同意你去。"阿季果然约到周芬、张令仪两女生，孙令衔、徐献瑜、沈福彭三男生。张令仪本约定同行，但她临上火车赶到车站，变卦不走了。

1932 年 2 月下旬，阿季与好友周芬，同班学友孙令衔、徐献瑜、沈福彭三君结伴北上。那时南北交通不便，由苏州坐火车到南京，由渡船摆渡过长江，改乘津浦路火车，路上走了三天，到北平已是 2 月 27 日晚上。他们发现火车站上有个人探头探脑，原来是费孝通，他已经第三次来接站，前两次都扑了空，没见人。

清华园古月堂，杨绛和钱锺书 1932 年 3 月在这个大门口初次见面

　　费孝通把他们一行五人带到燕京大学东门外一家饭馆吃晚饭。饭后，踏冰走过未名湖，分别住进燕大男女生宿舍。阿季和周芬住女生二院。他们五人须经考试方能注册入学。

　　阿季考试一完，便急着到清华去看望老友蒋恩钿，孙令衔也要去清华看望表兄，两人同到清华，先找到女生宿舍"古月堂"，孙君自去寻找表兄。蒋恩钿看见阿季，高兴得不知如何是好，问阿季既来北平，何不到清华借读？阿季告诉她燕京借读手续，已由孙君接洽办妥，同意接收；蒋恩钿还是要为阿季去打听借读清华的事。

　　晚上，孙令衔会过表兄，来古月堂接阿季同回燕京，表兄陪送他到古月堂。这位表兄不是别人，正是钱锺书。阿季从古月堂出来，走到门口，孙令衔对表兄说"这是杨季康"。又向阿季说"这是我表兄钱锺书"。阿季打了招呼，便和孙君一同回燕京去了，钱锺书自回宿舍。

　　这是钱锺书和杨绛第一次见面，偶然相逢，却好像姻缘前定。两

上世纪五十年代初，周芬到
北京中关园来看望老友杨绛

人都很珍重这第一次见面，因为阿季和钱锺书相见之前，从没有和任
何人谈过恋爱。

　　蒋恩钿很快为阿季办好借读清华的手续。借读清华，不需考试，
有住处就行。恩钿同屋的好友袁震借口自己有肺病，搬入校医院住，
将床位让给了阿季。同屋的还有振华校友张镜蓉，也读外文系。

　　东吴结伴北上的一行五人全部通过燕大考试，四人注册入燕京就
学，一人借读清华。好友周芬送阿季搬入清华。不久，周芬和蒋恩钿、
袁震等也成了朋友，两校邻近，时常来往。

　　周芬是阿季邀约一同北上的唯一女伴，现在把她一人丢在燕京，
阿季心中很过意不去。不过周芬学习认真、性情随和、善与人相处，
很快就适应了燕大的学习生活，融入新的集体。她原学医预，后因家
中失火，损失惨重，家境困难，学不起医，在东吴时已转入化学系。
学期结束，她也以优异成绩毕业于东吴。东吴大学校长杨永清一向赏

识周芬，推荐她到上海中西女校教化学。当时中西的校长是杨永清的妹妹。

周芬也是阿季那种"一辈子的朋友"，一直来往，保持着友谊，周芬十分敬业，后来成为全国中等教育的四大名师之一，全国解放后被调来北京，在人民教育出版社编辑教材。一次，来看望阿季，说路上碰见东吴的同学，问："见到杨季康了吗？"答："见了。""还那么娇滴滴吗？""还那么娇滴滴。"钱锺书先生不服，立刻反驳："哪里娇？一点不娇。"

杨先生说："我的'娇'，只是面色好而已。东吴有的同学笑我'脸上三盏灯'（两颊和鼻子亮光光），搽点粉，好吗？我就把手绢擦擦脸，大家一笑。"

钱先生本人不也对杨先生的脸色姣好印象极深吗？他写给杨先生的七绝十章就曾这样赞道：

缬眼容光忆见初，蔷薇新瓣浸醍醐；
不知靧洗儿时面，曾取红花和雪无？

这年3月，钱锺书和阿季初次在古月堂匆匆一见，甚至没说一句话，彼此竟相互难忘。尽管孙令衔莫名其妙地告诉表兄，杨季康有男朋友，又跟阿季说，他表兄已订婚；钱锺书不管不顾定要说清楚，他存心要和阿季好。他写信给阿季，约她在工字厅客厅相会。见面后，钱锺书开口第一句话就是："我没有订婚。"阿季说："我也没有男朋友。"两人虽然没有互诉爱慕，但从此书信往返，以后林间漫步，荷塘小憩，开始了他们长达六十余年的爱情生活。

其实孙令衔说表兄订婚的事，也并非一点影子没有。叶恭绰夫人原为孙家小姐，是孙令衔的远房姑妈，称为叶姑太太。叶恭绰夫妇有个养女名叶崇范，洋名 Julia，是叶公超的从妹。叶姑太太看中钱锺书，曾带女儿到钱家去，想招钱锺书为女婿，叶恭绰也很赞成。钱基博夫妇很乐意，但钱锺书本人不同意，及至遇上阿季，一见钟情，更坚决反对与叶家联姻。叶小姐本人也不同意，她有男朋友，一位律师的儿子。不久就和她的男友 elope（私奔）了。——当时的洋学生都爱模仿西洋小说里的浪漫式私奔。随后当然是结婚。

至于孙令衔告诉表兄说阿季有男朋友（指费孝通），恐怕是费的一厢情愿，孙令衔是费孝通的知心朋友。

阿季与钱锺书交好以后，给费孝通写了一封信，告诉他："我有男朋友了。"

一天，费孝通来清华找阿季"吵架"，就在古月堂前树丛的一片空地上，阿季和好友蒋恩钿、袁震三人一同接谈。费孝通认为他更有资格做阿季的"男朋友"，因为他们已做了多年的朋友。费在转学燕京前，曾问阿季，"我们做个朋友可以吗？"阿季说："朋友，可以。但朋友是目的，不是过渡（as an end not as a means）；换句话说，你不是我的男朋友，我不是你的女朋友。若要照你现在的说法，我们不妨绝交。"费孝通很失望也很无奈，只得接受现实：仍跟阿季做普通朋友。他后来与钱锺书也成为朋友，与他们夫妇友好相处。

命运有时就那么捉弄人，1979 年 4 月，中国社会科学家访美，钱锺书不仅和费孝通一路同行，旅馆住宿也被安排在同一套间，两人关系处得不错。钱先生出国前新买的一双皮鞋，刚下飞机鞋跟就脱落了。费老对外联系多，手头有外币，马上借钱给他修好。钱先生每天为杨先生记下详细的日记，留待面交，所以不寄家信。费老主动送他邮票，让他寄信。钱先生想想好笑，淘气地借《围城》赵辛楣和方鸿渐说的话跟杨先生开玩笑："我们是'同情人'。"

不知费老是怎么想的，似乎始终难忘这位意中的"女朋友"。1949

年秋，钱杨夫妇应聘清华任教，与费老同事。思想改造运动中，费老自我检讨他有向上爬的思想，因为女朋友看不起他。晚年作文不顾事实，干脆说他的第一个女朋友是杨绛。本来就爱无事生非的小报就此大事炒作。一次我告诉杨先生：某小报大字标题"费孝通的初恋是杨绛"，没有什么内容，还是引的费老那句想当然的话。杨先生说："费的初恋不是我的初恋。让他们炒去好了，别理它。"

钱先生去世后，费老曾去拜访杨先生。杨先生送他下楼时说："楼梯不好走，你以后也不要再'知难而上'了。"这就等于谢绝了他的访问。费老有新作出版，常送杨先生"指正"，有时也派女儿或身边工作人员探望一下杨先生，送盆珍贵的花或小玩意儿什么的。一次杨先生来我家串门儿，快到中午的时候，让我陪她到住在同院的费老家坐坐，对他的多次问候表示谢意。费老万没想到杨先生亲自登门，兴奋地说个不停，时近正午，定要留饭，杨先生推说我家已做准备便匆匆告辞。这次旋风式的访问，心意到了，礼貌周全，前后用了不到二十分钟。我不得不佩服杨先生的聪明安排和她对费老始终做一个"普通朋友"的一贯坚持。

阿季大四那年最后一个学期的学业是在清华完成的。在名师云集、课目丰富、学术空气浓厚的清华园，阿季有如蜜蜂飞入花丛，不倦地采撷。她自称当时"呒清头"，既选了蒋廷黻的《西洋政治史》、浦薛凤的《政治经济史》、史禄国（S.M.Shirokogorov）的《人类学》、朱自清的《散文》等分量不轻的主选课目，还加选了温源宁的《英国浪漫诗人》。由于西洋文学基础缺乏，有次测验很难作答，干脆交了白卷，温源宁印象不佳，对得意弟子钱锺书说："Pretty girl 往往没头脑。"但是钱锺书偏偏喜欢这个没头脑的女孩。而当钱杨婚后一同出国留学，乘船离开上海时，温师也来给这个没头脑的学生送行。

1932 年 7 月，阿季在清华借读大四第二学期卒业，领到苏州东吴大学毕业文凭，并荣获金钥匙奖。阿季的大学生活至此告一段落。

杨先生以往的作品中，除了一篇《遇仙记》，很少专写东吴大学时的学习生活。本章许多内容，都是笔者从杨先生的记忆库里一点儿一点儿抠出来的。感谢杨先生虽然笑斥我"审贼"似的问个不休，还是不厌其烦，耐心地给我讲了一个又一个有趣的故事。

当我们行将结束东吴一段的访谈，杨先生说："昨夜想想东吴旧事，想到了老晚，都是无聊的，大约你听都不屑听。我到了清华，才用功听课，不再懒懒散散。"

最后，杨先生不等我老一套地盘问她这一时期的主要收获，主动说，在东吴，扩大了我对社会的认识；与家里更贴近，更珍惜亲情。

又叹说："我生平最大的遗憾是没有上清华本科（那时的清华外文系处于全盛时期）。家人和亲友郑重其事为我选大学，恰恰选了一所对我不合适的大学。我屡想转清华，终究不成，命也夫！

"我若不是反清'革命激烈派'的女儿，很可能弃学革命。但是我却成了一个不问政治且远离政治的政治系毕业生！"

6. 清华借读生到研究生

我曾问杨先生："您和钱锺书先生从认识到相爱，时间那么短，可算是一见倾心或一见钟情吧。"

杨先生答说："人世间也许有一见倾心的事，但我无此经历。

"振华的同学好友蒋恩钿进清华外文系后，信上常夸赞同班钱锺书的聪明和才华。1932 年 3 月在清华古月堂门口，我们第一次见面，觉得他眉宇间'蔚然而深秀'，瘦瘦的，书生模样。孙令衔告诉我他表兄已与叶恭绰的女儿叶崇范订婚。

"叶小姐是启明学生，是我的先后同学。我常听到大姐寿康和后来又回启明上学的三姐闰康谈起她的淘气。姐姐们说，这位叶小姐皮肤不白，相貌不错，生性很大胆淘气；食量大，半打奶油蛋糕她一顿吃完，半打花旗橙子，她也一顿吃光。所以绰号'饭桶'（"崇范"二字倒过来）。一次养母叶姑太太到永安公司买东西，叫她小坐等候，她乘机吃了三十客冰淇淋，吃得病了。她在启明，曾自己编造请假信，请得假回家，换上男装，骑自行车在大马路（今南京路）一带玩上一圈，吃了个足够，再回学校。

"我第一次见到钱锺书时，就想到了这位淘气的'饭桶'，觉得和眼前这个穿一件青布大褂，一双毛布底鞋，戴一副老式大眼镜的书生是不合适的。当时只闪过这个念头而已。"

我现在已无法向钱先生了解他对杨先生的第一印象，不过钱瑗倒是问过爸爸这个问题。那是 1982 年，杨先生正在西欧访问，只父女俩在家。钱瑗说："爸爸，咱俩最哥们儿了，你倒说说，你是个近视眼怎么一眼相中妈妈的？"爸爸说："我觉得你妈妈与众不同。"钱瑗又问："怎么个与众不同？"爸爸不再作答。

"您们初次见面后，怎么互相联系的呢？"我问杨先生。

"钱锺书见我后，曾写信给我，约在工字厅见面，想和我谈谈。他带我进客厅坐在一张大桌子边角上，斜对面。他要说清一个事实，孙令衔所说不实，他并未订婚。孙令衔和我一同走回燕京的路上，告诉我说：他告诉表兄，我是费孝通的女朋友。所以我说我也并非费孝通的女朋友。他说起身体不好，常失眠。我介绍他读 *Out-witting Our Nerves*，我没有书，只介绍了作者和书名。后来他说他借到了，读了。他介绍我读 Henri Bergson 的 *Time and Free Will*。"

"您俩都是无锡人，用家乡话交谈？"我又问杨先生。

"大约讲国语，不讲无锡话，没那么亲密。

"我们只是互相介绍书，通信用英文。那时清华园内有邮筒，信投入邮筒，立刻送入宿舍，通信极便。后来他寄给我看他的英文作品，也曾寄我看他的第一篇散文，题目是《竹马》，写小孩子拿竹竿当马骑，记得文中一两句：'沙土地上一条弯弯曲曲的道儿，两旁一串小孩子的脚印。'他说文章不好，不要了。我欣赏他的英文作品，他称赞我的英文信。

"他的信很勤，越写越勤，一天一封。钱锺书曾和我说他'志气不大，只想贡献一生，做做学问'。我觉得这点和我的志趣还比较相投，我虽学了四年政治，并无救世济民之大志。他也常到古月堂约我出去散步。我不走荷塘小路，太窄，只宜亲密的情侣。我们经常到气象台去。气象台宽宽的石阶，可以坐着闲聊。后来有一学生放气球测试气象，因电线杆上的电线坏了，气球的线碰上电线破损处，不幸触电身亡。死人躺在那儿，我们害怕，就不再去气象台；以后也走上荷塘的小道了，两人也开始像情侣了。有时我和恩钿、袁震散步回屋，我就知道屋里桌上准有封信在等我，我觉得自己好像是爱上他了。……

"在清华借读这半年功课忙，作业多，又碰上许多意想不到的事，自觉有点 giddy（晕晕乎乎）。北上以后，非常想家，天天盼家里的信。那时我在苏州的家人因'一·二八'淞沪战争曾逃难离开苏州，久后才乘船由上海回到苏州，其间联系中断，使我忧心，牵挂不已。

"学期终了，锺书要我留校补习一两个月，考入清华研究院，两人就可再同学一年。他放假就回家了。他走了，我很难受，难受了好多时。冷静下来，觉得不好，这是 fall in love 了。认识才短短几个月，岂不太造次呢？"

好友恩钿也回家了。袁震和阿季同屋，她天天给阿季吹冷风，都是关于钱锺书的，说他长相不佳、狂妄自大等等。

阿季小时候的好友孙燕华，是爸爸的好友孙奕英的女儿。老圃先生在北京任职时，孙奕英（叶姑太太的亲兄弟）一家亦在北京。阿季家门房臧明的妻子臧妈，就在孙家带孩子。阿季和燕华同岁，在女师大附小同级不同班，天天在一起玩儿。不是阿季在孙家吃晚饭，就是燕华在杨家吃晚饭。阿季回南后，常常想念燕华。阿季在东吴大学时，孙家举家回无锡，燕华进了苏女师。燕华是叶恭绰夫人最宠爱的内侄女，1931 年由叶姑太太一手操办婚事，把她嫁给了一位哈佛毕业又能作旧体诗的外交官做续弦，比她年长十岁。外交官除了上海有房子，在北京也有一所带花园的四合院。阿季在清华借读时，周末常进城去看燕华。

燕华熟知叶家说钱锺书的种种坏话：狂妄、骄傲等等，都搬给阿季听。因为钱锺书小看了叶家小姐，叶家及其亲友当然认为钱锺书很不好；燕华也不知道阿季和钱锺书的交情。燕华与叶崇范是最亲的表姊妹，叶小姐不愿嫁赘婿，和一位律师之子 elope（当时是时髦事）及后来结婚的故事，都是燕华说给阿季听的。燕华还给阿季看叶小姐"七星伴月"的结婚照。她把一口不整齐的牙齿全拔掉，换上整齐的假牙，新娘和七个伴娘都很美。

阿季听足钱锺书的坏话，都是对她泼冷水。虽然她心上并不认为钱锺书真像他们说的那么糟，不过她没有他那么热切，更没有他的急切，她还不想结婚呢。所以，钱锺书要求订婚，阿季写信说：不能接受他的要求。暑假报考清华研究院她还不够格，得加紧准备，留待下年。阿季说的也是实情，清华本科四年的文学课，一两个月怎补得上？她得补上了再投考。

阿季回苏州了。上海的亲戚为她找到了工部局华德路小学教员的职位，月薪一百二十元，还有多种福利。这种教职，上海人称做"金饭碗"。阿季原以为教小学当有余暇补习外国文学，欣然到上海任教。当了小学教员之后方知自己是外行，教小学也是专门之学。两位年轻的女同事都是上海沪江大学教育系毕业的高材生，一姓俞，一姓徐。阿季认真向她们学习。小学教师的任务很繁重，得填许多表格，教学都有计划。

说来也巧，抗战时期我在上海读的正是工部局华德路小学，只不过因为战火蔓延，学校已不在杨先生任教时的原址，而先后迁至沪西武定路、金司徒庙、延平路等地。我不得不佩服杨先生惊人的记忆力，在校不过一个来月，七十多年过去，竟仍能清楚背出华德路小学的校歌，而且唱得有板有眼。

啊，我的学校，教我们做人怎样做；
啊，我的学校，教我们做人这样做。
诚实节俭，做事勇敢；
清洁健康，生活快乐；
遵守纪律，和气且恭敬；

爱国爱人还需爱学问。

啊，我的学校，我时时刻刻都爱你。

啊，你的教训，我句句都记在心里。

阿季想起校歌，就又想起好几件事来：

她到校后第一把图书室值得一读的书都读了。

她在小学生离校后，玩了小学生游戏的滑梯，她从未滑过。在北京女师大附小上学时，大操场上只有一个师长训话的台，一侧有五六级台阶，一侧是斜坡。小学生都爱滑那斜坡，但斜坡很短，不过瘾。这回看到高高的滑梯，还有拐弯儿，阿季童心未泯，偷偷儿滑过多次。

一次开工部局小学教师联欢会，同桌同事都不相识，各人站起来自报姓名。然后考每人记得几个同事姓名，阿季得了第一或第二，出了一点小风头。

回校后同事俞、徐找阿季做朋友。她们想不到做小学教师，还需为小孩子系裤腰带；她们三个自称"杨妈""俞妈""徐妈"。

她们的顶头上司名雷震，诨名"雷公公"。上课时切不可讲故事，"雷公公"知道了会训斥。一次更高的上司陈鹤琴（上海工部局华人教育处处长）来校，特别到阿季卧室看望，问习惯吗？（颇有面子）

有一位同事姓戚，将嫁给一位音乐家，名黄自，虽不认识，也送了礼。

阿季得了第一次一百二十元工资，捐十元水灾救济金。以后由于注射防疫针过敏，引发荨麻疹，开始还不厉害，打完第三针，就发得很凶；从头皮到脚趾，浑身都是大大小小的"风疹块"，有时眼睛肿得睁不开，有时嘴唇肿成猪八戒。双十节放假回苏州，爸爸妈妈见她荨麻疹发得厉害，就命她把"金饭碗"让给一位有资格又需要饭碗的亲戚，留她在家养病。

过敏反应不算大病，但很顽强，很困扰人。钱锺书一心想和阿季同学一年，不赞成她本年放弃投考清华大学研究院；阿季无暇申辩，就不理他。

钱锺书以为阿季从此不理他了，大伤心，作了许多伤心的诗。他曾用"辛酸一把泪千行"形容此时自己的伤心。《壬申年秋杪杂诗》中，多半是他的伤心诗。1994年钱先生自定诗集时，《壬申年秋杪杂诗》没被收入。现将《杂诗》的序及其中伤心诗若干首抄录如下，或许有助于了解和体会年轻的钱锺书此时的心情。

序曰：远道栖迟，深秋寥落；嗒然据梧，悲哉为气；抚序增喟，即事漫与；略不诠次，随得随书，聊致言叹不足之意；欧阳子曰："此秋声也！"

著甚来由又黯然？灯昏茶冷绪相牵；
春阳歌曲秋声赋，光景无多复一年。

海客谈瀛路渺漫，罡风弱水到应难；
巫山已似神山远，青鸟辛勤枉探看。

颜色依稀瘳寐通，久伤沟水各西东；
屋梁落月犹惊起，见纵分明梦总空。

良宵苦被睡相谩，猎猎风声测测寒；
如此星辰如此月，与谁指点与谁看！

困人节气奈何天，泥煞衾函梦不圆；
苦雨泼寒宵似水，百虫声里怯孤眠。

峥嵘万象付雕搜，呕出心肝方教休；

春有春愁秋有病，等闲白了少年头。

"钱先生当时这样伤心，您就一点无动于衷吗？"我又问杨先生。

"我虽然不写信，还是很想念的。蒋恩钿知钱锺书伤心，劝他再给我写信。他写得很诚恳，我很感动，就又和他通信了。"

通信的结果阿季和他继续交好，让他来见爸爸，并且告诉大姐姐寿康她对钱锺书的感情。大姐姐报告了爸爸妈妈。妈妈很赞成孙燕华式的服从家长安排，阿季声明不能步燕华后尘。爸爸知道婚姻大事，阿季不肯听旁人做主的。

1933 年初，寒假中，钱锺书到苏州来看望阿季，阿季介绍他见了爸爸。单独谈话后，爸爸说"人是高明的"，家世、工作等其他方面，爸爸没提。杨家的保康、闰康几个女婿都留过洋，不是大学教授就是上海工部局会办，而钱锺书大学还没有毕业，工作前途渺茫。深爱阿季的爸爸，对宝贝女儿的未来不无惋惜和担心。

阿季在钱锺书指点下，补习外文系功课。他来信说本届研究生考试，需考第三门外国语。阿季自习法语已多年，得到这个消息，连忙自学德语。自习三个月，居然勉强可读 T.W. 施托姆的《茵梦湖》。暑假，阿季到上海交通大学参加清华研究院入学考试。学校考试当日公布，只考两门外国语，第三门外语免试。阿季临时赶学德语，下了不少功夫，还荒疏了法文。但阿季还是被录取了。她至今还记得那年考试的英文作文题目是 *My Native City*。

钱锺书要与阿季结合的心愿十分急切，他很机灵，自从阿季那里得知老圃先生对他的印象"人是高明的"，不经与阿季商量，就急急陪同他的父亲赶到苏州来拜访老圃先生，亲自登门求亲，并挽出老圃先生好友二人为男女两方媒人。其一即孙奕英——钱家的表亲。爸爸对

杨绛与钱锺书订婚后在苏州庙堂巷花园同全家合影。中坐者为父亲荫杭和母亲须嫈，后排站立者左起依次为杨绛、钱锺书、姐夫何德奎（手牵长女肇瑜）、三姐闰康、大姐寿康、八妹杨必、七妹杨桼、妹夫孙令衔、小弟保俶

钱氏父子正式求亲毫无思想准备，以为是阿季本人同意了的，只能尊重女儿自己的选择。

尽管阿季和锺书是自己认识相爱的，还得颠倒遵循"父母之命，媒妁之言"的程序按老规矩办。这年暑假，钱锺书清华毕业，钱家要求举行订婚礼。因老圃先生身体欠佳，诸事从简。钱老先生夫妇由儿子锺书和他的三弟以及侄女陪同，由无锡赶到苏州，在一家饭馆摆酒宴请两家的亲朋好友，男女分席。从此阿季就是钱锺书的未婚妻了。

钱老夫子老派，要阿季的八字[1]。一向开明的老圃先生说："从前是男女双方不认识，只好配八字，现在彼此相识相知，还要八字做甚？"他没有将阿季的八字给对方。所以钱基博家谱上所记阿季的八字是不

---

[1] 用天干地支表示人出生的年、月、日、时，合起来的八个字。旧时认为根据生辰八字可推算出一个人的命运好坏。

对的，是老夫子推算出来的，自知有误。

钱老夫子虽在订婚宴上始与阿季初次见面，却对这位未来的儿媳十分看重，寄予厚望。原来老夫子在儿子不知情的情况下，多次拆阅阿季写给锺书的信。阿季和锺书通信（所谓"情书"）有时用英文，有时用白话文，从不用文言。阿季绝未想到锺书父亲会拆看。一次锺书形容他的一位朋友和女友通信时，每句开头总是"朋友呀"。阿季不赞成交这种朋友，回信说："'毋友不如己者'，我的朋友个个比我强。"老夫子觉得此言"实获我心"，就郑重其事给阿季写信，把儿子托付她管。阿季得信甚窘，问锺书怎么回信？锺书说，不用回。

阿季料想她未来的公公大概每信必拆，英文信看不懂，看懂的还要通报锺书的叔父，两人议论一番。传说阿季曾在信中对锺书说，"现在吾两人快活无用，须两家父母兄弟皆大欢喜，吾两人之快乐乃彻始彻终不受障碍"。钱老夫子赞曰"此诚聪明人语"云云。"聪明人"可托付儿子吗？老夫子不是就怕儿子太聪明了吗？显然是拆看的信太多，记混了。

订婚宴会，老圃先生神采奕奕，阿季妈妈也落落大方，与亲家母周旋。锺书的母亲平时就比较沉静，从来很少出门，她没说什么话，但很高兴。锺书告诉阿季，他母亲"回家快活得睡也睡不着"。

锺书蓄意投考中英庚款留英奖学金，而中英庚款规定，应试者必须有服务社会两年的经历，所以他急要去教书，取得应试资格。他毕业后没有进清华研究院继续深造，原因在此；否则还能和阿季同学，朝夕共处，何乐而不为也。传说钱锺书狂言清华没人有资格教他，所以不进清华研究院，这是误解。他就读清华四年，对许多教过他的老师是很尊敬的，其中五位被他称为恩师，诚心诚意地敬重，像蒲柏（Alexander Pope）所说，以哲人导师而更做朋友的，毕业后多年保持着亦师亦友的联系。

钱锺书应上海光华大学之聘，任英语讲师两年，月薪九十元，每年以十个月计算。钱基博老先生此时也在光华任教，父子同校。

阿季考取清华研究院外国语言文学部，马上就要开学，钱穆（宾四）先生在燕京大学任教，不日也将北上。钱穆先生曾参加阿季和锺书的订婚礼，那天晚上，散席后，钱老夫子特把阿季介绍给"宾四先生"，约定同车北去，请他一路照顾。其实这条路阿季已单独走过一次，自以为有经验了。

动身那天，锺书送阿季到火车站和宾四先生相会，一同托运行李结票，各自手提随身物件上车。

那时苏州到北平旅程约三十七八个小时，火车到了南京，由轮船载运车厢过江的轮渡虽还在筹备之中，已不复像以前那样需换站到下关摆渡改乘津浦火车，而是货物先运过江，然后旅客渡江，换乘北段火车。宾四先生和阿季一同坐在车站的椅上等待渡江，看着搬运工像蚂蚁搬家似的把大包小件各项货物抬运过去。宾四先生忽对阿季说："我看你是个有决断的人。"阿季惊问："何以见得？"他说："只看你行李简单，可见你能抉择。"阿季没有解释她是如今老练了，前次北上也曾大箱子、大铺盖，多带许多无用之物；她也没谦逊几句，只笑了笑。

许多年过去，杨先生回想当年宾四先生突对她"有决断""能抉择"的评论，本意当不只在她行李简单，而可能由于他参加了阿季和锺书的订婚礼，对阿季的婚姻抉择有所感而言。

阿季吃不惯火车上油腻生硬的米饭、面条，自带些饼干、水果充饥。她请宾四先生同用，宾四先生很客气，躲到一边去了。他只吃些麻片糕之类的点心，逢上停车，他就到站台上喝碗油豆腐粉汤。阿季见宾四先生自奉菲薄，很敬重他的俭德。

因为彼此还陌生，宾四先生说话不多。车过蚌埠后，车窗外一片荒凉，毫无景色，净是些土墩子。阿季叹道："这段路乏味极了。"宾四先生说:"此古战场也。"他指点说哪里可以安营,哪里便于冲杀。……经他这么一说,阿季想起了《吊古战场》文,眼前景物顿然改观,绵延不尽的土墩子似乎也有了生气,吊古之情油然而生。车入山东境,车站靠近泰山,宾四先生谈锋健了,从临城大劫案直讲到抱犊山。车到北平,阿季对宾四先生已不陌生了,不过此次分手后再也没见过面。

清华新盖了静斋女生宿舍楼,研究生可以一人一间。阿季喜欢接近自然,挑了三楼角上朝西向北的小屋,凭窗眺望,西山苍苍,草木森森,层峦叠嶂,山村野景,朝晖暮霭,变幻无穷。阿季暗自得意自己的选择,不料入冬以后,北风呼啸,席卷着漫天尘土,穿过窗隙,钻入阿季的小屋,桌椅、床铺到处是土,吓得她赶快躲进赵萝蕤的房间,两人做伴,同居一室。赵萝蕤是燕京大学宗教学院院长赵紫宸的掌上明珠,年龄比阿季小一岁,班级高一年。她跳过整个高中三年,由初中毕业考入燕京大学中文系,又转入英文系。此时已是清华研究院二年级生。她的导师是叶公超先生,跟叶先生研究英国诗人 T.S. 艾略特。

阿季初入研究院,选了翟孟生(Robert D.Jameson)的《欧洲文学史》、梁宗岱的《法国文学》、吴宓的《中西诗比较》、吴可读(A.L.Pollard-Urquhart)的《英国小说》,还有朱自清的《散文》。研究院外文部的同班同学,多是清华本科外文系毕业保送或考进来的,外国文学基础比较扎实;而阿季大学专业是政治,虽然经过一番"恶补",总不够自信,因此也格外用功,努力学习。

在梁宗岱先生《法国文学》班上,同学有王岷源、盛澄华、王馨迪(后名辛笛)等二三十人,女生坐前排。头一堂课听写,梁先生看完试卷,喊"杨季康";阿季吓得要命,不知出了什么错,连忙起立准备答问。其实她的"听写"卷子满分,老师很高兴。梁先生问:"杨季康,你的法文是哪里学的?"阿季答:"我是自学的(1930 年暑假,由大姐授以基础,以后大姐懒得教,只好自学)。"梁先生说:"我也是自学的。"

由于她发音纯正，思想清晰，功底厚实，梁先生对阿季很欣赏，觉得她有灵性。上课提问，旁的同学答不上来时，总叫阿季作答。学期终了，同学们打算要求免考，先问 Miss 杨同意否？她说"当然同意"。梁先生问是否全班的要求？然后一口答应说："好！免考！我请你们吃饭！"但是他没请吃饭。梁先生使用的教材是他自己编选的法国十五世纪以来的诗选，阿季很喜欢。她有时被点名解释法国诗选的片段，梁先生总点头称赞。

"文革"结束后第一次召开的文代会上，梁先生也出席了。赵萝蕤和阿季也是代表。赵萝蕤告诉阿季，她见到梁先生了，可是梁先生不认识她了。阿季远远望去，梁先生也和从前不一样了。她前去自报了姓名，问还认识否？梁先生高兴地说："杨季康！怎不认识！我班上最好的学生！但愿我个个学生都能和你一样。"

阿季没有选修叶公超先生的课。叶先生听说钱锺书的未婚妻在清华读研究生，就执意要和阿季见面，看看拒绝和他从妹联姻的钱锺书究竟相中了一位什么样的未婚妻。叶公超先生要他的研究生赵萝蕤来邀请阿季，请到他家去吃晚饭，并请赵萝蕤当陪客。叶先生很会招待，请吃饭时，和阿季讲她儿时好友孙燕华的事，说"燕华的姑爷有官瘾"，等等；两人有共同可谈而别人不知道的话，所以很快就熟了。

叶公超先生大概想试试阿季的英文，一天，拿了一册英文刊物，指出一篇文章要她翻译，说是《新月》要这篇译稿。这是一篇很晦涩、很沉闷的政论《共产主义是不是可避免的吗？》。阿季虽然大学专攻政治学，却对政论毫无兴趣，而且从未做过翻译工作。她七翻八翻总算完成了。她把译稿交给叶先生，只算勉强交卷。叶先生看过后说"很好"，交给《新月》发表。原文内容，阿季早已忘记，单凭题目可以想见是反共的。"文化大革命"中，阿季交代"罪行"，想起了这篇翻译，趁早主动交代。三十多年前的译文，交代了也就没事了。

朱自清先生的《散文》课,学生要交习作。朱先生认为写得好的散文,就要作者当堂朗读给全班同学听。记得他命胡杏芬朗读她写的《我的窝窝头》,的确写得很好。一次下课后,朱先生对阿季说:"你这篇作文,可以发表。我给你拿去投稿。"阿季高兴极了,盼呀盼,盼了一个月又一个月,没见下文。忽有一天看见几个女生聚在一起在读《大公报》,原来这天的《大公报·文艺副刊》登载了阿季的《收脚印》。她乐死了,暗暗对自己说"我当作家了"。《大公报》给阿季发了五元钱稿费,她用四块钱买了两斤绛红色的毛线,边看书边打毛线,给妈妈打了一条大围巾。又用一块钱买了一匣天津起士林的咖啡糖,裹在围巾里,打了一个包寄给妈妈。妈妈没回信,寒假回家才知道,阿七、阿必两个妹妹淘气,把阿季辛辛苦苦为妈妈织的大围巾给拆了,打成她们喜欢的东西。无锡的三姨来看姐姐,妈妈叫阿七把阿季寄回来的咖啡糖拿出来招待,然而一块也没有了,早被两个妈妈所谓的"死超糟"(死不要好的)吃光了。

《中西诗比较》课,吴宓先生很宽容,他对阿季说,你可以不必每堂课都来上,每星期交两篇诗作就行。不过阿季还是去上课,听吴先生讲他的《落花诗》《忏情诗》《空轩诗》,听同学们跟老师开玩笑。

1933年早春,钱锺书将他中学毕业后1930年春至1932年冬所写的诗,编成《中书君诗》(手抄自订本),"呵冻写与季康"。这是他最早的诗集,薄薄一小册。1934年初,他把一年间所作的许多诗,包括写给阿季的情诗,以及与阿季的唱和诗作,自费印刷出版,仍题名《中书君诗》,印数不多,主要分赠师友。吴宓先生也收到一册,大为高兴,当即写了七律一首《赋赠钱君锺书即题中书君诗初刊》,称赞他"才情学识谁兼具,新旧中西子竟通";"源深顾赵传家业,气胜苏黄振国风"。

锺书的父亲属于那种最不通世故"迂得可爱"的老夫子,居然送了一本儿子的诗册给叶恭绰请教正。叶老先生看到锺书与阿季的唱和之作，气不打一处来，愤愤然道，锺书不肯与叶家联姻，说什么"齐大非偶"（这也要怪钱老夫子连儿子的家禀，也拿给叶恭绰看）；杨荫杭大律师、大法官，也不小嘛！

锺书晚年编定《槐聚诗存》，可能觉得少年时作不成熟，"气粗语大旧吟诗"；《中书君诗》册中所作多半未收入。

阿季离家一学期，想家想得厉害，每个寒暑假都回家。

钱锺书虽远在上海，与阿季通信很勤，特别是假期，每天一封信。信封上发信人的落款也千变万化，一般称"奏章"。阿季记得放假回家，门房赵佩荣每天进来给阿季送信，口中说："四小姐，奏章来了。"一次锺书自称"门内角落"，赵佩荣颠来倒去念"门内角落"，想不通，最后问："四小姐，这个'门内角落'啥意思？"阿季也不清楚。得回信才知道"门内"即 money（钱），"角落"乃 clock（钟）；讲解之后，阖家大笑。赵佩荣在阿季订婚后，不称"钱先生"，改称钱少爷。他很喜欢这位钱少爷。

阿季假期回家，锺书必从上海来苏州拜见老圃先生夫妇，与阿季相聚。锺书曾对阿季说老圃先生"望之俨然，接之也温"。与未来的岳丈接触久了，交谈多了，已不再怕而觉得很亲近了。

1934 年 4 月初，锺书北上探望阿季，和她共度春假。这在锺书，实属难得。以往只要得闲，他总是读书，哪儿也不去，乐在其中。所以本年北游，他在纪事诗中说："某山某水愿能酬，敝舌焦唇泛小休；乞取东风晴十日，今年破例作春游。"

这也是他毕业离平后第一次回到母校，熟悉的师友宴请招饮日程排得满满的，锺书忙得顾不过来，吟云："七万二千分内粮，秀才闻请意皇皇。"叶公超先生席间言及京派海派之争，锺书谓吾曹不妨执两用中，可假海京班马戏之名自为一队。叶先生莞尔一笑。吴宓先生宴锺书于他的寓所藤影荷声之馆，并邀新任清华哲学、历史两系讲师的张荫麟君作陪。张君字素痴,1929 年毕业于清华旧制留美预备部,在美国斯坦福大学研习西洋哲学、社会学、文学,获文学硕士学位。他曾助吴先生编《大公报·文学副刊》,译著甚丰,被陈寅恪、吴宓等视为文史哲兼通的后起之秀。吴先生把他介绍给才华出众的钱锺书相识,称他们为"北秀南能"。锺书宴后有诗记初识张君荫麟:"同门堂陛让先登,北秀南能忝并称。十驾难追惭驽马,千秋共勖望良朋。"1939 年两人同在昆明西南联大任教,再次见面。不幸三年后张君即因肾病不治去世,年仅三十七岁。锺书赋五古长篇《伤张荫麟》,有句"清晨起读报,失声惊子死""吴先斋头饭,识子当时始。南荒复再面,阔别遂万里。赋诗久已删,悲子亦不起。夙昔矜气隆,齐名心勿喜。舜钦负诗字,未屑梅周比。时人那得知,语借颇中理。忽焉今闻耗,增我哀时涕。气类惜惺惺,量才抑末矣"云云。诚挚剖白,喟叹伤感中,看出年轻的锺书随着阅历的增长日趋成熟。

锺书历来很少出游,在清华四年,只去过香山和颐和园,后者还是学校组织的集体游览。而阿季天性活泼,喜欢接近自然。北上仅一个学期,已遍游故都远近名胜。锺书此番在阿季陪伴下,破例作平郊周边游,他最欣赏的是玉泉山和玉泉潭。游泰坛途遇青年男女学生,对阿季和锺书的亲密无间大有兴趣,十分艳羡,目送他们好老远。锺书有诗记其事:"欢子懊侬略已谙,嬉春女伴太痴憨。干卿底事一池水,送我深情千尺潭。"

锺书充分享受了大自然,尤其与爱侣相伴,情话绵绵,其乐陶陶,自比神仙。因此也就更加惜别,如他在《记四月二日至九日行》的诗中所言:"分飞劳燕原同命,异处参商亦共天;自是欢娱常苦短,游仙七日已千年。"阿季春游中,也作了旧体诗《玉泉山闻铃》等多首;锺书有和作《玉泉山同绛》等,其中有句"久坐槛生暖,忘言意转深,明朝即长路,惜取此时心"。充分反映了两人的依依不舍,不胜伤别之情。

1934年4月2日至9日，锺书从上海北来探望杨绛，两人在北平郊区周游
锺书有诗："分飞劳燕原同命，异处参商亦共天；自是欢娱常苦短，游仙七日已千年。"

阿季本年请温德（Robert Winter）为导师，并选了他的《法国文学》。温德是罗曼语系文学专家，但他的法语带有一股美国腔，不如梁宗岱先生发音纯正。梁先生的《法国文学》，第二学期改读罗曼·罗兰的《约翰·克利斯朵夫》，激发了阿季对法国文学的兴趣，自己去找了不少法国文学作品来读。阿季曾说，她"在许多学校上过学，最爱的是清华大学；清华大学里，最爱清华图书馆"。她把读书比作"串门儿"，借书看，只是到某一家去"串门儿"，而站在图书馆书库的书架前任意翻阅，就好比家家户户都可任意出入，这是她亲身感受的乐趣。她庆幸做借读生时，也能自由出入清华图书馆书库；读研究生时，规矩改了，一般学生不准入书库，教师和研究生可以进书库，不过得经过一间有人看守的屋子，只能空手进出。

　　在宿舍，阿季还是和赵萝蕤交往较多。她们还一起学昆曲。当时清华俞平伯、朱自清等多位先生喜欢昆曲，曾请红豆馆主来清华大礼堂清唱，阿季和赵萝蕤以为老师有红豆馆主，忙也报名学唱，但教唱的只是平平常常的拍曲先生。

　　赵萝蕤当时正在恋爱，追她的男生很多，一次曾问阿季："一个女的被一个男的爱，够吗？"她的追求者之一、燕京同学吴世昌，从报上读了阿季的《收脚印》后，对她说："杨季康，你可以与她做朋友。"赵萝蕤最后选定陈梦家为爱友，家里不赞成。陈梦家家境清寒，此时在燕京大学读研究生，从容庚习古文字学，住在赵家，生活费需赵萝蕤帮助筹措。赵紫宸当时在国外，本来每月给宝贝女儿八十元零花钱，听说陈梦家的事后不再给女儿钱。赵萝蕤在清华也是优秀生，享有奖学金，她每月向阿季借十元，下月还了又借。

　　1934年暑假，阿季照例回家，高兴热闹之后，清静下来，爸爸和阿季对坐闲话。爸爸说："阿季，爸爸最近闹了一个笑话。"阿季听爸爸说话口气，不像笑话。原来爸爸一次出庭，突然说不出话来。全院

在清华大学研究院学习时的杨绛

静静地等呀等，爸爸只是不开口，法院只好延期开庭。这不是中风吗？阿季心里一沉：爸爸久患高血压，居高不下，脑梗或脑出血都可能导致失语！阿季伤心极了，泪承于睫，忙用双手捂住脸，生怕掉下泪来。

爸爸身体需要休养，不能继续工作。自从那次出庭不能开口之后，就结束了他的律师事务。爸爸说还有一个案件未了，要阿季帮助写个诉状。他口述大意，阿季写成稿子。他只动笔改了几个字，就交给书记去誊写。这是阿季唯一一次做父亲的帮手。这个案件了结后得到报酬三百元，为小弟弟保俶交了上海同济大学的学费。

阿季在清华研究院第一学期结束，因为学习成绩优秀，获得奖学金，学费而外每月有二十元生活费（开学当月发三十元，十元交学费）。以后每个学期直到 1935 年夏离校出国，一直享受优秀生奖学金。这次开学离家，阿季已获奖学金，不再需家里负担，爸爸还是让她带上一百元，说身边多带些钱好，以备不急之需。

开学后不久，妈妈写信来说爸爸生病了。阿季接信立即把从家里带来的一百元钱汇了回去，大姐、三姐也从上海汇钱回家。尽管数额

杨绛与好友蒋恩钿 1932 年摄于清华大学礼堂前草坪

不多，但父女情深，爸爸心里很高兴。

　　1935 年春假，钱锺书没有北来与阿季相聚。他教书将满两年，已有资格参加中英庚款留英考试。本届招收留英学生二十余人，英国文学专业只有一个名额。许多人听说钱锺书本年报考，便不再报名。吴宓在清华研究院指导的研究生吴仲贤成绩很好，中英文俱佳，原来也准备考庚款学文学；吴宓得知钱锺书已报名，便劝他报考别的专业。吴仲贤于是改报畜牧，1937 年获爱丁堡大学动物遗传所哲学博士学位，又在剑桥大学研究两年，后来一直在农业大学任教，为中国科学院院士。

　　钱锺书 4 月到南京投考英庚款，回想去年在旧京与阿季一起春游，不知明年又身在何处；因而有"两岁两京作寒食，明年何处度清明"之句。

阿季今年没有出游而留校读书。她的好友蒋恩钿1933年从清华毕业后，去绥远教书，寄来她骑骆驼照的相片，一派塞外风光。阿季写了《溪水四章寄恩钿塞外》七律四首，自觉写得不错，可惜原诗丢失已久，而钱锺书的和诗犹存。

恩钿在绥远的薪俸较高，教了两年书，不但偿清同乡以前对她上学的资助，还为肺病加重的好友袁震支付北海疗养院的住院费用。阿季每周都进城去看望袁震。

钱锺书以高分考上了庚款留英，他是本届唯一被录取专攻英国文学的学生。中英庚款董事会董事长朱家骅参加了主考，对钱锺书的成绩印象深刻，很赏识。

钱锺书将于本年初秋赴英留学，决定与阿季结婚后一同出国。阿季明年才能研究生毕业，决定本学期结束后休学，办自费留学出国。她本年只有温德的《纪德研究》和朱自清的《散文》二门需大考，与老师们商量后，朱自清允许以一篇小说代替大考，温德先生处需交一篇《读纪德心得》。阿季交朱自清先生的考卷，是回家前赶写的。这就是她的《璐璐，不用愁！》，也是她创作的第一篇小说。温德先生处，阿季回家后，费心赶写的《读纪德心得》是英文稿（因为温先生用英文讲解），封入信封，由钱锺书代写地址和收信人姓名。锺书用毛笔写了封面，地址不错，但他用了他送温先生的诨名"冬心"先生。信是挂号寄的，但温先生想必没有收到。他自己也不知道"冬心"先生何许人也。他没给学分。学分，倒无所谓，但忙中赶写了好长一篇论文，只是白费功夫，真冤啊！

阿季交完习作就算交卷完事了，没想到朱先生对小说很欣赏，为她投到《大公报·文艺副刊》发表。后来被林徽因先生选入她所编的《大公报丛刊小说选》，题目改为《璐璐》，署的阿季学名。那已是阿季出国以后的事，她自己一无所知。在牛津得妹妹来信说，接到阿季的十五元稿费，她们代阿季给爸爸买了一身上好的衣料，阿季当时还莫名其妙。以后萧乾寄了书来，她才知道。钱锺书将《大公报丛刊小说选》翻阅一过，评说杨振声和阿季两篇最好。

阿季不需参加大考，便可提早一个月回家。她立即收拾行李动身，来不及写信通知家里了。1935年火车至浦口已有轮渡过江，不再下车，方便多多。正午刚过，阿季已到达苏州，但要等待结票领取托运的箱子、铺盖，下午三点左右才到家。

奇怪的是父亲那天并无任何预兆，可正午过后，午睡正将入睡，忽觉得阿季回家了，听听没有动静，以为是在母亲房里，走去一看，没人；到母亲做活的房间看看，也没阿季，只母亲一人在做活。父亲问："阿季呢？"母亲说："哪来阿季？"父亲说："她不是回来了吗？"母亲说："这会儿怎么会回来？"父亲又回去午睡，翻来覆去睡不着。阿季一到家，行李丢在门房，飞快冲入父亲屋里。父亲一掀帐子下床说："哦，可不是回来了吗！"父亲向阿季谈了刚才的事，说："真有心血来潮这回事。"阿季笑说，那是因她一下火车，心已经飞回家来了。父亲说："曾母啮指，曾子心痛，我现在相信了。"父亲还说，那是第六感觉，有科学依据。阿季记住了父亲的话，并在日后的经历中屡屡体验。

出国深造是阿季的夙愿，学的又是她喜欢的文学，况有志趣相投的锺书做伴，实在太理想了。唯一放心不下的是父母年纪大了，父亲又有病，此去离家万里，一别三年，作为一个孝顺女儿，别说侍奉，团聚也难。大姐在上海教书，小弟在上海读书，三姐早嫁，阿七在苏州国专上学，只剩下她和小八妹阿必二人陪伴父母，庙堂巷偌大一座院落，前后花园，几十间房，显得冷冷清清。阿季越想越难受，父亲看透她的心思，要她安心到国外学习，不用挂念家里的事，一切他自会安排。

阿季办妥自费留学手续，钱锺书从南京受训回无锡后，二人就抓紧收拾行李，他们的行李主要是书箱。杨先生还记得出国前整理书箱的情景："锺书把一叠又一叠中文书籍搬到书桌上，我一一装入大箱。多半是中文书，也有他喜爱的外文书，还有工具书。我记得在牛津时，我曾重读《论语》《孟子》《左传》等。《随园诗话》《养一斋诗话》等则是第一次读。锺书带的还有文集、诗词集等。一年后，许大千曾寄《红楼梦》，爸爸曾寄《元曲选》。带出国的中文书籍，回国时都送人了，带回的都是外文书了。"

我请杨先生讲讲她和钱先生结婚的故事。

他俩虽系自由恋爱，结婚仪式却是新旧参半：杨家新式，钱家旧式。

婚礼定于 1935 年 7 月 13 日（乙亥六月十三日）在苏州庙堂巷杨府举行。早几天，大厅已张灯结彩，预预的大柱子裹上了红绿彩绸，壁上挂满喜幛，家藏的名贵书画也摆出来供宾客欣赏。

杨先生说："我最难忘的是结婚前两天摆的那桌'小姐宴'（相当于某少数民族的"离娘饭"）。"按当年习俗，将出嫁的小姐在婚礼举行之前，父母摆一桌酒"请小姐"，和她告别。"小姐"的姊妹亲戚陪坐，父母亲则不参加。这是离别的宴席。

"我记得我家是阴历六月十一晚上摆的'小姐宴'，大厅上已挂灯结彩，月亮是十一夜的大半个，半圆不圆。姊妹及预先来帮忙或吃喜酒的姨妈、表姐等坐满一桌，只爸爸妈妈不坐席，他们两个留在里面卧室里。虽然大家说说笑笑，其实气氛是非常凄凉的。姑娘时代即将结束，父母姊妹不得时时再见。我心情悲苦，一口菜肴也吃不下去。想到从此要到钱家去'做媳妇'，离开亲爱的爸爸妈妈，心里非常难受。我想爸爸妈妈也舍不得我，没准此刻正在自己屋里落泪呢。"

杨先生说："后来我每见（阴历）十一夜的月亮，半圆不圆，就会想起那一天，想到那桌酒，爸爸妈妈在屋里，就想哭。"说到这里，已经哽咽，我忙劝杨先生别伤心。

举行婚礼那天，老圃先生主婚，张一麐（仲仁）先生证婚。七妹妹是伴娘，孙令衔是伴郎，另有一对提花篮女孩，一个提婚纱男孩。钱锺书由他父亲、三弟、小妹陪送来杨家。乐队奏《结婚进行曲》，在赞礼的唱赞下，新郎新娘相对行三鞠躬礼，交换戒指，伴郎伴娘代新人在结婚证书上盖印章。

礼成，杨家请来照相馆的摄影师为新郎、新娘摄影，又为新人与家长、来宾摄影。照完相，喜筵开席，来宾入座。新娘换装，和大家一起喝喜酒。

宾客散后，阿季洗澡换装，带了出国的行李，由钱锺书和他的家人接到无锡七尺场钱家。爸爸妈妈对女儿出嫁后生活照顾方面放心不下，动身前妈妈对阿季说："反正你结婚一个月就出国，我不为你找人了，就把我的阿增弟借你带过去，等你出国时还我。"（阿增弟和阿季同岁，是妈妈最得力的女佣。）阿季替钱家着想，没有同意；推说不用，他们那边有人。实际钱家老少一大家子人，也许总共一个烧饭的女佣。记得有一个"老妈妈"，睡在新房外屋，可是阿季从未使唤过她。阿季看见妯娌和小姑子早起到井边汲水洗衣，也跟着汲水洗衣。但是她不会汲水，洗衣更是没有洗过。

杨先生回忆说："'三日入厨下，洗手作羹汤……'是我小时候背熟的诗，没想到竟是结婚的典礼。'三朝'，我被引进厨房。厨房里有好些没见过的女人。灶上锅里烧着半锅沸油，灶台上盘子里有一尾开膛去鳞的鱼，她们要我把鱼放入油里。我从未摸过生鱼，也不知怎么拿，怎么下锅。她们教我提起尾巴，鱼头顺着锅边，鱼一溜就进锅了。我战战兢兢拿起滑腻的鱼，把鱼溜入锅里，居然没溅上油。幸亏没叫我真的煎鱼，煎鱼是我一辈子也没学会的。'小姑'也没陪我'入厨下'。"

钱锺书比较老实，婚礼举行前，他很抱歉地向爸爸说明，"季康过（他家）去得磕一个头"。爸爸虎着脸，不高兴。在老圃先生看来，跪叩为前清废礼，中华民国没这个礼。三姐姐牵牵阿季的衣角，阿季便不做声。三姐姐悄悄对阿季说："我嫁到何家不知磕了多少头，怕爸爸生气，没敢说。"

新人抵达无锡车站，乘包车到钱家。进门放双响爆竹、百子爆竹。

进门后，新娘阿季又换装，与锺书向他父母行跪叩礼；向锺书的嗣父嗣母也行跪叩礼。嗣父母已去世多年，请出一盆千年芸、一盆葱为代表，放在两只靠背椅子上。锺书的叔父、婶母辞谢跪叩，于是向他们行鞠躬礼。拜完长辈，又进祠堂，拜祖宗；到厨房，拜灶神。都是跪拜叩头，远不止锺书说的只磕一个头。

跪拜礼毕，吃"团圆饭"。

晚上，又请客吃喜酒。无锡国学专科学校校长唐文治老先生、上海交通大学教授唐庆诒先生，父子唱昆曲《长生殿·定情》助兴。

据杨先生讲："唐文治老先生家和钱家是近邻。唐庆诒夫人俞庆棠先生是振华校董，和我家人也都熟识，是两代交情了。唐家是宴请新人的第一家。我打扮好了，换上白高跟鞋。想不到上街得走着自己叫车。当时我心上说不尽的委屈。其实我十五岁时，也曾带着弟弟妹妹步行到振华上学。但那是上学啊，岂有新娘子出门做客，要走出门自己叫车之理！

"幸亏我是一个很贤的妻，委屈之余，不怨贫家媳妇苦，而自己明白，谁娶我这种小姐很倒霉！"

锺书偷偷告诉阿季，叔叔说："新娘子好是好，太好一点，咱们养不家的。"阿季更自庆没带阿增弟。

新人都折腾得病了。锺书发烧，阿季也累病了。婚后当双回门，妈妈摆了一席酒，白等了一天。阿季心上很歉疚，他们回不了门，也没打个电报回去。

杨先生说："锺书病愈即到南京接受出国培训了。我捱过了十天，就要求回娘家。公婆要小姑子陪我回（因为不可单回门）。小姑子正因公公稀罕我而大发脾气，披散了头发不肯梳辫子。我一路哄，总算编上了辫子才到庙堂巷。妈妈招待了她，还让门房把她送上火车。

"那是我末一次见到妈妈。我也病了，胸口、鼻上都生外疹。妈妈说，外疹都生在要害地方，得请邓星伯（无锡内外科名医）看，名医有家传秘方，很灵。我只好离家回无锡。邓星伯的药未及用完就带病上船了。妈妈还让人带给我两小篓水蜜桃和一件可家常穿的冬衣。蜜桃得先遍送长辈。我和小姑子各吃了两个。我不是贪食蜜桃，但那是妈妈特意给我吃的呀！

"我出国前由无锡乘火车出发去上海，经过苏州，火车停在月台旁，我忽然泪下不止，感觉到父母在想我，而我不能跳下火车，跑回家去再见他们一面。这也许就是父亲说的第六感觉吧，他们准在想我呢，而我从此没能再见到母亲。

"到英国后，我想家想得好苦。每星期一封家信，一封信要走两星期。三年后上船前，每梦到家就自己拧肉，怕是梦。到上海只见到爸爸，大姐姐和阿必（三姐姐在医院生孩子，小弟在维也纳上学），七妹妹结了婚在无锡。上海已沦陷，妈妈已去世一年多了。唉——"

杨先生又叹气了，她的大遗憾是父母如此疼爱自己，而在他们最需要帮助的时候，自己总不在他们身边。我只能劝慰杨先生：世事终难两全。父母支持您远行深造，也是出于疼爱，明智的父母疼爱子女，从不求回报；您能如此体恤二老心意，懂得珍惜亲情，已足以告慰父母的在天之灵了。

7. 留学牛津

儿子和儿媳即将远行，钱基博老夫子在两人出发前夕，将一份锺书的"命书"郑重其事地交给阿季。命书称：父猪母鼠，妻小一岁，命中注定。又说命里没有儿子。末尾说："六旬又八载，一去料不返，夕阳西下数已终。"根据这个说法，锺书寿命的最高限度是六十八岁。

杨先生心想，可能老夫子实诚，被算命的三言两语把自己和老伴的生肖属相等等全给套了去。至于钱先生，对此根本不感兴趣，他向来不记自己的出生年月日。1979年春，在美国为《围城》英文版译者审阅其所作《后记》，说钱先生生于1911年，他就没看出错来。关于那份"命书"，锺书只模糊记得算命的说他最多活六十八岁。1978那年钱先生刚巧六十八岁，他问杨先生："我哪年死？"杨先生哄他："还有几年。"他也不深究，就过去了。待过几年，钱先生已忘记这事。

阿季和锺书拜别钱老夫子夫妇，就由无锡乘火车至上海，在上海逗留几天。阿季住在三姐家，锺书住别处，各有应酬钱别活动，十分忙碌。阿季回启明女校参加校友会，校长礼姆姆要为她介绍同船赴欧的意大利公使，托他照顾，但后来知道不是同船。阿季带了三姐的女儿肇瑜同去，叶崇范小姐看见"瑜头"，便过来跟阿季招呼："闰康的女儿吗？"阿季笑笑点头。叶小姐穿的旗袍衬裙，开叉处不露腿，有细褶子的半透明白绸，和阿季好友燕华所穿一个式样，所以阿季也一眼认出了叶小姐，觉得她是个有大家风度的女人。

新婚的钱锺书和杨绛，搭乘P&O公司的邮轮赴英留学

　　阿季和锺书是 1935 年 8 月 13 日乘 P&O 公司的邮轮离开上海远航的，那天阿季的三姐闰康送行，只送到岸边。锺书的师友温源宁、邵洵美等来码头送行，坐小船直把他们送上邮轮。

　　由于当时任中英庚款董事会董事的叶恭绰规定，庚款学生出国留学不得携眷同行；阿季以自费生身份出国，凭教育部发给的留学证书办签证、买船票。她的留学护照上的身份是杨季康小姐。阿季登上轮船，和另两位女伴同舱，与锺书同船而不同舱。这艘邮轮载有许多同届留英学生，大家都知道锺书和阿季是新婚蜜月。

　　邮轮自上海港南行，在香港遇上台风，阿季小时乘过从天津到上海的海船，锺书从未乘过海船。遇飓风，别人早已躲避，他们贪看风浪，还留在甲板上，后来风大得站不住了，又加暴雨如注，两人手牵着手跌跌撞撞逃离甲板回舱，晕得两天未能进食，肚皮和后背贴在一起了。船进港后，两人上岸，饿得要命。恰逢星期日，带的十先令钞票，无处兑换，香港人不懂英语，他们俩不能粤语，幸好阿季口袋里还有银币一元，便上点心店吃了烧卖、小笼包子，喝了酽茶，开上账单来，恰好一元。

船过新加坡，英国高级专员署招待留英学生参观停在海上的海陆两栖飞机。过锡兰（1972 年改称斯里兰卡），在岛国首府、印度洋的主要港口科伦坡小停，阿季和锺书随众上岸，阳光太强，两人只好戴上墨镜。他们参观了印度教的蛇庙。初进蛇庙，庙内黑暗，摘去墨镜，起始一无所见，渐渐眼睛适应了，只见庙内无处不是大大小小的蛇，沿着门、桌、烛台，满处都是蛇，吓得忙逃出去。庙外有个院子，内有大蟒蛇，刚脱了皮，盘做一大堆，蛇总是不好看的东西。他们又参观了一座小乘教神庙。外面阳光刺目，两廊画着羽毛蛇。庙内深处有一盏灯，阴森森的，他们觉得可怕，没进去。

上船以后，天气一直炎热，由苏伊士运河过地中海入大西洋以后转为凉爽。船上有人死亡，有关人员将死者包裹后投入海中，这是阿季第一次参加海葬。

邮轮在海上行驶三星期，于 1935 年 9 月初抵英国。本家钱临照到车站来接，见了阿季，称"婶婶"，阿季由小姐一跃而为婶母，害羞得不敢应对。

阿季和锺书没有直奔牛津，而留在伦敦小住观光。伦敦，这座古老传统和现代文明相结合的都市，它的许多名胜古迹，阿季从英国作家、画家笔下已略见梗概，如今目睹亲涉，联想文学作品中的种种故事情节，更感到夙昔所见英国作家、诗人、画家所描绘的真切工致。锺书的堂弟锺韩，也是他从小的玩伴，来伦敦帝国理工学院就读已经两年，正好陪导他俩四处游览。印象最深的是英国文化王冠上的明珠大英博物馆，六百万册的藏书，令好读书的阿季和锺书无限神往。又参观了文物收藏馆，有许多是从中国掠去的珍品，他们看了不胜感慨。他们还参观了一些著名的画廊和图索德夫人（Marie Tussaud）创办的蜡像陈列馆。

地质学家、北京大学教授李四光，此时在英国讲学，兼管英国的中国留学生。他夫人是阿季大姊的同学好友，阿季称许璘姐姐。她知阿季和锺书到了伦敦，便邀去他们的寓所便饭。她的女儿十岁，名曦之，帮助妈妈做饭招待。李四光夫人直言不讳地批评阿季："你是 Miss 杨，怎么和钱先生住在一起？"阿季告诉她早在国内举行婚礼了。

没有多久他们就由专管中国留学生的英人 Mr.Silcock 开汽车送往牛津。

牛津在伦敦西北泰晤士河上游，它没有都市的繁华喧嚣，风景幽绝，古朴淡雅，别具一种小城的静美。居民不到十万，淳朴和气，比都市人更富人情味。小城因大学而著称，牛津是英国国学，也是世界上历史最悠久、声望最高的大学之一。此时有学院二十多所，女子学院四所。虽有总摄，实际各自为政，占地不及一平方英里。我父亲吴宓上世纪三十年代初曾到牛津访问，形容历经沧桑的大学校景"方里集群校，嶙峋玉笋繁；悠悠植尖塔，赫赫并堞垣。桥屋成环洞，深院掩重门；石壁千年古，剥落黑且浑"。

牛津大学每年三个学期，每学期八周，然后放假六周。第三学期之后是暑假，长达三个多月。第一学期于十月中旬（第三周的星期一）开学，十二月中旬结束。

钱锺书到牛津，Silcock 先生已为他安排好，入埃克塞特学院（Exeter College）攻读文学士（B.Litt.）学位。阿季本打算进不住宿的女子学院研修文学，如俞大纲那样做一名 Home Student，但接洽入学时攻读文学的名额已满，要入学只能改修历史。她不愿意，于是决定不入学院，而在牛津大学旁听几门文学课程，自修西方文学。

阿季和锺书在校外租得一间较大的房间，做卧室兼起居室，窗临花园倒也幽静。房主姓金（Mr.King），提供三餐和下午茶，房间卫生由老金的妻女负责打扫。同寓寄宿的还有另外两个学医的中国留学生。一姓林，上海人，阿季和锺书戏称他"林Doctor"；一姓曾，昭字排行，是俞大绌的亲戚。二人都已学成，当时是访问或进修。

钱锺书是我国庚款留学的公费生，在牛津却是自费生（Commoner），自费的男女学生都穿一件黑布背心，背上有两条黑布飘带。男生还有一只硬的方顶帽，但谁都不戴。领奖学金的学生穿长袍。牛津女生都戴软的方顶帽子。在牛津小城街上到处可见穿黑布背心的学生，这道街景曾使阿季当时心里难受，有失学儿童之感。她因不忍心向已患高血压的父亲开口要钱交付牛津昂贵的学费和导师费，宁愿做一名旁听生，听几门课，到大学图书馆自习。

学期开始以后，锺书也领得一件黑布背心。在牛津两年，他常穿着这种有黑飘带的黑布背心去埃克塞特学院课堂上课，到学院食堂吃晚饭。牛津规定，学生每周必须在所属学院的食堂吃四五次晚饭。吃饭，就证明这个学生住在学校。吃饭比上课重要。饭费较贵，因锺书有家眷，照顾阿季，他只需每周吃两顿饭。

亏得杨先生手勤心细，对于钱先生任何有纪念意义的物件都收藏保存得那么好。钱先生穿过的这件黑布背心，虽然随着主人屡经战乱炮火，流徙迁移，六七十年后竟还完整如昔。2003年初，国家博物馆为筹备百年留学历史文物展，派员向杨先生征集她父亲杨荫杭老先生以及她本人和钱先生留学英法时的文物。杨先生不仅提供了杨老先生与南洋公学留美同学在美国的合影，亲笔誊录了荫杭先生的题记；提供了他们夫妇留学时拍的许多照片；还拿出宝贝的牛津黑布背心，慷慨捐赠给国家博物馆。

2003年3月，题为"求学海外，建功中华"的百年留学历史文物展在国家博物馆举行。在钱锺书、杨绛提供的展品橱窗前，人头攒动，相机的闪光灯不断。当我看见那件熟悉的黑布背心，耷拉着两条飘带，想到当年杨先生曾对它那么羡慕和惆怅，心中真有说不出的感动。

阿季没有黑布背心，她一人穿着旗袍去上课，总和两三位修女坐在课堂侧面的旁听座上听讲。牛津大学的大课，在大学楼的课堂上。埃克塞特学院的课，借用学院的饭厅，都有好些旁听生。

阿季没有和锺书一起上过课，阿季上的课，他都不上，他有他的必修课。但他们在不上课的时候，两人一起上图书馆。旁听生没有作业，不作论文，不考试，有更多可以自己支配的时间。阿季从没享受过这等自由，正好把大部分时间都用在在图书馆读书。

牛津大学总图书馆名 Bodleian Library，钱先生译为饱蠹楼，藏书五百万册，手稿六万卷。两人在这里埋头用功，确有点像书虫那样饱蠹。杨先生说："在东吴，学的是我并不感兴趣的政治学，课余常在图书馆寻寻觅觅，想走入文学领域而不得其门。进清华后，又深感自己欠修许多文学课程，来不及补习。这回，在牛津大学图书馆，满室满架的文学经典，正好从容自在地好好补习。"

牛津大学图书馆的图书向例不外借。临窗有一行单人书桌，阿季就占据一张桌子，自己从架上取书来读。读不完的书留在桌上，下次来接着读。在图书馆读书的学生不多，环境非常清静，阿季的心态也平和宁静，她给自己订了一个课程表，英国文学从乔叟（Geoffrey Chaucer）开始，一个一个经典作家按照文学史往下读。主要作品一部一部从头到尾细读。代表作外，也读有关的评论。

牛津大学图书馆的经典作品以十八世纪为界，限于十八世纪和十八世纪以前。据说这样规定，是因为他们认为十九世纪的文学作品算不上经典。"但十九世纪的狄更斯（Charles Dickens）、萨克雷（William Makepeace Thackeray）等大家，在我们心目中都是经典。"杨先生说。"二十世纪的作者比十九世纪多，越近代，作品越多。这类书都是从牛津市图书馆借的，借到就读，不能按着文学史的先后读了。戏剧、诗、小说，各大家至少看代表作三四部，有的能借到就全看。Bodleian 经典作家的评传（馆中也没有后人写的），能借到或买到就读。回上海后以及 1949 年再到清华，能到手就补读。"

杨先生说："法国文学也是如此，我们都按文学史先后一个个读。莫里哀（Molière）的戏剧差不多全读过。我最不喜欢司汤达（Stendhal）的《红与黑》，不自然，但其他作品比此书可读。也读两三本小作家的作品，如普来佛（L'abbé Prévost）的《玛侬·莱斯科》（*Manon Lescaut*）、梅里美（Prosper Mérimée）的作品等，轻松，但少分量。卢梭（Jean-Jacques Rousseau）的自传《忏悔录》，至今未能读完，太脏。他的《新爱洛绮丝》《爱弥儿》等都读过。巴尔扎克（Honoré de Balzac）不甚喜欢，也读了不少。左拉（Emile Zola）也读了好几本。"

她说："你不问，我都忘了。

"英国剧作家我读得很多，巴里（James Barrie，《潘·彼得》的作者）的剧作和小说，几乎都读过。但萧伯纳（George Bernard Shaw）我不喜欢，读得不多。还有意大利名作、俄罗斯名著、德国名作，都读英译本。西班牙的《堂吉诃德》也先读英译。作为锺书的妻子，他看的书我都沾染些，因为两人免不了要交流思想的。至于'收获'，就只好老实说，'生小孩儿忘了'。锺书留下笔记，我未留下。我教书时又补读，又重读，但如今想想也忘得差不多了。笔记只是备课用的，无甚价值。我自己觉得说'读过'好像是吹牛了。

"锺书的法国文学是从十五世纪的维庸（François Villon）读起，一路读下去。然后读德文书，他在清华学过德文。然后自学意大利文，拉丁文则有限。主要是在法国那一年肆意读书，做笔记。到集市买菜购物则实习法语。他敢说，说得流利；而我面皮薄，只对房东太太和对门太太说说。"

杨先生感到"文学史上小家的书往往甚可读。英国桂冠诗人梅斯菲尔德（John Masefield）有《沙德·哈克》《奥德塔》两部小说，写得特好，至今难忘其中气氛。只有诗人能写得出"。英国小说种类最多，航海的、冒险的，她都看；她对船舶各部的专门名称、船员的等级职称等知识，大多由此而来。近代作品杨先生也读得很普遍，直到钱先生去后，她未再读新出作品。

我听说杨先生闲暇时爱读侦探小说，这一爱好也传给了女儿，钱瑗读的侦探小说之多不亚于妈妈。只听说杨先生和钱先生经常在生活中玩玩福尔摩斯和华生，"格物致知"；就请她说说侦探小说。杨先生说："英国学者多数爱侦探小说。侦探小说有科学性见长的，有写世态人情见长的。科学性强就是犯罪计划周到深密，不易破案，能教人犯罪。牛津一位专门研究老庄的英国研究员 K.J.Spalding 有一架子侦探小说。他说，'你们爱读什么，随便拿去看'。对侦探小说有同好的，交情也深一层。

"侦探小说，英国最好，也最多；法国不多，比起英国，单调多多，好像只两大家，我都读了。读侦探有二好处，一是好玩，二是为了学习语言。读侦探逼你能猜即猜，不能猜则查字典。我读完全部法文侦探，阅读法国小说可躺着看，不必查字典了。但我总记着老师的话：查一字，即收获一字，以后看见就认得；不查，就失去了，再遇到也不相识。"

我知道杨先生英国文学作品读得最多，也最熟，想问问她最爱哪位作家？杨先生说："此问很难答。因为各作家各有所长，兴趣可以很广，越读得多，越难说爱哪一人。譬如问最爱哪位诗人，最爱杜甫哪首诗，等等，都带些孩子气。各类文学作品，也各有可爱处。"

经不住我死乞白赖地盘问，杨先生蜻蜓点水式的表示简·奥斯丁（Jane Austen）的作品笔调轻快，塑造的人物鲜活，个个别致不同，令人过目不忘。她更喜欢乔治·艾略特（George Eliot），心理刻画和社会解剖巧妙结合，更有思想价值，更有分量。她说：Dickens 是大天才，才气洋溢，惜文字欠佳，Thackeray 文笔比他好，但不如 Dickens exuberant（活泼、精力充沛）。

杨先生说："我对于约翰生（Samuel Johnson）博士没读过多少，我最喜欢他的谈话，佩服他的博学，可怜他的身世，也崇敬他的为人。他的谈话不管有理没理，总很有趣，多警句，有识见，有劲，回味无穷（锺书也爱约翰生）。我没见过他的大字典，只读过部分序言。他注释莎士比亚非常博学，而且通情达理。小说却十分沉闷，传记看过不少，他的杂文我也爱读，但并不特别欣赏（因为我读书太浮，偶尔重读时，好似未读过）。

"据锺书讲，约翰生每天报道众议院当日的辩论，双方的言谈（某人说什么话）全是他编造的。他探得当日的议程，编造得有声有色。众议员读了他的报道，都以为他在旁听席上亲自听见的。妙不妙？"

我曾问杨先生：在牛津和巴黎，与钱先生都学西方文学，读同一方面的书，两人相互交流吗？

杨先生答："交流很多，十分相投，除了我读不懂的哲学和文艺理论书，我们总交流彼此的意见。"又说："我们文学上的'交流'是我们友谊的基础。彼此有心得，交流是乐事、趣事。锺书不是大诗人，但评论诗与文都专长。他知道我死心眼，爱先读原著，有了自己的看法，再读别人的评论或介绍。他读到好书，知道我会喜欢的，就让我也读。"

杨先生告诉我，她"有些小小的'歪学问'，常使锺书惊奇"。她说："一次锺书把我背的词和他刚读到的对比，一字不错，就在日记上说我想'胜过'他呢。当然是胡说。我读了诗话，苏东坡'众星烂如沸'句，被诗话作者打杠。我不服，锺书和我所见恰好一样。我读雪莱（Percy Bysshe Shelley）诗，有一句也是'鸟鸣山更幽'的意思，他十分赞成，也记在日记上。现在《管锥编》里还存此句，但未提我名。"

杨先生白天除了上课，就在图书馆读书。白天读外文书，晚上在家读中文书。他们带了一箱子中国旧书，还有笔、墨、砚台、字帖到牛津。两人比赛谁读得书多，年终结算。1935 年终统计结果，两人所读的书册数大体相当，实际上钱先生读的全是大部头的书，阿季则把小册子也算一本；钱先生读的中文书全不算，阿季全算。钱先生在日记中写道："季承认自己'无赖'。"钱先生读的中外文书其实要多得多，有的书看几遍。他的体会是："一本书，第二遍再读，总会发现读第一遍时会有许多疏忽。最精彩的句子，要读几遍之后才会发现。"他不仅读，还做笔记。先是在牛津大学图书馆边读边记，因为那里的图书不外借，只准带铅笔和笔记本，书上也不许留下任何痕迹；所有的笔记都是回家经过反刍后写成的。杨先生读书笔记做得不多，所读的书中虽包括几本薄薄的小册子，不过有的书像诗集、诗话等，也是翻来覆去读几遍的。

　　杨先生爱读诗，中文诗、外文诗都喜欢，也喜欢和锺书一起谈诗论诗。他们常常一同背诗玩儿，并发现如果两人同把诗句中的某一个字忘了，怎么凑也不合适，那个字准是全诗中最欠贴切的字。杨先生说："妥帖的字，有黏性，忘不了。"

　　认真阅读和用心感悟，也大大启发了阿季的创作灵感。她在牛津写的第一篇散文《阴》，就是在读了弥尔顿（John Milton）的两篇轻松的小诗 *Il Penseroso*（《沉思颂》）和 *L'Allegro*（《欢乐颂》）后，有所感而写的。阿季原以为弥尔顿很沉闷，不好读，但一路读下去觉得非常新鲜，就仔仔细细读完他的全部著作。

　　牛津最大的好处是保留着书院式的导师制（Tutorial System），一对一，至多一对二，一个导师带一两个学生的教授法，逼得学生非用功不可。导师（tutor）是学生入学时由校方指定的。锺书的导师名 Brett-Smith（布瑞特－斯密斯）。

锺书在班上，第一年训练作文，师生一对一地教学。导师很厉害，对学生要求非常严格，亲自为学生批改作文。布瑞特 – 斯密斯要求 clear, simple（清楚，简约），要 plain English, good English, 不要印度式的 Babu English（指堆砌，浓得化解不开）。论文要有未经人道的新见，所以论文往往选僻题，选（没人研究过的）小作家。

我不知道身为"清华才子"的锺书接受这样的作文训练有何感想，不过如此严格的训练肯定使人获益匪浅，于他后来英文的用语典雅精致，挥洒自如，不无积极影响。1986 年 10 月英国女王访问北京时，负责此事的英方官员请钱锺书夫妇到人民大会堂的一间小房间喝下午茶。不久来了个名 Ullman 的，来和钱先生谈学问，钱先生立即反驳，的确是"Johnsonian retort"。（这是约翰生与人论学时的惯态，驳斥对方枪头不得力，倒过来用枪把打。）那位官员哈哈大笑说："你活该！我早警告你，当着 Ch'ien，勿卖弄学问。"Ullman 挨了"一棍"也苦着脸笑了。

杨先生说："锺书在上海和英国人谈学问，颇有约翰生气概。英领馆的 Macaleavey（爱尔兰人，剑桥出身，极聪明，老中国通）曾对我说：'你丈夫的英文，比我们都好，我们都怕他。'Mac 口说怕，就是不大怕，真怕他的是英国文化委员会的头儿 Hedley。他往往在锺书一句俏皮话说完两分钟之后，才想明白，忙哈哈'补'笑。"

阿季在牛津对"一对一"的严格训练很羡慕，她抱憾自己没有 tutor 给改文章。锺书就权充她的 tutor，完全按照导师对他那样严格要求阿季 clear and simple，并为她批改作文。不久前，杨先生清理旧物，居然发现了一份钱先生在牛津为她批改的作文，评为 Excellent！

在老金家住，不需自己开伙，少了许多家务；阿季每天抽空练字。从国内带来笔墨却没有纸，就在房东送的代餐巾的纸上练。英国朋友、诗人燕卜荪（William Empson）来访，见阿季临帖，甚欣赏她有此雅兴。锺书起先学郑孝胥体，一撇撇得又粗又长，很难看；后见阿季临麓山寺碑帖，也改临麓碑。

　　锺书自称从小拙手笨脚，混沌不开，两人的小家由阿季主持。阿季虽然向来庇荫母亲膝下，从不曾管家理财，但宽打窄用，从未向锺书闹过饥荒。锺书佩服得不得了，把财政权全部重托。阿季记的账，他从不看。但见了好书，就忍不住要买。阿季怕书多了难以带回，只说等下次吧。有时，"下次"书就卖掉了。他气得在日记上发牢骚："妇言不可听。"沦陷在上海时家里最穷，但阿季记账总有多余，就给锺书做猪八戒塞在耳朵里的"衬钱"，让他买书。他经常只讨几文"衬钱"。

　　牛津不像伦敦那样多雨多雾，晴和之日较多。阿季和锺书每逢好天早晚都外出散步。早饭后散步，方便老金家妻女收拾房间；晚饭前散步，为调整身心，阿季称为"养心散步"。除了牛津大学公园、附近荒僻静处，他们专挑没去过的地方蹓跶。闹市郊区，大街小巷，教堂住宅，店铺邮局，一所所学院门前全走个遍，观光加探险。路上碰见邮递员，就把国内来信当面交付给他们，这时往往有小孩一旁等着，很客气地向他们讨中国邮票。他们看到身材魁梧的警察，傍晚沿街踱步，戴着白手套推推一家家的大门，看看是否关好，没关好的就客气地提醒。

　　晚上，回到老金家，拉上窗帘，两人对坐读书。

　　阿季出国后，想家想得厉害，想爸爸妈妈，想姐姐妹妹。她每周寄信，每周接到家书，但一封信路上要走好久，接到总是前一信的回信。接读家书是阿季最开心的事，爸爸亲笔写信，妈妈亲笔附上几句，阿七阿必两个妹妹也没头没脑地合写一小纸。大姐姐在家时，信写得最长。爸爸常爱写几句诗，考考阿季和锺书是何出处？何人诗？阿季告诉家里将入医院生产，妈妈在爸爸信上附笔，叫她当心别换错了孩子。爸爸在妈妈附笔后面打趣妈妈，又附笔："当心别换了一个金头发蓝眼睛的。"这是妈妈最后的附笔，以后他们就逃难了，阿季好久得不到家书。

这是杨绛 1936 年 6 月 14 日在牛津为锺书拍的一张小照,锺书在寄奉岳父母时写道:"爸爸,娘:近照一张,已变肥头胖耳之人矣! 皆季康功也。下巴亦重,在书房前所照。胡子虽黑而光线不好,故不得见于照中,大失望。不久当另照一穿牛津制服者寄奉。"

　　锺书没有阿季那么想家,这和完全不同的成长环境缺乏家庭乐趣有关。Home,sweet home,对他来说,抽象又遥远。他从小出嗣长房,伯母长年卧榻抽鸦片,顾不上他;伯父倒是疼他,也只教他打打棉花拳,带他上茶馆、酒馆吃点杂碎,给点零钱租小说书看。眼睛看坏了,老师黑板上演算,他看不见。伯父死了,锺书更惨,没人关心照顾。伯母陪嫁的丫头给热点馊粥就吃了上学;他同学和弟弟早已穿洋袜,他还穿布袜;下雨天,同学和他弟弟穿皮鞋,他穿伯父的大钉鞋,钉鞋太大,前头塞团破纸。钢笔的笔尖断了,没处要钱买,只好把毛竹筷削尖了蘸墨水,写出来的字当然一塌糊涂。……锺书听阿季讲小时候的故事,总感叹说:"你的童年比我的快活得多,我小时候的事,不想也罢,想起来只是苦。"

　　锺书很羡慕阿季家人间浓厚的亲情,她的家书亲切有趣,他总要读;阿季给家里写信,他也附几句。锺书的家书比阿季少得多,有时阿季得三封，他才得一封。他的家信没有说笑的，家中只有严父手谕，都是谆谆教诲学养之道。母亲从不写信，三弟偶尔一封。

锺书不怎么想家，对故乡却很思念，这从他留学期间所赋诗中可见一斑。如《来伦敦，小雨斑斑，中国此时已入伏，孰热可念》诗云"与子他乡说故乡，炎官火伞正高张。身存为累真思舍，衣蜕难逃欲发狂"；伦敦虽然"清凉烟云非吾土"，但毕竟乃"他乡"。《牛津春事》诗："不见花须柳眼，未闻语燕啼莺；开户濛濛细雨，故园何日清明。"巴黎《清音河上小桥晚眺》所感："万点灯光夺月光，一弓云畔挂昏黄；不消露洗风磨皎，免我低头念故乡。"触景生情，难忘故乡。

牛津大学放假多，假期长，学生们一到放假都走了。中国留学生也离开牛津，各处走走。只有锺书和阿季，整个学年留守牛津，假日也坚持读书。

牛津多得是英国贵族中学毕业的富家子弟，开学期间也不守校规，夜晚翻墙出去饮酒作乐。所以每个学生有两位导师：学业导师和品行导师（moral tutor）。学生酒醉淘气胡闹出格被拘，由品行导师出面保释教育。锺书的品行导师省心，不过是常请锺书和阿季喝喝下午茶，说说话而已。

牛津大学有中国留学生联谊会，阿季和锺书到达之初，曾加入联谊会，没有什么活动，一年后不再参加。联谊会主席杨宪益年岁小，人称小杨，在默顿学院（Merton College）学古希腊罗马文学。他是中国学生中唯一能和老外打成一片，一块儿喝酒淘气的。他后来有"酒仙"之名，嗜饮的爱好当早在牛津已经养成。阿季和锺书在牛津与小杨来往不多。联系较多的中国同学只有俞大缜、俞大䌹姐妹，也不过一起喝喝下午茶，交流些学习或生活情况。

锺书的饮食习惯比较保守，英国的奶酪、牛排、浓汤，不合他的胃口和心，如他在诗中所叹"嗜膻喜淡颉羹浑，夷味何能辨素荤"。老

锺书品行导师的夫人为他和导师 A.E.Baber Giles 父子在他们家的花园中拍摄的合影

杨绛和 A.E.Baber Giles 的孩子在他们家花园留影

金家的伙食开始还好，渐渐地越来越糟。阿季担心锺书吃不饱，自己食量小，凡是他能吃的都省下一半给他。锺书饿得脸黄肌瘦了，阿季心想，长此下去也不是办法，需要改租一套带炉灶炊具的住房，自办伙食，改善生活，让锺书吃饱吃好。

　　阿季开始并不与锺书商量，只悄悄寻觅报纸广告，自己跑去找房。看了几处，都远在郊外。一次散步"探险"到牛津大学公园对街高级住宅区，偶见花园路 Park Road 的瑙伦园（Norham Gardens）风景胜处，一座三层洋楼贴有招租启事，再去看时告示不见了。阿季不甘心，独自一人闯上门去碰碰运气。房主达蕾女士不说有无房子出租，只把阿季上下打量一番，又问了一些话，就带她上二楼看房：一间卧室，一间起居室，两间屋子前面有一个大阳台，是汽车房的房顶，下临大片草坪和花园。浴室厕所专用。厨房使用电灶，很小。这套房子与本楼其他房间分隔，由室外楼梯下达花园，另有小门出入。

　　阿季问明租赁条件，第二天就带锺书来看房。这里地段好，离学校和图书馆都近。环境幽雅，门对修道院，"绕庐密树缀疏花，经籁钟声绝市哗"。房租、水电费合计虽比老金家贵，只要不超过预算就行。锺书看了房子很喜欢，他们就和达蕾女士订下租约并通知老金家。新年前后迁入新居。

　　阿季和锺书先在食品杂货店订好每日的鲜奶和面包，预订了茶叶、鸡蛋、黄油、果酱、蔬菜等，到时候店里有男孩送货上门。货装在木匣里，放在家门口，下次送货取回空木匣。订了什么东西，无须当场付款，店家记在账本上，每两星期结一次账。日常需要的食品，阿季和锺书多半在上图书馆或傍晚散步时，路过商店订购，店里按时送货很方便。达蕾女士租给的家具用具，包括炊具餐具，两人很快学会使用电灶电壶。

　　搬家那天晚上，锺书累得倒头便睡；阿季却劳累过度怎么也睡不着。

　　锺书一向早睡早起，阿季晚睡迟起。住入新居的第一天早晨，从同学那里刚学会冲茶的锺书大显身手,他烤了面包,热了牛奶,煮了"五分钟鸡蛋",冲了又浓又香的红茶,还有黄油、果酱、蜂蜜,一股脑儿用带脚的托盘直端到阿季床头,请她享用早餐。阿季又惊又喜,没想到"拙手笨脚"的锺书能做出这么丰富的早餐!锺书得到夸奖也很高兴,从此两人的早餐便由锺书负责制作,这个传统以后竟持续到老。

自己有了厨房,他们玩儿着学做饭、炒菜,试做红烧肉、咸炖鲜,由失败到成功。阿季"卷袖围裙为口忙,朝朝洗手做羹汤"。她把做午饭作为她的专职,锺书只当助手。自理伙食虽然花费一点心力,也增加不少情趣,特别是锺书有了中式饮食,吃得饱了,快活得只想淘气。他趁阿季午睡用浓墨给她开花脸,就是这段时候。

达蕾供给的家具都是拼凑的。床是一对半旧的小铁床。阿季把两床并在一起,两人可并头而眠,不像老金家的沙发床,各沿一墙。如把电灯固定在合适的地方,把枕头竖起,并立着靠在床头铁栏上,晚上就能半坐半躺着两人合看一书。往往是轻松有趣的小说。锺书边读边笑。没什么好笑的他也痴笑,他还是钱家人所谓"吃了痴姆妈的奶而承袭的痴气"。阿季看书不笑也不哭,但锺书痴笑,不由得也陪着笑了。

钱先生爱给阿季讲故事,他小时候看的不入流的小书,添油加酱讲给阿季听,有时干脆是自己编的。他讲故事有个习惯,讲完一桩事,必"啊"一声,相当于"听见吗?"阿季得应一声"嗯"。阿季劳累了一天,听着听着,就沉沉欲睡;但听到"啊",她必须答一声"嗯"。"啊","嗯";"啊","嗯"。钱先生故事讲完就睡着了;阿季却清醒得不能入睡了。这也不要紧,反正她照例是迟睡迟起的。

搬家以后,免除了两人生活在一间屋里的不方便,阿季也很称心。她学习从来不计较分数,但很爱惜时间,也和锺书一样好读书。现在锺书来了客人,她招呼一下就可以遁入另一房间读书,不必像以前那样牺牲几个小时的阅读,勉力陪坐,还得闻烟臭。

向达是阿季和锺书家的常客，他是作为北平图书馆与大英博物馆交换馆员来英的。起先在伦敦大英博物馆抄敦煌卷子，后来到牛津大学图书馆帮助编中文书目。他因牛津生活昂贵，寄居休斯（Ernest Richard Hughes）牧师家。休斯中文名字叫修中诚，原是英国伦敦会教士，1911 年到中国，在福建汀州传教十八年，后在上海中华基督教青年会任职，两年前回到英国，任母校牛津大学中国宗教和哲学教师。向达嫌休斯家天天吃土豆，顿顿吃土豆，常来阿季这里蹭饭，换换口味。向达社交多，说说中国留学生间的是是非非，包括人们对锺书脱离群众的批评。锺书笑笑而已，并不在意，他全神贯注读书，不顾其余。

阿季家的另一位常客，是锺书同读 B.Litt. 学位的英国同学司徒亚（Donald Stuart）。他和锺书最不感兴趣也最头痛的两门功课是古文书学（Paleography）和订书学。课程设置的要求是从古代的书写方法来辨认作者手稿，要求能读懂作者原稿。他们得学习十一世纪以来一些学者的手稿和装订书籍的方法。这些课虽无实用价值，但被守旧的校方当局列为攻读 B.Litt. 学位的必修课，因为如要参考古文手稿，需能识字。订书学也有道理，大张纸折叠，折成现在所谓十六开、三十二开。从前订书时，折叠的纸不裁开，如有页数颠倒等类问题，就知是折叠错了。

锺书和司徒亚以一整张大纸，按课本上的示意图翻来覆去折叠，怎么也折不对。他们向阿季诉苦，阿季心灵手巧，又是女性，熟悉折纸缝线类事，她一眼看出课本上的示意图是反映式，反的；只要跟图示意的相反方向折叠就行。两人一试，果然成功。

他们就拉阿季一同学古文书学，阿季拿出一支耳挖子，用尖头点着字母一个个辨认由古到今的逐渐变形，其实只要准确认清，并不难记住。

古文书学考试时，试题不难：翻译几行古代作者的手稿，不求数量，但要求认字准确，不得出错；错一字倒扣若干分。锺书没有仔细弄清题目就急忙翻译，把整篇古文手稿都翻译完，赶时间难免出错，被倒扣分，不及格。

不及格就得补考，这回知道只要准确辨认，就没问题了，顺利通过。

阿季渴望有点音乐，锺书的四言诗有句"欲调无筝，欲抚无琴""咏歌不足，丝竹胜肉"……说的阿季吧！爸爸应阿季的要求把《元曲选》寄到牛津，阿季自己唱唱过瘾。她教锺书唱，他很能学，但他爱插科打诨，一面读一面自己表演，笑得打跌。

阿季和锺书这段时候很快活，好像自己打造出了一个天地。

快活的天地有时也出点意外，不过富于人生智慧的阿季总能想出办法，巧妙地化险为夷，难怪锺书对她佩服得五体投地。

1936年初春的一个早晨，锺书去学院上课，阿季送他出门，忽然一阵风刮来，把房门"嘭"的一声碰上了。糟糕！房门钥匙锁在屋里，她回不去了。怎么办？找锁匠开门，费用高昂不说，她身上也没有一个钱。她转到楼背后的花园，园丁正在修剪树枝草坪，有一架二三十级的长梯。阿季请园丁把长梯挪到阳台边上，她爬了上去。他们卧室有个开向阳台的木门，所以阿季爬上阳台。那扇门热天是敞着的，天冷才关上，没想到她偶把门锁上了。门不能开，窗户全关着，她还是进不了屋。此时园丁已撤，长梯也带走了，下也下不去了。四周杳无一人，真是呼天不应，叫地不应，锺书回家也绝听不见楼后阳台的呼叫呀！阿季真着急了，她只穿了件薄薄的丝棉袍，哪抗得住凛冽的寒风，再不进屋非冻出病来不可。

阿季又细细观察：门是很厚的木门，门框上方有一扇镶嵌玻璃的小横窗，透光又透气。这扇气窗窗口向下，窗口开着个两寸多宽的缝。这就说明窗口没键死，往后推推，可以开大，只是太高，阿季够不着。阳台上有只木箱，如能挪到门前，站上去，就能爬进气窗，钻入室内，可是木箱不知是太重还是做死的，挪不动。阿季站上木箱，伸出左

瑙伦园的房子都是这种模式，各户稍有不同。钱杨夫妇即住这座房子二楼左边有三个长窗的两间屋

手，够不到门。她的手至少得再长出一倍半。怎么办？真是"情急智生"，她看了看形势，忙站得离墙稍远，伸着左臂，把脚一蹬，来个侧蹿，居然左手搭上气窗下沿。搭上了一只手，右手也跟着搭上，双足就登上门球，身子就站直了。站直了，脑袋就可顶开气窗。阿季知道，不论什么缝缝，只要脑袋能过，全身也能过。气窗开大了些，又大些，脑袋进去了，上半身也进去了，但她知道如果头朝下脚向上倒栽下去，头部必受伤。她，"说时慢"，行动却快：很敏捷地将左右手交换了地位，自己也不知是怎么回事，在左右手交换地位时，身体也转了方向。原先面向室内，一换手，变成面向室外，下半身怎样进屋的，自己也不知道了。反正她全身已在屋里，手搭在窗沿上，头在上，脚在下，双手一松，两脚稳稳着地，她钻进卧室了！！

外间客厅中间的桌子上，一串钥匙好好地放在桌子正中，阿季赶忙拿来拴在腰带上，不敢再和它分离。锺书下课回来，家里一切如常，好像什么也没有发生过。

听杨先生讲完这个故事，我心想好惊险啊！如果不是阿季从小淘气上树爬绳，练得身手矫健，今天这事还不知会怎么收场！

又一次，两人忽发兴要在使用较少的起居室喝下午茶。开始对坐两大沙发内说说笑笑，渐渐地觉得不舒服。锺书要上课，忙着出门了。阿季一人坐着，只觉头晕没劲，昏昏地倒在沙发里了。忽闻着像是有点什么味儿，心想这是煤气中毒了，狠命从沙发中爬起，打开窗户，只觉"怦怦"地心跳，当时锺书已出门上课。他回家说，真怪，他出门直心跳还头晕，过一会儿才好。他不知阿季那时多么危险。如果她无力强挣着起身开窗，准中毒身亡，锺书上完课回家，门也叫不开了。事后找房东，达蕾女士一个劲儿地道歉，原来煤气管道老化，有点泄漏，立即找人来修。

杨先生回忆说，在牛津的第一学年是她最用功读书的一年，除了想家想得苦，也是她生平最轻松快乐的一年。多年后友人为她拍回牛津的许多照片，她至今看着瑙伦园 16 号旧居的相片，仍能感到当时的快乐。

锺书考试完毕，他们决定出游度假，到伦敦、巴黎"探险"去。他们和达蕾女士约定假后还回来，行李寄放她家。

这是他们自到牛津上学后第一次远游。这个暑假，锺书的堂弟锺韩去德国和北欧实习了，不在伦敦。他俩自己四处"探险"：由阔气的西头 (West End) 到贫民麇集的东头，由圣詹姆斯公园到海德公园，动物园到植物园，从特拉法广场到旧书店。他们也会见了一些在伦敦的中国同学。

到巴黎，中国同学更多，阿季和锺书还没来得及和老同学、朋友们畅快交流，就匆匆一起去瑞士日内瓦参加 1936 年 7 月召开的第一届世界青年大会了。锺书当代表，是政府当局由国内拍电报来指派的；阿季呢，是经友人介绍而认识的一位在巴黎的中共党员，邀请她当中共方面的青年代表。他俩随共产党的代表一起活动。开会前夕，同乘夜车赴日内瓦，他俩和陶行知一个车厢，三人一夜聊到天亮。

开会期间，重要的会议，阿季和锺书都参加。按理，大会代表中国青年发言的，该是国家特派的代表，但锺书不爱做这类事，正好共产党代表要争取讲，锺书就把他写的中国青年向世界青年的英文致辞交她上台去念。

会上，阿季注意到有两种人。一种人绅士打扮，彬彬有礼；另一种人"反绅士"打扮，敞着领口，不打领带，非常傲慢自大、坚持己见的表情。女代表不多，都打扮。

可蹓的会，阿季和锺书一概逃会，到处蹓跶"探险"。两人曾异想徒步绕行莱蒙湖一圈，后来发现湖面越走越宽，根本没有可能，于是放弃。

阿季怀上孩子了，回牛津途中，开始"病儿"（无锡话，儿，读如倪。北方称"害喜"），头晕。同车厢的加拿大女代表把阿季抱了横卧她膝上，另一女友来往车厢，用打湿了的大手绢冰阿季的额头。代表们称阿季"That Chinese little girl"，对她爱护备至。锺书和阿季觉得加拿大人兼有法国人的热情和英国人的诚挚。

阿季在法国，人家说"见过中国女学生，但未见过中国女孩（jeune fille）"。因为她梳个娃娃头，脸色是"孩儿面"也。

到巴黎，逗留了一段时间。阿季在清华同班上法文的盛澄华，此时在巴黎大学研究法国文学，听说阿季和锺书有意到巴黎大学攻读学位，建议他们赶快注册入学，因为读学位需有两年学历，而巴黎大学不像牛津，没有每周"吃饭"证明本人在校的制度。他们就委托盛澄华代为办理注册入学手续。1936年秋季开学，两人虽身在牛津却已是巴黎大学的学生了。

重返牛津，达蕾女士因为另一家房客搬走了，为他们换了一套大一些的房子，浴室有大澡盆，用电热水器。

秋季开学，锺书按规定经过一学年的严格治学训练，着手撰写学位论文，实际他早在入学之初已开始思考并写了提要。学院要求论文具开创性，前人没有研究过，可参考的现成材料不多，全靠自己多多读书去挖掘去发现。锺书最初拟定的题目是《中国与英国文学》，并已写就提要，但导师不通汉学，不懂得这一研究课题的重要及其价值，未予许可。锺书不得不将研究范围大大缩小，论文题目改为《十七世纪及十八世纪英国文学里的中国》(*China in English Literature of the Seventeenth and Eighteenth Centuries*)。

钱先生的学位论文写成后，几经修改，获得通过，打字装订成册，收藏于牛津大学图书馆，编号为 Ms B.Litt. d 288。抗战期间，钱先生任教昆明西南联大时，曾将论文打印稿交给同在昆明的大后方大学图书馆总负责人、《中国图书季刊》(*The Quarterly Bulletin of Chinese Bibliography*) 主编袁同礼一阅，后分三期发表在 1940、1941 年出版的《中国图书季刊》上。2004 年 10 月，外语教学与研究出版社为出版《钱锺书英文文集》，曾派员到牛津大学图书馆查阅钱先生论文原件，未能寻见。据说英国女王于 1986 年 10 月访华前，曾调阅此件。

钱先生在论文前言里说，他选择这样一个研究课题，是因为读了法国学者布吕内蒂埃 (Ferdinand Brunetière) 著《批评论文集》第八集，从而注意到皮埃·马丁 (Pierre Martino) 所写《十七、十八世纪法国文学中的东方》一书，受到启发。同时也因为不满意德国学者阿道夫·里希魏因 (Adolf Reichwein) 的《中国与欧洲》，名曰欧洲，却基本上忽略了英国文学里的中国形象。上述著作反映出十九世纪末二十世纪初德法等国逐渐兴盛比较文学和文化史研究，并开始注意东西方文学的相互关系以及西方文学里的中国形象。钱先生正是在这样的学术研究氛围中，选择了他学位论文的研究课题。觉得这种研究"大有可为"[1]。

---

[1] 《钱锺书英文文集》第 83 页，外语教学与研究出版社 2005 年 9 月出版。

钱先生遍读英国十七、十八世纪文学，逐一标出其中提到中国和中国人的内容，不论是戏剧文学还是语言哲学，文官制度还是国民性格，园林建筑还是审美趣味，全面详尽地梳理出英国文学中呈现的中国形象，反映了英国作者对中国的想象、理解和认识，曲解、误解和偏见；在此基础上再厘清、研究，勾勒出一幅对中国印象随时代发展而变化的轨迹。

论文涉及的作家和各类作者包括皇帝、贵族、使臣、将军、航海家、传教士等等达四百三十二位，引文征引自四百一十八种书籍和报纸杂志。尽管如此，钱先生谦虚地说："自己必然会挂一漏万。进行这种研究，就像做校对一样，即使把阿戈斯[1]所有的眼睛全用上，也会有所遗漏。"

对十七世纪英国文学里的中国，钱先生概括说："人们常说十八世纪的英国有一股中国热，但如果我们的考察没有错的话，对中国表现出高度崇尚的应该是十七世纪的英国。事实证明，在十八世纪的英国文学中，中国实际上已被剥去一切原有的光环。她也许还不为人知，但已绝不再是完美的了。"[2]尽管在十八世纪英国的生活中依然存在崇尚中国的风气，但英国文学中表现出的对中国的态度恰恰相反。

十八世纪英国文学里提到中国，贬损多于赞扬。钱先生概括说："如果说十八世纪的英国人不像他们十七世纪的前辈那么欣赏中国人，也不像同时代的法国人那么了解中国人的话，他们却比前两者更懂得中国人。"[3]意思是十八世纪的英国学者在对中国的戏剧、文学、语言、哲学、园林、美术等方面，比他们的前辈和同时代的法国人知识更丰富，并将了解到的有关知识纳入比较研究的范围。"十八世纪英国作家对于中国文明下了一个总的判断，即认为那是一种'静止不动的'文明，

---

[1]　Argus，希腊神话中的百眼巨人。

[2]　《钱锺书英文文集》第129~130页。

[3]　同上书，第203页。

对中国人的'天赋',认定其'在科学方面逊于欧洲人'。自安逊（Anson）勋爵的航行以来,对于中国人的性格,他们总的定论是'狡猾而诡计多端'。对于中国的历史悠久,他们总的定论是,那是一个'自吹自擂的谎言'。"[1] 这确实与十七世纪英国人对中国的肯定和赞扬截然不同,大唱反调了。钱先生总结说:"如果这是对当时流行于英国社会生活中的中国情调的一种反动,那它无疑是过度的反动。"[2]

论文的最后部分不忘提到英国"遣使所匆匆促成的中英友好关系如同所有的国际友谊一样,缔交的结果是断交。不久两国即开始不断互相中伤。最后便导致了鸦片战争"[3]。麦考莱（Thomas Babington Macaulay）抨击性的演说《对华战争》和德·昆西（Thomas De Quincey）咄咄逼人的文章《鸦片问题》以及《中国问题》反映了十九世纪英国人对中国的态度,"十八世纪的蔑视嘲讽变成了强烈的仇恨和辱骂"[4]。钱先生也注意到"二十世纪又出现了另一种变化",不过这些都已超出他的课题研究范围。钱先生始终坚信中国"被人如此聪明地误解,最终也定会获得人们的敬意,让人觉得值得了解"[5]。因此,他最后没有采用吉卜林（Joseph Rudyard Kipling）关于东西两方永难相见的丧气话来结束他的论文,而选择了歌德《西东合集》中那两句兴高采烈的诗句作为收尾:"东方和西方,不能分离。"

锺书的潜心研读,下苦功夫,并没有影响他对怀上孩子的阿季格外关心和体贴。锺书学做家务,分担一些劳动之余,也说点痴话;他对阿季说:"我不要儿子,我要女儿——只要一个,像你的。"

---

[1] 《钱锺书英文文集》第 202 页。

[2] 同上书,第 203 页。

[3] 同上书,第 262 页。

[4] 同上。

[5] 同上书,第 264 页。

阿季仍像去年一样用功，渐渐地妊娠反应加大，多少影响到她的精力。年终结算，锺书在日记中写道："晚，季总计今年所读书，歉然未足。……"

1937年春，锺书早早地就到牛津妇产医院为阿季订下房间，预约接生大夫。女院长问："要女大夫？"锺书答："要最好的。"女院长推荐了斯班斯大夫，他住在阿季同一区内，房子在很美的花园里，诊所就设在家里。阿季定期去检查，开始每月一次，后来两周一次，步行来去，不过十来分钟，很方便。

斯班斯大夫略一计算阿季的预产期，对她说："你将生一个加冕日娃娃。"

英国老百姓对皇室的关心爱戴，阿季印象已很深了。1936年1月20日，一个大雪天，阿季和锺书迁居瑙伦园已近一月，从前的房东老金踏雪来访，为的是报告"国王去世了"。他神情惶然，如丧考妣。乔治五世去世当天，长子威尔士王子继承王位，称爱德华八世，但他爱上了一位离过婚的美国女士辛普森夫人，遭到内阁反对。为避免引起英国宪法上的危机，他选择了逊位，后来离开英国，定居法国，与辛普森夫人结婚。爱德华没来得及加冕就于1936年12月12日逊位，那天也下雪，锺书的英国同学朋友司徒亚特地拿了国王逊位的号外，冒雪跑来报告这条重要消息。爱德华的弟弟约克公爵在爱德华八世逊位之日正式即位，称乔治六世，定于1937年5月12日加冕。

关心王室的斯班斯大夫预计阿季的婴儿将在国王加冕大典那天诞生，可是这个中国婴儿似乎对此不感兴趣，迟迟不肯露面。超过预产期快一周了，还没什么动静，大夫让住院观察。

5月18日清晨，分娩有迹象了，锺书忙陪阿季乘了汽车住进医院。阿季开始阵痛，但不厉害。她躺着看完一本小说，锺书又来陪吃了午后茶，已回去。阵痛还很悠缓，医生给打了一针，让她睡过这晚。19

日，阿季竭尽全身力气也无法使婴儿出生，医生不得已对阿季施了麻醉，用产钳把婴儿夹了出来。因为缺氧，婴儿已憋得浑身青紫，护士对阿季说："She's all black and blue"，是她使劲拍拍拍，才把她拍活的。

护士们说，这是牛津出生的第二个中国婴儿。可能斯班斯大夫的产钳夹红了她的脸，她感到委屈，虽然死而复生，哭得特响。护士们因她啼声洪亮，称她 Miss Sing High；阿季后来为女儿译意为"高歌小姐"，译音为"星海小姐"。

不过此时阿季因为用力过度又闻了麻药，全身疼痛，昏昏欲睡，什么也顾不上。可怜锺书这天来看阿季四次，公交车不能到达，他步行来回。上午他来，知道得了一个女儿，正合他的心意。想看望阿季，医院不准许。第二次来，知道阿季麻醉，还没醒来。第三次见到了阿季，昏昏地睡，无力说话。下午茶过后，锺书又来，阿季已醒过来，得知他已来回走了七趟，怕他累坏，让他坐汽车回去。

护士特为锺书把娃娃从婴儿室抱出来给爸爸看。锺书看了又看，高兴地说："这是我的女儿，我喜欢的。"阿季记住了锺书的"欢迎辞"，女儿长大后，阿季把爸爸的"欢迎辞"告诉女儿，她很感激。

女儿懂事后，每逢生日，爸爸也总要说，这是"母难之日"。锺书没要第二个孩子，他曾很认真地对阿季说，我们如再生一个孩子比阿圆好，而喜欢那个孩子，我们怎么对得起阿圆呢？除了对女儿的用情专一，其中是否也包含不忍阿季再受生育的艰难和痛苦呢？

妇产医院床位有限，不欢迎久住。单人病房产妇住一星期至多十天就出院了；普通病房住三至五天。阿季体弱难产，破例住了三周又两天，每快出院又出事故，几乎在医院坐完了"月子"，她向护士学会了给婴儿洗澡、穿衣、换尿布。

这段时间，锺书一个人在家过日子也真不容易，常不经意闯些小祸，用他自己的话说"又做坏事了"。他不时愁兮兮地告诉阿季：他打翻了墨水瓶，把房东的桌布弄脏了；他把台灯弄坏了；门轴两头的球掉了一个，门关不上了。……阿季跟他说，不要紧，桌布，她会洗，墨水染的，也能洗掉。台灯、门轴，她会修。锺书一听阿季说"不要紧"就放心了。他对阿季说的"不要紧"总是又佩服又放心，这句话在近两年的共同生活中已屡次得到验证。这回也同样：阿季到家，果然把桌布洗得干干净净，看不出一点墨水迹印；台灯、门轴也一一修好。

《我们仨》出版后，有个年轻的女孩说，她"最最感动之处，是钱先生和杨先生相互间的信任、互助至亲密无间。不是一天什么 I love you，而是 I do, I be"。她特别欣赏杨先生说的"不要紧"，和钱先生对这话的相信！

阿季回家坐完最后几天的"月子"，她怎么也没想到一向不善料理生活的锺书，竟给她端上一碗他亲手炖的鸡汤，汤里还飘着鲜绿的嫩豆瓣！多温馨！就这样，阿季喝汤，锺书吃肉，女儿"吃"妈妈。初为人父的锺书以他的爱心和责任心，尽量照顾好阿季和女儿，而这一切都是在他繁复艰巨的论文写作中穿插进行的。

锺书顺利通过了论文答辩，取得 B.Litt. 学位，领到一张牛津大学文学学士文凭。他觉得为取得学位，花费那么多时间在不必须学的必修课上太不划算，不如省出时间自己读书获益更大。他和阿季原先打算离开牛津去巴黎读博士学位，这番两人都打定主意，再也不求学位了。

8. 在巴黎

巴黎没有英伦岛国的多雨多雾，阳光明媚，风和日丽。学费便宜，生活费用也远比牛津低廉，学校管理宽松，学生比较自由，所以中国留学生特多；在欧美留学来此观光的中国游客也络绎不绝，很是热闹。

阿季和锺书在巴黎的生活比牛津丰富得多。他们是 1937 年 8 月下旬离牛津经伦敦由多佛（Dover）渡海到加莱（Calais）登陆，改乘火车抵巴黎的。留学巴黎大学的清华老同学盛澄华来接站，又陪送他们入住他代为租赁的公寓。公寓在巴黎近郊，离车站很近，乘车只五分钟可达市中心。

公寓的女主人咖淑夫人（Madame Caseau）是一位退休的邮务员，烧得一手好菜。她用退休金买了一幢房子出租，兼供部分房客的一日三餐。阿季和锺书起初也包饭，同其他房客共同进餐。伙食非常丰盛，也很便宜，只是菜一道一道地上，一餐午饭得消磨两个小时。饭菜虽好，但对惜阴如命的锺书太不划算，而阿季食量小，爱喝汤，为了喂圆圆，更需要喝汤。荤腥太多，不合脾胃。好在他们租用的房间包括厨房，不久阿季就自办中式伙食，锺书负责上集市（fair）采购，兼练口语。余时全部投入读书。他们虽然继续在巴黎大学交费入学，却很少去听课，只各按自己订的课程读书。

巴黎大学上大课，没有"一对一"的课，上课很散漫，多半学生不上课，也不读学位。博士论文答辩，公开举行，人人可旁听，题目多是有关中国的，老师故意刁难，让学生出尽丑，终归通过。锺书摆脱了必修课和学位论文的限制和困扰，自己下功夫扎扎实实读书。他每日读中文、英文，隔日读法文、德文，后来又加上意大利文；又自在又快活，进步很快。初到法国，两人同读福楼拜（Gustave Flaubert）的《包法利夫人》（*Madame Bovary*），他的生字比阿季多；一年后，他的法文已远远超过了阿季。锺书肆意读书，许多书是住大学城的盛澄华从巴黎大学借的，他们自己也常到旧书店淘书买书。书很便宜，买到或借到新书，两人就一个劲儿地赶着读。在家读书比上课省时间，也读得多。

咖淑夫人心眼好，她收养了两个西班牙内战中失去亲人的儿童：一个富家的孩子José，小名彼彼；一个贫家的，名都丘。两个小孩成了阿季和锺书的小友。锺书常和他们说他唯一能说的西班牙话："马尼亚那（mañana）。"因西班牙人爱拖沓，事事推着"改天吧"（Á Mañana），这也是西班牙人的诨名，如英国人称John Bull。

在巴黎，阿季和锺书来往较多的同学朋友，盛澄华而外，还有清华中文系1934年毕业的李玮，她会作诗填词，书法也不错。她的丈夫林藜光专攻梵文，治学严谨。他不屑拿巴黎大学博士学位，他很用功，正在读法国国家博士。林藜光好客，李玮善烹调，他们常请锺书夫妇去他们寓所做客，由此结识了同在巴黎大学留学的唐小姐、韩小姐（她们被锺书戏称为"糖小姐、咸小姐"）和学哲学的许思园等。两位小姐和盛澄华寄宿大学城，余人散居巴黎各区。大家有时在大学城餐厅，有时在中国饭馆吃饭。朋友们爱坐咖啡馆，这是巴黎的一种时尚，阿季和锺书偶尔也随众坐坐，但他们毕竟没有多少闲工夫，况且还有孩子。

李玮、林藜光的儿子和阿季的女儿同年同月生。两家本来都打算把孩子送进托儿所，待真要送时，又舍不得孩子去接受定时吃喝拉撒的训练，还是不送了。

钱杨夫妇与盛澄华（右）1938年在巴黎

　　女儿已由婴儿长成为一个可爱的小人儿，她很乖，不怎么哭闹。爸爸妈妈随口叫她圆圆，虽然祖父钱老夫子早已为女孙正式起名"健汝"，号丽英，因她属牛，取"牛丽于英"之意；他们觉得"健汝"叫起来拗口，仍唤她圆圆。他们为女儿买了一辆手推车，每天推她出去透透空气，晒晒太阳。这是圆圆最高兴的事，她最早会说的话，就是"外外"，到外面去！

阿季对门邻居是位法国公务员太太，没有孩子却很爱孩子。白天丈夫上班，早出晚归，她常来阿季家把圆圆抱过去玩。圆圆不认生，乖乖地听她唱法国歌、说法国话，鹦鹉学舌似的跟她学法语单词。阿季和锺书一同出门时，就把圆圆托付给对门太太照看，给她一点报酬。

对门太太曾向阿季游说，让她把圆圆带到乡间去养，那里空气、牛奶、蔬菜都新鲜，对小孩生长好。他们去看望也很方便。她试着把圆圆的小床搬进她的卧室，看看孩子是否适应。圆圆很乖，一声不哭，一夜睡到天亮，倒是阿季和锺书牵肠挂肚，通宵未得安眠。圆圆最终没去乡间，对门太太的丈夫在巴黎上班呢，她只随时把圆圆抱过去玩。

阿季和锺书将离牛津赴法的时候，向达从 Bodleian 的故纸堆中录得日本僧伽南条的诗句，为他们送行："最是清音（Seine）河上月，多情来照远游人。"锺书赋答二绝，盼他速来。不久，向达果然来到巴黎，又成了他们家的常客。向达来访，如逢圆圆休息，阿季就把大房间的门轻轻带上，与锺书在厨房的桌旁招待向达，好让女儿安睡，又免闻烟臭。

"在巴黎，您和钱先生最主要的时间是两人在家读书吗？"我问杨先生。

"不是两人，是三个人读书。"杨先生答。

我乐了，"圆圆那么小，也读书？"

杨先生说："圆圆坐高凳上，也学我们读书。我们买了一大册丁尼生（Alfred Tennyson）的全集（书大，字细，极便宜），专供圆圆学样。她拿了一支铅笔，面前摊开大书，像模像样地一面看，一面在书上乱画，不闹，很乖。我没工夫逗她玩，至今引为憾事。她总由对门太太抱去玩，教她儿歌。"

"你们出国以来，是否'两耳不闻窗外事，一心只读文学书'呢？"我又问。

"哪里？我们非常关心国事。"杨先生答，"一是通过读报纸，二是亲友来信，还有留学生中传闻，国内的大事要闻，如'一·二九'运动，'西安事变'等等，我们全知道。我们虽身在国外，心却是和国人息息相通的。看到日寇气焰嚣张，大片国土沦丧，我们的心情沉重悲愤，锺书 1936 年的《新岁感怀适闻故都寇氛》及 1938 年家乡沦陷后所作《哀望》《将归》《巴黎归国》诸诗，多少反映出游子的伤痛之深和拳拳报国之情。

"我自从苏州陷落敌手，久久不得家书。以后大姐姐来信说，爸爸已率领她和阿必避难上海。我总觉得家里缺了一个声音，那就是妈妈；妈妈怎么不说话了呢？后来大姐姐才把瞒我的事相告：妈妈已去了。

"大姐姐说，日寇第一次空袭苏州，在我们庙堂巷家的大厅上空来回盘旋；第二天爸爸妈妈就带着她和阿必及两位姑母逃到香山避难，那是爸爸曾为之辩护的当事人的一所房子。深秋天，妈妈得了恶性疟疾，高烧不退，无处求医。当时苏州已失守，香山一带准备抗战，他们借住的房子前面挖了战壕，正在炮火线上，邻近人家已逃避一空。妈妈重病垂危，奄奄一息。爸爸打发阿必跟随两个姑母逃难，自己准备和大姐姐守着妈妈同归于尽。阿必死活不肯离开，也留下了。香山失陷前夕，妈妈去世。幸亏爸爸事先用几担大米换得一具棺材。第二天，父女三人将妈妈入殓，找人把棺材抬到借来的坟地上。国军正在撤退，妈妈的棺材就在队伍中穿行。当天想尽办法请人在棺材外边砌了一座小屋，厝在坟地上。大姐姐说，爸爸在荒野失声恸哭，又在棺木上，砖头瓦片上，周围树木上，地面石块上，凡是可以写字的地方，通通写上自己的名字，生怕连天炮火后，妈妈找不回来。……"

阿季边读信边掉泪，读至此伤心已极，禁不住放声痛哭，幸有锺书在旁百般劝慰。他家也遭战争劫难，钱老夫子随浙大由杭州内迁浙西，母亲携弟弟妹妹逃难到上海，挤住在叔父"顶"下的一幢房子里，勉强度日。

妈妈走了，这是阿季生平第一次遭遇的大伤心事，她做梦也没有想到自己才做了半年妈妈，刚刚体会做母亲的艰辛，要报娘恩，就失掉了自己的妈妈。

往事一桩桩一件件涌向心头，妈妈慈祥和蔼的音容宛若眼前。

妈妈的好，没人比爸爸感受更深。妈和爸同岁，大于爸五个月。爸爸反清被通缉，逃亡海外，遥遥无归期，妈妈长年默默守候，独自侍奉老人，抚养女儿，毫无怨言。爸爸秉公执法，每触忤当局，遭贬辞官，妈妈二话不说，收拾行李，携儿带女，南下北上，一路随行。爸爸回南，大病一场，在病情最最危急的一晚，医生已拒绝处方，妈妈流着眼泪恳求爸爸的名医朋友"死马当活马医"，帮助爸爸挺了过来。

阿季常听妈妈称爸爸"老牛"，心疼他劳累。生活上，对爸爸照顾无微不至。爸爸穿布鞋，在苏州时，不爱上鞋店试鞋。妈妈经常拿一只旧鞋到观前街最高级的鞋店做式样。店伙总拿着各式同样脚寸的鞋，坐上黄包车，送几十匣到家里来由爸爸挑选两双。爸爸不爱上理发店，妈妈请理发师傅上门理发，付给比市价高的报酬。后来爸爸年老脱发，妈妈就自备一套理发工具和披在身上的杭纺单子，亲自为爸爸推头。阿季旁边看着也学会了。

妈妈没脾气，总是和和顺顺的。妈妈纵容爸爸，爸爸在妈妈面前很任性。可是如果妈妈看到爸爸有什么不顺眼处，会说他。爸爸就像乖孩子那样立即听话，从不为自己辩解一句。爸爸早起洗漱，爱用毛巾擦牙，一次妈妈说"脏"，爸爸立即改了。阿季后来理解，爸爸是怕牙刷太硬，伤了牙釉。他牙齿很整齐。

爸妈长时间一起生活，偶有什么大事（比如三姐姐坐月子），妈妈出门去了，爸爸就很不自在，饮食起居方面就乖得可怜，半点脾气都没有了。妈妈不在家，爸爸有时自己上旧书店淘孤本善本旧书。一天回来跟阿季说，他偶见珠宝店里有一对精圆珍珠可镶耳环，妈妈一定喜欢，比她原来的那副珍珠大许多；他很想买给妈妈，只是价格很贵，怕妈妈说他。但他后来还是买了，阿季见妈妈戴过，的确很漂亮。又一次爸爸对阿季说："儿子好，没用；还得儿媳好。"爸爸说，妈妈为奶奶寄一个大家庭的家用，自始至终没错过一天。奶奶七十三岁去世，先后四十多年呢。阿季记得三叔只给奶奶寄过两次家用，以后就忘记寄了。

妈妈对儿女，个个上心。二姐同康 1917 年夭折上海，是妈妈生平的大伤心事；去世那么多年了，妈妈一想起阿同还是伤痛不已。阿必出生不久，妈妈端详着怀抱里的阿必，哽咽着说："活是个阿同！她知道我想她，所以又来了。"阿必在小学演剧，妈妈和二姑妈去看。阿必平时剪娃娃头，演戏化妆，头发往后梳，面貌酷似二姐，妈妈抬头一见，泪如雨下。爸爸和阿季姐妹怕惹妈妈伤心，从不敢在妈妈跟前提二姐阿同。三姐姐初嫁上海，姐夫在真茹暨南大学任教。那时真茹比较荒僻，妈妈放心不下，毅然将家里最干练得力的门房臧明派去为他们"壮胆"。阿季出嫁，妈妈又提出要她最能干的女佣阿增弟陪去钱家帮忙。阿季曾私下问爸爸，家里那么多孩子，妈妈最喜欢谁？爸爸想了又想，最后很认真地答说："个个都喜欢。"

妈妈对下人，也总体恤关心，宽厚平和。门房赵佩荣背微驼，八字脚，能力和臧明没法比，还爱吹个小牛，老想显摆自己。打电话或接电话，必先自我介绍："我是庙堂巷杨家的门房，我叫赵佩荣，赵——就是走肖赵（繁体字）——走肖赵……"爸爸被他一再重复的"走肖赵"搅得冒火，只好走避内院；妈妈却总是容忍。赵佩荣曾先求"太太"做个好事，收留混沌未凿的孤儿阿福，和什么也不懂的少妇阿灵。妈妈就当做好事，都留家收养，好吃好睡，教他们一点手艺，帮他们攒下工钱，几年后打发他们"衣锦还乡"。

对两位姑母，妈妈总是那么尽心尽力，尤其是难伺候的三姑妈荫榆，妈妈特别纵容。她衬衣破了，妈妈买了料子，亲自裁缝赶制。她想吃什么菜，妈妈特地为她下厨。菜端上桌，妈妈说，这是三伯伯要吃的，孩子们便不下筷。每顿开饭，妈妈上下里外招呼，往往是末了一个上桌，也末了一个吃完。她吃得少也吃得慢。三姑妈有几次饭后故意回到饭间去看看，妈妈起先不明其意，后来才憬然笑说："她来看我吃什么好菜呢。"妈妈吃的不过是剩菜，她并不介意。

妈妈为人和善，人缘最好，亲友家夫妻吵架，总向妈妈告状，由妈妈劝和。一次天已很晚，忽得某医生私下电话告急，请妈妈快去，他夫人要出走！妈妈连忙乘车赶去，劝和了回来。胡适主张离婚"趁丰采"的那位夫人，也听了妈妈的话，关心丈夫，和顺些，居然生效。

妈妈带了大弟弟到上海某名医家求医，等了半天，医生要到下午才轮到大弟。一同候诊的病儿的母亲和妈妈攀谈后，就好上了，请妈妈和大弟到附近她家吃饭，然后再看病。妈妈回苏州后说，不知何以为报。女佣辈说："这是缘分，前生她欠了太太的。"阿季觉得妈妈人缘好，无论到哪里，总有人缘。

妈妈看似迟钝，其实慈厚。她总吃亏，受人欺负，但她满不在乎。妈妈对人事的反应慢悠悠的。如有谁当面损她，她好像不知不觉，事后才笑说："她算是骂我的。"她当时不反驳，事后也不计较。孩子们为妈妈不平，嘀嘀咕咕，妈妈听了就要训斥"老小勿要刻薄"。

妈妈的亲，妈妈的好，真是想也想不完。阿季愈想愈苦，愈苦愈想，流泪不止，哭个不停。

自从妈妈去后，爸爸没再来信，想必是十分伤心。阿季痛悼妈妈，心疼爸爸，心情十分悲苦；但生活还得继续，无论对小家、大家、国家，她都有自己的责任，她只有狠命克制，依然用功读书、悉心照顾家庭，使生活一切照常进行。

阿季和锺书密切关心国内战局的发展变化，也注意到希特勒德国正在英国首相张伯伦（Neville Chamberlain）的"绥靖"政策纵容下步步扩张。两人读报，都痛骂张伯伦；对德国的扩张，都觉得可怕。

战争的阴霾，飘向欧陆上空。局势变得日渐不安，法国虽尚未遭到德国入侵，已潜伏着种种危机。受经济危机影响，于1937年7月宣布法郎贬值，与英镑比价越跌越低，一英镑可兑三千法郎。阿季与锺书几次感慨说"法国将亡矣"。注册户口，在英国，警察上门来办，很客气，还笑说"照片上的人像明星"。在巴黎，排队两天也办不成；有人教他们在证件材料中夹一张多少法郎的钞票，一试，果然办成。买东西，店铺也不似英国的诚实。

锺书的庚款奖学金原可延长一年，但在1938年早春，锺书和阿季已决定如期回国，尽管回去后的工作当时还毫无着落。锺书于1938年3月12日写给英国朋友司徒亚的信中说：

> ……我们将于九月回家，而我们已无家可归。我们各自的家虽然没有遭到轰炸，都已被抢劫一空。……我的妻子失去了她的母亲，我也没有任何指望能找到合意的工作（指国难期间），但每个人的遭遇，终究是和自己的同胞结连在一起的，我准备过些艰苦的日子。(My wife lost her mother,I myself have no prospect of getting decent jobs in China.Still, one's lot is with one's own people; I don't mind roughing it a bit.)

司徒亚参加了国际支援西班牙人民阵线的志愿纵队，此时正与西班牙人民一起，为保卫共和国同法西斯分子佛朗哥（Francisco Franco）作战。

战争明显地逼近，回国的船票已很紧张，尤其巴黎，一票难求。阿季和锺书好不容易托里昂的朋友买到法国邮轮 Athos Ⅱ的三等舱票，如错过，再慢一步，就只好像罗大冈那样坐船绕行世界一周而无处登陆了。

锺书决定回国后，就向国内师友和有关单位发信试图谋事。陆续回信约聘的有外交部、英文《天下月刊》和上海西童公学。出发前夕，又接到西南联合大学文学院院长冯友兰复函，联大聘请他任外文系教授，月薪三百元。这是破格任用，一般留学归来，均先任讲师，然后擢升。锺书喜出望外，当即决定应聘回母校服务。整理行李时，阿季已将锺书的衣物、书籍另外分开，准备他在香港先行下船，经海防转入云南。阿季一心要回上海去看爸爸，如跟锺书去内地，怕拖累他，也怕圆圆有困难，她才一岁刚出头一点点。上海已沦陷，租界称"孤岛"。锺书理解阿季，未强她同行。

清华大学于北平沦陷后，迁往长沙，1937 年 11 月奉教育部令，与国立北京大学、私立南开大学联合组成国立长沙临时大学；同年底，战火逼近长沙，临时大学决定西迁昆明，成立国立西南联合大学，简称西南联大。联大成立之初，因昆明校舍不敷，文法学院暂设于蒙自县城外旧法国领事署、海关、银行。1938 年 5 月初开学，7 月 31 日结束 1937 学年第二学期。8 月 1 日起放暑假，联大文法学院迁回昆明，由于搬迁，1938 学年第一学期迟至 11 月初始开学。锺书于 9 月报到，学校尚在暑假期中，为此利用这一空隙，匆匆返沪一行。这是后话。

阿季和锺书带了圆圆，由巴黎乘火车到马赛，登上驶往上海的法国邮轮。

三年前，初上海船，两人都晕。回国时，一次大风浪中，阿季忽有所悟。当时船身倾斜甚剧，舷窗外，一会儿全是水，一会儿全是天。船身上下波动，幅度大，易晕；她教锺书勿以我为中心⊃，而以船为中心，随船倾侧。随船倾侧，自己头与脚之间的垂直线就与船固定成直角⌐，永远头在天之下，脚在水之上，平平正正，而不波动了。锺书听取阿季见识，果然不晕了。他说：为人之道也如此（指适应环境，而不是与世沉浮）。

阿季因为乘船出国时伙食非常好，心想回去时当也不会太差，因此未为圆圆置备一点乳制品和辅助食品。她忘了战时物资匮乏，此行乘的又是三等舱，结果才断奶两个月的阿圆，天天、顿顿吃土豆泥，上船半个多月下来，胖乎乎的娃娃瘦成了一个小可怜儿。船过科伦坡，船上结识的锡兰 A. Kuriyan 博士邀请锺书夫妇带圆圆去他家吃晚饭，让圆圆喝些新鲜牛奶，补充一点营养。锺书有诗"难期后会忍轻别，芥饭椰浆坐落晖"，就记这次重访锡兰，在 Kuriyan 博士家做客情况。

船到香港，锺书只身上岸。阿季抱着圆圆在甲板上为他送行，圆圆看着爸爸坐上小渡船，离开邮轮，渐渐远去，不知怎么回事；她还不会说话，妈妈无法跟她解释。这是阿季和锺书出国三年多以来的首次别离，况在战争中，她很难过，也不放心。

船到上海，锺书的弟弟和另一位亲戚来接，把阿季和圆圆接到辣斐德路钱家。从此开始了她长达八年备尝艰辛的抗战岁月。

9. 振华分校校长

　　阿季带着圆圆由锺书弟弟接到了辣斐德路六〇九号钱家，这是锺书叔叔（与锺书父亲为双胞胎弟兄，阿季称小叔叔）在上海花大价钱"顶"来的一所临街的三层楼弄堂房子，后面一大片同式样的楼房，由弄堂进出。抗战初期，人们从四面八方涌向上海租界避难，房屋难觅，一些承租人纷纷把所租赁房屋以高价将租赁权转让他人，称"顶"。

　　叔叔一家住三层大房间以及三层与二层之间的亭子间，锺书的父母带着三弟锺英和妹妹锺霞住二层，锺书的二弟锺纬夫妇和儿子住二层与底层之间的亭子间。厨房由锺书父母家使用，两家分灶。叔叔家在三楼通向屋顶晒台的通道上搁个炉子，充当厨房。底层客堂两家共用，近厨房处充锺书父母家的吃饭间，临街窗下是叔叔的客堂。中间放个桌子，是叔叔教孩子们学习英语的课堂。客堂堆着杂物，住仨女佣：叔叔家有无锡带出来的女佣，加上锺书母亲家的女佣。一张床是夜间搭上，日间拆掉。

　　阿季抱着圆圆回来，二弟挤入父母和弟妹所住房间，阿季和圆圆睡亭子间，与二弟媳妇和儿子同住，各睡一小床。阿季旅途劳顿，困倦欲眠，弟媳好不容易逮住个说话对象，向她诉苦，怨日子不好过，讲了一夜话。阿季不得休息，苦不堪言。

　　第二天，阿季就急不可待地带了圆圆去看望爸爸。阿必在电车站接她们，她已由十三岁小女孩变成中学生，都认不出来了。爸爸那时住三姐姐家，花园洋房，很宽敞。三姐姐正在大华医院生孩子。爸爸见了阿季和圆圆，说不出的欢喜，阿季看到爸爸苍老许多，却暗暗伤心。他已剃去长须，因长期服用剂量较重的安眠药，面容昏倦，眼光也不及以前有神。

爸爸由慈父兼做慈母，他不能留阿季和圆圆住三姐家，为了阿季，立即搬出三姐宽敞舒适的家，租了一处房子，招阿季同住。匆忙中租的房子很小，也很贵。

国难时期，又都是逃难避居上海孤岛，老圃先生家和钱家居处都很逼仄，住得非常拥挤。阿季带着圆圆有时挤居爸爸家，有时挤居钱家做媳妇。

此番"做媳妇"已大不同于阿季初嫁当新娘时的情况，当年"三日入厨下"多少还带点象征意义，煎鱼也不过将开膛洗净的生鱼溜入油锅，如今却实打实地学着做许多家务事了。阿季的公公常年在外地，婆婆用一个女佣买菜，帮着烧饭。家里人口多，阿季自从爸爸租居来德坊后，就长住娘家了，直到1941年锺书由湘西回沪，才搬回钱家。锺书写《围城》时，阿季兼做灶下婢，生火、烧饭、洗衣全她一人包了。那时家中人口已大大减少，主要是婆婆和锺书夫妇及阿圆，还有经常来上海小住的小叔子了。大热天，一大家人挤在一处，晚上都在二楼大房间乘凉。三弟结婚后又添了个妯娌。锺书和圆圆同在浴室里，擦干了澡盆，两人对坐澡盆里玩。阿季跟婆婆、妯娌、小姑子们没多少共同语言，又不便加入锺书、圆圆一伙玩，更不敢公然读书，好像看不起她们；只好借了架缝纫机，汗流浃背，独在蒸笼般的亭子间里缝纫。为锺书和圆圆做衣服是无可非议的。有时婆婆也求她为小叔子用缝纫机合几条缝缝。阿季没有独自休息的地方，连和锺书说说知心话的时间空间也没有。这对于一贯养尊处优的"四小姐"，满脑袋西方文学经典的 Miss Yang，无异是严峻的生活考验、一百八十度大转变。然而她却很能适应环境的变化，默默地学做一切大家庭中儿媳妇所担负的琐务，敬老抚幼，诸事忍让，尽管十分劳累辛苦，脸上总笑眯眯的，没有丝毫委屈怨尤的表情。叔叔家的两个大孩子多弟、九弟和上辈下辈四个小孩子都和阿季很友好。婶婶夸她贤孝，同她开玩笑，说她"是盐钵头里出蛆，咸蛆（贤妻）也"[1]。

圆圆跟妈妈一样，也经历着生活环境的大变化，在巴黎"对门太太"那里听的全是法国话，家里爸爸妈妈说无锡话，来客说普通话，轮船上各国人等语言更嘈杂，她真不知该怎么说话。她和她所喜欢的人如堂房的婶婶和表姐也说话，是她自己发明的语言："几个儿。巴个儿。弟个儿巴，啊，啊，啊。"（堂房弟媳学给阿季听的）表姐只说："圆圆头说的不知什么话，听不懂。"但到了上海钱家和外公家，男女老少，清一色的无锡话，她很快学会说话了。她和阿季说的第一句话，就是告诉妈妈"那（外）公说我杜（大）那（额）角楼（头）"。圆圆快一岁半了，还不怎么会走路，扶着墙横行却走得很快。钱家的长辈说她穿的洋皮鞋太硬，像"猩猩穿木屐"，给她换上软鞋，果然很快能走路了。

圆圆跟随妈妈去看外公，她发现这里的人个个都跟妈妈特亲，妈妈也很自在放松。他们对圆圆也很要好，外公把她抱在膝上和妈妈说话，姨们摸摸她的脸，拉拉她的手，管她叫"圆圆头"。初到钱家，面对一大屋子生人，像观赏小动物似的盯着看她，逗她，她很不高兴，她还不会说话，只能用从"对门太太"那里学来的法语"non non！"对走近她的人表示不同意，再就是"r r r r"用小舌头发出小狗般的低吼示威，钱家人称作"打花舌头"。圆圆在外公家从不说"non non"，也没有打过花舌头。阿季的三姐姐的二女儿肇琛，小名妹妹，比圆圆大三岁，圆圆管她叫"妹妹姐姐"，两人一块玩耍很要好。

---

[1] 这是说笑的话，"盐钵头里出蛆"是不可能的事。

阿季有位表姐是三姨妈的女儿，家住霞飞路（今淮海中路）来德坊，她得知老圃先生居处狭隘，就将她家三楼一南一北两个大房间腾出来让给姨夫和表姐妹们居住。她丈夫在内地工作，自己和婆婆妯娌住二楼，三姨妈住四楼。爸爸搬到来德坊后，就接阿季和圆圆过去同住。这样阿季才有了一个安身之处。

　　霞飞路来德坊离钱家住的辣斐德路很近，阿季常常抱了女儿到钱家去"做媳妇"，现在和居家长做媳妇不同，也就是带点东西孝敬婆婆，向长辈们请个安，帮助做点杂事。但不久阿季经人介绍为一位广东籍富商的女儿补习全部高中课程，包括中英文、数理化，当起了家庭教师，上下午都出门教课，就不能常去"做媳妇"了。

　　爸爸的家由大姐姐主持家务，小妹妹在工部局女中读高中，早出晚归。家里请了一位女佣做饭、洗衣、收拾屋子，一位小阿姨照顾圆圆，小阿姨来家以前，爸爸自称"奶公"，亲自带圆圆。爸爸自阿季回来，心甚喜悦，立即戒去 luminal，戒药后就神清目朗了。

　　三姐姐和七妹妹时常带着孩子到爸爸家来聚会。来德坊爸爸的家，生活条件无法同苏州庙堂巷五亩地的"安徐堂"大宅院相比，天差地远；不过一家人挤聚在一起，却较以前更热闹、更亲近。不像从前在苏州，一家人分散几处。大家唯一的遗憾是妈妈不在了。因为怕惹爸爸伤心，谁也不在爸爸跟前提妈妈。倒是有时碰到些事，爸爸不在意，料想妈妈会不高兴，爸爸就说，幸亏妈妈不在了。

　　阿季始终难忘回到上海的第二天，去三姐姐家看望爸爸，听大姐姐细细叙说妈妈生病去世的经过，泪珠儿不由自己地吧嗒吧嗒滴落衣襟上：恶性疟疾并非不治之症，可是在兵荒马乱、战火纷飞的时刻，人已逃避一空的山里，哪里去求医，哪里去找药呀！为家人操心劳累了一辈子的妈妈就这样凄然无助地走了，从此人天两隔，怎能不成为阿季心上永远的伤痛！

阿季暗下决心，一定要像妈妈在世那样照顾好爸爸。她们姊妹陪爸爸一块儿上街买鞋，为爸爸在家理发，陪他说说笑笑。她们买来各种精致的糖果茶食，装满爸爸床头柜的瓶瓶罐罐，不时检查哪个罐儿空了，哪个罐儿没动，从而得知爸爸喜欢哪种茶食，总悄悄给装满。她们自以为轻手蹑脚，爸爸全不知道。爸爸去世后，阿季从他留下的一捆日记里看到，在上海时爸爸记着"阿×来，馈×"……读得阿季心酸不已。

国难家难交叠，国仇家恨牢记心头，多年所受的学校和家庭教育，使阿季能"忍生活之苦，保其坚贞"[1]。在谋职过程中，凡与日本侵略势力沾边的职事，待遇再好，坚决不考虑。

阿季在苏州的母校振华女校老校长王季玉先生，听说阿季回国，喜出望外，忙不迭地找上门来。振华女校自1928年迁入织造署新校舍后，在季玉先生的筹划下，逐年增添各类设施，新建大礼堂、图书馆、健身房、办公楼等，又扩建运动场，添置了运动器械设施和图书仪器设备，加以原有雄厚的师资力量，到抗日战争爆发前夕，无论教学、设施、设备、管理，都已成为当时中学中第一流的名校。

"八·一三"战事骤起，苏州危在旦夕，季玉先生面对国难，坚决不在日本人统治下办学。她与诸位同事商议决定，拒绝敌人接收振华，准备异地办学。她开始了振华校产大转移，将八十多箱图书和贵重教学仪器运到先祖归隐的太湖之滨的东山，藏在乡野农家的复壁中。1937年10月初，振华师生已有一部分迁往东山，一部分迁至同里继续办学。11月下旬昆山沦陷，苏州告急，季玉先生考虑到师生安全，才忍痛将两处临时学校停办。她将住宿生安排在可靠的人家暂住，自己改名换姓在东山保安医院当一名化验员，以微薄的薪水维持生活，并

---

[1]　王季玉先生语。见《振华之路》第47页，古吴轩出版社2006年出版。

留学美国时的王季玉

帮助三名与家庭失去联系的学生。

振华女校是王季玉先生在母亲王谢长达于清末 1906 年质典全部妆奁创办的振华女子两等小学基础上发展起来的，开创了中国女子办女子学校的先河。季玉先生是王谢长达最为疼爱并寄予厚望的女儿，她 1912 年赴美国马萨诸塞州的蒙特豪里尤克学院（Mount Holyoke College）留学，1916 年取得文科学士学位后，又到伊利诺伊大学（University of Illinois）研读生物学和化学，翌年获理科硕士学位回国。她的姐姐季昭先生则留学美国 Pomona College。

季昭、季玉姊妹 1917 年底回到苏州，母亲将她们安排到振华教书，并熟悉校务。经过一番锻炼和实际考察，王谢长达于年届七十之时，将自己耗尽半生心血的振华交付给女儿季玉，让她担任学校的教务主任。名曰教务主任，实为代理校长，除重大事情需请示王谢长达外，一般由她径自决定。

季玉先生主持校务不久，便显示出她的管理才能和人格魅力。她走街串巷，登门拜望，请来高水平的教师。为筹措学校经费，她积极从事各种社会活动，向各界募捐来的每一分钱，都归学校使用。为学习先进的教育理念，推动振华的教育改革，她趁1925年暑假赴美国檀香山参加太平洋国际学会（the Institute of Pacific Relations）会议，会后去纽约哥伦比亚大学进修，亲聆杜威（John Dewey）的教育哲学和心理学的教诲，系统接受杜威教育思想。

1926年季玉先生回国后，向校董会报告学习新教育及募捐筹款情况。会上，老校长王谢长达提出，自己年老体弱，已难于胜任校长一职，建议由实际主持校务的王季玉接任校长，以推进新教育的实施。校董们一致同意推举王季玉为校长，王佩诤为副校长，王季昭处理内部事务。实践证明，王谢长达的决定是正确的，振华在季玉先生接任校长以后，实现了由小学到中小学兼具的女子学校的历史性发展，踏上现代化教育的道路。

学校被迫停办，是季玉先生心头一大恨事，她反复谋划、四处探访继续办学的可能，后来想到了上海租界，那是日本侵略势力尚未达到的地方，不少振华师生逃难到那里，可以借用她们的力量办学。季玉先生风尘仆仆地从东山赶到上海，找来老朋友，也多是振华的校董或核心人物如俞庆棠、孟宪承、王佩诤等共同商量办学；议决在上海租界筹办振华上海分校，非常时期季玉先生不宜抛头露面，大家一致同意季玉先生的主张，命刚从国外留学归来的杨季康担任振华上海分校校长，由季玉先生指导帮助。

季玉先生的突然来访，使阿季很感意外。

"您怎么知道我回来了呀？""我有耳报神。"

两人已经几年没有碰面，阿季发现老校长两鬓灰白，面容枯瘦，比从前老多了，重听也更厉害了。如今她听人说话已不像以前上课时耳朵里插根小管子，而是从黑布袋里掏出一只可拆成两截的牛角式小铜喇叭，牛角塞入耳内，喇叭口对着交谈者。阿季忙说："怎么敢当让您来看我？"

季玉先生单刀直入，"因为我有事求你"。于是讲了振华要在上海复课的事，并要阿季帮忙。

"我能帮什么忙？"

"只要你扶一把——"

"我怎么扶，真的，我不会……"

"好！好！你们都这样。振华，振华，振兴中华，我白为振华干了一辈子，到了关键时刻，求校友伸手扶一把也休想！"季玉先生说到这里，长叹一声，嘴角抽搐，眼睛湿润，几乎要掉泪了。

阿季于心不忍，惶恐地说："季玉先生，只要我能做的事，我一定做。"

"能不能只看你愿不愿意呀！"

"我当然愿意，可是我又能做什么事呢？我又不会管事情。"

季玉先生立即说："你能做什么，不能什么，我还不知道！你放心，反正是你能做的事——这就说定了。"

阿季着急了："没说定。"

"怎么反悔了？"

"不是反悔，季玉先生，我也许能教一两门课——"

"不用先开细账。你说愿意扶一把，就是愿意了，这话你还收回吗？"

"只半年。"

"半年？"季玉先生盯着阿季，"不要讨价还价了，你愿意就好。做什么事，听我调度，你不用管。"

阿季笑道："您调度吧！"她还想说点什么，季玉先生已将牛角从耳里拔出，收入袋中。"我这会儿有事，明天再谈。"她留下地址，约定时间，匆匆告辞。

阿季如约到了季玉先生住的朋友家，预料会碰到许多振华熟人，但只见到季玉先生，一本正经地对她说："一会儿校董请你吃饭。"

"请我？我又不认识校董，我不去。"

"你不是听我调度吗？咱们闲话少说，我和你约法三章，第一，"季玉先生扳起了手指头，"我请你做的事是非做不可的；第二，也是你胜任愉快的；第三，你得听我调度。"

"您也得讲理呀！"

"当然——现在校董会请你做校长。"

阿季急得大嚷："教教课可以，怎么做校长？季玉先生自己不做，我怎么会做……"

"咱们已经约法三章。"

"这也不合约法呀——何况沈淑比我老练，比我能干……"沈淑是阿季同班老友，阿季回国后已经会过面，知道她正为振华在上海复校帮季玉先生办事。

"沈淑是不错，也热心，但她有自己的工作。眼下就是缺一个校长，校董的意思，这个时候，在孤岛，我不宜自己出面。沈淑呢，资格还差些。"

"她资格怎么差？我不过多出了一趟洋就够格吗？"

"够不够格，是校董会决定的。"

阿季说："季玉先生打官腔，谁是校董会呀？"

季玉先生严肃地说："董事长就在上海，还有部分校董，他们都同意你做校长。你大概还记得最关心咱们振华的孟宪承先生吧，他亲自去教育局立案了。"

"孟先生为什么自己不做呢？"

"你倒想想孟先生肯做振华的校长吗？你是最合适的，没有别人。你不是答应扶一把吗？有什么不会的，我会教你！"这就是说阿季不过充充门面，实际校长还是季玉先生自己。阿季还没想明白，汽车已经来接她们了。

饭后，她们回到季玉先生住地，会见了一些振华旧人，给各人分派了任务。季玉先生要阿季明天在家等她。

阿季心里窝囊极了，她从小就受爸爸影响：做什么也别做官。只做专家不做官，大学里系主任之类也不要做。可现在她被季玉先生打鸭子上架要当振华上海分校的校长啦，推不掉也不会做，简直就像爸爸说的要让"狗耕田、牛守夜"了。阿季向爸爸讨主意。老圃先生担任过振华校董，了解王谢长达毁家办学的历史，也很敬重王季玉先生人品；他略一沉吟，对阿季说："此事做得。"因为在敌伪时期，有些事是不能做的，阿季当时正在谋事。

阿季的公公态度却不一样，钱基博老夫子听说儿媳将谋事，不以为然道："谋什么事？还是在家学学家务。便是做到俞庆棠的地位，也没甚意思。"俞庆棠是钱杨两家的世交，无锡国专校长唐文治先生的儿媳，美国哥伦比亚大学毕业，曾任江苏省立教育学院教授兼院长，上海东吴、沪江、震旦等大学教授，上海市教育局社会教育处处长，联合国教科文组织中国委员会委员。老夫子这话是在钱家楼下客堂讲的。阿季听了未作声。后来阿季当了校长，老夫子从小儿子家信得知，就回信说，"这个时候，当什么校长！"

老圃先生听说钱老夫子的话很不乐意，说："钱家倒很奢侈，我花这么多心血培养的女儿就给你们钱家当不要工钱的老妈子！"他积极支持女儿出去工作。

筹建分校，首先得组班子，寻房子，还有一大堆说不完的琐事。这是没有工资的，每天外出跑腿到处寻房子等，白忙。房子小了不够用，大了租不起，最后总算借到赫德路振粹小学的校舍恢复办学。振华女中分校与振粹小学合用同一校舍，两校各上半天课，振粹小学上午上课，振华分校下午上课。振粹小学校长是郭秉文妹妹，此时在美国。代理校长姓叶，也是位女校长，年轻，貌端，与阿季很要好，每天招待阿季在她居处小坐休息。不仅校舍租赁费用收得不高，还慨然允诺振华一位没有住处的事务主任寄宿校中。

阿季从没当过校长，心里没底。季玉先生手把手地教她，从教职员班子到预算（招生人数，收费多少，教职员薪水都关联预算）。校长薪水由校董会议定，教职员的由教职员会议评定。季玉先生教阿季把需办的事都写在本子上，办完一件，注销一件。又传授阿季许多秘诀，也是她多年办学的心得，最重要的是校长负责制的种种好处，还有怎样挑选教师，怎样约束教师，怎样教好一门拿手课取得威信等等。然后将振华的美金存折和钤记印章交到阿季手里，说："归你全权处理，我走了。"

阿季急了："事情刚刚开始，您怎么能走呢？"

季玉先生说："我在这里，你什么都不会；我走了，你不会也会了。"她只叮嘱："有事，来信；平常的事，教职员班子的人都可以商量。"她为分校找了比阿季高两班的校友当会计主任，说："会计主任可是重要的角色，人要靠得住才行。"分校经费紧张，战时募捐不易，不能用错一分一厘、浪费一点一滴。季玉先生当天就离开了上海。

阿季无可奈何，只有咬咬牙，边学边干，心想："就像爸爸说的'狗耕田'吧，反正只有半年。"

1939年秋，筹备一年的振华分校正式开学，避难上海租界的振华旧生都来复学，此外就地招收一部分学生。教职员一些是苏州原有的，有些是新聘的。爸爸为阿季推荐了一位圣约翰大学的国文教员屈伯刚，兼授振华国文。他曾经担任过浙江省长屈映光的秘书。屈先生成为阿季的同事后，一次跟她谈起老圃先生秉公执法同省长顶牛的事，说："唔笃老太爷直头硬个。"阿季搬给爸爸听，爸爸只笑了笑，感叹地说"朝里无人莫做官"，当时若不是他的老友为袁世凯的机要秘书，保护了他，就招祸了。锺书先后给阿季推荐过两位英语教员，一是他的朋友陈式圭，一是清华外文系 1936 年毕业的章克桢。高三英语由阿季自己教。

其余是阿季和季玉先生商量了组成的班子。有教历史的老教员姓蒋。他病死后,阿季请来清华学长周正鹤。季玉先生回东山后,校务就由阿季自己决定了。

阿季毕竟聪明能干,善于学习,振华又有相当成熟的行政管理传统,半年下来,教学秩序有条不紊,学校办得有声有色。阿季的付出,也非常可观,为筹建分校,她投入了自己全部精力。她身为校长,兼教高中三年级的英文课,此外继续担任李姓富商女儿的家庭教师,忙得不可开交。她深感亏欠女儿阿圆。圆圆 1938 年冬天出过疹子,1939 年春天,又得了痢疾,爸爸和大姐都没有经验,也不会照料病孩儿,还是阿季精心护理,有时请教三姨妈,有时请近邻儿科专家诊治。但她从没有空闲和圆圆玩耍,至多教她唱唱童谣。

阿季姨表姐的女儿阿寿比圆圆大两岁,每天上四楼阿季三姨妈(阿寿的外婆)房间去读书。圆圆跟着爬上四楼,那里有一张小桌子、两把小椅子,两个小孩面对面坐着,小表姐读书,圆圆旁听。小表姐读完《看图识字》上下两册,圆圆也全认识了,她那时两岁半。

阿季见她这么羡慕《看图识字》,也给她买了一套。她能从头到尾一字不差地读出每一个字,可是书本却是倒着拿的。原来她每天坐在小表姐对面旁听,认的全是颠倒的字。大姐姐想明白了这事,定要圆圆颠倒过来,爸爸认为孩子还太小,不宜识字。但大姐姐很认真,决定自己教她识字。大姐买来一匣方块字,挑出几张,只教一遍,圆圆不用温习,全能记得。她认得又快又牢,要求大姨拆开一包又一包新的方块字。她认得的字能搬家,有一次,圆圆从大姨拆开的方块字堆里挑出一个"瞅"字,又拿出《童谣大观》,翻到"嫂嫂出来瞅一瞅",点着对大姨说:"就是这个'瞅'。"

爸爸看了圆圆识字,想起当年妈妈教大姐姐识方块字,坐在妈妈怀里的二姐比大姐小四岁，没人教她，大姐识的字，她全认得。所以，爸爸对阿季说："过目不忘是有的。"

圆圆特爱妈妈，老想和妈妈玩。阿季回家，圆圆总是跟前跟后，高兴得很。待阿季坐下，面前摊开学生作业，圆圆就乖乖走开，她知道妈妈要工作了，她不该打扰。圆圆不明白为什么妈妈每天都有一摞摞改不完的课卷，她很生那些课卷的气，有时候气得握紧她的小嫩拳头，作势敲打那些课卷，眼角挂着两滴小眼泪。杨先生至今谈起这些往事还很难过，总叹说："我对不起女儿，小时候从没能好好陪她玩。"

锺书独自在昆明生活，给阿季写信很勤，还特地为阿季写下详细的日记，并有诗多首描绘他的生活环境，抒发他对阿季不尽的思念。他坦承自己"万念如虫竞蚀心，一身如影欲依形"[1]。抗战期间，西南联大教职员宿舍极其狭隘简陋，锺书形容他在文化巷十一号的住所："屋小檐深昼不明，板床支凳兀难平。萧然四壁尘埃绣，百遍思君绕室行。"[2] 阿季每接读锺书来鸿都很欣慰和感动，她歉疚自己实在太忙不能每信必复。

1938 年 9 月下旬，锺书向西南联大报到后，利用联大延期开学的空当，曾由昆明回上海一行，省视父母，与妻女团聚，并取一些必要的衣物等。锺书的父亲于抗战前夕由上海光华大学改任浙江大学中文系教授，抗战初期，迫于战事，随浙大辗转内迁，一迁浙西建德，再迁江西吉安，1938 年 10 月回上海与家人小聚；随即应原上海光华大学同事、老友廖世承之请，赴湖南蓝田筹建中的国立师范学院去任中文系主任，由该系新聘的教员吴忠匡一路陪同。锺书在上海，正好送父亲上船。

锺书此行来去匆匆，在上海没有逗留多久就赶回昆明教课去了。

---

[1] 见钱锺书《槐聚诗存》第 26 页，生活·读书·新知三联书店 1995 年出版。

[2] 同上。

锺书在上海亲眼见到阿季为筹建振华分校奔走的辛苦，体会她的难处，他和爹爹不同，衷心支持阿季外出工作。锺书不愧是阿季的知音，他最能欣赏和懂得阿季的才华和价值，仅仅怕她太累。

锺书这次千里迢迢来上海孤岛，和阿季相聚不过四五天，当年分别时依依不舍的心绪和情景，两人却记住了几十年。因事先说定不惊动爸爸，所以只阿季一人出门相送。杨先生清晰记得"锺书动身那天是清早，不到五点，天上残月犹在。……"1957年早春，天气还寒冷，锺书去湖北省亲，也是清晨离家，阿季一人出门送行。钱先生有诗《赴鄂道中》记情，第一首："路滑霜浓唤起前，老来离绪尚缠绵。别般滋味分明是，旧梦勾回二十年。"[1] "旧梦"指的就是1938年10月这次与杨先生短暂相聚后难舍难分的离别。

半年以后，阿季认为同季玉先生约定的时期已满，便写了辞职信寄到东山。

季玉先生又风风火火地赶到上海来了，对阿季说："倷又小囡脾气了！社会上做事，哪有做半年就歇手的，至少做一年呀！"

"季玉先生，您言而无信。"

"你倒回忆回忆，我先是要求你'半年'，可是我答应了你只干半年吗？"

季玉先生七说八说，阿季终于被制服，答应再干半年，暑假得让她辞职。

期末考试后，阿季已把暑假后和下学期的诸事安排妥当，以便顺利交接。她再次向季玉先生提出辞职。

季玉先生立即赶到上海，一定要阿季说出一个辞职的理由来。

阿季说："我是学文学的。"

---

[1] 钱锺书《槐聚诗存》第109页，生活·读书·新知三联书店2007年出版。

"我是学生物的，太先生要我当校长，我才放弃了自己热爱的专业。"

"人各有志。我——"阿季想说她想搞创作，没好意思。"季玉先生，您明知有人比我做得好，也愿意做，您为什么偏不要呢？"

季玉先生拗不过阿季执意辞职，承认沈淑可以做校长，如果她愿意。阿季忙去征询意见，回来报告季玉先生沈淑同意。

放暑假了，阿季召开校董会，准备交代工作，并提出辞职。

这次校董会实际只几位核心人物参加，董事长也未请。季玉先生问阿季："沈淑怎么还不来？"

"她等杨永清先生（东吴大学第四任华人校长）用汽车接她和Dr.Nance（文乃史博士，东吴第三任洋校长）一起来。"

"什么？"季玉先生睁大了眼睛，她听清杨永清和文乃史博士也来。

当然，杨、文两位也是校董，但只是挂名的。挂名的校董从不参与决策事情。阿季知道，振华的校董会和别的学校不同，实权掌握在校长手中。

当时季玉先生感到问题严重，立刻与校董会的核心人物闭门密谈。然后俞庆棠、孟宪承和王佩诤三位先生找阿季谈话。他们表示现在局面"严重"，要求阿季配合。

孟先生说："现在事情很尴尬。我们自己人有话好商量；怎么也不能在外国人面前丢脸。你得顾全季玉先生。"

俞先生说："季康，你得听我们的话。你辞职，可以；辞完了，我们留你，你可不许再开口。"

阿季莫名其妙，想问个为什么，可是对这位老前辈，她不敢像对季玉先生那样随便。

俞先生笑说："你放心，季康，过了今天，我保证，季玉先生一定让你辞。可是——今天，你得听我们的话。当着外人，不能拆季玉先生的台。"

说话间，杨永清等一行已到。文乃史博士曾是沈淑的老师，按洋规矩，挽着沈淑上楼。她今天十二分打扮，准备接任校长。

阿季主持会议并提出辞职。几位校董和季玉先生把她夸赞一通，一致挽留。阿季低着头不作一声。杨永清先生和文乃史博士都是老于世故的，随声附和几句。散会后，神色自若地送沈淑回家。

阿季见沈淑脸色铁青，心里十分同情，第二天一早跑去她家赔罪。沈淑眼睛都哭肿了，气愤地说："季康，你耍我吗？你要他们夸赞，要他们挽留，不要拿我来垫脚呀！"阿季有苦难言，她也委屈，但不能把季玉先生的决策说出来。她想安慰沈淑几句，人家干脆不理她。

阿季去见季玉先生，季玉先生满脸倦色，坚决不肯戴牛角喇叭，只说："我不明白你为什么要辞职，你这一年成绩不错，大家都在夸你。我很累，你也该让我歇歇了。"

阿季又去找俞先生，她昨天保证季玉先生答应阿季辞职的。可是俞先生说，我实在无能为力，你还是自己找她谈谈吧。

人人都说阿季没有必要辞职，她不再向任何人求助，自己左思右想，居然开窍：是季玉先生言而无信，从筹建到复校她已干了两年多，她是负责任、守信用的，如今她要辞就辞，不必非得季玉先生批准，若要季玉先生做了她的主去，她这辈子都不由自主了。她的兴趣在文学，她想搞创作，她不能也不该亏欠家人太多。想到此，决心已下，她写信给季玉先生声明她要离开上海，介绍了原振华同学陈浣华的情况。

季玉先生果然来信，嘱阿季问问浣华是否愿意接替阿季。信的附笔是第二天加写的，说她突然吐血，右胳膊抬不起，要求阿季暂缓离开上海。阿季认为是吓唬她的，并没在意，只在报告浣华愿意接任分校校长的信尾，请季玉先生保重。

其实季玉先生是真病了，而且病得不轻，吐血，右胁疼痛，右臂抬不起来了，幸亏振华的一位校友将季玉先生接到她所在的疗养院治疗调理逐渐转危为安。

陈浣华1940年暑假接任校长，第一学期终了以前，季玉先生忽然又来找阿季了，说："季康，你还理不理我？"阿季满心惭愧，说："我没想到您真病了，不过浣华确比我强，强多了。"

季玉先生说："我无事不登三宝殿，咱们说正经的。你这个校长是教育局立了案的，总不能一年一换，对吗？学生的成绩报告单，将来的毕业证书上，都得盖你的图章，我是正式向你来借图章的。"

阿季立刻把自己的图章交到季玉先生手里。

"你倒是爽气。"

阿季说："我就是爽气。"

季玉先生很和婉亲切地说："我呢，不爽气有用就不爽气；不爽气没用，也就爽气了！怎么样，咱们讲和了吧！"阿季实在佩服季玉先生总有本事让人认错抱歉，她又心虚又惭愧，忙把坐椅挪近季玉先生，表示"讲和"，又关切地问病。

季玉先生说："啊呀！我这回还以为要死了呢，现在又活了。"她讲了生病治疗的经过，感叹说："我从此再也不求人家为振华牺牲了！振华也算办得不错吧，可是振华待人不如一个腐败透顶的疗养院！"

"季玉先生，您灰心啦？"

"我从来不灰心！"季玉先生略一昂头，收起她的牛角喇叭，拿了阿季的图章就告辞了。

阿季辞职后，开始做她想做的事，她对振华，始终关心；对季玉先生，关切中还有一种莫名的歉疚负罪之情。

杨先生如今谈起筹建和担任振华分校校长这段经历，还很生动细致，当年的情景，甚至相互间一句句对话都记得清清楚楚，活灵活现。二十世纪八十年代，杨先生以季玉先生为生活原型，筹备和创办振华分校为背景，创作了短篇小说《事业》。

我曾请问杨先生出任振华上海分校校长的收获和体会。杨先生说，最主要的，是增加了人生经验和智慧，若非这段经历，她永远也不会想到和懂得办学还得给瘪三、叫花甲头和白相人（流氓头）送节赏，以保平安！

　　杨先生又说："我做小小一个校长，得到一个重要经验，影响我一生。我自知年轻无识，留心在同事间没半分架子，大家相处得很融洽。但是他们和我之间，总有一条不可逾越的界线，我无法融入群众之中。我懂了做'领导'的与群众间的'间隔'，下决心：我一辈子在群众中，一辈子是老百姓之一。我懂了做皇帝尽管乔装平民想知民情，办不到。（校内死了一位教师，我请到清华的周正鹤接替。事务主任说，若能筹得三千元，寡妇儿女在乡间可以靠利息过日子了。我在教职员中募捐一份；学生中募捐一份；学校贴一份；我自己捐了个大数。这就等于强迫教员捐，但谁也不肯告诉我这个错误。后来他们报复，请我捐这捐那，我才明白。）

　　"我从不敢说：我要创作。但是我明确知道自己不是行政人才。当时辞去校长职务是千难万难，做下去是千顺百顺。季玉先生不让我辞。我觉得这是我和季玉先生之间的意志斗争。她说她是奉太先生之命，自己兴趣在生物。我当初是答应帮她半年，也不是做校长。以后改为一年。她硬要我做下去，最后以病来感动我。我以为是假装，硬硬心，辞了校长职，做了工部局半日小学代课先生（工资高，也省心）。后来兼写剧本，《称心如意》上演，我还是小学教员呢。

　　"我名义上做校长两年，第二年由我推荐别人代理校长。以上是我'狗耕田'的经过，是我最苦恼的经历。我如勉力，也能胜任。但每事要我专权（校长主权，只许独揽），而我不擅专权。我生平做过各种职业，家庭教师、代课先生、中学教员、小学教员、灶下婢（大家庭儿媳妇也是一项）、大学教授、研究员。经验只一条，我永远在群众中。"

1941年12月7日日本偷袭珍珠港，太平洋战争爆发，日寇进入上海租界，振华分校不得不停办。

　　敌伪统治时期，季玉先生长年潜居东山，直到国土光复。伪江苏省教育厅在振华女校原址办了一所江苏省立苏州女子中学，拟请季玉先生出任校长，季玉先生断然拒绝；原振华教职员也效法老校长，全部拒聘，显示自己的民族气节，这在当时的江南是仅见的。

　　据振华校友回忆，老校长避居东山时期，曾几次回苏州"望望振华"，看到西花园弹痕累累，大礼堂西南角被炸毁，心疼得吐血。

　　1945年8月15日，季玉先生在获悉日本投降的当天，即从东山乡野奔赴上海，召集留沪校董、教职员骨干和校友，商讨复校事宜。两个月后，振华女校克服重重困难在战乱停办多年后复校。

　　苏州解放的消息，季玉先生是在大洋彼岸得到的。她1948年应母校蒙特豪里尤克学院邀请，参加校庆盛典并领取学院颁发给她的荣誉奖学金。会后，她再次来到哥伦比亚大学，戴上她的牛角喇叭，走进课堂，学习世界先进教育思想。得知家乡解放后，她立即启程回国，不听亲友劝告缓行，毅然登上一艘绕行东北的远洋轮船，历时半年、备尝艰辛才回到苏州。

　　解放以后，季玉先生努力学习，认真改造，一心只想保住学校，留在振华。振华是母亲传给她的家业，她含辛茹苦惨淡经营几十年，这里的一房一舍、一草一木，都倾注有她的心血，是她情之所系，爱之所钟。

　　1953年，具有近半个世纪历史、培养出无数优秀人才的私立振华女校，被政府接管公办，其后，校名和隶属关系更动改变频繁。

　　季玉先生给党组织的材料中写道："父母双亡，兄弟姐妹成家四散，故无家。"如今"孑然一身，以校为家"。有人看到老校长住在振华一间极其简陋的小屋里，室内仅有一床一桌，一只箱子。老校长戴着深度的老花镜，佝偻着身体，就着西斜的太阳缝补衣裳。

2006 年 11 月，杨先生读到包含以上内容的一本关于振华的书，一天晚上在电话中说："我看得快要哭出来了！"言时哽咽，带着悲音。

难怪杨先生感到伤心，在她们这些振华老校友的眼里，季玉先生既是严师，又是慈母。她终生未婚，却拥有振华众多优秀女儿，杨先生即是其中之一。季玉先生常说："我已嫁给了振华，以校为家。"然而她最后却未能终老于这个她自己亲手建立的家中。1959 年，季玉先生被调往外地工作。1963 年她以七十八岁的高龄偷偷蹓回苏州，最后一次"望望振华"。有人看见季玉先生抚着校门口的石狮潸然泪下。四年后，她在杭州去世。

杨先生筹建和主持振华上海分校的时间不算长，两年多点儿，但这段经历却是她一生中不可多得的，她后来每回顾这段生活，都会不由自主地想到季玉先生，感谢她对分校无微不至的关心支持和具体帮助，省视自己年轻时候与季玉先生的较劲儿，而更加思念这位为教育事业贡献了自己一生的导师。

10. 酷哉此别离

西南联大的 1938 ～ 1939 学年，也就是 1938 年 11 月开学、1939 年 3 月放假的第一学期，和 1939 年 3 月至 7 月的第二学期，锺书是独自一人在昆明度过的。高原的天空蔚蓝蔚蓝，蓝得无边无际，蓝得发亮。山城的市井街道、牌坊、屋舍院落，尤其是建筑墙壁的坚实，椽柱的雕饰，很像北平，以至来自故都的人们不约而同地感叹昆明"风物居然似旧京"。

锺书被安排在大西门文化巷十一号住宿，租赁民房。同院居住的还有清华外文系 1935 年毕业的助教顾宪良（后改名顾良），外文系的高年级学生李赋宁、周珏良，哲学系的郑侨（郑孝胥之孙）等。周、郑租的住房稍宽，雇了一个女佣做饭，吴宓、李赋宁都曾在他们那儿搭伙。他们还有个椒花诗社，定期社集，杨周翰也来参加。小院挺热闹，杨振宁在院中高声朗读英文，锺书在屋里也能听到。锺书所居虽"屋小如舟"，当时在昆明能独居一室已很幸运，叶公超、吴宓、金岳霖等初到昆明都是两三人合住一室。

联大文学院的教室和图书馆在昆华农校。锺书每次上课，腋下总是挟着一大摞书，有一匣匣的线装书，也有一本本精装的外文书。他下课后就去图书馆还书，又借上一批带回宿舍。毗邻的李赋宁"每日目睹钱先生如何勤奋读书""读书勤作笔记"[1]，给他留下深刻印象。

---

[1] 李赋宁《学习英语与从事英语工作的人生历程》第 45 页，北京大学出版社 2005 年出版。

联大继承了战前清华《大一英文》（读本）课由外文系教授担任，作文课由教授或讲师、助教担任的做法。1938～1939学年全校各系学生的共同必修课《大一英文》（读本）开了十八组，授课教授有叶公超、吴宓、柳无忌、陈福田、钱锺书、莫泮芹、潘家洵、黄国聪等，黄先生一人兼四个组的读本课。《大一英文》使用陈福田编的统一课本，第一学期侧重中国的现实，第二学期主要讲美国的政治文化科学。

钱锺书上课只说英语，不说汉语；只讲书，不提问；虽不表扬，也不批评；脸上露着微笑，学生听讲没有压力。据许渊冲回忆，一次讲课文《一对啄木鸟》，钱先生"用戏剧化、拟人化的方法，把这个平淡无奇的故事讲得有声有色，化科学为艺术，使散文有诗意"。又一次讲《打鼾大王》，"卧车上有人鼾声如雷，吵得旅客一夜不能入睡，大家怒气冲冲想要报复；不料清晨卧车门开，走出来的却是一个千媚百娇的妙龄少女，于是大家怒意全消，敌意变成笑意，报复变成讨好。……钱先生讲得自己也笑了起来"。小考时，钱先生只要求学生在一小时内写一篇作文，题目却不容易：《世界的历史是模式的竞赛》。许渊冲的印象，钱先生的教课，与他上学期所上叶公超先生教的《大一英文》（读本）课相比，"他更重质，叶更重量；他重深度，叶重广度"[1]。

钱先生在《大一英文》课堂上每多妙喻，被同学们译成汉语在联大流传，诸如"美容的特征在于：要面子而不要脸""宣传像货币，钞票印多了就不值钱"等等。有同学说：钱师喜欢约翰生博士谈话多妙喻警句，其实钱师谈话也每多妙语。更有同学干脆说：钱师本身就是一串警句！

吴讷孙（鹿桥）是钱锺书《大二英文》班上的学生，对钱师的印象是授课语调快速幽默，引经据典，各国语言顺口而出，记忆好，学

---

[1] 许渊冲《追忆逝水年华》第51~52页，生活·读书·新知三联书店1996年出版。

识佳，不愧是一代才子、文学大师。他说，当时钱先生刚从国外回来不久，风度翩翩，风靡校园。

联大外文系高年级的同学怀着好奇和渴望的心情准备上钱锺书先生的课。他才 28 岁，是联大最年轻的教授。吴宓十分欣赏他的博学，说锺书在清华向他推荐西文新书，这在一年级新生中是从来未发生过的事。锺书果然不负众望，他为外文系高年级学生新开两门重要课程《文艺复兴时期欧洲文学》和《二十世纪欧洲小说》。两门课程都没有现成的读本和参考书，讲义全是他自己编写的。

据当年听讲的同学们回忆，钱先生讲文学重视思潮源流和演变，如从古代希腊到文艺复兴时期，是从古希腊、罗马、中世纪、文艺复兴讲到近代，使学生有一个西方文学发展的全貌；又如讲从古希腊到文艺复兴时期人们对爱情和婚姻看法的演变；显示了中世纪和文艺复兴时期之间延续性的不可忽视。

文学反映社会现象，要想说明一种现象，必须掌握充分证据。钱先生讲课，每个论点都有事实根据。他在黑板上写出拉丁、德、法、意大利各种语言的引文来证实他的论点，向学生示范做学问的严格性。钱先生说拉伯雷（Rabelais）最能代表文艺复兴的精神。他让学生读《巨人传》（*Gargantua et Pantagruel*）的英译本，并让学生注意研究拉伯雷的语言特点，模仿《巨人传》的义体作文。

钱先生讲授的另一门课《二十世纪欧洲小说》介绍当代欧洲最有名的一些小说名著，体现当代文学的继承和创新。他出神入化的条分缕析，妙语连珠的深刻评论，听得学生如醉如痴。当时钱先生讲 Marcel Proust（普鲁斯特）、André Gide（纪德）等人的小说，燕卜荪讲 T.S.Eliot、Auden、Spender 等人的诗，使学生对当代文学产生强烈的兴趣，激发出模仿和创作中国现代小说和诗歌的热情。

李赋宁回忆说："钱先生引导我们进入西方文学研究的殿堂。"上

在西南联大任教时的钱
锺书,1939 年摄于昆明

了钱先生的课开始体会到研究西方文学必须重视西方思想史。钱先生
鼓励他们多学外语，看第一手材料，尤其要学好法语，因为在西方
文学中，各时期法国文学总是居于领先地位。他自己就在法语方面
下过很大功夫。他曾择录 *Larousse* 中的短语和成语，与牛津出版的 *A
French-English Dictionary* 中的短语和成语做过细致的比较。他下课后，
常和讲授法语的教授一同散步，练习法语会话。一次，李赋宁读莫里
哀的喜剧遇到一个短语"sans quartier"，弄不懂它的含义，法文老师也
没有解答，去请问钱先生，他立即回答说，意为"sans merci"（毫无怜悯），
英语也有此短语"without quarters"。

　　当年和李赋宁一同听钱先生讲课的，还有杨周翰、王佐良、周珏良、
许国璋、查良铮（穆旦）、李博高等，他们对钱先生所讲授内容津津乐道，
兴奋不已。许国璋说："钱师讲课，从不满足于讲史实、析名作。凡具

体之事，概括带过，而致力于理出思想脉络，所讲文学史，实思想史。"又说"一次讲课，即是一篇好文章，一次美的感受"；"钱师，中国之大儒，今世之通人也"。他们后来都成为我国高等院校外国语言文学教学和研究的名师，查良铮还出版了《穆旦诗选》，翻译了普希金、拜伦、雪莱、济慈等的诗集。李博高久任纽约联合国总部高级翻译。

锺书确实没有辜负母校的破格聘任，他这一学年在西南联大，勤勤恳恳，敬业，用功，教学效果很好，受到学生热烈欢迎。与同事相处也不错，口碑颇佳。如果说有什么不足，就是他"两耳不闻窗外事，一心只读中西书"，不关心也未觉察当下的系领导"一切都是美国派头，讲求实效，适应需要"；办学方针在潜移默化，同战前清华外文系倡导的培养"博雅之士"已相去渐远。他似乎不明白李康《运命论》"木秀于林，风必摧之；堆出于岸，流必湍之；行高于人，众必非之"的法则，也适用于联大这个小社会；他率真幽默的妙语、嬉笑怒骂的讽喻随笔，可能引起某些人的敏感。

1939年春，锺书在系里碰上一件小事使他觉得委屈，感到意外。品性纯粹、处世简单的锺书，怎么也想不到被他视为"恩师"的叶先生，竟也会对人失信。我是许多年后从父亲遗留的"友人诗存"的封袋中发现钱先生书写的一张小纸片才知此事的。题目是"上雨僧师以诗代简"，内容如下：

　　生锺书再拜，上白雨僧师：勿药当有喜，体中昨何如？珏良出片纸，召我以小诗。想见有逸兴，文字自娱戏。尚望勤摄卫，病去如抽丝。书单开列事，请得陈其词。五日日未午，高斋一叩扉，室迩人偏远，怅怅独来归。清缮所开目，价格略可稽。应开二百镑，有羡而无亏；尚余四十许，待师补缺遗。腾书上叶先，公超 重言申明之。珏良所目睹，皎皎不可欺。朝

来与叶晤，复将此点提；则云已自补，无复有余资。由渠生
性急，致我食言肥。此中多曲折，特以报师知。匆匆勿尽意。

Ever Yours，四月十五日下午第五时[1]

　　看来是系里收购钱先生从国外带回的西书，没有依价偿付书款。
我不知道此事最后是怎么了结的。战时在联大，常有教师有偿转让个
人藏书给学校，一般都按双方议定的价格付给书款。叶公超 1940 年 6
月离校后，他的藏书就是托吴宓代为议价售给学校的。

　　在西南联大，人们看到的锺书，戴着黑边眼镜，常年西装革履，
有时是浅咖啡色的西装，有时是藏青色的西装，脸上总露着微笑，显
得轻松愉快。其实他心里很苦，他想家——想妻子，想女儿，想得厉害。
这是他和阿季结婚三年多后第一次远别，他特别留恋在牛津和阿季形
影不离，对坐读书，相看两不厌的日子，而今形单影只，多么冷清！
他把自己的居室取名"冷屋"大概也是这个意思吧。

　　锺书三天两头给阿季写信，倾诉他的思念之情；寄了信就盼回信，
盼得很苦。他在自己的小本子上写有一首题曰"一日"的小诗，记述
自己盼信的急切，简直是望眼欲穿：

　　　　一日不得书，忽忽若有亡；

　　　　二日不得书，绕室走惶惶。

　　　　百端自譬慰，三日书可望；

　　　　生嗔情咄咄，无书连三日。

　　　　四日书倘来，当风烧拉杂；

　　　　摧烧扬其灰，四日书当来。

---

[1]　见《吴宓诗集》第 349 页，商务印书馆 2004 年出版。

还有《此日忽不乐》七言律诗一首，更令人同情。

> 昼长悄悄夜何如，赠影酬形强自娱；
>
> 恨故难量千斛过，言还不尽一书无。
>
> 香能引绪烟飘篆，蜡亦煎心泪滴珠；
>
> 剩有微波托词赋，最怜鸿断与鱼枯。

杨先生给我念这些诗时说："他哪里知道我那时在上海忙得多可怜！实在无暇写信。"

锺书真是不胜相思之苦，好不容易挨到期终考试完毕，忙发电报给阿季：他将返沪探亲。"预想迎门笑破颜，不辞触热为君还。"[1]1939年7月，暑假刚一开始，他就急不可待地上路了。

阿季的爸爸得知锺书将回家度假，要大姐姐和小妹妹暂时搬进他屋里，腾出房间让锺书在来德坊过暑假。

久别重逢自是非常欢喜，锺书和阿季准备好好度过这个暑假，充分享受团聚的乐趣。圆圆两岁多，已能说会道，跟锺书甚要好，一起玩笑。在外公家，有的是人疼她、教她，却没有人陪她玩。这下好了，锺书跟她"老鼠哥哥同年伴"，没大没小，一同淘气，别提多高兴了。锺书己卯年所作《杂书》诗第二第三首就记述他和圆圆一块儿淘气的事。"小女解曲肱，朝凉供酣睡。"[2]"惯与伴小茶，儿戏浑忘倦。鼠猫共跳踉，牛马随呼唤；自笑一世豪，狎为稚子玩。"[3]"小茶"是唐人对女儿的爱称，这里指女儿圆圆。有人解释为茶叶，错了。

爸爸和锺书都爱好诗文，两人颇谈得来，他们谈话引经据典，乐

---

[1] 钱锺书《槐聚诗存》第33页，生活·读书·新知三联书店1995年出版。

[2] 同上。

[3] 同上书，第34页。

在其中，那时振华分校开学在即，阿季忙得昏天黑地，也顾不上听他们谈论什么，只见翁婿俩嘻嘻哈哈很乐。

锺书虽住在来德坊，每天早晨都去辣斐德路钱家向长辈请安，阿季事忙就不陪他同去。暑假过了一半，一天锺书回来愁容满面地说，爹爹从湖南来信说自己老病，想念儿子，要他去蓝田侍奉，同时出任新成立的国立师范学院英文系主任，一年后父子同回上海。

阿季很清楚老夫子身边早有他的学生兼助手吴忠匡对他照顾得十分周到，远比"笨手拙脚"的锺书强；"侍奉"不过是借口，主要是为聘请不到合格教师的蓝田国立师院招人。她认为锺书被清华破格任用不容易，工作方才开始，不该轻易换工作；而清华也最不喜欢受聘教授辞职或请假他就，梅贻琦校长在昆明一再要求同仁共赴国难，坚持到抗战胜利同回北平，不要星流云散。听说浦薛凤、王化成等教授就因为当初辞职别就，后来想回也回不成了。

阿季想不通，跑去告诉爸爸，希望得到他的指点。爸爸明知钱老夫子的决定荒唐，不便发表意见，他默不作声，脸上表情漠然。阿季从爸爸的沉默中得到启示，锺书的出处去就，应由他自己抉择，她可以陈述理由，不该干预，尤其不能逼他反抗父母。

阿季陪锺书同到辣斐德路去后，体会到锺书的为难，就只保留自己的看法，不再勉强他。她亲眼看到难堪的脸色，亲身体验了全家一致的沉默，沉默得让人有口难言，沉默得令人窒息。在这样的压力下，锺书若违抗父命不去蓝田，恐怕也很难再在钱家做人了。国立蓝田师院廖世承院长亲来上海招聘教师，也反复劝说锺书去当英文系主任，从便伺候父亲，公私兼顾。

锺书于是写信向西南联大外文系主任叶公超正式请求辞职。暑假的后半段不再休息而变成了办公，按照老夫子信上的指令和交代，到上海各处——去为他找人、办事。

叶公超 1939 年 9 月中已收到钱锺书的辞职信，据 1939 年 9 月 21 日《吴宓日记》："8:30 回舍。接公超片约，即至其宅。悉因钱锺书辞职别就，并谈系中事。"[1] 清华外文系主任陈福田 7 月就回夏威夷休假去了，暑中系务由吴宓代理。叶公超可能生锺书的气，至于他怎么向校领导报告此事的，不得而知。如果叶立即复书或复电挽留，不批准锺书辞职，锺书即可摆脱困境，找到不去蓝田的理由禀报父母，他可以设法去看望父亲而不必离开清华。可是叶公超没有这么做。

杨先生说："我很不赞成他去蓝田，他也很不愿意去，只在等待叶先生的回音。后来已到非走不可的时候，我为他整理了衣服，也知行路难，我说'看来你的生日将在路上过了。我在家为你吃碗面，祝平安'。但他仍是记错了生日。走时一大帮人呢，许多是熟人，所以我还放心。走以前在来德坊爸爸家吃了一顿送行饭。"

蹊跷的是，锺书 10 月中旬刚刚离开上海，阿季即接到清华秘书长也是她堂姐夫沈履（字茀斋）的电报，责问锺书为何不回复梅校长的电报。阿季只好把沈履的电报转寄蓝田师院，并立即复电清华，说明并未收到梅校长的电报。

锺书路上走了一个多月，到达蓝田以后才看到阿季的信和转寄的沈履电报，他分别写信回复沈秘书长和梅校长。给沈履的信中说："梅公赐电，实未收到，否则断无不复之理。"又说他这次舍清华而去蓝田全因"老父多病，思子欲痗，遂百计强不才来，以便明夏同归"；"此中隐情，不堪为外人道"[2]。给梅贻琦的信，也明确报告校长电报"寒家未收到，今日得妇书，附茀斋先生电，方知斯事"。并说他"此来有难言之隐，老父多病，远游不能归，思子之心形于楮墨，遂毅然入湘，

---

[1] 见《吴宓日记》第 7 册第 74 页，生活·读书·新知三联书店 1998 年出版。

[2] 杨绛《钱锺书离开西南联大的实情》，见《杨绛文集》卷 3，第 30 页，人民文学出版社 2004 年出版。

以便明年侍奉返沪。否则熊鱼取舍,有识共知,断无去滇之理"[1]云云。

梅校长的这份电报,始终没有下落。

太平洋战争爆发以前,上海与昆明间的电信通畅,没听说过丢失电报的事,可是偏偏这份当时对锺书来说至关重要的电报却丢得无影无踪。经清华大学档案馆和校史研究室帮助查找,档案中没有存底,也无相关记载;杨先生1939年10月的回电和钱先生1939年12月初上梅、沈二位的信,至今在档案中犹存。

战时由上海深入内地,路线有多条,不知蓝田国立师院领导怎么向锺书等一行建议走如此别扭的一条。从上海登轮到浙江宁波;一段汽船一段人力车到溪口,有时并步行;公路汽车到金华;铁路火车至福建鹰潭;再搭公路汽车到江西南城转宁都至吉安,赴湘赣交界的界化陇;在这荒山冷僻的小站换乘湖南公路汽车进入湘境,由耒阳到邵阳,改乘轿子抵达安化县的小镇蓝田。

一路上走走停停,跌跌撞撞,等车等人等钱等行李。因为乘客拥塞,车票难求;车辆陈旧,边走边修,候车的时间远比乘车的时间长,光在吉安一地就足足滞留七天。旅费大大超支,一时接济不上,忍饥耐劳等待汇款,荒村野店投宿,跳蚤臭虫叮咬,狼狈不堪。

锺书等一行漫长曲折的浙闽赣湘之旅,从小说《围城》中可以看到一点影子,人物却没有一个相似的,连影子也没有,纯属小说虚构。

锺书此行所受困苦可能是他有生以来从未经历过的。他在给沈履的信中说:"十月中旬去沪入湘,道路阻艰,行李繁重,万苦千辛,非言可尽,行卅四日方抵师院,皮骨仅存,心神交瘁,因之卧病,遂阙音书。"[2]

---

[1] 杨绛《钱锺书离开西南联大的实情》,见《杨绛文集》卷3,第30页,人民文学出版社2004年出版。

[2] 钱锺书1939年12月5日致沈履书,现存清华大学档案馆。

对锺书而言，别离的痛苦似乎更难忍受。同行孟宪承先生打趣他说"离别如花美眷"。早在动身以前，诗友冒孝鲁（叔子）赠诗壮行，锺书在奉答诗中，即有句"勤来书札慰离情，又此秋凄犯险行。远出终输翁叱犊，漫游敢比客骑鲸"。并特别在诗注中标明三句典出放翁诗"叱犊老人头如雪，羡渠生死不离家"。1939 年 9 月 27 日，锺书和阿季在上海共度中秋，《对月同绛》诗有句："分辉殊喜得窗宽，彻骨凝魂未可干"；想到下个中秋团圆月，将不能同阿季并肩共赏，不由得怅然感喟"借谁亭馆相携赏，胜我舟车独对看；一叹夜阑宁秉烛，免因圆缺惹愁欢"。他深知"妇不阻我行，而意亦多恋"。

尽管旅途劳顿，锺书一路不断有诗寄阿季，阿季收读后总是又感动又难过，诗中的有些今典是只有他俩才懂的。她很喜欢锺书在溪口写的《游雪窦山》五古四首，以拟人化的手笔把山山水水都写活了，变得有思想有情感；他也将自己的离愁别恨赋予了雪窦山。"田水颇胜师，寺梅若可妻。新月似小女，一弯向人低。平生寡师法，酷哉此别离！"

白天思念，夜晚入梦，锺书不止一次地在梦中见到可爱的女儿圆圆，有《宁都再梦圆女》五律一首，谁读了都不会不同情这位可怜的爸爸。诗云："汝岂解吾觅，梦中能再过。犹禁出庭户，谁导越山河。汝祖盼吾切，如吾念汝多。方疑背母至，惊醒失相诃。"

蓝田在湖南西部旧属安化县（今称涟源市），是湘黔铁路线上群山环绕的一个小镇。没人知道国立师范学院当年选址蓝田，是否如作者在《围城》中所说，因为"这乡镇绝非战略上的必争之地，日本人唯一豪爽不吝啬的东西——炸弹——也不会浪费在这地方"。

蓝田国立师院于 1938 年 7 月开始筹办，同年 12 月 1 日开学，先借驻小镇光明山李园，系本县辛亥革命人物李燮和的旧居，后又在相隔不远的另一松树山建立教学楼和学生宿舍。锺书等一行抵达时，师院设有国文、英语、史地、数学、理化、教育及公民训练七个系。

虽同属大后方办学，学校规模、教师阵容、学生素质、课程设置、教学管理、学术气氛、图书设备，都无法同西南联大相比，特别是教学对象的学生，西南联大面向全国招生，录取的很多是各地高中毕业的佼佼者，其中不乏好读书的学生，生活至苦而用功极勤，风气亦佳。1939 年 3 月，西南联大的执委之一、北大校长蒋梦麟曾这样向胡适介绍联大："校中纪律颇严，校风亦颇好，教员勤于教学，学生勤于读书，一般舆论认联大为全国冠，是为同人之自胜弗愧者也。"[1]

好教师还需好学生，煮饭还得有米。国立师院学生因程度关系，对高深的外国文学讲授内容一时还很难接受和领会，教学有如煮沙为饭。教师中志趣相投可以读书论学的同道不多，当地虽偶然也有文酒之会，话不投机，索然无味。小镇也太小，无地可游。所以锺书写给沈履的信上说："此地生活尚好，只是冗闲。"好在锺书惜阴嗜读如命，教课之余关在自己的小屋里埋头用功读书写作，足不出户。他的《谈艺录》就是在蓝田开始写的。《谈艺录》序说："《谈艺录》一卷，虽赏析之作，而实忧患之书也。始属稿湘西，甫就其半。养疴返沪，行箧以随。"除了《谈艺录》，他还写了《窗》《论快乐》《吃饭》《读伊索寓言》及《谈教训》五篇散文。不论是《谈艺录》、旧体诗或散文，都写在小镇上买到的一种极其粗糙的毛边纸直行本上。据蓝田的同事回忆，《谈艺录》他每晚写一章，两三天后修改增补，改动很大，填写很密，有的纸页天地间夹缝中，全写满了字。他有七言律诗一首《笔砚》，可为当时这种教学生活和心情的写照。

昔游睡起理残梦，春事阴成表晚花。

忧患偏均安得外，欢娱分减已为奢。

---

[1] 蒋梦麟 1939 年 3 月 1 日致胡适书，转引自左右《蒋梦麟在西南联大》，载《抗战时期文化名人在昆明（一）》第 13 页，云南美术出版社 2000 年出版。

宾筵落落冰投炭，讲肆悠悠饭煮沙。

笔砚犹堪驱使在，姑容涂抹答年华。

相比之下，锺书容易联想春城的箛吹弦诵，怀念联大的师生友好，还有他在校外交往的朋友们。昆明自 1938 年以来，除了北大、清华、南开迁址于此，国立中山大学、同济大学、艺术专科学校、上海医学院、中央政治大学、私立中法大学、中央研究院历史语言研究所、国立北平图书馆及中国营造学社等许多所高校和科研机构也纷纷迁来边陲山城，昆明一时成了大后方的文化教育中心。国立艺专校长、美术史专家滕固（若渠）就是锺书在昆明结识的新交如故知；北图馆长兼大后方大学总图书馆馆长袁同礼（守和）则非常欣赏锺书的才华，总想把他"挖"去主持北图的英文季刊 *Quarterly Bulletin of Chinese Bibliography*（《中国图书季刊》）。林同济、沈从文、傅雷、萧乾等也都初识于昆明。

锺书怀念母校，联大人也惦记着他，欣赏他的昔日业师当今同事都惋惜他的辞职别就，外文系的学生渴望他返校任教，纷向院系领导反映。吴宓正是得知锺书辞赴蓝田国立师院后，向李赋宁借了钱锺书的授课笔记来读。据 1939 年 9 月 28 日《吴宓日记》："上午读宁所记之钱锺书 *Contemporary Novel* 讲义。""下午在舍，续读钱君 *Contemporary Novel* 讲义。"同年 9 月 29 日《日记》："上午读宁所记钱锺书 *Contemporary Novel* 讲义，完。甚佩。"又同年 10 月 4 日《日记》："读宁所记钱锺书 *Renaissance Literature* 讲义完，并甚佩服，而惜钱君今年之改就师范学院教职也。"

吴宓爱才，认为不论从联大、清华教学需要和锺书个人发展考虑，锺书应回清华任教。他向院系领导积极建议，但联大外文系主任叶公超、清华外文系主任陈福田不做如是观。据 1940 年 3 月 8 日《吴宓日记》，这天晚上七点，吴宓至海棠春餐馆，"赴 Winter 招宴。客凡二桌，饮绍酒甚多。10:00 散。随（叶公）超，F.T.（陈福田）、徐锡良陪侍梅校长同归。梅邀至其宅（西仓坡）中坐，进茶与咖啡。宓倦甚思寝，而闻超与 F.T. 进言于梅，对钱锺书等不满；殊无公平爱才之意，不觉慨然"[1]。又同年 3 月 11 日《日记》："7:00 至冠生园，赴钱端升、梁思成宴，钱 Winter 北归。""与 F.T. 等同步归。F.T. 拟聘张骏祥，而殊不喜钱锺书。皆妾妇之道也，为之感伤。"[2] 第二天，吴宓将这一情况告诉同样认为钱锺书人才难得的清华同事、老友陈寅恪，"寅恪教宓'不可强合，合反不如离'，谓钱锺书也"[3]。1940 年 3 月 27 日晚，吴宓赴 F.T. 约在冠生园便宴，"并开清华外文系会，决聘张骏祥"。他在这天的日记中深叹"宓终憾人之度量不广，各存学校之町畦，不重人才也！"[4]1940 年 5 月 20 日《日记》："晚，作长函致钱锺书。"长函内容不详，F.T. 聘任情况，当有所达。

1940 年 6 月，叶公超奉其叔电飞港，向北大、联大请事假赴沪。

暑假，清华虽正式聘请张骏祥为外文系副教授，但是张并未应聘来校。F.T. 的倒行逆施引起清华师生的议论。据 1940 年 6 月 28 日《吴宓日记》："10—11 与何炳棣立谈。棣甚愤愤于清华之群小，且谓众皆不满于外文系之日坏，与 F.T. 之设施。"[5] 清华外文系外籍资深教师亦有反应。教授德语的雷夏（E.Reicher）谓"F.T. 已将清华外文系弄坏"。英国文学专家吴可读等亦觉"与 F.T. 难处"。[6]

吴宓因不满 F.T. 的"浅薄习美风"、功利和实用，一度想向联大请假去浙江大学，于 1940 年暑假向浙大校长竺可桢和文学院长、老友梅

[1] 《吴宓日记》第 7 册第 139 页。

[2] 同上书，140 页。

[3] 同上书，141 页。

[4] 同上书，第 147 页。

[5] 同上书，第 184 页。

[6] 同上书，第 170 页，第 205 页。

光迪推荐钱锺书为浙大外文系主任而自己往为教授，后因 F.T. 挽留未果行。F.T. 谓，"功课无关系，但人望及学生影响至重，盼宓勿行"[1] 云云。

为议聘钱锺书回清华任教，吴宓找联大和清华文学院长商谈。据 1940 年 9 月 12 日《日记》："2—4 访冯友兰文学院长于小东城脚 16 号寓宅。""冯谓清华外文系应聘钱锺书归而主持。今 F.T. 为主任，非经'革命'实无整顿办法。"[2] 又同年 9 月 14 日《日记》："11—12 访冯友兰，议聘钱锺书回清华事。决今年不举动。"[3]

由以上情况可以看出，吴宓对争取锺书回母校任教非常热心，可谓不遗余力。这一方面固然由于他对锺书的才华和好学十分欣赏，早在 1934 年即有赠诗盛赞锺书"才情学识谁兼具？中西新旧子竟通；大器能成由早慧，人谋有补赖天工"。另一方面也与他自己的文化信仰和教育理念有关。

吴宓与陈寅恪都视传统文化为一个民族的生命，传统的断裂就意味着民族的灭亡。1919 年当主张"全盘西化"的新文化运动在国内如火如荼地进行时，吴宓与陈寅恪在哈佛有一场广泛论及中西文化的重要谈话，也可以看成是他们对新文化运动的表态。吴宓出于对中西文化两重性及其融会贯通之可能的认识，反对摧毁传统文化而坚主中西新旧融化贯通；陈寅恪出于"以夷复夏"的忧虑，主张"援西入中"。两人都认为传统文化本身的弱点即使是致命的，也只能用"补药"以强身，而不能用"泻药"以伤身，更不能杀鸡取卵。

吴宓 1921 年回国以后，与友人创办《学衡》，便以"论究学术，阐求真理，昌明国粹，融化新知"为宗旨，以"无偏无党""不激不随"为学风，介绍西洋古典文化，阐释中国传统学术，探求中西文化的会通。

---

[1] 《吴宓日记》第 7 册第 234 页。

[2] 同上书，第 228 页。

[3] 同上书，第 229 页。

在教育实践中，1925年吴宓应母校邀请筹办清华国学研究院，明确办院的宗旨之一就是将西学引入国学，强调应对西学进行精深研究，以便"采择适当，融化无碍"，而研究之道，尤注重正确精密之方法并取材于欧美学者研究东方语言及中国文化之成绩。吴宓为清华国学研究院所聘请的导师王国维、梁启超、陈寅恪、赵元任等，亦均为中西贯通的大家。

清华学校开办大学部后，吴宓多次代理外文系主任，亲为制定该系课程，目的就是使学生得能（1）成为博雅之士；（2）了解西洋文明之精神；（3）造就国内所需之精通外国语之人才；（4）创造今世之中国文学；(5)汇通东西之精神思想而互为介绍传布。吴宓提倡培养的"博雅之士"，不是 pedant（学究，书呆子），而是关心社会现实之士。

博采东西的人文教育思想，加上中西贯通的教师，自能培养出中西贯通的博雅之士，而钱锺书正是诸多博雅之士中的最杰出者，青出于蓝而胜于蓝。吴宓的办系方针显然得到冯友兰的认同，作为清华文学院院长，他不希望人才辈出、在全国高校中居于领先地位的清华外文系改弦易辙，而美国夏威夷华侨出身的 F.T. 欠通祖国文化，很难继承和发扬清华外文系的传统；所以早在 1937 年夏 F.T. 新任清华外文系主任之际，冯友兰就曾考虑将来聘中西贯通的钱锺书取而代之。当时吴宓因锺书与新月文学派比较接近，曾误以为"钱之来，则不啻为胡适派即新月新文学派，在清华占领外国语文系"感到痛忧；后知锺书的文学思想、学术主张并无改变，于是释然。

1938年夏，冯友兰接到钱锺书从巴黎寄来的求职信，立即与叶公超、陈福田商酌，决定聘请他返母校任教，并于 1938 年 7 月 25 日上书梅校长特别推荐，请给与钱锺书教授名义，月薪三百元。冯友兰在信中特别指出："不知近聘王竹溪、华罗庚条件如何？钱之待遇不减于此二人为好。"

1940 年 11 月清华外文系系务会，照例讨论翌年教授聘任事。据 1940 年 11 月 6 日《吴宓日记》："晚 6—9 偕往冠生园，F.T. 请便宴，商清华系务。""席间议请锺书回校任教,忌之者明示反对,但卒通过。"[1] 此议其后又经校聘任委员会通过；据清华大学档案，1941 年 3 月 4 日确有聘请钱锺书回校的记载。[2] 这个信息，吴宓很快写信告知锺书。联大师生听说钱师明年将回都很高兴，外文系同学更是兴奋不已。谁也不会想到聘请锺书返校任教这样一桩铁板敲钉的事，一经 F.T. 玩个 trick，重又落空！

钱基博（子泉）老先生当初函召儿子远走蓝田师院"侍奉"，说好一年后同回上海；锺书也不敢确保爹爹会不会信守诺言，所以他 1939 年 11 月在写给清华秘书长沈履的信上说："不知一年后可还我自由否？"果然，一年后老夫子不想回上海了，于是 1940 年暑假，锺书和徐燕谋两人结伴由湘西出发回上海探亲。

阿季知道小弟弟保俶将要从维也纳医科大学学成回国，住在爸爸那里，锺书回上海不能再在来德坊度假；辣斐德路钱家人口增多，也挤居不下。她就在住家附近租了一间房，没想到锺书等旅途受阻，走到半道又折回蓝田去了，阿季只带着圆圆住了一个月，就把这办妥租赁手续的房子退掉，又回到来德坊爸爸家。

杨先生说："1940 年暑假锺书若能抵达上海，也不愿再去蓝田了。我公公也不指望他再留身边。"不久，锺书的妹妹锺霞到了蓝田，侍奉爹爹当比哥哥强得多。

锺书在蓝田，对爹爹的"侍奉"也只是每天午后和晚饭后，到毗邻的老夫子屋里坐一会儿，说说话。再就是经常亲自为爹爹炖鸡汤，

---

[1] 《吴宓日记》第 7 册第 258 页。

[2] 据清华大学档案：1941 年 3 月 4 日下午五时，在西仓坡五号召开清华第十一次聘任委员会会议，通过决议新聘钱锺书为外文系教授，月薪 390 元，张骏祥为外文系教授，月薪 360 元。

这是他在牛津阿季生小孩时练就的手艺。孟宪承先生当面对老夫子赞他儿子孝顺，老夫子说"这是口体之养，不是养志"。孟先生说："我倒宁愿口体之养。"可是爹爹总怪儿子不能"养志"。爹爹所谓的"志"，锺书不能完全认同；儿子的"志"，爹爹又完全不理解。锺书心上感到委屈，只能跟阿季说。

阿季知道，锺书尽管在学术观点上保持己见，一向并不怎么服老夫子，但对爹爹还是很尊敬的。他总跟阿季说，老夫子虽然有一点迂，人是很厚道的，勇于承担责任。祖父从前经营商业，江浙战争，乱军扰民，祖父产业遭抢劫，欠下一大批债，全是爹爹一人独力偿还的。老夫子辛辛苦苦教书挣钱，逐年还债，日子过得很清苦。等到一大批债还清，爹爹累得一身是病了。锺书还告诉阿季，爹爹晚年对姆娘（锺书母亲）自称"拗荆"，因他固执己见，事事违拗姆娘，老来有歉意。但年轻时他只为体谅姆娘七年间生育四个儿女，体质很弱，就不回内寝，在外书房没日没夜地工作，累了就在躺椅上歇会儿。

老夫子在蓝田，也是每天清晨到深夜，端坐在他的大书案前无间断地著书立说，编撰中国文学史，写读书日记。据蓝田师院的学生回忆，老夫子在国文系讲课时，常搬一把太师椅，坐在讲台上讲。讲到得意处，兴致勃勃，摇头晃脑，哼哼吟吟。学生们认为他风度十足，生动有趣，十分欢迎呢。

圆圆在来德坊，有点像阿季在北京初生时当"独养女儿"受全家喜爱的日子。她记性好，识字过目不忘，深得外公赞赏。外公午眠，特让圆圆枕着外婆专为外公制作的小耳枕睡在他的脚头。这是阿季姐弟从未得过的"殊荣"。

圆圆总是那么乖，很小就学会克制自己。她得过痢疾，病后肠胃虚弱，许多东西妈妈怕不消化，不让她吃。她能眼睁睁地看着外公和姨们剥食那个儿大而多汁的白沙枇杷，闻着热气腾腾的广东肉粽发出诱人的香味，自己乖乖地在一旁玩，再好吃的东西也不甚动心，至多眼角溢出一滴小眼泪。她那可人的小样儿，让人没法不心疼。

圆圆悟性强，有想象力，一次，认"朋"字，她对妈妈说，这是两个"月"字要好，挨在一块儿了。[1] 阿季写信告诉锺书。锺书高兴得不得了，立成七言绝句一首《绛书来云，三龄女学书，见今隶朋字，曰，此两月相昵耳。喜忆唐刘晏事成咏》。诗云：

> 颖悟如娘创似翁，正来朋字竟能通。
>
> 方知左氏夸娇女，不数刘家有丑童。

阿季的三姐姐、七妹妹常带着孩子到来德坊看望爸爸，圆圆有了玩伴总是格外开心。圆圆和阿季三姐姐的女儿妹妹（圆圆称为"妹妹姐姐"），是外公最疼爱的一对宝贝。妹妹姐姐长一双美丽的大眼睛，天真活泼，讨人喜欢。她家早上吃烤白薯（上海人叫烘山芋），总派妹妹去买；卖烤白薯的人见她可爱，每次都要多给一点儿。妹妹性格有点像男孩，豪爽大方，外公常笑说："别看妹妹一双大眼睛，什么也看不见；圆圆头一双小眼睛，什么也逃不过她。"圆圆很小就观察细微，有时跟妈妈外出，她会告诉妈妈，谁住弄堂几号，谁是谁谁的什么人，……这都是她"格物致知"所得，经过核对，居然准确。只要她听到过的话，别人忘了，她都能记得，令阿季感到吃惊。

1940 年 10 月，圆圆和三姨家的两个表姐、一个表弟还有七姨家的表弟合拍了一张照片，五个小孩都很可爱。阿季寄了一张到蓝田，锺书看了又看，乐不可言，提笔在背面写道："五个老小，我个顶好。"

我问杨先生："三姐姐和七妹妹对钱先生这么'自道好'，不生气

---

[1]　圆圆用的是无锡土话"霍牢子"，"霍"是偎依的意思。

圆圆（前排右起第一人）和表姐弟的合影。
钱锺书在照片背面写道："五个老小，我个顶好。"

吗？"杨先生答说："一点不生气，三姐姐和七妹妹也认为阿圆顶好哩。"六十多年过去，杨先生翻看这张照片，想起他们当年的淘气还不禁莞尔。照片中的五个老小，两个已做了古人，姐姐和"妹妹姐姐"还有七姨家的表弟健在。姐姐和"妹妹姐姐"跟四阿姨特亲，二十世纪五十年代一个在北大、一个在地质学院学习，常到中关园四姨家串门，联床夜谈。妹妹定居国外后，不时回来看望"四阿姨"。我在杨先生家，就代接过她的电话，地道的无锡口音："我是妹妹呀，我要同四阿姨讲话。"

从锺书 1941 年所作《上元寄绛》诗看，他早在 1940 年初已做好回沪探亲准备了，而且不拟重返蓝田；难怪 6 月即急急与徐燕谋结伴出发，怎么也料想不到旅途的艰难险阻竟比来时更甚。锺书对这次未达目的地的旅行似乎印象颇深，一年后所作《示燕谋》七律，可见当时的心情和所历艰辛于一斑。

> 去年六月去湖南，与子肩舆越万山；
> 地似麻披攒石皱，路如香篆向天弯。
> 只看日近家何远，岂料居难出更艰；
> 差喜捉笼囚一处，伴鸣破尽作诗悭。

旅途折返，有家难归，锺书郁郁不欢。离愁别绪，对远方亲人的不尽思念，他都用诗句来尽情抒发了："归计万千都作罢，只有归心不羁马；青天大道出偏难，日夜长江思不舍。"（《遣愁》）傍晚外出散步，暑气未消，牛儿藏身野塘，水漫牛鼻；马儿奔跑古道，扬起阵阵尘埃。锺书叹道："出门有碍将奚适，落日无涯尽是愁。百计不如归去好，累人暝色倚高楼。"（《晚步》）本年《中秋夜作》有云："往年此夕共杯盘，轻别无端约屡寒。倘得乘风归去便，穷山冷月让人看。""涸阴乡里牢愁客，徒倚空庭耐嫩寒。今夜鄜州同独对，一轮月作两轮看。"

1941 年上元节前，蓝田春雨绵绵，锺书《上元寄绛》诗云：

> 上元去岁诗相祝，此夕清辉赏不孤；
> 今日仍看归计左，连宵饱听雨声粗。
> 似知独客难双照，故得天怜并月无；
> 造化宁关儿女事，强言人厄比髯苏。

夜晚，国立师院师生宿舍的灯光都已熄灭，只有锺书屋里如豆的一盏油灯仍亮着，他用夜读和写作排遣乡愁和失眠，许多动人的诗句就在这么寂静的夜晚被倾书于蓝田土产的糙纸上。锺书也没白白走过千辛万苦的浙闽赣之旅，此行的经历和他回国以来所见所闻所接触的众多学人，已在他的心中糅合、发酵，形成一个个生动的人物形象，故事已有梗概。在蓝田的严寒冬夜，他已和二三知友在木炭盆烤火夜话时谈说。

1940年深秋，锺书得知他将被清华召回任教。因此1941学年第二学期结束，锺书就向国立师院辞职回沪。这回为避免重蹈去年覆辙，改走旅费开支更多绕行更远的海路回家，终于顺利到达上海。

此时辣斐德路钱家人口增多，叔叔分给锺书父母住的二楼大房间和亭子间均已住满了人，阿季去年在附近弄堂租到的一间房子也已退掉，哪里也租不到房，只好在钱家楼下客堂间搭一张床，和圆圆挤居一处，等候锺书回来。

锺书两年乡居，面色黑里透黄，胡子拉碴，穿一件蓝田缝制的土织夏布大褂；圆圆好奇地注视着这个陌生人，两年不见，她好像不认识爸爸了。她看见锺书把带回的行李放在妈妈床边，很不放心，终于对爸爸发话了。"这是我的妈妈，你的妈妈在那边。"她指指奶奶，要赶爸爸走。锺书很窝囊地笑着问她："到底是我先认识你妈妈，还是你先认识？"圆圆理直气壮："当然是我先认识，我一生下来就认识，你是长大了才认识的。"

后来锺书悄悄地在圆圆耳边说了一句话，她立即和爸爸友好。锺书究竟说了什么话，一下子赢得女儿的友情，杨先生在《我们仨》里存疑。"那句话，我现在猜想，很可能是：'我是你小时候陪你玩的爸爸呀，你忘了吗？'圆圆心里不会忘记同玩的爸爸。"杨先生最近说。

锺书这次回上海，准备度完暑假就去昆明西南联大教书。联大的师友写信告诉他，清华请他返校任教是校系都已认定的事，大家都欢迎他回。

按照清华惯例，教师聘书都在上学年第二学期末由系主任或委托人送达本人手中，一般在七月初以前发放完毕。奇怪的是清华外文系教授于 1941 年 7 月初都已收到聘书，钱锺书的聘书却迟迟没有发出，也没有委托他人代发；而清华外文系主任陈福田本人 6 月初就回夏威夷老家休假去了，聘钱的事未向系里做任何交代，据说他将亲往上海处理。

锺书没有在上海另找工作，始终在等待联大的消息，真是望眼欲穿，陈福田拖延到 1941 年 10 月下旬，联大在昆明开学已经三周，始到上海钱家请锺书回清华任教，锺书心里明白 F.T. 的迟来并非无心，自己不受 F.T. 的欢迎，就客客气气地推辞，退让不去了。据杨先生回忆，"陈福田对锺书的推辞并无一句挽留。"

这个暑假，陈福田未能为清华外文系请回学生们心仪已久、众望所归的钱锺书，却聘来一位夏威夷华侨任英文教员。

锺书由 F.T. 的故意拖延，想起梅校长那份丢失的电报，感到厄运的播弄和世态的叵测。

杨先生说："能在清华教书是锺书最称心的事。但一人独去昆明很苦恼，又怎么也舍不得放弃。到蓝田去是万不得已，得吴宓先生信知可回清华，又一心要去，便是与妻女分离，也决计得去。现在去不成了，倒也成全了他，三人可同甘共苦，一起度过抗战胜利最后来临前的艰难岁月，胜于别离。"

锺书对阿季郑重发愿说："从今以后，咱们只有死别，不再生离。"

11. 上得厅堂，下得厨房

　　锺书回上海后，辣斐德路钱家已人满为患，再也腾不出地方来了。最后叔叔把他家原在楼下客堂搭铺歇宿的两个女佣，搬到三楼的过道里。原来临街窗下待客用的一对沙发和一张茶几挪开，铺上一张大床，挂上一幅幔子，锺书就和阿季及圆圆挤居幔子背后。沙发挪到幔子前面。白天，客堂照常会客；叔叔做讲堂教孩子们读英文；锺书母亲一家在近厨房处用餐。入夜，锺书母亲家的女佣在二楼大房间搭铺歇夜。

　　到了晚上，人都散了，这一大间屋子，虽然放满东西，却很清静。幔子可以揭开，阿季图凉快，可以搭个小铺另睡一边，晚上搭，白天拆。晚上倒还过得，只是白天没个安顿处。幸亏这种日子，只是暂时的。不久锺书二弟到武昌就业，随后二弟妇和子女都到武昌去了；小妹锺霞也同路去武昌，然后到她父亲身边去侍奉父亲了。三弟一家搬往苏州，又搬往无锡，只三弟常来上海住几天，拥挤的一大家，后来只剩锺书的母亲和他们三口同住。

　　阿季担任家庭教师的富商李家小姐1940年夏高中毕业，她介绍了一位大学助教为李小姐补习，自己不再担任家教。不久，傅东华带女儿去内地，阿季就接替他女儿的教职，当起工部局北区半日小学的代课教员来。

　　阿季并非师范毕业，大学也学的不是教育系，本没有资格任工部局小学教员，但她虚心向有经验的教员学习，自己琢磨出一套调教小孩的办法，卓有成效。沪北地区人口庞杂，搬运工人、人力车夫等劳动者和外来逃难的家庭居多，文化层次低。小孩淘气，说话粗野，带脏字，尤其是一年级，小孩初上学不懂什么课堂秩序，七嘴八舌，乱哄哄的。阿季三堂课下来，叫得出每一个小孩的名字。她叫哪个小孩上课别乱动，别玩，从来是指名道姓，准确无误，小孩们很吃惊，一下被镇住了。

三年多来，阿季从没有在班上笼统地称呼学生为"小朋友"，她不但记得他们的姓名，每个小孩的脾性也摸得一清二楚。她喜欢小孩，和他们做朋友，教学认真而耐心，小孩也喜欢她。一年工夫，把闹哄哄的一班学生教得服服帖帖，乖极了。老师原可随班走，与本班学生一同升入二年级，省事多多；但学期开始时，教务主任求阿季帮忙，请她再教一年级，重新调教一批新入学的淘气包。一般老师都不愿教一年级，很头疼。

阿季谦虚随和，与同事关系相处很好。入校时履历填的是东吴大学毕业，后来有一位沪江大学教育系毕业的同事与锺书的朋友认识，才知阿季是留学生，还当过中学校长。同事们因她没有架子，和她更加要好了。后来她业余创作的剧本上演，把好多同事都请去看话剧。

小学在沪北尽头，离辣斐德路钱家很远。阿季到北区小学上课乘车到法租界边上，步行穿过不属于租界的相当一段路，改乘公共租界的有轨电车才能到达，单程需一个多小时，每天来回是很辛苦的。所幸战时的工部局北区小学是半日制，阿季下午上课，不必清晨起大早赶车。学校附近就是有轨电车的起点站，傍晚下课后与同事们一道乘车回家。乘久了，同司机、售票员也熟了。她们上车时，乘客少，司机淘气，故意把车开得摇摇晃晃，踩得铃铛叮当响，逗得大伙又惊又笑。这路车头几站没有旁的乘客，阿季的同事们年轻，与售票员说说笑笑，她起初端坐一旁，有点矜持，后来听听也都是老百姓生活家常话，很实在、亲切，便也加入一伙说话。

一次，阿季下课搭车回家，准备路过永安公司为爸爸买一只早晨喝水用的小茶壶。电车驶近闹市，她站在司机背后等候，车到站却一走神忘了下车，车开动才"啊呀"一声发现。司机头也没回，只问"哪能啦？"阿季说忘了下车，他说"勿要紧，送侬到门口"。永安公司门口没有站，又在交叉路口，是不准停车的，但司机把车开得很慢很慢，到了那里似停非停地停了一下，把铁栅栏拉开一条小缝，阿季出溜下车，车就开了。

阿季由有轨电车送到永安公司门口，买到了爸爸需要的小茶壶。阿季因爸爸这天早上把小茶壶盖打碎了，她找到一个一模一样的盖子。她得意说，"这个拼上，恰配恰配"。爸爸生气不要。阿季知道那是爸爸想念妈妈。那个非常合适的盖子，不是原配，只好扔掉。

阿季不顾路远，在北区小学辛苦教书三年半，1943年秋日本人接管工部局学校她就辞去教职。工部局小学待遇不菲，每月还有三斗白米实物补贴，这在当时是不可多得的稀罕之物。日本人配给市民的只是碎米，中间掺杂许多沙子；面粉是黑的，杂质和麸皮各半。

锺书辞了蓝田国立师院的职务回到上海，日复一日等待聘书，却杳无音信。他生怕两头落空，面临失业的危险。他去向时任暨南大学英文系主任的清华老学长、好友陈麟瑞求职，陈让他顶替孙大雨，据说系里对孙有些意见。锺书与孙大雨并不相识，坚决不肯夺取别人职位，便一口回绝。多年以后，孙大雨见到锺书提及此事表示感激之情。要知道当年在孤岛，失业就意味着全家挨饿，夺人生计绝不可行。

爸爸自阿季回沪，戒除了安眠药，在震旦女子文理学院教一门《诗经》消遣，此时便把每周两小时的课让给锺书。震旦女校的负责人Mother Thornton（方凳妈妈）是一位爱好文学的英国修女，对锺书很欢迎，见面之后立刻为他增加了钟点。

震旦的薪俸不足以维持生活，还得兼做家庭教师。锺书随后收了一名家境丰裕的拜门学生周节之，束脩总是随着物价涨。拜门弟子还不断请老师代为买书，自己并不读，专供老师借阅。锺书蛰居上海期间，虽然饮食起居简陋逼仄，买书读书却得恣意享受，对他来说是最快意不过的事。他高兴地在买来的书上一一写上"借痴斋藏书"，盖上"借痴斋"印章。

锺书的二弟、三弟和他们的妻子儿女先后离开上海后，锺书小家三口搬进亭子间，一住就是八年。屋子很小，一张大床而外，只安得下一个柜子和一张小书桌；不过无论如何，锺书和阿季有了读书写作谈心、同友人交流的空间。锺书"销愁舒愤，述往思来"的"忧患之书"《谈艺录》后半部，阿季的几个剧本，都是在这间小屋里完成的。锺书生病，也有了将息之处。用杨先生的话说"贫与病总是相连的"，那时锺书每年生一场病，感冒发烧不退，一病往往一个多月。上海名中医"张聋嗙"之子攀附为诗友，让他父亲上门诊视，虽不收出诊费，而药奇贵（大概药店有回扣），服药不见效，又请西医，拜门学生母亲之友来家诊视，也无效。阿季无奈，后来自做医生，到药店买药，细看仿单，对照病情，倒也见效。

阿季入住钱家，心里惦着爸爸，几乎每天去来德坊转一下。其实大姐姐照顾得很好，三姐姐、七妹妹也时常回来看看，一家人不论有多少劳瘁辛苦，都会在谈笑中消散。

爸爸人在上海，一刻不忘厝棺苏州香山乡野的妈妈，挂心妈妈的棺木还未安葬。他买得灵岩山绣谷公墓的一块墓地，便亲自去香山寻找妈妈的棺材。那时乡间盗匪出没，掳人勒赎，很不安宁。爸爸摘掉眼镜，穿一件破棉袍，戴上一顶破毡帽，化装成一个农民，由一位他曾受托办案的当事人接到苏州，派两个男仆同上香山找到妈妈的棺木，送往公墓礼堂上漆。1940年秋冬，弟弟回国以后，爸爸带了阿季姐妹兄弟回苏州安葬了妈妈，了却心上一桩大事。

　　同一天，他们也安葬了三姑母荫榆。因为二姑母荫枌在绣谷公墓为三姑母和她自己也买了一块墓地，姊妹合葬。日寇侵占苏州时，两个姑母曾随阿季爸爸一同到香山暂住。香山沦陷，阿季妈妈病危，两个姑母逃到别处避难。妈妈去世后，爸爸带着大姐姐和阿必回到苏州，两个姑母过些时候也回到苏州，各回自己的家。二姑母那时领养了一个孩子做孙女，住在阿季家隔壁。三姑母在盘门盖有房屋，四邻小户人家深受日寇蹂躏。据说三姑母不止一次跑去见日本军官，责备他纵容士兵奸淫掳掠。日本军官就命令部下退还他们从三姑母四邻抢来的财物。街坊的妇女为躲避日本兵挨家挨户找"花姑娘"，都藏到三姑母家。日本兵恨透了三姑母。1939 年 1 月 1 日，两个日本兵不知用什么话哄三姑母出门，走到一座桥顶上，对她开枪，抛入河中。他们发现三姑母游泳挣扎，又连开数枪，直到河水泛红。邻近一个曾为三姑母造房子的木工，把三姑母的遗体从河里捞起，装入薄皮棺材。棺木太薄，血水渗出，仓促间就用三姑母造房子多余的木头，锯成长短不齐的木片，钉在棺外，钉成一具怪模怪样的棺材。

　　亲人们为三姑母送葬，心中无限感慨。三姑母留学日本、美国，多年埋头苦读，自信能在教育事业方面有所作为；做了北京女师大校长，因不肯随潮逐流，当了古人还被人骂。2003 年 12 月 30 日南京《扬子晚报》载有笔名怀念写的《杨荫榆女士》一文，说她晚年的死，给她一生画上了一个壮烈的句号。并登载了她当北京女师大第一任校长时的合影。北师大《校友通讯》2005 年第 1 期（总第 35 期）第 214 页至219 页，校友王淑芳女士写了《杨荫榆校长其人其事》为她平反，并举出当时支持杨荫榆的人，胡适、徐志摩、王士杰等且不论，成为革命者、科学家、教育家的，大有人在，如李四光院士、高仁山烈士以及马寅初、查良钊等。

爸爸和家人平时不谈国事，但底线非常明确。抗战时期，生活艰难很考验人。在日军和汪伪政权的利诱下，失足落溷的并不罕见。阿季姐妹有时奇怪××世丈好久不见了，爸爸就说没脸来了，意思是"落水"了，跟随日伪做事去了。又一次有人传说"杨荫杭眼睛瞎了"，原来爸爸在公园散步碰上一个沦为汉奸的老熟人，爸爸视而不理，藐然而过。爸爸对汉奸十分鄙视，说："女子夫死再嫁，至少也该等夫死之后，怎么丈夫还活着就嫁人了。"

阿季和爸爸一样，艰难度日而不失本真，爱憎在心里是十分明确的，有时行动上克制不住，甚至到了闯祸的边缘。珍珠港事变后，日军进驻上海租界，但还未接管学校。阿季到北区小学上课，公共租界的有轨电车驶至黄浦江大桥，乘客下车排队步行过桥，得向把守桥头的日军鞠躬，阿季不愿行这个礼，往往低头而过，侥幸没受注意。

后来改变办法，电车过桥，停在桥下，乘客不必下车而由日本兵上车检查。检查时，乘客都得起立。有一次阿季站得比别人稍微迟些，日本兵觉察了，见阿季低头站着，过来用食指将她下巴猛一抬，阿季哪受过如此侮辱，登时大怒，一字字大声喝道："岂有此理！"此时车上静得掉根针也能听见，阿季知道自己闯祸了。日本兵对她怒目而视，她若还以怒视，就成了挑战；她怎能和他挑战呢？但事已如此，也不能示弱，阿季就怒目瞪着前面的车窗。如此相持不知多久，阿季和乘客的心都提到嗓子眼儿了，那日本兵终于转身下车，几次回头看阿季，她保持原姿势一动不动。

电车复又开动，乘客像死而复苏似的议论纷纷。阿季旁边的同事吓呆了，她喘气说："啊唷，啊唷，侬吓煞吾哉！侬哪能格？侬发痴啦？"阿季半晌没有开口，想着自己侥幸没闯大祸，那日本兵也许年纪较小或比较老实，一时不知怎么应对，如果明天再遇见他怎么办？赶紧站起来恭候吗？

第二天，阿季换一条路线去学校，路更远，中间还得经过"大世界"一带闲人坏人丛集的地段，有流氓盯梢，非常不便。一个多星期过去了，同事告诉阿季：查车的日本兵天天更换。于是阿季复走原路线，尽管心上不免惴惴。不过没有多久，日本人接管阿季教课的学校，她也就辞职了。

锺书体质羸弱，困处沪滨，贫病交加，日子过得很艰难。敌伪妄想借助锺书才华，为他们撑撑场面，因此门前不乏失足溷水之人来做说客，巧鼓舌簧，拖他下水。然而锺书巍巍有骨气，"我闻谢客蹶然起，罕譬而喻申吾怀"，以乘船为比，从东归说起。任凭你"楼船穹窿极西海，疏棂增槛高崔巍"，"金渠玉鉴月烂挂，翠被锦茵云暖堆。大庖珍错靡勿有，鼋腩鲸胘调龙醢。临深载稳如浮宅，海童效命波蹊开"；而"吾舟逼仄不千斛"，"小孔通气天才窥。海风吹臭杂人畜，有豕彭亨马虺隤。每餐箸举下无处，饥犹喂虱嗟身羸。船轻浪大一颠荡，六腑五脏相互回"；我也不与你换乘，因为你的船往西，我的船向东。"彼舟鹢首方西指，而我激箭心东归。"出门选择什么样的交通工具是次要的，首先得决定去什么方向。要能达到志愿始能以身相托，不应以个人安危作为去取的依据。怎么能小不忍而忘大义？

锺书说到这里，请来客自裁量。说客只有"作色拂袖去"，连呼锺书实在太冥顽！太冥顽！

锺书作于1942年的七古长篇《剥啄行》，即记叙此类应对事，拳拳报国之情洋溢字里行间。其中"择具代步乃其次，出门定向先无乖，如登彼岸惟有筏，中流敢舍求他材。要能达愿始身托，去取初非视安危"等语，尤其篇末"此身自断终不悔，七命七启徒相规"之句，真是大义凛然，掷地有声。锺书实不愧为中华优秀文化哺育出来的爱国之子。

那时候，锺书和阿季像许多沦陷在上海的知识分子，由于敌伪的禁锢、高压和多方管制，精神上难免压抑和郁闷，有一种"长夜漫漫何时旦"之感。只有走得较近的朋友间，能够谈谈心，交换一点信息，分析分析形势，相互鼓励，增加一些希望和信心。据杨先生回忆那段灰暗的岁月，锺书经常往来的朋友，同辈的有陈麟瑞、陈西禾、李健吾、柯灵、傅雷、徐燕谋等。老一辈赏识他的有徐森玉（鸿宝）、李拔可（宣龚）、郑振铎、李玄伯等。比他年轻的朋友有郑朝宗、王辛笛（馨迪）、宋淇（悌芬）和许国璋等。

抗战期间在上海，锺书夫妇往来最密的朋友，大概是陈麟瑞和夫人柳无非了。两家住在同一条街上，相隔不过五分钟的路程。陈麟瑞笔名石华父，是一位极欣赏锺书才华的忠厚长者。据杨先生回忆，陈麟瑞"对朋友，有时像老大哥对小孩子那样纵容，有时又像小孩子对老大哥那么崇敬"。陈麟瑞第一次来到锺书住的亭子间，见了阿季就说："哦！我现在明白了，锺书为什么总这样高兴快活，原来他有这样一个 wife。"然后笑呵呵地对阿季说："他打我踢我，我也不会生他的气。"锺书和阿季每想到这句话，总有说不尽的感激。

陈麟瑞是柳亚子先生的女婿，到了锺书家就说说笑笑开心至极，不想回家了。家里来电话催姑爷回去吃饭，于是锺书又拉又推赶他走。他常带锺书和阿季去尝新，例如烙炸，他们从未吃过。"康乐过桥面"也是他介绍的。小碟鸡片、火腿片、腰片、虾仁，倒入滚烫的浓鸡汤里烫熟，和着面条吃，便宜而美味。

陈麟瑞于1928年清华学校毕业，留学美、英、法国研究文学，专攻戏剧，在纽约与柳无忌、罗皑岚、罗念生等创办《文学杂志》，1933年回国先后担任上海暨南、复旦、光华等大学外文系教授兼系主任。抗战时期，他创作了轻巧的四幕喜剧《职业妇女》，改编过美国著名悲剧《晚宴》、英国著名喜剧《雁来红》等。陈麟瑞总请阿季去看他创作和改编的戏，并喜欢跟她谈戏剧。他熟谙戏剧结构的技巧，对可笑的事物也深有研究。他家有满满一书架关于戏剧的书，还有半架子英、法文版

1941 年夏，正在上海当小学代课教员的杨绛，业余创作剧本

笑的心理学方面的专著。

陈麟瑞家关于戏剧史和戏剧技术的许多藏书，阿季都借来读了，对贝克（George Pierce Baker）的名著《莎士比亚的成功经验》《戏剧创作技巧》等还印象很深。她以前英、法文戏剧读过不少，文学史上有代表性的大都读过。不过上演的戏她看得极少，好像只有丁西林的《妙峰山》等有限的几出。

1942 年冬天，陈麟瑞请锺书和阿季上馆子吃烤羊肉，李健吾也在座。大家围坐在松枝燃烧的火盆四周，用二尺长的筷子从火舌里抢出烤肉来夹烧饼吃，边吃边聊戏，想象自己好比《云采霞》里的蒙古王子、《晚宴》里的蒙古王爷。陈麟瑞和李健吾都是写剧本的，两人都爱喜剧，兴头上怂恿阿季何不也来写一出戏。

阿季被说得心动，在半日制小学教课余暇，只管转念头，很快就编了个故事，拿给陈看。陈麟瑞看了阿季的初稿，说："你这个剧本，做独幕剧太长；做多幕剧呢又太短，内容不足，得改写。"如果是别人，很可能就扔下了，可阿季不甘心失败，继续动脑筋，好在她手快，没过多久就写出一部四幕剧稿。改写完毕，想不出题目，在亭子间里团团转，忽想出"称心如意"四字，很切合剧情，大喜。

故事说的是一个父母去世、无依无靠的漂亮女孩，千里迢迢由北平到上海投靠任银行经理的大舅。大舅嫌女孩不过是个穷画家的女儿，既无家世也无家产，对她十分冷淡。大舅妈却逼他收下外甥女当秘书，以拆散他与年轻风流的女秘书的亲密关系。她又不想留女孩住她家，就骗女孩说二舅妈想她，让她住当过领事的二舅家。这样，女孩就得白天给大舅当秘书，晚上为二舅打字，还要哄小孩，很辛苦。但大舅离不开他原来的女秘书，辞了外甥女；二舅妈害怕儿子迷上了这个女孩，影响儿子和三姨妈女儿的婚姻，又把她转到四舅家。任面粉厂长的四舅很喜欢外甥女，四舅妈却是挥霍丈夫财富做"慈善"事业的社会活动家，他们夫妇没有孩子，四舅妈不愿收留外甥女，就想领养一个被人抛掉的小孩，让外甥女带。四舅为了打消太太领养小孩的想法，让外甥女帮他编造了一封信，假装四舅在外面有女人，还有小孩。不料四舅妈信以为真，从此对四舅步步跟踪，时刻伴随，而且误将外甥女的男朋友当成了丈夫"外面女人"的弟弟，于是女孩在四舅家也待不下去了，又被踢到舅舅们的舅舅、女孩的舅公家。舅公是没儿没女的富翁，早先最疼爱女孩的母亲，舅舅和姨妈们一心只在盼望舅公早死，以继承他的财产；万没想到这个被他们踢来转去的女孩，舅公竟十分喜欢，收为孙女，立为继承人；而女孩的男朋友，正是舅公老友的孙子，和女孩是好一对儿。对于一个备受白眼和冷落的女孩，这个结果真是再"称心如意"不过了。

故事悬念丛生，环环相扣，人物个性鲜明，语言生动活泼，极符合各人身份特性。陈麟瑞看后说："这回行了。"送给了李健吾。

又过了几天，李健吾给阿季打电话说："你真运气，你的剧本被黄佐临看中了，马上排演，就要出广告了，你用什么名字？"阿季不敢用真名，怕出丑。想起姐姐妹妹嘴懒，总把"季康"二字说成"绛"，于是答称："就叫杨绛吧！"阿季一夜之间成了杨绛，她自己也没有料到这个起于一瞬间的名字一直使用到了今天。

杨先生说："剧作不同于小说，剧本的成功很大程度上要靠舞台表现，靠导演、演员的技艺精湛。"《称心如意》很幸运由舞台经验丰富又精通喜剧的著名导演黄佐临导演，大舅、二舅、四舅和舅公家，都挂出同样一张合家欢照片，各幕都由这张照片来贯穿，导演运用笑的心理学加强喜剧效果。演出阵容强大，女孩李君玉由著名演员林彬饰演，李健吾也粉墨登场，扮演舅公。

演出大获成功，报刊各有评论，戏剧家赵景深认为，此剧刻画世故人情入微，非女性写不出。杨绛写得如此细腻周到，令人称赏。李健吾评说："杨绛不是那种飞扬躁厉的作家，正相反，她有缄默的智慧。""唯其有清静的优美的女性的敏感，临到刻画社会人物，她才独具慧眼，把线条勾描得十二分匀称。一切在情在理，一切平易自然，而韵味尽在个中矣。"[1] 剧评家方中感叹近一二年上海演出的话剧，差不多都是悲剧。悲剧似乎容易讨好观众，容易骗得观众的眼泪，而观众也觉得能落泪的就是好戏。于是乎悲剧便"洋洋大观"了，成了利薮，终至产生了悲剧的悲剧。所以此时此地《称心如意》的创作与上演，值得称赞，不但因为它是"近年来少见的喜剧，并且是近年来少见的好喜剧。从人物与结构两方面看，《称心如意》是典型的喜剧"。剧评作者希望杨绛女士"能创作更多的喜剧，替喜剧争一口气，替上海剧坛争一口气"[2]。

---

[1]　转引自孟度《关于杨绛的话》，载《杂志》第15卷第2期第112页，1945年5月出版。

[2]　《称心如意》演出特刊剧评，见《杨绛文集》卷4插页。

—编剧：杨绛—

称心如意 本事

—导演：佐临—

李君玉是一個孤女，她父親死了，便離開北京，到上海來投親戚。君玉的祖父和君玉母親的舅舅徐朗齋是好朋友，徐也住上海，順便預備去拜訪徐朗齋。這徐朗齋是個很怪僻的富翁，弟兄都非常趨奉他，希望得他的遺產。徐朗齋頂愛兄弟們……不願君玉和他接近。可是人們偏把君玉推到……沒想到這一屆，徐朗齋很喜歡君玉了。徐朗齋要……把君玉留到徐家去，許多同們非常妒忌，想法子叫陳彬如到徐家去找君玉。因為徐朗齋恨自由戀愛那一套，他要知道君玉有那麼個落拓的男朋友，一定會把君玉趕出去。不料陳彬如到徐家去，正好碰上預備替他和君玉做媒，結果反成全了她。

玉很小就沒了母親。她母親是一個闊人家的小姐。君玉的大舅趙祖蔭是銀行經理，二舅趙祖懋是綢緞廠長……四舅趙祖懋……三姑母是一個而清遙老的媳婦，都很闊氣，可是誰也不願意收留君玉。君玉有一個朋友陳彬如。他……

演員表

徐朗齋	李健吾
陳彬如	陳遹宇
趙祖蔭	莊重
錢壽民	英郁
男僕	吳基
李君玉	馮君
趙祖懋夫人	沈浩
趙祖蔭夫人	林彬
錢壽民夫人	陳琤
錢令嫻	田振鈸
女僕	張茀鈸

《称心如意》上演时的说明书

　　《称心如意》1943 年 1 月曾由国立戏剧专科学校高职科第五届首作毕业公演，佐临导演。1943 年 5 月，由上海联艺剧团在上海金都大戏院上演两周，佐临执导。以后其他剧团也上演过。剧名喜庆，为图个吉利，有的剧团就在新年演出此剧。海报上编剧杨绛的名字印得斗大，广告也频频亮相。振华老校长季玉先生闻讯，向阿季要了两张票，带了侄女、妇产科名医王淑贞同去看剧，觉得不错，问阿季："是你公公帮你的吗？"阿季乐了，说："和我公公什么相干？"她训阿季："你也不要太骄傲了。"她只知道季康孩子气十足，不知这喜剧只有孩子气十足才会写得出。许国璋说此剧一夜成名，特打电话向钱先生贺喜。锺书说："与我何干？"许说："当然是你写的。"阿季大笑，对锺书说："活该！活该！"因他对话剧无兴趣，阿季写完后请他看看，他一目十行，并未认真看，敷衍说"很好，很好"。结果他不屑一看的剧本，干脆落到他头上了。当时他正生病，没去看戏。

陈麟瑞、黄佐临、李健吾，还有一位比锺书年轻的朋友宋淇（悌芬），都是创作戏剧的，特别爱好喜剧。佐临自编自导过喜剧《梁上君子》，宋淇曾写喜剧而自认不成功。他们欣赏阿季的创作才能，热情地鼓励她多写剧本。杨先生说："同行而不相忌，我算体会了。他们的气量大度，令我深受感动。"宋淇在抗战中支持剧团，他很好客，阿季每一部剧作上演，他必请客庆祝。宋淇爱才，与锺书很要好，他家藏书丰富，许多书是他父亲宋春舫先生收藏的，锺书也向他借书。

《称心如意》以后，阿季又写了《弄真成假》《游戏人间》和《风絮》。

《弄真成假》是阿季1943年10月创作的一部五幕喜剧，写一个家庭贫困的青年周大璋，在一家保险公司任小职员，与寡母穷得生活不下去，只好寄居他母亲娘家也是他妹妹的婆家、一家小杂货铺的阁楼上。周大璋一心梦想当阔绰人家的女婿，过上荣华富贵的生活。他用吹牛、欺骗的手段赢得了住在大地产商叔叔家的女子张燕华的信任，又通过张燕华认识了她的堂妹、大地产商的女儿张婉如。他巧舌如簧，极尽吹嘘欺哄瞒骗之能事，讨好张太太，冀图取得地产商赏识而成为他的乘龙快婿。牛皮几乎吹破了天，他把一个大字不识的农妇母亲，说成是知书识礼的"女中丈夫，有才情有识见，一力支持他出洋"。他在国外生活最便宜的地方混了一年半载，自称留洋博士。世代贫穷变成了书香门第、官宦世家；舅舅的小杂货铺吹成了华洋百货公司；他在保险公司混不下去了，说是他自己不肯当经理，不肯做官。又说什么"做了官就高高在上，不知民情了"。他的志向很大哩："环境得由我改造，我是环境的主人！"张太太和张婉如母女都被周大璋吹得晕晕乎乎了。精明的地产商却挑女婿也当买卖做，不做空头，不稳当的亏本生意不干。他对女儿严加看管，周大璋无从下手。而张燕华早已把周大璋视为自己的如意郎君了，他"世代书香人家的子弟，阔人家的少爷，留学生、博士，长相又好"；她绝不让他被堂妹勾了去。她利用婉如跟表哥冯光祖同去苏州亲戚家喝喜酒的机会，造成两人订婚的假象。周大璋幻想破灭，就席卷母亲的一点首饰带着燕华私奔了。周大璋母亲跑到地产商府上撒泼撒野、大吵大闹，向他们索要儿子；周大璋的一切吹蒙哄骗被通通拆穿，真相毕露。燕华的父亲不把女儿放在心上，但地产商唯恐坏了张家小姐的招牌，影响自家千金，当机立断命内侄冯光祖将周大璋和张燕华找回上海，补行婚礼。

对杨绛的《弄真成假》，剧作家李健吾的评价极高。他说：

> 假如中国有喜剧，真正的风俗喜剧，从现代中国生活提炼出来的道地喜剧，我不想夸张地说，但是我坚持地说，在现代中国文学里面，《弄真成假》将是第二道里程碑。有人一定嫌我言过其辞，我们不妨过些年回头来看，是否我的偏见具有正确的预感。第一道里程碑属诸丁西林，人所共知，第二道我将欢欢喜喜地指出，乃是杨绛女士。[1]

《弄真成假》由上海同茂剧团搬上舞台，获得更大反响。演员们以演出杨绛的喜剧为荣，联名给阿季写信表示感谢。朋友们寄来称赞该剧的剪报。可是阿季很冷静，说："自己对剧中女主角太同情，喜剧就

---

[1] 转引自孟度《关于杨绛的话》，载《杂志》第 15 卷第 2 期第 111 页。

杨绛编剧的《弄真成假》，2007年11月被再度搬上上海舞台

变得有点像悲剧了。"

爸爸和阿季姐妹一同去看了《弄真成假》，听到全场哄笑，问阿季："全是你编的？"阿季点头，答"全是"。爸爸笑说："憨哉！"

爸爸看过这出戏不久，就带了阿季的大姐姐还有三姐和姐夫全家老少回苏州老家去了。当时盛传美军将对上海进行"地毯式"轰炸，许多逃难避居上海的人又纷纷逃离上海。

爸爸舍不得阿季，也放心不下阿必，自阿季结婚出国，阿必成了家里的宝贝，不曾一日离开爸爸；高中毕业，也因为爸爸，没离开上海，就近上了震旦女子文理学院。

爸爸临走对阿季说："阿必就托给你了。"又说，"你们几个，我都可以放心了，就只阿必。不过，她也快毕业了，马上能够自立了。（劫后残剩的）那一箱古钱留给她做留学费吧。至于结婚——"他顿了一下，"如果没有好的，宁可不嫁"。爸爸的一番交代，阿季领会这是指他离开上海的短期内，但语气间又好像自己不会回来似的。阿季听后心上久久怅然。

圆圆也跟外公最亲，所以一放暑假就跟着七姨一家去苏州探望外公了。

阿季出名以后，被剧团当成了贵宾，剧艺界的朋友很欢迎她，每次到剧场看戏，总把第五排正中最好的位子给她留着。一次，锺书和阿季同去看历史古装剧《钗头凤》，作者热情地招呼阿季，却没有怎么搭理锺书，没把他当一回事。锺书被晾在一边，心里窝囊，回家对阿季说："以后你看戏一个人去吧，我不陪你了。"阿季也不勉强锺书，以后看戏，她就把饭先烧好，自己一个人去；她因为同行请看戏，少不得常看戏。

阿季写戏，是先创人物，后写戏。她很快又拿出来一部三幕喜剧《游戏人间》，1944 年夏天由上海苦干剧团在巴黎大戏院演出，著名剧作家姚克执导。据说他极力保持了喜剧的纯洁性，对人物的创造和环境的布排也很成功。

《游戏人间》故事说的是有一个男青年王庭壁，大学刚毕业，在工厂实习，满脑子不合时宜不切实际的想法，总觉得生活太约束自己理想，抑屈了自己才能，便做出一副玩世不恭的态度，自命为不同凡俗的聪明人，人间只是他的游戏场，什么事都不值得认真。正巧有一个暴发的富翁吴润卿的女儿彩云登报征婚，众多男子羡慕富翁财产，很滑稽的一个个争取应征。王庭壁恰似英雄有了用武之地，以"人间游客"的心态前去应征，小试身手，居然高中首选。

王庭壁的女朋友曹学昭是吴彩云的家庭教师，曾经极力劝阻他应征。庭壁的父亲，一位道学夫子，尤其不赞成儿子这种行为。可是庭壁凭他的玩世观念，认为他的出卖自己，正是解放自己。对旁人劝告，置若罔闻。出乎意料的是曹学昭受了庭壁玩世的影响，又抵不住环境逼迫，也把自己轻易出卖，答应嫁给暴发户吴润卿。

王庭壁这才觉悟自己这种行为的可怕可鄙，悬崖勒马，决绝了彩云，也劝他心爱的女友回头，没想到曹学昭这天早上已与吴润卿草草结婚。

杨绛编剧的《游戏人间》，1944年由苦干剧团在上海演出。这是说明书封面

吴润卿是个好色之徒，原配夫人早已去世，娶了姨太太凤飞，又在打丫头如意的主意，现在又娶了曹学昭。凤飞正为这事吃醋，寻死觅活地吵闹，吴润卿在乡下的老相好老虎大妈，得信息忙赶进城来，大发虎威，同吴润卿大吵大闹，曹学昭倒靠她得到解脱，恢复了自由。庭壁和学昭深悟以往的错误，连忙离开这钱多事多的吴家，再也不游戏人间了。

剧情的发展出人意料又合情合理，对白的幽默风趣，讽喻的犀利尖刻，人物的个性鲜明给观众留下印象至深，充分显示出剧作者驾驭戏剧情节和语言的才华。

尽管《游戏人间》搬上舞台，赢得一片叫好声，戏剧界人士也多好评，阿季仍很理智，严格要求自己。多年后，谈及这一部戏，杨先生说："《游戏人间》内容有趣，是很好的喜剧题材，情节和布局不错，可以写好，但当时匆匆赶成，自己并不满意，把稿子毁了。"

阿季创作的第四部戏是四幕悲剧《风絮》。这个剧名是锺书帮阿季想出来的。风絮，就是风里的一朵杨花，风吹飘舞空中，最后还是落地，化为一粒种子。喻指一个人自以为有很高的理想，最后也只能面对现实做一点自己力所能及的事。

《风絮》写一个学经济的有志青年方景山，怀抱着改造农村、重建中国的远大理想，舍弃了城市的工作和生活，带着老母亲和新婚的妻子沈惠连到农村去实现理想。惠连的父母根本反对这门亲事，认为方景山是个充满荒唐幻想、不知世事、不切实际的人。从小把惠连带大的王奶妈，放心不下千金小姐，也一同来到乡下。

方景山说服地方上管事的人，搬掉了一座破庙里的佛像，修饰粉刷以后，摆上桌子、板凳、绣花机，办起了习艺所，教农村女孩编织藤篮竹器和绣花。又动员乡绅叶三老爷办了一所叶氏小学，教农民识字。惠连置办一些药品药棉纱布，为农民免费治治小病。

可是农民对方景山这套"改良""服务"，一点不领情。他们说："别再提念书识字，认了西瓜大的一担字儿，田里的活儿就懒得动手，爱看个字儿画儿。再下去，没人种地了。"又说，"有钱的人认字念书，认字念书可不会有钱啊！"

地痞潘大胖子假装帮方景山办事，捞到不少好处，还想吞掉学校和习艺所，设计陷害景山，"往他鼻子里灌醋，身上烧香洞"，逼他招供，投入监狱。景山的母亲忧愤成疾去世。亲友们多袖手旁观，认为他咎由自取。唯一鼎力相助惠连营救景山的，是他在大学里的一位同学、律师唐致远。他不辞劳苦，一年往来城市和乡村不下百十次，想方设法调查取证，最终将方景山营救出狱。

惠连从景山的入狱感到幻想的破灭，觉得景山的事业、她的追随不过像一朵杨花，"志愿是要飞上天去！""就跟草木一样。春天，太阳里开着花儿，春风吹得它乱飞——什么理想，什么恋爱，不过是春天的太阳，春天的风。明儿掉下地，抽了芽，生了根，不过是一颗种子——假如环境让它活着。"她不想再当一朵空中飞舞的杨花，而愿做一粒种子"悄悄地把自己烂在泥里做下一代的肥料"。

在共同营救方景山的过程中，惠连看到唐致远似乎没有远大理想，但他正直忠厚、本分踏实，善体谅人又乐于助人。同他相处让人感到安全安慰，她对致远说："我就觉得你是一座山似的稳，我自己就是风风雨雨里挣扎着的小树，这一年安安稳稳地种在你的山谷里。"她对致远产生了感情，又不忍连累他，他应该有比自己更好的妻子。致远也深爱惠连，但为了景山，只能劝她回到景山身边。

方景山过了一年多牢狱生活，未有任何反省自责，盲目自大、刚愎自用的脾性丝毫没有改变。虽然痛悼母亲去世，仍与妻子越吵越凶，气得惠连离他而去；他依然抱着改造农村的理想不放，一回到乡下就忙把他实施"模范农村"的计划交给乡绅叶三，寻求合作。浑不知叶三早就看中惠连。叶三与地痞潘大胖子斗法，买下办习艺所和学校的公地，是想通过支持景山和惠连的"事业"讨好惠连，乘景山入狱进而占有她。景山归来，叶三妄想的好事不成，马上翻脸，要收回房产，赶走景山。景山给他的计划书，正好成为他迫害景山的"证据"。

景山走投无路，叔叔为他在城里谋了差事，他不肯去。他写了遗书，打算自杀却又没有勇气。待唐致远好心送惠连回来，他竟手握防身用的手枪逼问惠连：是他与惠连同归于尽，留致远？——还是送致远走，他和惠连留？致远扭住景山，不许他伤害惠连，惠连突然上前夺枪自击，倒地再无声息。

此剧写成于 1945 年夏天，上海苦干剧团决定搬上舞台，由黄佐临夫人、著名演员丹尼担任女主角沈惠连。但未及上演，抗战胜利了，一切都改变了，阿季也不再创作剧本，改行教书了。

《风絮》剧本曾发表在郑振铎、李健吾于 1946 年 1 月创办主编的《文艺复兴》月刊第一卷第三、第四期。1947 年 7 月作为文艺复兴丛书第

《风絮》的封面

一辑，由上海出版公司出版了单行本。

对于《风絮》，尽管杨先生曾说："《风絮》主要写内心冲突，用对话表达不自然；我选错了文体，《风絮》当写小说。所以改也改不好了，干脆不要了。"剧作家李健吾仍认为，《风絮》作为杨绛"第一次在悲剧方面的尝试，犹如她在喜剧方面的超特成就，显示她的深湛而有修养的灵魂"[1]。

杨先生自己对抗战期间在上海创作戏剧，有极为谦虚和理性的思考。她说自己本对戏剧这个文体不感兴趣，觉得戏本身不能独立，需靠演员和舞台。她对话剧无研究，所写的几个剧本，只是"学徒的认真习作"而已。她的剧本，虽然叫座，并都由进步剧团上演，却没有什么"主旋律"，缺乏斗争意义。不过上海虽然沦陷，文艺界的抗日斗争始终没有停止。剧坛作为一个重要阵地，难免受到干预和压力，需演出一些像她那样政治色彩不浓的作品作为缓冲。杨先生说："如果说，沦陷在上

---

[1] 李健吾《写在〈编余〉里》，《文艺复兴》月刊，卷1第3期。

阿圆好高兴，是刚吃了酱鸡酱肉？

海日寇铁蹄下的老百姓，不妥协、不屈服就算反抗，不愁苦、不丧气就算顽强，那么这两个喜剧里的几声笑，也算表示我们在漫漫长夜的黑暗里始终没有丧失信心，在艰苦的生活里始终保持着乐观精神。"

杨先生并不讳言她最初试写剧本，也有为稻粱谋的动机。1943年秋，她辞去小学教职后，已没有固定收入，日子实在艰困难言，以为创作剧本若获上演，多少可以改善一点生活。《称心如意》搬上舞台，上演税只够她请朋友吃了一顿蹩脚馆子。剧作出版后，阿季家吃了一顿老大房的酱鸡酱肉。"三月不知肉味"的圆圆，吃完了肉又找肉。

阿季的第二部戏《弄真成假》，锺书去看了，回来对阿季说："我也要写，我想写一部长篇小说！"阿季大为高兴，立即说："好啊，我支持你！"还催他快写。锺书那时正偷空写短篇小说，怕没有时间写长篇。阿季说："那不要紧，你可以减少授课钟点。家里的生活很节俭，还可以减少开支，更节省。"刚巧他们家的女佣因家乡生活好转要回家，阿季便不另觅女佣，自己兼任灶下婢。

阿季请叔叔家女佣为她上街买菜，其他家事就全部自己担任。劈柴、生火、烧饭、洗衣等等阿季全都外行，不是染个花脸就是熏得满眼是泪，经常切破手指或被滚油烫出泡来。

抗战后期，生活越来越苦，日军战场失利，疯狂加紧搜刮，物资更加匮乏，配给上海市民的籼，杂质增多，用镊子一一挑去沙子，籼也所剩无几了。燃料更紧张，煤厂总推没货，好不容易有煤球了，又总是不按要求，尽量少送。煤球里泥掺和多了，烧不着；泥掺少了，又不经烧。为了省煤，阿季和泥，把炉膛搪得细细的。有一次，煤厂偶送来三百斤煤末子，阿季如获至宝，掺上煤灰自制煤饼，能抵四五百斤煤球。她找来一个高沿的大盆，掺上煤末、煤灰和水，一双雪白的胳臂直插盆底，煤泥深及腋窝。婆婆跟阿季一起做煤饼，不慎把煤泥抹在脸上。阿季看到严肃的婆婆开了花脸，痴笑不止。婆婆自己不笑，但是看到阿季痴笑，倒并不生气。她们做完了一盆，叫阿季别再做了。但阿季待婆婆上楼洗手，偷偷又和上一盆煤末，又做了一盆。煤饼子砌在窗台上，每日捡上几块在炉边烤着。煤末深深嵌入指甲缝里，得先洗完衣服，手才洗干净。

阿季负责洗婆婆、锺书、阿圆和她自己的衣服。锺书不忍叫她洗，他关上卫生间的门，悄悄洗自己的衣服，但洗得一点不干净；阿季很想帮帮锺书，却心有余而力不足，她每天有太多的家务要做，还得指导圆圆的功课。圆圆多病，休学在家，由妈妈教课。此外，阿季还在写作，她的第四部剧作《风絮》就是在兼任灶下婢的那段时间完成的。

阿季的劳累辛苦，三言两语难以言尽。不过阿季从来把锺书看得比自己重，为锺书所取得的成就感到欣慰和自豪。只要为了锺书、为他们这个家，自己再苦再累，她都心甘情愿乐意承受，能够忍耐。锺书已将长篇小说的题目和主要内容跟阿季说了，每写完一章就让她先读为快。她很欣赏锺书的想象丰富和笔调幽默，因为熟悉其中典故和某些人的影子，读时往往大乐，读完又急切地等待接读下一章。

在钱家的女眷中，数阿季文化水平高，见多识广，说话得体，能干练达，叔叔把交房租水电或对外交涉联络等事，都交托阿季去办。婶婶外出，也爱找阿季陪伴，说自己的"媳妇是粳米，阿季是糯米"。

一次，婶婶的媳妇在邻近的广慈医院住院，生第一个孩子，婶婶急要知道生了没有。多弟、九弟说，生了医院会通知，但婶婶关切，阿季就陪她走一遭广慈医院，同吃了闭门羹。又一次，婶婶要阿季陪她去找避难上海的无锡名医邓星伯刻意栽培的儿子。他有中医的功底，又学西医，专科毕业，可惜他没有成名就去世了。叔叔定要她们带上一本他最最相信的《验方新编》，特挑出几页折了角，叫她们给医生看看。该书收入诸如什么孕妇多吃香油拌豆腐皮，能够生产顺利之类的"验方"。这本书手提包里装不下，阿季就给这书包了个书皮，拿在手里。她们找到邓家，那位医生正病重谢客。回家时，阿季要剥掉书皮还给叔叔，婶婶笑弯了眼睛说："别剥了，叔叔还以为你宝贝他的书呢。"

婶婶聪明而富有幽默感，她见阿季一位大家闺秀、千金小姐，笔杆摇得，锅铲握得，实在难得；外面名气那么大，在家什么粗活都干。她很感慨，也很喜欢。她对阿季说："季康啊，你是'上得厅堂，下得厨房；入水能游，出水能跳'。宣哥[1]是痴人有痴福。"

对阿季来说，1945年暮春是一串悲恸、心悸的日子。3月26日黄昏，弟弟电话通知阿季，大姐姐从苏州来电说爸爸有病，叫他快回苏州。阿季立即通知住校的阿必，招她住在钱家，把锺书赶入他母亲卧房，她和阿必同睡大床。她与弟弟商定明晨一同回苏州。日军直接控制铁路，火车票很难买到，唯一的交通工具是长途汽车。第二天清早，三

---

[1] 钱锺书出生时，伯父为他取名"仰先"。周岁"抓周"时抓了一本书，故学名"锺书"，"仰先"成为小名，叫做"阿先"。旧俗忌讳"先"字字义同"亡"，改叫"阿宣"。

人冒雨赶到车站，总算买到车票，随众拥上一辆破旧的大卡车。卡车有十个轮子，前后双轮，中间单轮。车上设有四条长椅，车顶顶着两片帆布防雨，雨还是不断从两片帆布的缝里漏下，从卡车两侧飘进车里。人货两超载，乘客像沙丁鱼罐头人贴着人，通道堆满苏州抢手货咸鱼和糖的麻袋。卡车似不胜重负一路开得摇摇晃晃、颠颠簸簸，摇得站着的乘客东倒西歪，坐着的颠得忽上忽下，不断起落。遇到日军破坏的桥，乘客全部下车，司机和同伙抬来长长短短的木条搭上破缺处，空车缓缓开过桥，乘客一拥而上，抢着座位的变成坐客，没抢着的站着。反正从上海到苏州，公路上不知多少木桥全遭日军破坏，只是破损程度不同。每次过桥，乘客都得下车上车，像洗牌似的轮换坐或站，饱尝摇和颠的滋味。阿季和弟妹忧心忡忡，顾不上其他，不论坐或站，心里只想着一件事：爸爸什么病，大姐姐要弟弟快回。三人料定是脑血管意外，可是谁也不忍提。

下午三点多到了太仓，路断了，河上没桥，连桥架子也没有，卡车不能前行，乘客纷纷下车，急得打转。太仓离苏州不太远，只是徒步走不行，黄包车雇不到，遇上土匪，性命难保。司机声明立即返回上海，阿季姐弟和另外四五名乘客无计可施，原车返回。阿季估计按来时的速度，回到上海总得夜里十点十一点了。不料卡车一变来时速度，逃命似的飞奔，冲过一桥又一桥，再塌败的破桥也开足马力一跃而过。有时后面双轮中一轮大半悬空，眼看就要翻入河里，大家屏气敛息，谁也不敢吱声，听天由命地随车颠簸摇摆，奔驶前冲。司机害怕土匪拦路抢劫；又怕天黑了，不能开灯；飞机还在天上打转哩，只好没命地疾驶腾飞。苍天保佑，卡车居然平安无事地抵达上海，还不到下午六点。

阿季偕阿必疲惫不堪地回到钱家，惊魂未定，似哭带笑地说："走了一天，又回来了。"客堂坐满了人，婆婆、叔叔、娣娣和大大小小的孩子，都满脸严肃，好像在等她们回来。阿季心里一怔。锺书过来牵着阿季

的手走近厨房灯火稍暗处，阿必跟在背后，锺书幽幽地说："刚才苏州来了电话，爸爸已经过去了。"阿季如五雷击顶，"哇"的一声哭了起来，阿必也失声痛哭。这天晚上，阿季和阿必躺在亭子间的大床上，为爸爸去世伤心，泪落不止，无法入睡。

七妹夫妇和孩子全家早已乘船赶到苏州。二姑妈曾为阿季爸爸存着一副上好的棺材板。七妹夫找人合上木板，一手包办了爸爸入殓事。他来电话让阿季找一个叫柳依依的女人帮买火车票。阿季找到了柳依依女士，果然买到车票，便与锺书和弟妹赶到苏州庙堂巷旧家。

那时三姐姐全家老少都住在杨家。爸爸去世前，住后院花厅内间，大姐姐住后厢房照顾。爸爸中风后，三姐夫何德奎贴身侍奉。爸爸右手能自己摩摩肚皮，左手瘫痪了，但三姐姐的孩子们常在床前陪外公，孩子们去摸他左手，他还能握握他们的手，然后就很慈祥安谧地走了。

爸爸棺木停放在大厅上，前面张着白布幔，挂着爸爸的遗像。幔前有一张小破桌子。原先全堂的红木家具已不知去向，阿季像往常一样到厨下为爸爸泡一碗酽酽的盖碗茶，端到破桌上，自己坐在门槛上呜呜地哭。

那天上午开吊，何德奎的母亲忌讳很多，所以何家除了阿季三姐，都未参加开吊事。吊客不多。礼毕，老圃先生的灵柩，由他的子女六人、女婿三人，步行送上预先雇定的船，由水路送到灵岩山绣谷公墓妈妈的墓旁，中午十二时整下葬。

曾为锺书苦爱的"好巷坊"，如今虽然花园荒芜、厅堂败落，可这是他们与爸爸妈妈共同度过美好时光的家园，处处留有温馨的记忆，蕴藏着浓浓的亲情和他们昔日的欢乐，阿季姐妹曾讨论老宅的弃留，大家都很留恋，最后决定保留。

大姐姐和三姐一家还留居苏州。阿必随七姐姐和孙令衔到无锡小住。阿季夫妇和弟弟同回上海。

这些悲痛的日子，锺书一直陪着阿季，心里也很难过。他不大服自己的父亲，但心服阿季的爸爸。他和爸爸诗文上有同好，有许多共同语言。他常和爸爸说些精致典雅的淘气话，相与笑乐。爸爸去世后，遗下的旧衣旧鞋，锺书都能穿，都当宝贝，称"爸爸衣""爸爸鞋"。他母亲曾交他一件不知哪位长辈的皮袄，他不大肯穿。

正像有首歌中唱的"天快亮，更黑暗"，1945年日军濒临战败，对上海控制更严。桥头街口岗哨林立，原租界和四郊之间布下严密的封锁线，行人通过一概受检查，无故被掌耳光，拳打脚踢，甚至被刺刀捅死的事，时有发生。郊外偷偷来卖米的农民一经发现便被捅死，尸首扔进河浜或挂在树上示众。黑市大米几近绝迹，阿季无米可炊。亏得七妹妹从无锡运来一袋面粉，阿季学着发面，蒸馒头，全家改吃面食度日。

日本宪兵到处横行，任意闯入民宅、店铺、旅舍，搜查、侮辱、逮捕市民。当时只要听说谁被日本宪兵抓走，料定酷刑逼供，凶多吉少。阿季在剧艺界的朋友多属于进步剧团，所以熟人间也常谈到谁谁被捕了。有经验的人就教他们，一旦遭到这类事，"可以找某人等营救；受讯时第一不牵累旁人，同时也不能撒谎"，"撒谎更遭猜疑，可是能不说的尽量巧妙地隐瞒"。

阿季和锺书住处临街，夜深人静，常会听到鸣着警笛的军车呼啸而过，还有军靴沉重的脚步声，每当此时他们知道又抓人啦，心想说不定哪一天会轮到自己。

没想到那一天来得这么快。1945年4月间，一天上午，锺书已到学校上课。阿季正在厨房择菜，听得敲门，一看是一个日本人、一个朝鲜人（上海人称为"高丽棒子"）。阿季忙请他们进来坐，一面飞快跑上亭子间把锺书的《谈艺录》手稿藏好，随即倒茶送进客堂。日本人问明本户姓钱，只一家。便用日语打电话，叔叔看到日本人的小本子上写着杨绛，定要阿季躲一躲。阿季明知躲不过去，又不能违抗长辈之命，便告诉叔叔她"去五号"，立即由后门溜走。

五号住的是阿季大姐姐的朋友，很高兴阿季来看她，说恰有几个好菜，留阿季吃午饭。主人殷勤劝食，饭后还让阿季帮她绕毛线。阿季一面绕一面说："绕完这一股，得回家看看，日本人找我呢。"正说着锺书堂弟来说："日本人不肯走，嫂嫂不回去，就要把他和另一个堂弟带走。"阿季知道这是叔叔传话，忙叫他到弄堂口去等着锺书，叫他别回家，到陈麟瑞先生家躲一躲。

阿季蹓出来半天了，回去得有个交代，就借了主人一篮鸡蛋假装买鸡蛋去了。阿季绕到自家大门口敲门，婆婆开门见她回来，吓慌了。阿季偷偷向她摆摆手，大步往里走，一面大声说"我给您买鸡蛋回来了"。说着上楼，亭子间已翻得乱七八糟，柜子和书桌抽屉里的东西倒得到处都是。

"高丽棒子"喝问"杨绛是谁？"阿季答"是我"。"那你为什么说姓钱？""我嫁在钱家，当然姓钱啊！"阿季假装恍然大悟，"原来你们是找我呀！咳！怎么不早说？"她把篮子往床上一放，"我给婆婆买鸡蛋去了，她有胃病。真对不起，耽搁你们了，我这就跟你们走吧。"日本人要她明天上午十点去日本宪兵司令部。

家里的人吓得半死，阿季却不惊慌，细细检点到处散乱的东西，发现只少了一本通讯录、一沓宣传她所编剧本的剪报，还有一封剧团演员联名的感谢信。阿季庆幸锺书的《谈艺录》手稿得以保全，虽然是学术著作，稿纸薄而脆，绝经不起敌人如此粗暴的翻检。

第二天，到了日本宪兵司令部，意外简单，填了一张表格，问了几句话，只说以后还要找她，就放行了。后来得知日本人要找的是另一个人，以为"杨绛"是他化名，所以传阿季问讯。

美军开始轰炸上海后，锺书为了安全，把母亲送到无锡老家躲避，不久她就被锺书父亲接到内地去了。

上海加强了灯火管制，家家户户挂起了内红外黑的双层窗帘，防止夜晚灯光外泄，门窗玻璃全贴上交叉纸条，以免空袭时候震碎伤人。

空袭警报不断，上海许多地方遭到轰炸。广慈医院就在阿季住家附近，开门就能看到炸伤的人血淋淋地送往医院救治。锺书和阿季知道盟军已在欧洲进军柏林，苏军亦将出兵东北，日本侵略者的日子已不长了。他俩和女儿圆圆哪里也不去躲避，就留在上海。空袭警报时，三人藏在楼梯底下，紧紧地挤在一起，锺书说："要死也死在一块儿。"

1945年8月15日，终于传来日本投降的消息。小叔叔最先得知消息，全家都起来，聚在一起，商量当如何设法永远不忘此日。叔叔说每个孩子打一顿。阿季独自在亭子间簌簌流泪，想念爸爸。爸爸日夜期盼着抗战胜利，只差几个月，没能等到这一天！

锺书最体会阿季的心思，他悄然进屋，握着阿季的手，百般安慰。锺书说："无论如何，漫漫长夜已经过去，爸爸会为我们高兴，为国家高兴。我们终于熬过来了。"

12. 妻子·情人·朋友

我请问杨先生："抗战这些年，生活在沦陷的上海，体会最深的是什么？"

"抗战期间，最深刻的体会是吃苦孕育智慧，磨炼人品，"杨先生凝重地说，"我穷困中学到许许多多本事，例如剪裁缝纫，能用缝纫机一下做成一件旗袍，能为锺书、圆圆做衣服，见缝插针，做许多家务事。在来德坊，我大姐姐脾气不好，有时能盯住你 nag（唠叨）个没完，逼得人发狂。我和三姐和两个妹妹都怕大姐姐。我为了爸爸，一切忍受，练成好脾气。后来在单位被轻视，被排斥，我披上隐身衣，一切含忍，也是抗战时练下的功夫。"

"抗战胜利后，您和钱先生有什么主要变化？"我又问。

杨先生笑眯眯地淘气说："钱锺书一下子扬眉吐气了。我呢，成了钱锺书夫人。杨绛还未完全被人遗忘，但主要是钱锺书夫人了。"

1945 年 8 月 15 日，日本宣布无条件投降的消息传出，上海一片沸腾，人们从四面八方涌上马路，欢呼，跳跃，歌唱，相互祝贺。国旗重新在光复的上海天空飘扬。

抗战胜利后两个月，锺书出任国立中央图书馆英文总纂，主编《书林》季刊 *Philobiblon*；担任中文总纂的是郑振铎。中央图书馆馆长是图书馆专业科班出身的蒋复璁（慰堂），跟极欣赏锺书才华的徐鸿宝（森玉）非常要好，徐老先生曾说："像钱锺书这样的人才，二三百年才出一个。"锺书在上海办公，每月到南京汇报一次工作。总是赶早班火车去，当天乘夜车回。他主编的《书林》季刊于1946年6月创刊，1948年8月停刊，前后共出七期。他在前几期的《书林》上发表过英文书评，受到学术界重视。

1946年夏，暨南大学由福建建阳迁回上海，锺书又应暨大文学院长刘大杰之邀，兼任该校外文系教授，授《欧美名著选读》和《文学批评》两门课。每周二三次，乘了学校来接他的吉普车去，课后就回家。好像与学校联系不多。

不久，英国文化委员会主任贺德立（G.Hedlay）慕名来函求见，锺书嫌他负责文化而书信文字欠通，不见。贺德立低声下气又托人介绍求见，他就见了。贺德立敦请锺书担任英国文化委员会顾问，对锺书佩服得五体投地，言听计从。他的中文名字贺德立也是锺书给取的。

贺德立算是找对了人。锺书阅读广泛，速度很快，西方文化重要新著尽收眼底；《泰晤士报·文学副刊》《伦敦书评》《纽约时报书评》《纽约书评》《大西洋月刊》等，几乎每期浏览，接受新的信息。由于他熟悉欧美文化，了解中国读者需要，提出的建议总是高明而有效。

英国文化委员会策划过一套《英国文化丛书》，主要介绍英国人的生活和思想，以及他们近年对于文化的贡献；特别是第二次世界大战以来，我国读者比较隔膜的情况。丛书委员会的成员，除了钱锺书、贺德立、麦克里维（H.MacAleavy），还有当时任商务印书馆总经理兼光华大学校长的朱经农、留英地理学家、原西南联大地理系教授、中国地理研究所研究员林超，和"二战"期间任《大公报》驻英特派员和战地记者的萧乾。

出版这套丛书的缘起，如朱经农在《英国文化丛书·序》中所说："第二次世界大战终了以后，欧亚两洲的国家，多数遭遇经济上的困难。英国物资缺乏，或较中国为尤甚，然而英国朝野，上下一心，继续维持战时推行的物资配给制度。""上自英王，下至贫苦百姓，一律遵守配给规则，毫不苟且通融。""在万分困难之中，大家埋头苦干，深信在不久的将来，即将渡过难关，重入于富强康乐之境。反观中国，市场紊乱，物价腾跃，几于无法控制，这又是什么缘故？相形之下，英国似乎有许多地方值得我们学习。我们对于英国人的立国精神，应该虚心研究，求得一个比较深切的了解。"

《序》作者根据阅读与观察在华英人所得，感觉英国人的特性首在注重实效，不尚空谈；很少运用不切实际的空想来解决任何问题。"英人虽重功利主义（Utilitarianism），但其所求在事业之成功，不在个人之私利。"其次英人素主公道待人（Fair play）。在运动场上公平竞赛，在政治舞台上亦复如此。英人保持守法的精神。更有一种美德，就是体谅和容忍。看问题的多方面，不抹杀对方的理由。英国人不趋于极端，对于一切制度，主张和平改善，不采取猛烈推翻的手段。近百年来一切在和平安定中求进步，没有极权国家中仇恨残杀、充满戾气的现象。又英国人爱好自由，而又富于自治能力；注重个性发展，又能寻求合作途径；不喜欢战争，但一旦遭受侵略，却能抵抗到底。"二战"中，德机大规模轰炸伦敦时，英人所表现的百折不挠的精神，很可令人赞佩。

《序》作者并不讳言英人也有缺点，不过研究他国文化，在取人之所长，以补我之不足，所以多说他们的好处。

《英国文化丛书》共十二种，由商务印书馆出版发行，只就选题的全面，作者的行家里手，译者全系知名学者，即可体会策划者的用心良苦。由于该丛书久已绝版，一般很难找见。兹将书目简列如下，供读者参考。

1. 《英国合作运动》E.Topham & J.A.Hough 著，章元善译。

2. 《一九三九年以来英国散文作品》J.Hayward 著，杨绛译。

3. 《现代科学发明谈》Sir William Bragg & others 著，任鸿隽译。

4.《英国大学》Sir E.Barker 著，张芝联译。

5.《英国绘画》E.Newton 著，傅雷译。

6.《一九三九年以来英国诗》S.Spender 著，邵洵美译。

7.《英国土地及其利用》L.Dudley Stamp 著，林超译。

8.《英国工业》G.C.Allen 著，李国鼎译。

9.《一九三九年以来英国小说》Henry Reed 著，金增嘏译。

10.《一九三九年以来英国电影》Dilys Powell 著，张骏祥译。

11.《英国图书馆》L.R.McColvin & J.Revie 著，蒋复璁译。

12.《英国教育》H.C.Dent 著，王承绪译。

杨先生所译《一九三九年以来英国散文作品》，其中介绍的许多散文新作，包括传记、批评、历史、政治、宗教、哲学、科学、考据等等，她当时尚未读过，翻译书题或篇名较难把握；为避免出错，常向锺书和他们的英国朋友，也是丛书委员的麦克里维请教。例如牛津学者所著《魔鬼通信》(*The Screwtape Letters*) 的书名，就是听麦克里维讲述书评原作的内容后译出的。丛书出版后，锺书为杨绛加了一则详尽的注，说《魔鬼通信》"共信三十一封。Screwtape 乃写信魔鬼之名，收信之魔鬼名 Wormwood，皆'地府'(The Lowerarchy)（一〇二页）大魔鬼手上之'特务'，引诱世人背叛上帝者。二人之关系，于私为舅甥或叔侄，于公为'引诱部次长'与下属（二四页）"。因该书后来未再版，锺书的这则注解迄今只留在杨绛仅存的本子上。

1947年冬，锺书又担任了 British Council 留英学生派送委员会主任。清华外文系 1936 年毕业的郑朝宗，就是锺书推荐留英的。

锺书有了固定收入，家庭生活改善许多。阿季从灶下婢的劳役中解脱出来，1946 年秋接陈麟瑞的班，开始在震旦女子文理学院任教授，先教"英国小说"，后增加"散文"及其他课，共教三年，直到 1949 年秋离开上海。震旦女大的负责人"方凳妈妈"对杨绛甚好，安排她

杨绛翻译的《一九三九年
以来英国散文作品》封面

在最好的教室、最好的时间上课。杨先生自谦说"我是实实在在的'学教'"。但学生大都对她印象不错，2007年3月，她还接到当年在上海震旦教过的女生戴侃寄来和丈夫（杨先生在社科院外文所的同事）合作的书。

杨绛在震旦教书时，阿必也在震旦任教，她住校，与孙探微、王寿华等同房间，都是要好朋友。"方凳妈妈"常到她们屋里去闲聊。阿必教书很认真，学生服她，"方凳妈妈"也很欣赏和喜欢她。1947年"方凳妈妈"到北平开会，知道阿必向往清华大学，也知道她有亲戚当时在清华任职，便告诉阿必可带她北去，有买飞机票等方便。阿必不错失时机，随"方凳妈妈"到了北平，并留在清华外文系当了一年助教，然后如约回震旦教课。

杨绛姐妹似乎跟震旦很有缘分。大姐姐在启明女校毕业后，留校边教书边进修，礼姆姆就是从震旦大学为她请来教师指导的。

大姐姐在爸爸生前就闹着要当修女，背着爸爸受了洗礼，爸爸去世后，大姐姐做修女了。她做修女时，就在震旦女校管图书馆。后来随教会出国。但她毕竟太自大了，受不了一点委屈，以后又还俗了。带入教会的衣服、金条等全部如数归还她。大姐姐回国后，一直和三姐、阿必同住上海，和已到北京的阿季通信很勤。

大姐姐在抗战前曾翻译法国擅长描写社会心理的现代小说家保罗·布尔热（Paul Bourget）的杰作之一《死亡的意义》（*Le Sens De La Mort*）。书中描写第一次世界大战中，法国医生奥德（Ortegue）和军官茄里（Le Gallie）二人弥留时内心深处的心理，绘声绘色。两人对死亡的观念，各不相同：一个崇尚物质，醉心科学；一个注重精神，信仰宗教；因此在死亡来临之际，两人心灵上的感觉都受生平思想的影响。作者分析这种心理，用意在证明人生该有卓绝的趋向，生活应有超然的目的，这样死亡才有真正的价值和意义。此书由商务印书馆作为"世界文学名著"的一种，上世纪三十年代初在上海出版，以后曾多次印刷。小说故事生动感人，杨寿康的译笔流畅美丽，忠实传达作者的高尚思想，当时极受好评，认为完全合乎"信达雅"的条件。

大姐姐回国后就不再翻译，也不工作了。

杨绛姐妹重新团聚后所做的第一件大事，就是一同到苏州绣谷山公墓为爸爸妈妈扫墓，厚赏了管事人。

杨绛在震旦女大教课之余，也进行创作、翻译一些作品。抗战胜利之初，储安平在上海办起了《观察》杂志，向杨绛约稿。她当时正在阅读哥尔德斯密斯（Oliver Goldsmith）的散文《世界公民》，便随手翻译了其中一小段。她把 Beaou Tibbs 译为"铁大少"，自己加了个题目，叫做《随铁大少回家》。阿季以为不过是自己对文学翻译的一种尝试，译文却受到傅雷赞赏，锺书大概也是看了这篇译文才想到让阿季也参加翻译《英国文化丛书》的。

这段时间杨绛也写了不少散文，大都是应朋友们所编杂志的约稿，

杨绛1948年冬与钱锺书摄于上海,时在震旦女子文理学院任教授

"随意即兴所写,自知没甚出色,多数没有留存"。当时除了郑振铎、李健吾主编的《文艺复兴》,储安平办有《观察》,傅雷、周煦良合办《新语》。至于朱光潜主编的《文学杂志》,是锺书和杨绛在国外学习时,常风就来约稿的。

留下的几篇,《流浪儿》可能写于光复前,有感于居室的逼仄简陋、生活的闭塞冗长,将自己的心比作一个"不守舍"的魂,流浪儿似的悄悄蹓出舍外到处游走。有时"凝敛成一颗石子,潜伏涧底。时光水一般在我身上淌泻而过,我只知身在水中,不觉水流"。有时又"放逸得像倾泻的流泉";"河岸束不住,淤泥拉不住,变云变雾,海阔天空,随着大气飘浮"。有时竟来个"书遁","一纳头钻入浩瀚无际的书籍世界","远远地抛开了家,竟忘了自己何在"。然而最终还是离不开时空,离不开自己,"只能像个流浪儿,倦游归来,还得回家吃饭"。《流浪儿》笔调轻快俏皮,充分表现出作者想象力的丰富,向往海阔天空的大自然,生活又不脱离现实。

《风》是一篇精致的小品,以风比喻人的情感。"风一辈子不能平静,和人的感情一样。""不管它怎样猛烈地吹;吹过遮天的山峰,洒

217

脱缭绕的树林，扫过辽阔的海洋，终逃不到天地以外去。"情感不也一样吗？不管怎么奔腾起伏，最终不能不受理智的缚束。比喻生动微妙，分析入情入理，很难想象作者还年轻，对人生的感悟已如此之深。

《喝茶》短小隽永，一个普普通通的题目，因为写到许多有关茶文化的中西典故、名人逸事，让人读来趣味盎然又增加了知识。

《窗帘》字数很少，文笔细腻而又饱含哲理。"人不怕挤，尽管摩肩接踵，大家也挤不到一处。像壳里的仁，各自各。像太阳光里飞舞的轻尘，各自各。凭你多热闹的地方，窗对着窗，各自人家，彼此不相干。只要挂上一个窗帘，只要拉过那薄薄一层，便把别人家隔离在千万里以外了。"然而"距离，不是隔绝"。"距离增添了神秘。"作者劝你"人家挂着窗帘呢，别去窥望"。宁可自己也挂上一个，如果你不屑挂、懒得挂，那就敞着个赤裸裸的窗口，"不过，你总得尊重别人家的窗口"。

《听话的艺术》是正话反说，讽刺某些人说话的艺术。"说话是创造，听话是批评。说话目的在表现，听话目的在了解与欣赏。"根据实践，说话的艺术愈高，愈增强人们的"宁可不信"，使人怀疑，甚至恐惧；笨拙的话，使人失笑，倒也得人爱怜。所以作者说："我们钦佩羡慕巧妙的言辞，而言辞笨拙的人，却获得我们的同情和喜爱。大概说话是凡人的艺术，而说话的人是上帝的创造。"杨绛的讽刺幽默不像锺书那样尖刻辛辣，却也含蓄中听，同样动人。

《听话的艺术》发表以后，深得好评。邵洵美很称赏这篇散文，特用他讲究的方格纸，用他秀逸的书法，为杨绛写了一大纸称赏的信，一字一格。杨绛喜欢他的书法，珍藏在她存诗稿的纸匣里，留在辣斐德路钱家。后来匆匆搬出，借居蒲园，没有带走，连同一大广漆皮箱苏州娘家劫余全留下了。解放后，他们从蒲园北上清华，行前未去钱家清理，久后发现所存纸匣已不见，箱内的物品全没有了。

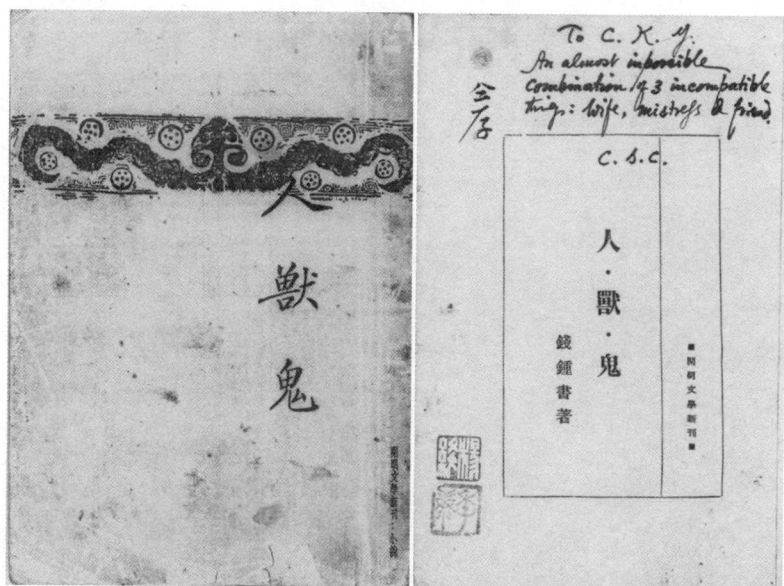

钱锺书在两人仝存的《人·兽·鬼》扉页，给杨绛写了一句既浪漫又体己的话

光复以后，锺书的新篇旧作，也陆续结集出版。锺书的第一个集子《写在人生边上》，由上海开明书店 1941 年出版，当时锺书"远客内地，由杨绛女士在上海收拾、挑选、编定这几篇散文，成为一集"。书稿付印前，他在赠书页上郑重写下"赠予 季康"。

短篇小说集《人·兽·鬼》，是锺书于抗战胜利后出版的第一个集子，由上海开明书店 1946 年 4 月初版。"假使这部稿子没有遗失或烧毁"，那是因为"此书稿本曾由杨绛女士在兵火仓皇中录副，分藏两处"，锺书如此说明。他这次没有在《人·兽·鬼》赠书页上写点什么，不过该书出版后，在两人"仝存"的样书上，锺书写有一句既浪漫又体己的话：

To C. K. Y.

An almost impossible combination of 3 incompatible things: wife, mistress & friend.

C. S. C.

赠予　杨季康
绝无仅有的结合了各不相容的三者：
妻子、情人、朋友。
　　　　钱锺书

我以前在整理《吴宓诗集》时，得知"婚后情人"这一说。父亲在西南联大教书时，常为家在沦陷区的学生结婚当证婚人或主婚人，并以"婚后情人"这类的译诗作为贺礼送给新人，祝愿他们婚后仍须求爱，丈夫、妻子也是情人。可是钱先生却以妻子、情人、朋友似不相容的三者统一来形容和赞赏杨先生，真是无上完美，别开生面，妙不可言！

杨先生摆摆手，说："谈不上什么赞赏，可算是来自实际生活的一种切身体会吧。锺书称我妻子、情人、朋友，绝无仅有的三者统一体；我认为三者应该是统一的。夫妻该是终身的朋友，夫妻间最重要的是朋友关系，即使不是知心的朋友，至少也该是能做伴侣的朋友或互相尊重的伴侣。情人而非朋友的关系是不能持久的。夫妻而不够朋友，只好分手。"

杨先生又说："锺书和我都以为'五伦'——中国以前的人伦关系：君臣、父子、兄弟、夫妇、朋友——中，朋友非常重要。其他四伦如能复为朋友，交心而知己，关系定会非常融洽、和谐。我们俩就是夫妇兼朋友。"

我问杨先生是否读过我父亲所译 Coventry Patmore 的"婚后情人"诗？

杨先生答说："吴宓老师的译诗我未读到。Coventry Patmore 专歌颂 conjugal love（夫妻之爱），有诗赠其妻，题曰 *Angel in the Home*（屋里的天使），我觉得太高调，不合实际情况。多数丈夫把妻子视为他的当然的情人。当然也不能勉强，乡村人就有'莫打酉时妻'之语。是否中国女子多幽娴贞静？"

杨先生又说："我已不记得哪位英国传记作家写他的美满婚姻，很实际，很低调。他写道：

1. 我见到她之前，从未想到要结婚；

2. 我娶了她几十年来，从未后悔娶她；

3. 也从未想要娶别的女人。

我把这段话读给锺书听，他说：'我和他一样。'我说：'我也一样。'"

锺书的长篇小说《围城》，于 1944 年动笔，1946 年完成。1946 年末全部写完时，已在《文艺复兴》月刊上连载，读者很感兴趣，急不可待地盼着下一期杂志出来，先睹《围城》。作者当时很惹人注意，都在打听钱锺书是谁。有人说，钱锺书就是杨绛丈夫。

《围城》于 1947 年 5 月由上海晨光出版公司出版单行本，1948 年 9 月再版，1949 年 3 月第三次出版。《围城》为锺书引来了大批 fans。复旦大学外文系主任全增嘏的朋友容太太，就是一个大 fan，自行上门来结交。尽管锺书再三声明角色是虚构的，人们绝不肯错过索隐的机会，放弃附会的权利。可怜的杨绛，愣被人认成为孙柔嘉。暨大的学生来拜访锺书，恰遇杨绛上楼，学生对老师说："钱先生，其实您的柔嘉蛮不错的嘛！"

《围城》在好评如潮的同时，也遭到一伙人围攻，每天在报刊上痛骂《围城》是"香粉铺"，是"活春宫"。不久，巴人（王任叔）在报上写了一篇文章，声明骂《围城》的不是共产党，他代表共产党发表此文。巴人的文章见报后，毒骂《围城》的一派人偃旗息鼓停止攻击，

托人介绍要求见面，锺书没有答理。巴人上世纪五十年代，恰好与钱杨在文学研究所同事，大家相处甚好。他自称"人性论者"，不幸在反右后遭受批判。

锺书自《写在人生边上》以后，出版各书没有再在赠书页写上"赠"或"献"给杨绛女士；但在他心里再清楚不过，他的写作如果没有这位妻子、情人、朋友"三者一体"的支持，几乎是不可能完成的。

他于 1946 年 12 月 15 日在《围城》的序中幽默地写道：

这本书整整写了两年。两年里忧世伤生，屡想中止。由于杨绛女士不断的督促，替我挡了许多事，省出时间来，得以锱铢积累地写完。照例这本书该献给她。不过近来觉得献书也像"致身于国""还政于民"等等佳话，只是语言幻成的空花泡影，名说交付出去，其实只仿佛魔术家玩的飞刀，放手而并没有脱手。随你怎样把作品奉献给人，作品总是作者自己的。大不了一本书，还不值得这样精巧地不老实，因此罢了。[1]

钟书战时撰写于湘西穷山中，而后不断增订修改，于抗战胜利后最后定稿的《谈艺录》，是一部用文言文写的谈论分析旧体诗的学术著作，他在序言中说"《谈艺录》一卷，虽赏析之作，而实忧患之书也"。因此"麓藏阁置，以待贞元"。在 1948 年 4 月始付梓，1948 年 6 月由上海开明书店出版。1949 年 7 月再版，此时上海已解放近两个月了。

钟书"性本爱朋侣"，杨绛也很重视友情。战时的艰难岁月，在沦陷的上海，正是往来密切的朋友间，敞开心扉的夜谈，偶尔雅集的文酒之会，使彼此感觉温暖，增加一点希望，共同度过待旦的漫漫长夜。

抗战胜利后，一些朋友从大后方归来，一些在抗战期间转入地下或蛰居不出的，恢复了正常活动，钟书和杨绛的朋友圈子扩大了，结交的旧雨新知多了，每周都有些应酬。

钟书有段时间在读《宋诗纪事》，常到附近的合众图书馆去查书，胡适因有几箱书信寄存在合众图书馆楼上，也常到那里去，因此遇见，馆长顾廷龙（起潜）为他们介绍。胡适说："听说你作旧诗，我也作。"随后用铅笔在一方小纸上写下五律一首，还说："我可以用墨笔给你写。"钟书没有要求，他并无收藏名人墨宝的习惯。不过胡适那一小方纸，杨绛直保存到"文化大革命"才毁掉，只记得那首诗中有两句是"几支无用笔，半打有心人"。

杨绛与老一辈女留学生、女作家陈衡哲结为忘年交则纯属偶然。1949 年初，储安平在家宴请任鸿隽、陈衡哲夫妇；他已离婚，家无主妇，预邀杨绛做陪客，帮他招待女宾。当晚钟书出差，不能陪杨绛去做客。刘大杰在主人向陈衡哲介绍杨绛时顿足说："咳，今晚钱钟书不能来太

---

[1] 《钱钟书集·围城·人兽鬼卷》，第 1 页，生活·读书·新知三联书店 2001 年 1 月出版。

可惜了，他们可真是才子佳人啊！"杨绛自忖当不起"佳人"之称，觉得话也不该这么说，忙说："陈先生可是才子佳人兼在一身呢。"陈衡哲与任鸿隽对视莞尔。这天女宾除了杨绛只有二位：陈衡哲和黄郛夫人。两人见到杨绛不断打量，发现她很像黄郛夫人的妹妹、陶孟和夫人沈性仁，1943年初不幸在李庄病逝的一位文雅贤淑的才女。大家便亲切地挤坐一处，随便交谈。

锺书请任鸿隽为《英国文化丛书》翻译一本有关他专业的小册子，特去他家拜访。他们夫妇也到蒲园回访。陈衡哲送给杨绛《小雨点》，杨绛也将自己的《喜剧二种》请陈指教。陈衡哲后来告诉杨绛，胡适也看了《喜剧二种》，说"不是照着镜子写的"。

1948年3月，锺书参加了教育部组织的文化代表团访问台湾，同行的有中央图书馆馆长蒋复璁、上海博物馆馆长徐鸿宝、故宫博物院副院长庄尚严、北京大学教授向达、中央图书馆特藏部主任屈万里以及画家、学者王季迁、俞子才、李玄伯等二十余人。许多人都是台湾省光复后首次赴台，因此格外兴奋。代表团带去了数百件国家珍藏的古器古物、古籍善本、名贵字画，在台北省立博物馆举办展览。配合展出的文物书画，在台湾大学举行了专题演讲。锺书讲的是《中国诗与中国画》，向达讲了《敦煌佛教艺术》，蒋复璁的讲题是《中国书与中国图书馆》。

代表团在台湾逗留一月，住在台北近郊草山宾馆。锺书似乎对草山的风景幽美、环境清静印象甚佳，有《草山宾馆作》七律一首。

空明丈室面修廊，睡起凭栏送夕阳。
花气侵身风入帐，松声通梦海掀床。
放慵渐乐青山静，无事方贪白日长。
佳处留庵天倘许，打钟扫地亦清凉。《樊南乙集》序：方愿打钟扫地，为清凉山行者。

从台湾省访问回上海不久，锺书一天在王辛笛家闲聊，主人忽笑嘻嘻地问他 uxorious 是什么意思？锺书说不知道。回家告诉杨绛："王辛笛笑我有誉妻癖。"

杨绛问："你誉我没有啊？"

锺书答："我誉了。"

"你誉了我什么啦？"

锺书随口就说出三件事："一件是《称心如意》上演，杨绛一夜成名，可是你还和以前一样，一点没变，就像什么也没发生，照旧烧饭、洗衣，照顾我吃药。那时我正生病，没去看戏。

"一件是日本人来抓你，你应付那么沉着，把他们引进客堂，假装倒茶，三脚两步上楼把《谈艺录》稿子藏好。日本人传你第二天上午去宪兵司令部问讯，我都很担心，你却很镇静，平时睡眠不好，可是那天晚上你还睡得很香。

"还有，你那次买回一桶煤油，阿菊把煤油炉灌得过满，溢得到处都是；一点火，油全燃了，火舌蹿得老高，快舔到天花板了，周边堆着干柴，一旦点燃后果不堪设想。阿菊早已发呆，我和阿圆也吓得大叫'娘，娘快来，快点来！'你过来一看火势凶猛，用被子浸水覆盖已来不及，灵机一动，顺手抄起一个晾在近旁的尿罐倒扣下去，火柱立刻灭下，又铲起炉灰扑灭周围剩下青青紫紫的小火舌，一下全压住了。一场大祸被你给止住了。……"

杨绛忙让锺书"快别说了，'呆大！'"她心里明白王辛笛这么调侃锺书，可能是因为徐森老、郑振铎先生等在锺书面前称赞杨绛，他没有谦虚几句。本年 3 月，教育部组团去台湾，许多团员的夫人乱纷纷地闹着要随同丈夫赴台参观，使主事的蒋复璁、徐森玉等很为难；

唯独杨绛不但不闹，还主动表示不去，徐森老感到很好，对锺书夸了杨绛，锺书没有作声。徐森老是王辛笛夫人的叔父，可能在辛笛面前提了锺书护妻，因此王故意问他 uxorious 一词何解。

圆圆体弱多病，一直是杨绛的一块心病。她六岁进附近晓星小学上一年级，会唱"把五（朋友）明天会，洪门（我们）大家明天会，洪门大家拍拍手"，高兴得很啊！但一两个星期就病了。下一年复学，一两个月后又病了。小学课程全是杨绛在家教的。胜利之后，1947年冬，圆圆右手食指骨节肿大，查出是骨结核。医生和杨绛谈病情，说"此病目前无药可治"。圆圆听懂了，淌着小眼泪对妈妈说："我要害死你们了。"所幸此时抗战已经胜利，家里生活好转，有条件为孩子服维生素 A.D.，吃营养食品。孩子遵医嘱，尽量休养，只在床上玩，不下床。十个月后病全好了。杨绛用三个月时间为她补习算学（四则、分数等）。1948年夏，陪她到辣斐德路钱家斜对门的民立中学去应入学考试，居然考上。

1948年7月，锺书祖父百岁冥诞，锺书和杨绛携圆圆随上海钱家人一起赶回无锡老家，同家人欢聚。钱家长幼三辈群集七尺场，热闹非凡。

杨绛的婆婆已经好久没见杨绛了，看到锺书和圆圆都胖了，只杨绛独瘦。婆婆关切地对杨绛说："喜欢吃什么，买点吃吃。"婆婆生性朴实严肃，讷口少言，这样交代杨绛极为难得。她平时最看不起贪吃的女人，奚落那是"修了五脏殿"。但她对杨绛说这番话，可算怜惜之至了。

婆婆曾以为杨绛阔绰人家小姐出身，可能娇气；经过战时艰难岁月的朝夕共处，深感杨绛的贤孝、尊老爱幼，暗自庆幸锺书"痴人有痴福"。1957年，钱老夫子病重的时候与老妻对话，曾问她："我走后，你跟谁过？"婆婆说："我跟季康。"这是杨绛公公写给锺书的信上说的。后来婆婆先病，小儿子适去探视，公公命小儿子将她送回无锡，不久病故于老家。老人家后来虽没有和他们一起生活，但她这话使杨绛感到莫大安慰，认为是婆婆对自己的最高夸奖。

杨绛的妯娌们私下都说"钱家的媳妇是不好当的"，可杨绛还算当得不错，凡事先人后己，认吃亏，很有乃母遗风。阿季的妈妈生前日夜操劳，不但对自己儿女众多的小家，而且对祖母和守寡的大伯母、三婶婶以及两房的遗孤，侍奉赡养都非常周到尽心。妈妈看似迟钝，实极慈厚，于大家庭的闲言碎语、斗小心眼儿，浑然不知觉，也许有所觉也不在意；阿季祖母因此颇爱怜她，曾对妈妈说"你是睡熟在铲刀上的"。

杨绛自1935年夏结婚后，在钱家只住了十天就出发留洋了，这回是十三年来首次重回七尺场钱家。客厅摆设依旧，当年在这里叩拜高堂、叩拜以一盆千年芸、一盆葱为代表的嗣父嗣母，情景历历在目。厨房还是老样子，回想起自己"三日入厨下"的种种窘态不禁汗颜。杨绛和锺书原先的房间堆满了破烂东西，他们结婚时的家具，大床、书桌、梳妆台等等早已被人全部卖掉。所以眼下作为无锡一个售票景点的所谓"钱锺书故居"，住室的摆设，全是某热心人捐助的全副明代家具，由馆方照例规矩摆放，无任何纪念意义和价值可言；何况钱锺书本人从一开始就极力反对建馆。

圆圆此行未能寻访到爸爸妈妈新婚燕尔的痕迹，却意外获得祖父"钱家读书种子"的称赞。圆圆白天不跟院子里一群孩子吵吵闹闹地玩，自己躲进一间厢房里看书。有一小柜子《少年》，她看了不解馋，一本本地翻，弄得满地是书。她看见爷爷在床上睡得正香，脚露在被子外面，便为他披披夹被，盖上脚，静静地自坐在床边看书。钱老夫子醒来见到看书的阿圆，就问她是谁，考问她读的《少年》杂志，又考考她其他方面的学问。阿圆那时十一岁，已读过《西游记》《水浒传》等小说，正在读林纾文言译的外国小说。老夫子大为吃惊，从此认定："女孙健汝乃吾家唯一的读书种子！"圆圆在学校里从未使用过祖父的命名，但她对爷爷，必是自称健汝。

1949 年初，叔叔命锺书三弟妇携带儿女由无锡到上海来住。

叔叔婶婶和三子一女六人，再加孙儿和奶妈共八人，挤居一室。但是锺书三口加弟妇和子女虽然只六人，却不便挤居一室。孩子都已长大了。两家挤居怎么也不方便，杨绛决定另外觅房迁出钱家。正巧有朋友介绍了蒲石路蒲园的房子三楼空着，她就从姐妹处借了必要的家具，安置停当。于三弟妇抵达上海时，带了随身行李迁往蒲园。腾出住房，留下家具用具，并为三弟妇一家准备好柴米油盐等一切生活用品。又将阿圆由钱家附近的民立中学转到蒲园附近的震旦附中。

锺书称新居为"且住楼"。他们的贴邻是李石曾家，从三楼可以望见李石曾和他新夫人的卧室。李石曾吃长素，新夫人口里"淡出鸟来"，常到陈衡哲家去开荤。

解放战争后期，生活在国民党统治区的知识分子，不知自己将面临怎样的命运，不少人考虑过个人的去留，上海也不例外，平津解放以后更甚。人们经历了抗战，对物质生活艰苦已有体验，关心的是意识形态统治下的思想自由，大家对共产党了解不多，阿季夫妇听到的传说非常荒谬，例如夫妻要重新分配，四十五岁以上的知识分子要处死等。另有人说，共产党最爱开会，开会时大家互相骂，骂完就一起哭，哭完又大家和好了。又有人说："怕什么？你共我的，我共你的，共来共去我反正不吃亏。"

锺书和杨绛读过许多描写苏联铁幕后面情况的英文小说，或买或借，见一本读一本。乔治·奥威尔（George Orwell）的书几乎每本都读过。

《一九八四》内容很反共，《动物农场》(*Animal Farm*) 亦是。阿季记得该书末尾说："All animals are equal,but some animals are more equal than others."（所有的动物都平等，但有些动物比别的更平等。）他们从不做"平等梦"，执政者不可能与老百姓享平等待遇，这是当然之理，不问何党何派。苏联知识分子的悲剧令人同情，不过他们相信并希望中共或许与苏共有所不同。

锺书和杨绛早就打定主意留下不走，如果选择离开，不是没有机会。曾任参加联合国教育文化会议首席代表、出席联合国教科文会议第一届大会代表团团长的朱家骅，非常赏识钱锺书，许给他联合国教科文组织的职位，经常单独请他吃饭，并表示对他的夫人"很感兴趣"，杨绛始终没有应邀见面。时任教育部长的杭立武邀钱锺书去台湾大学、杨绛去台湾师范大学任教授，答应调车皮给他们运书籍和行李。香港大学许以教职。牛津大学汉学家 K.G.Spalding 1949 年 3 月中旬还来信希望他们赴英，两人不为所动。锺书和杨绛决心留下，一如他们 1938 年秋义无反顾地从欧洲急忙登轮返回烽火连天、家破人亡的祖国，理由很简单，正像锺书同年 3 月给牛津同窗 Stuart 的信上所说 "Still, one's lot is with one's own people"（人的遭遇，终究是和祖国人民结连在一起的）。这就是锺书对祖国同胞的态度，多少年来，始终如一。他们爱祖国的文字，爱祖国的文化，不愿去父母之邦。

锺书和杨绛心想自己是老百姓，无资产，只求坐坐冷板凳，粗茶淡饭足矣，所以并不慌张。经常往来的朋友，多数不走。郑振铎在上海解放前去了香港，也来信劝告锺书夫妇留下。只有宋淇（悌芬）带些歉意告诉锺书夫妇，他体弱多病，不能不常服西药，所以只好留在香港。他把他家的大房子让傅雷住了。1949 年三四月间，锺书夫妇在任鸿隽家，同他们夫妇和胡适聚谈形势和个人去留，锺书和杨绛早已决定留下；任鸿隽夫妇一年多前才从美国回来定居，也决定不走；只有胡适不便不走，没过几天他就去美国了。

1949 年暮春，杨绛和锺书曾同游杭州，虽只短短四天时间，两人心情之轻松愉快，回忆之甜美生动，不亚于新婚爱侣的蜜月旅行。这是他们自 1935 年结婚后在国内的第一次也可能是最后一次一起出游，所以印象颇深。其后不久，上海就解放了。

解放前夕，摄影家郎静山在上海举行摄影展览，请锺书为他翻译影作标题说明，酬谢了一笔美金。数额多少杨绛已经忘了，只记得出手很大方。当时金圆券"朝不保夕"，虽说这种纸币由国民政府 1948 年 8月 19 日方才发行，而且是以金圆券一圆折合法币三百万元的比例收兑的，七个多月时间已急剧贬值，人人手头的金圆券都得换成银圆或黄金美钞保值。杨绛和锺书想：留着这笔美金做什么用呢？我们早已决定留在国内，等待解放。但来日未可知，且乐今朝吧，就用这笔美金权当一回游杭"阔佬"。

杨绛幼年曾居西湖保俶塔畔，十七岁随学校来杭州旅行过。锺书则从未到过同苏州并称"天堂"的杭州。两人在长夜漫漫破晓之际就立愿有朝一日同游杭州，因此锺书在登车赴杭时说"四年宿愿，今日始偿"。

那时，他们已由辣斐德路钱家迁至蒲石路"且住楼"，圆圆太小，同游不便，和阿姨翠英留家，住校的阿必过来陪伴圆圆。杨绛夫妇由锺书的拜门学生周节之陪同照料，做导游，同游杭州。锺书写有日记，自拟题为《钱大先生游杭州记 1949.3.27 至 1949.3.31》。承杨先生出示"钱大先生"日记手迹，幽默风趣，妙语传神，读后大乐。兹摘录若干内容以与读者共飨。

杨绛和锺书在周生节之的陪导下，1949 年 3 月 28 日晨由上海乘八时半快车赴杭州。锺书在车中成打油诗二首。自云："忙于登山临水，遂未续作，录此以志钱大先生高兴（见《子不语》卷十二王老三条）。"

（一）

岁岁西湖说欲游，今春真个上杭州。吾乡儿歌咏马有云：骑子官官上杭州，骑子官官下苏州；为啥？为杀牛！……

夫妻两个人添一，车辆二连等坐头。[1]第二节车头等。

对面牧师兼教授，皆未交言，观状一为牧师，一为圣约翰到之江兼课者。比邻产妇带佣姬。其妇多产，有六孩，吵闹。

渴来咸茗饥排骨，金币三千路局收。绛与节之皆胃口精细，泡茶而不饮，吃火腿蛋面包。余独吃排骨饭，大喝恶茶。

（二）

隔厢阅报是张疯，张道藩；未与招呼。比国婆娘无影踪。道藩之比妇，余曾与同席一次。

老媪白头为伴侣，女郎黄面更随从。

疑娘微觉年龄少，想妹因看面貌同。

已过午时不吃饭，西装窄袖亦清风。张曾向余言穷，曰："咱们文化人谁都穷。"

    杨绛等下午一时半，抵达杭州。下榻大华饭店一〇七室。据说大华是当时全杭最精洁的旅舍，天天高挂客满牌，旅客多饣念闭门羹而返。这个房间是节之托了杭市友人才预订到的。

    大华后门即西湖，并备小艇待雇。杨绛等即乘小艇往楼外楼午饭。

    素嫌西方人"嗜膻喜淡颉羹浑"的锺书，很能品味肴馔，对这家

---

[1] 杨绛注："等坐头"者，"钱大先生"胡赖双关语也。二等车辆在第一节，第二节则头等车。钱大先生自称"等于坐头等"。

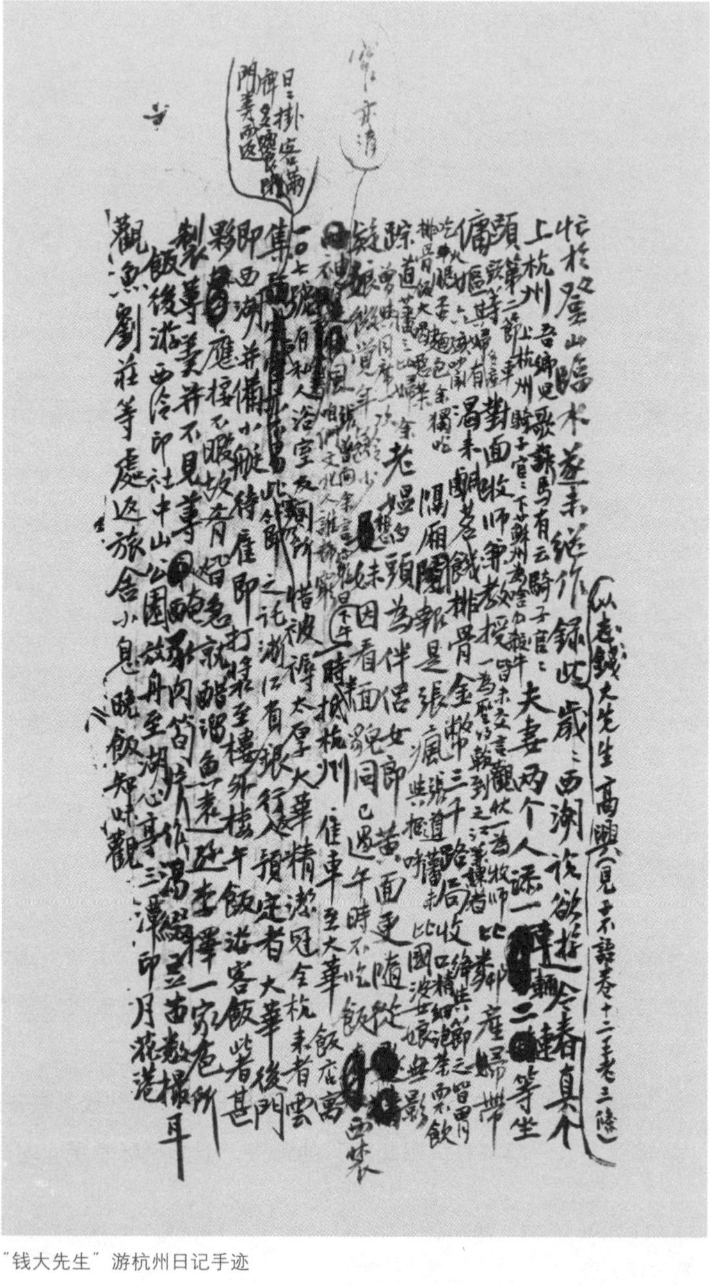

“钱大先生”游杭州日记手迹

驰名杭州的菜馆评价似不高："游客饭此者甚伙，应接不暇，故肴皆急就。醋熘鱼远逊李择一家庖所制。莼羹并不见莼，以腌豕肉笋片作汤，缀豆苗数撮耳。"

饭后游西泠印社、中山公园，放舟至湖心亭、三潭印月、花港观鱼、刘庄等处。在杭市另一名菜馆知味观晚饭。饭后闲行街市，丐童追随讨钱，锺书被呼"上海大老爷"，自叹"异哉！渠辈亦自有相人术"。

归旅舍，欲作书致圆女和阿必，而无信笺。侍者称旅馆信笺一纸千金，锺书亦自作罢。"枕上自笑黄胖游春，马二先生游西湖一身兼之。"

锺书发现"西湖水色绿而态腻堪当油碧之目，忆意大利语亦有 Un mare d'olio（一塘油）之称，皱而不折，剪而不断，表里合一"。杨绛说："文之 Form and Matter（形式和内容）宜如此。"

第二天早晨，两人到旅舍后园观湖水。见青年男女两人也沿水滨雅步，不久面湖而立，忽以手在背后相钩握。锺书"因悟得二事，备博物君子之采。一风景能使人动春情，故山水佳处每见男女挨挨擦擦作昵状，而情人蜜月亦多择胜地，然则销金锅者即销金帐，而西湖一水亦是房中药水耳。一风景能使人吟恶诗，故西湖佳处无幸免于题词者，疥壁剜山或以刀，或以铅笔、粉笔、墨笔，如在人面起草，如玷污了小姐清白。写作大都类公共厕所壁上词翰（cf Martial:Epigr XII, 61 "Carmina quae legunt Cacantes"；"La Muse latrinale"又 Memoirs of Casanova, E.T.by Arthur Machen,VI,p.167），教育普及之效如此，则西湖者又大溷东厕也"。

他们在正兴馆早餐后，"坐轿游玉皇山，至福星观、紫来洞。樱花怒放，掩映松竹间，甚美"。"俯观钱江大桥及八卦田。在福星观见道士周济清白老人及其孙女周安精诚女史所作书画。又见观主李紫东，七十许矣。仪表颇伟，闻所行事多不义，出入必携手枪。下山至虎跑，见黄金荣等所献济颠禅床，金碧辉煌。床柱挂一破笠，云是颠遗物。""舆夫言虎跑主僧有汽车，每易西服出游，佩手枪。盖蜡烛头上炖蹄髈者，即吾乡嘲僧所谓'溺器中煮肉'之意也。"

西湖寺庙房屋，或驻兵或为河南、山东流亡学生宿舍。这里的流亡学生，住处和饮食近乎流浪乞丐，杨绛和锺书慨叹久之。

"下山至钱江大桥观火车过，蠕蠕甚缓。至六和塔下，饭于胜利酒肆。登塔最高层，又见男女以巾茵地偎倚而坐。下塔步行至九溪十八涧，啜茗于九一八茶肆。复步行过十八涧，登舆至龙井。"锺书见"道中土墙茅舍，桃柳参差，溪流汩汩，风景佳绝"。他们看分水泉，进烟霞洞，又登上霞栖楼，看到胡适的白话诗三章，"似词非词"，溥儒题诗"亦套语"。楼主人虽然张粘有纸，请游客勿涂抹墙壁，"而壁上恶札歪诗依然举目皆是。莫非齐天大圣到此一游之类，墙脚当亦有尿臊气耳"。

他们买了茶叶，准备送给阿必。至象鼻峰、水乐洞、石屋洞，锺书写道："水乐洞口刻东坡像，睅目蒜鼻，丑甚。洞中并有武松打虎、梁山伯祝英台等塑像。俗僧牟利玷辱山灵如此，更十年当易名水帘洞，中塑安天会角色矣。姑书此以为券。石屋洞，佛身皆妆金，顶上圆光则赤色，俗恶之至。"关于水乐的读音，锺书特别指出"按水乐之名，本元次山《水乐说》庭前悬水所谓'烟汀通，寒淙淙，隔山风，老鼓钟'。《订司乐氏》一篇亦说此。今杭人读乐作洛音，误矣"。

杨绛等乘轿到净慈寺，见朱子所书"海阔天空"匾额，锺书赞为"颇佳"。又看济公运水井。游汪庄（已败圮）后返旅舍。

这天（3月29日）是黄花岗起义纪念日，各机关放假，游客肩摩踵接于道，汽车、人力车到山道险峻处不得不回驾折返，乘客都下车徒步，杨绛和锺书等乘坐轿子却得越岭度岗，行人让道颇多指目。一少年说："等共产党来翻身时，叫轿夫坐轿子，他们抬轿子！"又一人说："我只等第三次世界大战一个原子弹炸平了西湖，那些神气活现的资本家也就不来了。"锺书听了暗笑而心感惭愧。乞丐成行游走在山道间，念佛求布施，见了杨绛大呼"轿子太太"，杨绛很窘。他们整天没见其他乘轿子的游客。

回到大华，他们"坐逆旅后园观落日，惜无月耳"。

3月30日，微雨中乘人力车游北山诸名胜。"先至黄龙洞，松竹荫山，气象幽邃，复见红白两桃花骈发菜圃中，真家常俏风韵也。遍入卧云、白沙、紫云、金鼓诸洞。"周节之说，以前虽屡游西湖，因母亲怕登涉各洞，都过门不入，这次幸亏师母好攀登，才得深入探究。锺书"拔枯小树一株为手杖，有孙行者得金箍棒之乐"。到玉泉观看五色鱼，买得竹鞭一枝，才丢下枯枝手杖。到三天竺，锺书见上天竺有财神殿，大呼"奇哉！"

他们下山到"天外天"就餐，店门揭联："天外天天天客满，人上人人人欢迎"。用餐时，流亡学生来募捐，杨绛和锺书忙解囊相济。

饭后，游灵隐寺，节之先归。锺书写道："诸僧方梵唪，见绛，殊有把法聪头当磬敲之意。登韬光顶，竹已为日本人所伐。祀吕洞宾而和尚主之，且附有送子观音殿，亦迷信中之联合政府也。"

下山到飞来峰、一线天、壁蝠洞、老虎洞。老虎洞有一石如虎张口，口中掷石子几满，据说可卜财气。锺书说这就是昌黎诗所谓"偶然题作木居士，便有无穷求福人"者。参见 Horace: Sat.I.viii："Oliver truncus eram，ficulinus" etc.

乘车到岳王祠，香火极盛。杨绛说："可以察看人心。"唯独五夫人殿冷落，"更可察看人情"。四铁像旁高挂木牌禁止小便，游客就吐痰唾铁像，而秦桧像左右仍屎尿气刺鼻。锺书写道："未知天下溷此当居几（《说郛》卷六十四《真率记事》云：米老云四方无一个好溷；予应云吴江垂虹亭中所谓第一溷也）。使清人定都杭州，计甫草不忧无便处矣。（《郑桐庵笔记》卷上云，计甫草戏谓人曰："偏京师皆官，无我做处；偏京师皆货，无我买处；偏京师皆粪，无我便处。"）又《全闽诗话》卷二引《词统》云东坡嘲柳七杨柳岸晓风残月，此是梢公登溷处耳。"

两人过平湖秋月，参观博物院。游保俶塔过苏小、武松等墓。晚赴节之友人招饭于皇饭儿，肴馔丰美。饭后逛书店无所得。锺书对两日来所遇朝山进香之客印象颇深，说他们"男女老幼络绎于道，什九操浦东松江语。其老者所服，即将来入殓之衣，五光十色，不论佛寺道观、牛鬼蛇神，一概顶礼膜拜，得平等真谛矣"。

3月31日，杨绛等放舟湖中，游钱王祠。雨中过白云庵月下老人祠，锺书以金圆券四千购得签诗全份。游蒋庄见壁画，锺书戏谓"此放屁在高墙之一种也"。他们沿苏堤散步，重坐船到孤山访冯小青、林和靖墓。

午饭后再放舟游湖两小时归旅舍。四时半登车，八时抵上海。

回家，圆圆折垂丝海棠于书房瓶中，为爸爸妈妈接风。离家只三四天，而李拔可、周煦良、王淑瑛、刘佛年、吕宝东、何中流等相继过访未晤，又接蒋慰堂（复璁）、郑海夫（朝宗）等信函，也可见抗战胜利后杨绛和锺书交游广阔忙碌于一斑。

锺书一家是在蒲园迎接解放的。5月26日夜里，天阴沉沉的下着小雨，枪声通宵不断。他们住在三楼，三人卧地板上躲避流弹。第二天凌晨天未明，听到号角声，上海解放了！最感人的是夜里有雨，解放军战士睡在潮湿的人行道上。他们泡锅巴吃，橱窗里诱人的奶油蛋糕，看都不看一眼。杨绛的贴邻李石曾一家，解放军渡江以前就搬走了。蒲园进驻了解放军，住在他家。那些战士浑朴可爱，好像都是河南人，从楼上能看见他们买了冰棍，三人共吮一根。杨绛和锺书见到中国的共产党宽和，人情味重，和反动书上所写的远远不同。王任叔（巴人）是一位，著名剧作家夏衍也是其中的一位。夏衍奉命恢复《救亡日报》，抗战刚一胜利就从重庆飞回上海，"利用这一星期的时间，拜访了留在孤岛奋斗的先辈、旧友和梅益所开名单上的知名人士"。他"通过李健吾认识了钱锺书先生和他的夫人杨绛"。[1] 他托李健吾代赠他的剧作《上

[1] 夏衍《懒寻旧梦录》，生活·读书·新知三联书店1985年出版。

海屋檐下》给杨，并索杨绛喜剧两册。

那段时间，杨绛身体一直不好，据说金属超负荷运转也会疲劳，可能过去几年实在太劳累了。她身兼数职，教课之外，兼做家庭教师，又业余创作，还充当灶下婢，终于积劳成病。

1948年以后圆圆病愈复学，杨绛心上一块石头落地，自己只在震旦女子文理学院教几门课，请了阿姨帮助料理生活，日子过得比以前轻松多了。可是她总觉得疲乏，病恹恹地打不起精神。每天午后三四点钟总有几分低烧，体重每月减轻一磅，医院也检查不出病因。锺书嘴上不说，心中万分焦虑。无论如何，杨绛不能倒下，她可是他的精神支柱呀！刚好清华大学吴晗到上海招聘，锺书想着换换空气，杨绛或能病好，就与杨绛商量一同应聘到母校清华外文系任教。原系主任陈福田1947年请了两个极年轻的（二十出头）美国人到清华，为高年级授《莎士比亚》，而不准教学经验丰富的Winter等授课，遭到学生强烈反对以致外文系1948级全班罢课，同事和师生关系较为紧张，已于1948年秋离校，回檀香山老家去了。

不久，中共上海市委统战部周而复来蒲园访问，知道锺书夫妇将到清华去，为他们买到四张软席卧铺票（杨绛一家三口和阿姨翠英），还为他们开了一个欢送茶会。卞之琳也是乘那趟车去北京，知道他们享有四个软席卧铺，就要走了一个卧铺。

1949年8月24日，杨绛和锺书带着女儿登上火车，两天后到达母校清华，开始为新中国工作。

13. 重返母校清华

　　锺书一家 1949 年夏离开上海，走得有些仓促，忙乱中丢失了一些今天看来十分可贵的东西。

　　一是锺书命名《百合心》的长篇小说手稿，也脱胎于法文成语（Le coeur d'artichaut），中心人物是一个女主角，已写成两万字。他当时把一叠看似乱纸的草稿塞到不知哪里去了，后来在北上所带的行李中和上海住处怎么找都未能找见。

　　再就是这年初春杨绛为锺书三弟妇携儿女迁居上海，腾房时在辣斐德路钱家的大柜子里还留着些东西，大床底下一只广漆皮箱没有上锁。柜子里有老圃先生为宝贝女儿陪嫁的名贵碑帖、文徵明的大幅条幅，赠女婿的一部善本《佩文韵府》等，还有锺书在昆明写的日记，是回上海带给杨绛看的。箱子则是锺书夫妇 1945 年春安葬爸爸后，和弟弟保俶先回上海，杨绛的姐妹将苏州庙堂巷老宅劫后残留的细瓷餐具、用具、摆设等，分成几份，每人一份留作纪念。杨绛的这只广漆皮箱，就是后来三姐姐带给她的。箱子里的物品因为留有爸爸妈妈的手泽，阿季回忆中会感到温馨。

　　杨绛由上海迁居北平前，没来得及去清理存放钱家的东西，除了仓促忙乱，也想着他们只是暂时离开上海，说不定什么时候就会回来。没想到这一去竟永远留下了。1963 年杨绛小妹妹杨必大病，她到上海看望，未去辣斐德路，后来由公公交给锺书那些碑帖时，才知爸爸给她留作纪念的文徵明大幅条幅等以及一些善本古籍，都已被她的公公钱老夫子捐给公家了，而原先藏在大床底下的箱子已空空如也，里面什么也没有了。1977年后，堂侄阿虎从上海将锺书的昆明日记挂号寄到北京，已腐蚀，一页页结成了块，无一字能辨认，锺书和杨绛就把它毁了。

动身北上时，周而复本来为锺书代买了四张软卧车票，他们一家三口加上保姆翠英，正好一人一铺；可是锺书送了卞之琳一张票，阿圆就不得不和翠英挤在一起了。她手里还抱着一个洋娃娃，洋娃娃肚子里有几两黄金，她知道那是妈妈用好多法币换来的，所以小心抱着，寸步不离。她已跟妈妈学会裁剪缝纫，她为洋娃娃缝制的衣服也一一收入她的小提袋，随身带着。

火车不断向北行驶，两天多的行程，各有各的心思。阿圆和翠英初次北上，对清华充满了好奇和憧憬；锺书和杨绛在这条路线上已来回走过多次，沿途站名都背得出来了，只是母校清华经过了抗战、复员和解放，如今是何等模样，他们将面对怎样的生活，一时还难以想象。

锺书一心惦着杨绛的健康，只盼换了环境，她的身体能好起来。杨绛富有诗意，走近清华的那一刻，华兹华斯的诗句一下涌现心间"My heart leaps up when I behold……"（我心跃起……）但进门一看，到处又脏又臭。日寇侵占时期遭到严重破坏的建筑，复校后经费支绌，修复不尽人意。图书馆新旧二大门，一门堵死，馆内全是厕所味。女生宿舍亦臭烘烘。女生穿着臃肿的黄布大棉袄，请锺书共跳舞。锺书说未见过这样的淑女，反正他也不会跳。最大的变化还是政治空气浓厚，教师、学生、职员、工警开会很多，讨论各种问题。当然最重要的还是校制和课程改革的问题。

清华不复旧时矣。全改样了，只暂时仍是"教授治校"。

锺书一家初抵清华，先落脚在杨绛堂姐杨保康家。保康姐姐和姐夫沈履（弗斋）是清华1918级留美同学，沈履解放前久任清华秘书长，此时改任心理系教授，他们住在新林院七号，即从前的新南院。

不久，学校甲级住宅分配委员会出台"分隔与调整"办法，对居住人口较少的甲级住宅进行分隔，一幢住两家。锺书一家被分配住新林院七号乙，临时迁居工字厅西头的客房，等校方派工匠来打隔断。西客厅已久无人住，破破烂烂，地板下老鼠横行；荷花池边的风，从窗缝里吹入很冷。东边一大间堆着杂物，两名已不在清华任职的外国单身汉，由窗户跳出跳进。好不容易熬过半个冬天，房子总算隔好，他们又搬回新林院。周围的邻居有潘光旦、梁思成、林徽因、霍秉权、林超等先生。他们熟悉的师友分居于西院、北院、胜因院等不同的宿舍区。清华解放前后的情况，全是听师友们说的。

清华和燕京，地处北平西郊海淀，比城内各校解放得早。

早在1948年11月东北完全解放，清华就已积储食粮准备应变。12月12日校园炮声更近，气象台和宿舍屋顶可以望见北面的战事，学校照常上课，下午炮声越来越近，才宣布停课。学校成立了巡防委员会，组织全体师生员工防护学校，维持秩序。当时国民党炮兵入校，在生物馆前、气象台附近设置炮位，校园面临炮战危险。化学系主任高崇熙先生跑去和炮兵营长对话，问他是哪个学校毕业的？营长答"清华"。高先生说："难道你就忍心由你设置大炮引来战火毁了自己母校吗？"营长不做声。

幸而炮兵14日早晨就奉令撤了，其他军队于当日下午也纷纷后撤，校园附近成为真空地带。12月15日下午解放军开到，学校转危为安。

校园附近战事告一段落后，清华原定于12月20日恢复上课，不料国民党飞机19日下午飞临学校上空久久盘旋，投下十多枚炸弹，四枚落入校内，学校立作防空警戒，延至12月29日始恢复上课。

北平从1948年12月国民党军后撤，进入围城时期，至1949年1

月 24 日开城，北平和平解放，围城凡四十天。其间西直门海淀的中间地带，小规模战事时有发生。

由于寒假期间，全体学生和一部分教职员在解放军入城的时候，进城做宣传工作，1948 学年第二学期延至 1949 年 3 月 3 日始上课。学生中因参加南下工作团和北平市区政府工作而休学的达数百人。

梅贻琦校长从 1948 年 12 月 14 日进城，没有再回清华。学校行政由清华校务会议共同负责维持。文学院院长冯友兰为主席，教务长霍秉权、秘书长沈履、理学院院长叶企孙、法学院院长陈岱孙、工学院院长施嘉炀、农学院院长汤佩松参加会议。1949 年 1 月 10 日，北平军事管制委员会文化接管委员会主任钱俊瑞到校正式接管后，校务由校务会议会同军管会代表主持进行。1949 年 5 月 4 日，以周扬为主任的北平军管会文化接管委员会通知，奉军管会决定，任叶企孙为清华校务委员会主席，主持清华工作。校务委员会常委有陈岱孙、张奚若、吴晗、周培源等。文化接管委员会并于同日通知，任周培源为清华大学教务长，陈新民为秘书长，冯友兰为文学院院长，陈岱孙为法学院院长，施嘉炀为工学院院长，汤佩松为农学院院长，潘光旦为图书馆馆长。

外文系前主任陈福田比梅校长离校更早，对清华学生来说，有"假洋鬼子"之称的 F.T. 离去是意料中事。他一直炫耀自己一身持有中美两国护照，他在 1948 年秋即去了天津，后由秦皇岛搭乘美国军舰回夏威夷老家。

陈福田走后，外文系主任由吴达元代理。钱锺书和杨绛到校时，系主任是 1949 年 5 月就聘的赵诏熊。锺书除授《大二英文》，另开《西洋文学史》和《经典文学之哲学》两门课，此外并负责外文研究所事宜。按照清华旧规，夫妇不能同时同校任正教授，杨绛就做兼职教授，授《英国小说选读》，私幸可以逃掉不少会议；自称"散工"，不参加系里组织的一系列会；借口教课，不是"家庭妇女"，妇女会学习也就不去。这样省下不少时间做自己想做的事。

后来清华的旧规矩取消，赵诏熊来找杨绛商量，请她担任专任教授，杨绛只因不愿开会、学习，推说身体不好，宁可领取微薄的兼任教授工资，不肯当专任。她太怕开会，名目繁多，议程冗长，费掉许多宝贵时间。保康姐姐跟她不一样，很积极，爱开会，所以清华人说："一个杨保康，无会不到；一个杨季康，什么会都不到。"

杨绛虽自称"散工"，教课却十分认真。系里需要她教什么，她就教什么。有位教师教翻译，只教中翻英，说他不能教英翻中，赵诏熊很无奈，和杨绛商量，她爽快地答应了。杨绛教翻译，不求快，但求好，将译文比较讨论，受到大部分学生欢迎，亦有学生羡慕别班翻了很多页。她又与某教师同教大二英文读本，上课时，讲到 arm hole，学生说，某先生解作"袖口"。杨绛未说他错，只说 waist-coat（背心）没有袖子，说明自己没错。由于她谦虚谨慎，又顾全大局，付出多，报酬少，同事客气说"剥削你"，大家关系很好。

锺书在清华很受重视。他每月工资评定为 1100 斤小米，比余冠英、吴组缃、盛澄华、陈定民等都高，比系主任赵诏熊只少 20 斤小米。外文系每次更换系主任，教务长周培源总要征求锺书的意见，对他说："Let's profit by your superior wisdom."（让我们从您卓越的智慧中获益）。锺书还被请去参加校务会议，有一次讨论一位政治表现极左而业务并不很行的女讲师提升副教授，锺书随众投了赞成票。会后校务会议主席叶企孙先生竟问锺书："你想过她该得这一票吗？"锺书因此十分敬重叶先生，对杨绛说他"正直，有清华精神"。他自己感到惭愧，未重视那一票。她竟通过了。

赵诏熊先生 1950 年 1 月就辞去外文系主任只教书了。学生们受"一面倒"学习苏联方针的影响，急于以俄语代替英语为第一外语，集体去他家请愿，他觉得这与清华传统不合，很难办。

盛澄华兼了一段时间系主任，又被调到东欧交换生中国语文专修班去当主任了。他比较趋时，几乎否定了绝大部分文学经典，热心地倡导用马克思主义来讲释文学，而且动员到他的老师温德头上来了。温德是二十世纪三十年代，最早向清华学生和同事推荐和讲述英共理论家考德威尔（Christopher Caudwell）名著《幻象和现实》(*Illusion and Reality*, 1937) 的。温德先生颇生气，他愤愤不平地对杨绛说："我提倡马克思主义的时候，他还在吃奶呢！他倒来'教老奶奶嗑鸡蛋'了！"

实际上盛澄华代表着主流认识。清华西洋文学系自 1925 年成立，后改称外国语言文学系，一向以英文为主要外国语，法、德、日、俄为第二外国语。训练以文学为主，语言为副。到 1950 年，已分设俄文、法文、英文三组，以训练语言干部为主了。随着教学改革的进展，大势所趋，截至 1952 年初，英文组的课程主要是英文读本及作文，英文翻译及口语实习。课本停止采用多年的英美原著和清华自编课本，而一律改用莫斯科外国文书籍出版局编印的苏联《英文简明读本》。文学课程，过去必修的《西洋文学史》或《欧洲文学史》已取消，《文学批评》《戏剧》等亦压缩掉，只剩下莎士比亚和小说、诗歌及当代散文选读，限于高年级选修。学生常问"学文学有啥用？"

吴达元先生 1950 年 4 月应聘为清华外文系主任，直到 1952 年 7 月京津高等学校院系调整，吴先生作为清华外文系师生的领队，参加北京大学筹委会核心组，与北大、燕京、中法、辅仁等校外文系师生会师，并入刚由沙滩迁进燕园的新北大西语系。

杨绛谦虚，总说她教书是真正的"学教"，学一门，教一门，依照必读书目，全部研读个遍。她讲授的小说选读，当时和诗歌、戏剧同被认为是三大"危险课"之一，不敢掉以轻心。她的朋友袁震是中共党员，对她说："老一套不行了，我来教教你。"杨绛却说，老一套不行，我不想教书了，我不会新一套。所以她着重讲小说的技巧，将文学史上一家家大作家的作品分析批评。诗歌、戏剧、小说三门文学必修课变为选修后，前两门课因学生退选而停开，小说比较吃香，未取消而学生反增多了，杨绛大失所望，只待来年取消，但她仍教得认真，并不偷懒。

课业余暇，杨绛最大的消遣是读书读小说。她偶然读到一本英译的西班牙名著《托美思河的小拉撒路》（*Le Vida de Lazarillo de Tormes*），很喜欢，就认认真真地把这部十六世纪的西班牙经典之作翻译成了中文。

书名译为《小癞子》，经过一番推敲。拉撒路的典故出自《圣经》。《新约全书·路加福音》里有癞皮花子名叫拉撒路，后来这个名字就成了一切癞皮花子、贫儿乞丐的通称。我们所谓癞子，也泛指一切流氓光棍，而并非皮肤生癞疮的人。杨绛考虑，我国南唐五代时的口语就有"癞子"这个名称，指无赖而言。古典小说《儒林外史》《红楼梦》每称泼皮无赖叫"喇子"或"辣子"，跟"癞子"一音之转，和拉撒路的名字意义相同；所以，她将"小拉撒路"译为"小癞子"。

《小癞子》是自述体裁，由一个卑贱天真的穷苦孩子，讲自己一处处的流浪生活。他伺候一个又一个主人，有死要面子不要脸的绅士，让小癞子讨饭养活他，也有伪造圣迹、兜销免罪符的主人，画手鼓的主人，卖水的驻堂神父。后来总算混到职司最低最贱的公差"为皇家效力"，又为萨尔瓦多大神父选中为他女佣人的丈夫，当一名开眼的乌龟，为大神父和他的姘妇遮羞。尽管众人笑骂、风言风语，小癞子满不在乎，吃饱穿暖、攒钱养老是他活命的根本。他早打定主意要依傍有钱的人，也即所谓"与好人为伍"，"好人"即"有钱人"；所以干脆对大神父明说自己的处世箴言，他们三口子相处倒也融洽。

《小癞子》出版至今已四百多年，作者究竟是谁，经过许多学者长期钻研，还没有考证出来。

《小癞子》被各国文学史一致称为"流浪汉小说"的鼻祖，但究竟什么是"流浪汉小说"，说法不一。大体是以"流浪汉"为主角，借他们的遭遇反映这个并不完美的现实世界，暴露社会各个角落的肮脏，讽刺世人的刁钻、良民的愚蠢可欺。流浪汉大多看破这个世界而安于这个世界。他们与国家的法制和社会秩序格格不入，但不公然造反，只搞些坑蒙诈骗、小偷小摸之类。

《小癞子》跟一般流浪汉小说不同的是，它篇幅不大而意味深长，经得起反复品尝。作者通过小癞子之口，不仅叙说他的种种遭遇，而且道出了他的心声；不仅揭露并讽刺了癞子身处的社会和他伺候的一个个主人，也揭露并讽刺癞子本人，嘲笑他善于妥协、苟活偷安的本性。

作者无异是位讲故事的能手，他把癞子的身世，父亲干什么行业，哪年吃官司从军，哪次战役阵亡，交代得一清二楚，完全切合当时的历史背景、地理真实和社会环境气氛。癞子伺候过的一个个主人，怎么找到的，怎么离去的，又怎么个伺候法，讲得头头是道，人物栩栩如生，情景历历如真。作者自称"笔墨粗陋"，其实作者的文章，还是上层人惯使的高腔雅调，并不通俗，书里没有出现一句流氓乞丐的口语，也不见瞎子教小癞子的那些黑话脏话。作者仅用简洁生动的语言便给读者留下真真确确的实感。

活泼开朗、富有幽默感的杨绛，凭她对欧洲文学名著的丰富知识，对流浪汉小说的研究琢磨，用她那传神的笔调，把《小癞子》译得生动而流畅，读来直如亲耳聆听癞子本人叙说，那逗趣可笑的识见，俏皮微妙的讥诮，本相毕露的语气，跃然纸上，绝不亚于读西班牙文原著。

杨绛最初据英译本转译的《小癞子》，1950 年 4 月由上海平明出版社出版，重印过多次。后来她得到了法文和西班牙文对照的版本，又对照法译本重译了一遍。再后来她自学西班牙语后，又将《小癞子》

从西班牙原文再译一遍。小癞子偷吃的香肠，英法译本都译为"黑香肠"，读了西班牙原文，才改正为"倒霉的香肠"。杨绛由此体会："从原文翻译，少绕一个弯，不仅容易，也免了不必要的错误。"她据西班牙原文本重译的《小癞子》1978 年 7 月由上海译文出版社出版；1993 年 7 月台湾书林出版公司出版了附有西班牙原文的中文繁体字本；2004 年 5 月收入《杨绛文集》第八卷。

自解放到改革开放三十年间，除了文论，杨绛没有创作一篇文学作品，尽管上世纪四十年代是她创作力十分旺盛、佳作迭出的时期。《小阳春》《ROMANESQUE》等小说和许多篇清新隽永的散文，大都写于这段时候。

《小阳春》是杨绛在解放前所写的最后一篇小说，写一个靠教家馆维持学业的女大学生胡若蕖，与四十岁的教授俞斌博士之间一段没有结果的恋情。胡若蕖聪明好学，长得俏丽轻捷，薄薄脸儿，灵巧的口鼻，黑眉细而弯，睫毛浓密，乌黑的眼珠，一笑一亮。不知有多少男同学为之心醉，可她全没把他们看在眼里。她一心爱慕有声望有成就的老师俞先生，借着为级刊约稿登门请教而和他往来密切。俞斌也真心喜欢胡若蕖，并由她的爱慕而忽然感觉自己还年轻、不算老，大大增加了自信。他多年为生活、为学问努力挣扎，人生像流水般的过去，不分昼夜，待他有所成就立定脚跟，才发现世界已经变了颜色，自己的春天已过去了。

他是经过恋爱结婚的，有两个孩子。俞太太白皙丰腴，心思全放在家务上，是个好太太。"只是做了太太，便把其他什么都忘了；太太不复是情人、朋友"[1]，她心平气和，感情懒怠，完全失去了青春的激情，满足于做个好太太，称心如意地发了胖。让俞斌感到没趣，觉得自己

---

[1] 杨绛《小阳春》，以下引语同。见《杨绛文集》卷 1 第 39 至 57 页，人民文学出版社 2004 年出版。

发胖也是太太给传染的。

俞太太凭女人的直觉，对胡若蕖的登门感到浑身不舒服，把深色皮肤的胡小姐说成是"一个乌黑乌黑的锅底脸，一脸黑毛，说话哼呀哼，像要哭出来似的"。可在俞斌眼里，半含羞半撒娇的胡小姐"黑得静、软、暖和，像一朵堆绒的墨红洋玫瑰花苞儿"。他在心里默默对自己说："白有什么好？生面粉似的！给我太阳晒熟的颜色。宁可晒焦，不要生的！"他认定"白是没有感情的颜色。黑，表示含蕴着太阳的热——或者——像一朵乌云，饱含着电"。所以当胡若蕖来访，俞斌只觉得"这时会客室里，充满了'饱含电的乌云'里散发出来的阴阳电子"。而"他自己活像一支颤巍的铜丝，等候着触电"。

俞斌偶尔也到胡小姐课余处馆的丁家去看她。在那里，他体会"幻想是实在，梦是真，白水是酒，谈笑是诗"。他自觉非但年轻了，并且尝到了人生真滋味。他"整个人，已经从'散文'改变成'诗'"。

俞斌跟胡小姐没有热热烈烈的公开谈恋爱，他们毕竟是师生，家庭、社会也不允许。他们只是将书信作为"稿子"往来，互通衷曲。俞先生常在图书馆"写稿子"，他从胡小姐那儿收到的"稿子"也愈积愈多。他们相互的感情是真诚的，表现却隐隐约约，若有若无。直到有一天俞斌换洗贴身的衣衫，藏在口袋里的一叠"稿子"被太太发现。嘿！黑毛女人的情书！俞太太看了一封又一封，气不打一处来，盛怒之下，将它们连同俞斌的衣衫一起投入浴缸，扭开水龙头冲了又冲，还在口袋上用力乱捏，让水渗透，直"把那叠肉麻东西溶成一块墨糕"。

俞太太被欺骗被蒙蔽了，她突然感到自己多么孤独，成了脱了仁的壳，去了酒的滓——无人需要的东西！好个俞斌，这么好的太太不懂得珍惜，去和黑毛女人鬼混！她宁做《伊索寓言》中占据马槽的恶狗，也不能让他们称心，她绝不退让！

然而没等到俞太太实行她的"'恶狗'计划"，胡小姐已与俞斌的另一高足、她的同窗陈谦闪电式地订婚了。这都是由俞斌和胡小姐之间的一系列误会促成的。那天俞先生等不及胡小姐指定的日期，就兴冲冲地捧了一大束红玫瑰，带了非常体面的巧克力去送给她，一只脚刚踏进客堂，便冻结在门口。沙发上坐着的正是他的学生陈谦，"一脸威严，两眼义愤，把俞斌收缩成一个赤手就擒的小偷儿"。胡小姐跑过来称赞"好美的花儿！"俞斌却捏着花不放手，情急智生笑道："不错吧，这是送我内人的生日礼。"他不落座，只含糊道："我路过，通知你，稿子排好了，让我自己校样。"说罢捧着花，挟着糖匣，尴尬告辞。他回家真的把鲜花和巧克力送给太太了。俞太太以为丈夫向她赔罪，十分高兴。

第二天，俞斌天没亮就起床准备赴胡若蕖的约，在公园僻静处见面，不料惊动了太太，他断定太太绝不肯去，便"虚邀"她上公园看菊花，没想到太太非去不可，按也按不住，只得并肩入园。胡小姐远远望见，简直不敢相信自己的眼睛。俞先生迎面走近，臂上挂着鲜妍愉快的俞太太！这分明是俞先生对自己的侮辱。

情人间的误会，并非不能通过解释消除，但俞斌没有这么做。他对于恋爱，也"像老年人对于生命，只企求安逸的享受，懒得再赔上苦恼挣扎"。所以俞先生的恋爱恰似深秋天气里的小阳春，一瞬间就过去了。"时间不愿意老，回光返照地还挣扎出几个春天，可是到底不是春天了。"

类似的题材，在大学校园并不罕见，但很少有像杨绛《小阳春》写得那么精致、细腻、动人的。巧妙的布局，深入的刻画，轻松的笔调，俏皮的对话，使故事收到意想不到的喜剧性效果，让人读后在发出会心的微笑时，也会有一丝惆怅——一种对人生的感叹。

《小阳春》无疑是解放前杨绛小说艺术上最为成功的一篇，听说钱锺书先生读了这篇小说，赞许杨先生"能写小说"。

《小阳春》发表在《文艺复兴》第二卷第一期上，这也是杨绛解放前发表的最后一篇小说，此时正值她创作的鼎盛时期，心中有好多酝酿已久的题材等待落笔，但最后搁置下来，没有写。钱先生也一样，在解放后的十七年中，两人都没有再进行文学创作。虽然在1951年5月全国批判电影《武训传》之前，文艺创作的压力还不算很大，但老一辈文人学者连篇累牍的自我检讨，同学友曹禺要把自己过去的作品全部"煮"一遍的沉痛宣告，都不能不使人警惕反省，噤若寒蝉。这对文坛和读者来说，自然令人惋惜，但回顾一下十七年的历次政治运动，尤其文艺界的思想批判，声势之大，批判之狠，处分之严，冤假错案之多，却不能不叹服钱杨的封笔是多么聪明的选择！

锺书一家到北平后，最无忧无虑开开心心的要算是阿圆了。她在上海已读完初中一年级，到北平该读初二了，可是清华附属成志学校的校长李广田夫人对杨绛说，根据新规定，钱瑗读初二年龄不够，要进成志只能从初一念起。杨绛认为重读初一浪费时间，又见初中学生课外活动频繁，开会很多，圆圆体弱，好不容易刚养好病，午后需要休息，不如休学，自己为她补习初二初三课程，将来投考城内高中。当时成志学校尚未办高中。

爸爸妈妈给圆圆规定的课程相当宽松，每天用毛笔写字两页；每周听爸爸给讲点英文语法，自己做练习，读一篇英语课文，交英文作文一篇，由爸爸修改；代数、几何、理化归妈妈讲授。圆圆有充裕的时间可以自由支配。没有同学玩伴儿，自己在校园中漫游，用她的话说，"熟悉环境"。从巍峨庄严的大礼堂到回廊环绕的工字厅，由垂花门楣的古月堂"探险"到高耸的气象台，发现航空院后停放着几架旧飞机。她经过大片大片草坪，踏上通幽的曲径，在苍松古柏间钻进钻出，累了就在荷花池畔的石头上歇会儿，等着对面钟亭送来报时的悠扬钟声。

没有多久，圆圆已走遍校园的角落，这个十二岁的女孩认定"水木清华是世界上最美丽的地方"。

圆圆喜欢音乐，所以最吸引她的地方还是灰楼音乐堂。那里的琴房，每月交一元钱就可每天练琴一小时。阿圆觉得不过瘾，见有琴房空着就钻进去练，往往多弹一到两个小时。钢琴弹得不亦乐乎，作业就落下了。每天应交的两页毛笔大字来不及写，她怀着侥幸心理把爸爸没批改的几页大字拿去以旧充新。头一两次居然没被察觉；第三次被发现了，爸爸大为生气，痛斥圆圆弄虚作假，这是品德问题，气得把教阿圆的英文语法书也撕了，发誓再也不教她读书。妈妈也狠狠地批评了她，责令她把语法书补好。

这件事使圆圆难过了好几天，也记住了一辈子。她从此不再犯"浑"，不论读书做学问还是做人，首要真诚。她老老实实认认真真地跟妈妈学完初中数理化等课程，1951年秋考入已改名女十二中的原贝满女校，上高中一年级。

锺书和杨绛初到清华，"行客拜坐客"，去胜因院拜访过费孝通夫妇叙旧，也进城看望过沈从文先生和张允和女士，受到款待。杨绛因为锺书曾作文讽刺沈从文收集假古董，觉得应该修好。那时女同胞还未统一着短装，杨绛穿着比较讲究，上海裁缝做的旗袍合身得体，有点洋气。钱伟长因杨绛不学习政治，不肯说一句有关政治的话，曾当着杨绛的面对费孝通说："咱们来改造她！"费孝通知道杨绛不肯，连连摆手："勿要，勿要。"

在"三反"和思想改造运动开展以前，人际关系比较正常，礼尚往来，说话无多顾忌，有时相互还开开玩笑。据当时清华外文系的党员助教严宝瑜回忆，外文系的学习会空气相当轻松，从未像法律系那样有时发言剑拔弩张。钱锺书先生发言常说点历史掌故之类，大家听得津津有味。钱先生还曾一一指出苏联《英文简明读本》语法上的错误，引起哄堂大笑。

锺书养了保康姐从城里抱回的一只小花猫,迁居中关园后,在屋前空地种了些花,杨业治笑锺书种花浇花又养猫,说他 cati-culture; 锺书马上回敬他 daughti-culture,笑他一意培养女儿学琴。袁震很进步,总开导杨绛虚心向苏联老大哥学习,杨绛就给她取了个老大哥式的名字"余安二娃",二娃是袁的小名。她知杨绛淘气,讥讽她"一面倒",很生气。

林徽因先生表示要好,常请锺书夫妇过去吃饭。他们和她比较客气。猫儿闹春,两家的猫争风吃醋,在房顶、树上打架,怪声嗥叫。锺书痴气,早春天气还很冷,他不惜从温暖的被窝里出来,披衣出门,拿起特意备用的竹竿为自家的花花儿助威。杨绛劝阻,说林先生的猫是她们家"爱的焦点",打猫也要看主人的面呀!幸好他助猫打架,林家不知,所以并未为了猫儿伤了两家和气。

潘光旦夫人赵瑞云,张奚若夫人杨景任,都只比杨绛年长十三岁,却母亲般地关心她,使她感到温暖,相处如家人,能说心里话。入冬腌菜,两人都说已替她腌上二十斤,一冬天有四十斤,吃不尽了。

温德有段时间不高兴,用当时的流行语说,"闹情绪啦"。清华校领导因锺书夫妇都是温德的老学生,锺书还和他一同负责指导研究生工作,就要他俩去给温德做点工作。情况很快就弄清楚,原来老温德背了"进步包袱",不满意对某些苏联教员礼遇太过,说他们毫无学问,倒算"专家",待遇特殊,月薪比他高出几倍。杨绛笑说:"你怎么跟他们比呢?你只能跟我们比呀!"这话,他倒也心服,他算不上什么"外国专家",他只相当于一个中国老知识分子。温德对老学生的关心显然很高兴,什么体己话都说,他甚至孩子似的发牢骚:"我都很久没吃鸡啦!"杨绛就炖了鸡,请老师到家里吃年夜饭,同时祝他生日快乐(温德 12 月 30 日生日)!

锺书在清华只教了一年书。1950 年仲夏,乔冠华来清华找他翻译毛泽东选集，要借调。

　　1950 年 8 月，钱锺书奉调进城，到中共中央毛泽东选集英译委员会参加翻译毛选。委员会主任是清华 1924 年毕业的徐永煐，后在斯坦福大学学习经济。留美工作二十多年，担任过美共中国局书记，1945 年联合国成立大会期间，曾协助董必武老率领的中共代表团工作，1947 年奉调回国。

　　毛选英译委员会办公处设在北京西城堂子胡同。锺书就住在城里，每周末回清华指导他所负责的研究生，直到他们毕业。

　　毛选英译委员会同毛选出版委员会几乎是同期成立。1949 年 12 月至 1950 年 2 月毛泽东访问苏联期间，斯大林向他建议，编辑"毛泽东文选"，"以帮助人们了解中国革命的经验"。1950 年 5 月，中共中央政治局决定成立《毛泽东选集》出版委员会，在毛泽东主持下开始编辑中文版毛选（前三卷分别于 1951 年 10 月、1952 年 4 月、1953 年 4 月出版，第四卷于 1960 年出版）。

　　徐永煐于 1950 年 5 月出任毛选英译委员会主任。1951 年 7 月，毛选英译委员会改称毛选英译室，1953 年底前三卷任务完成后撤销。开始参加英文翻译的有金岳霖、钱锺书、郑儒箴、王佐良等许多人，还有史沫特莱、爱泼斯坦、爱德勒等一批外国专家，一年以后只留下钱锺书和几个年轻助手了。

　　徐永煐很器重老学长、哲学家金岳霖，《实践论》《矛盾论》翻译中遇到重大疑难，往往请他定夺。金岳霖有次碰到一句成语"吃一堑，长一智"，不知怎么翻译是好，便请教钱锺书。锺书几乎不假思索地脱口而出道：

A fall into the pit,

A gain in your wit.

对仗工整，押韵也很巧妙；形音义俱备，令人叫绝。金岳霖自愧不如，大家无不佩服。

钟书当初被推荐翻译毛泽东选集的消息刚一传出，一位住在城里的老相识，清华校庆时过门不入，现在却马上雇了人力车专程来祝贺了。钟书惶恐地对杨绛说："他以为我要做'南书房行走'了。这件事不是好做的，不求有功，但求无过。"

这件事确实不那么好做，原因之一是毛泽东选集的英文翻译与中文原文的编辑在同步进行；原文在编定过程中不断修改，英译也不得不跟着变动。往往是一篇已经定下来的译稿反复地动个不停，另外自然也有认识不一致的原因。例如，陈毅曾一度主张死翻，原文"打打停停"译作"fight fight, stop stop"；后又觉得不好，全部重译。经常返工，译完了，推翻，重译；再推翻，再重译。杨绛笑把他们的翻译比作荷马《奥德赛》女主角为公公织的布，织了拆，拆了又织。

好在钟书最顺从，否了就改，他从无主见，完全被动，只好比作一架工具。不过，他工作还是很认真的。一次，在翻译中发现有段文字说孙悟空钻进庞然大物牛魔王肚里去了，觉得不对。他很喜欢《西游记》，看过多少遍，内容是读得烂熟的。他坚持说"孙猴儿从来未钻入牛魔王腹中"。徐永煐请示上级，胡乔木从全国各地调来各种版本的《西游记》查看。钱锺书没有错。孙猴儿是变成小虫，被铁扇公主吞进肚里的；铁扇公主也不能说是"庞然大物"。毛主席得把原文修改两句。钟书虽然没有错，但也够"狂"的。胡乔木有一次不点名地批评他"服装守旧"，那时一般人的着装已改为中山式制服，只他仍穿长袍。

钟书效率高，做事快，别人一天的活儿他半天就干完了，甚至两个小时就干完了；省下来的时间，就自己偷空看书，好不快活！钟书以为毛选英译委员会的最大好处是人少会少，搞运动也没有声势，有时间读书。

徐永煐很欣赏锺书 very efficient, 又因他中英文俱佳, 也熟悉意识形态的种种理论, 在审定译稿时, 要他与外国专家据理力争。外国专家文化背景不同, 又不通汉文, 有时坚持己见, 很难对付。锺书善辩, 往往旁征博引中西经典、古今妙喻, 发微阐幽, 一语中的。当然偶尔也有争得面红耳赤的情况。锺书自有他的委屈, 他对徐永煐说: "我不辩, 你怪我; 我辩, 你又怪我。""辩得太凶, 不行; 不凶, 也不行。以后只有别多说话了。"年长他八岁的徐永煐听了只有笑笑。

锺书效率高, 也缘由他工作有计划, 先干什么, 后干什么, 怎么干, 井井有条。他不仅自己这么做, 还经常提醒忙碌的领导首要做什么, 并为他周到地做好一切准备。所以徐永煐笑说锺书是自己的 office wife。最后, 两人由于合作愉快, 由上下级成了很要好的朋友。杨绛与徐永煐夫人张淑义也成了很好的朋友, 徐永煐 "文革" 中去世后, 两家还保持友好往来。

钱锺书在清华指导的研究生黄雨石 (在校名黄爱), 毕业后也来到毛选英译委员会工作, 给老师打打下手。据黄雨石回忆: "钱先生不看电影不看戏, 似乎除了读书, 没有其他爱好或任何消遣的玩意儿。中南海的宴会请帖, 他从来未去参加。他总把时间腾出来用在读书上, 从不肯轻易浪费一点点。

"钱先生常说, 像他这样的人, 可以称为 Miser of time (时间的小气鬼)。

"在翻译毛选的三年中, 钱先生晚饭后常和我们几个年轻人蹓大街, 逛旧书店。解放初期, 北京到处有旧书店, 两三间屋子各式各样的线装书摆得满满当当。走进一家书店, 钱先生说: '雨石, 你在这儿如能找到一本书我没读过, 我就不算你的老师。'我们出于好奇, 便在店里专找那种从没听说过的冷僻书问他看过没有? 他立刻说出此书哪朝哪代何人所作, 书中讲些什么内容。屡试不爽, 从来没错过。说来惭愧,我真不配做钱锺书的学生，钱先生却百分之百地有资格当我的老师。"

在翻译毛泽东选集期间及其后，钱锺书还曾参加 1952 年 10 月在北京召开的亚洲及太平洋区域和平会议，1956 年 9 月召开的中共第八次代表大会的文件翻译工作，负责定稿。都是有关部门向锺书所在单位借调的，杨先生说：锺书从未把翻译毛选和以上这类任务当成自己的本职工作，在他自己填写的个人履历中，从未写入以上经历。

杨绛在清华教课，较长时间未到系里开会学习，有点心虚。钱锺书借调进城后，她不去开会，情况更加隔膜。听说思想改造时有人提出，杨季康怎么不来开会？杨绛说："因是'兼任'，怕没资格。"既然要她去，她就每会必到。随众学习周总理报告，到北大、北师大去看大字报，以后又旁听各系所做示范报告、各系"洗澡"者检讨。陈岱孙、费孝通做了全校性的"示范报告"，杨绛没听。袁震告诉她，费孝通检讨他"向上爬"的思想最初是"因为他的女朋友看不起他"。

知识分子的思想改造运动开展于 1951 年秋冬，虽比 1952 年元旦发动的反贪污反浪费反官僚主义的斗争时间开始得早，其后在高等院校和文艺界即结合一体进行，以肃清资产阶级腐朽思想为最后阶段收尾。所以当年很多校园中，人们习惯把思想改造运动泛称"三反"。

知识分子思想改造运动，首先从京津教育界开始。1951 年 9 月 29 日，周恩来总理在京津高校教师学习会上做了《关于知识分子的改造问题》的报告，就知识分子如何确立革命立场、观点、方法，谈了体会；号召教师们认真展开批评与自我批评，努力使自己成为文化战线的革命战士。1951 年 11 月 30 日，中共中央又发出《关于在学校中进行思想改造和组织清理工作的指示》，"要求在所有大中小学教职员和高中学生中普遍进行初步思想改造工作，并在这个基础上，在大中小学教职员和专科以上的学生中，组织'忠诚老实交清历史'的运动，清理其中的反革命分子"。

对杨绛和她的绝大多数同事来说，都是第一次经受这样的运动，因此印象特别深刻。思想改造，最初的称谓是"脱裤子，割尾巴"。知识分子的耳朵娇嫩，听不惯"脱裤子"，于是改称"洗澡"，相当于西方所谓"洗脑筋"。

"洗澡"按职位分大盆、中盆、小盆；职位高的，参加的人当然也多。在清华，讲师以上都得"洗澡"，一般教职员只帮助"洗澡"，自己不洗。

经过"洗澡"，杨绛才弄明白什么是"背靠背，面对面"：背着洗澡者搜集他的问题材料；当面批判他的错误，评价他洗的澡。说是"批评与自我批评"，而态度的对立，口气的严厉，分析的上纲上线，却是够吓人的。洗澡者只要没有检讨到人们背后所凑的那些问题，便过不了关，还得再洗。

最普遍的"罪"或错，是对抗美援朝的"亲美、崇美、恐美"思想。人人都是"向上爬"或"混饭吃"。杨绛显然不够"向上爬"，因为请她担任专任教授，她不肯。她也不是"混饭吃"，因为兼任教授工资少得吃不饱，而且她从不推辞教课，让教什么教什么，教得还特认真。所以只好说说"无主人翁思想"，"只想做做贤妻良母"等等。

洗澡前有人"帮助"，杨先生对此记忆犹新："来'帮助'我的二人，一人显然友好，想暗示我的问题所在，一人显然怀敌意。他问我所写剧作的题目，我说出了《游戏人间》剧目。那晚锺书适回家，见那人赶快记下题目，就知不妙。我也觉得态度可怕。第二天该我做检讨，我站起来说，我有'过关思想'，当再好好挖挖再做。"

运动期间，为了避嫌疑，要好朋友也不便往来。杨业治在人丛中走过杨绛旁边，自说自话般念叨"Animal Farm"，连说两遍，杨绛已心里有数了，这就是她的"底"。她在课堂上介绍英国当代小说时，讲过 Animal Farm 是一部反共小说。检讨中杨绛做了说明，"洗澡"顺利通过；专管"洗澡"的全校学习领导小组还公布为"做得好的"检讨。

潘光旦太太听说后，表示祝贺。潘先生是校务委员，已检讨三次，尚未通过，潘太太正着急呢。他们是忠厚长者，热情好客，常常做了好菜，请客吃饭。有一对常去吃饭的夫妇，运动中却说这是一种资产阶级的拉拢。潘太太说："杨季康，侬晓得格，屋里有点好小菜统统拿出来待客，潘先生回家不过吃碗蛋炒饭。冤枉哦？"她觉得委屈。杨绛虽已"触及灵魂"，有些事自己也没有想通：一些平时看来挺有理性的人，怎么运动一来，就跟通了电的机器人似的，用同一腔调说些同样非理性的话。这是改造好了吗？

听说杨绛的检讨受到表扬，保康姐特地过来和她握手祝贺，并邀她晚上同去大礼堂开大会。清华的"三反"运动，此时已进入肃清资产阶级腐朽思想阶段，绝大多数教师已检讨完毕，只有很少数人因为检讨不够深刻，还在继续反省。当晚的大会主要由学生控诉教师们腐朽的资产阶级思想对学生的深重毒害。参加大会的除了师生员工还有家属，大礼堂楼上楼下挤满了人。

大同小异的控诉内容，听得保康姐直打盹儿，终于打起鼾来。忽然有个杨绛从没见过的女孩登台控诉。她不是杨绛班上的学生，可是她咬牙切齿、挥手顿足地控诉杨绛说：

"杨季康先生上课不讲工人，专谈恋爱。

"杨季康先生教导我们，恋爱应当吃不下饭，睡不着觉。

"杨季康先生教导我们，见了情人，应当脸发白，腿发软。

"杨季康先生甚至于教导我们，结了婚的女人也应当谈恋爱。"

听众都很气愤，这简直太不像话了！保康姐戛然停止打鼾，睁大了眼睛。主持大会的费孝通料想杨绛不可能这么说，递了张纸条给女孩，请她简短点。女孩正在兴头上，索性略去旁的教师不提，更加慷慨激昂、无比愤恨，专门控诉杨绛。这番控诉的确非常动听，可是杨绛却被编派得简直不堪了。天哪，原来想搞臭谁，断章取义、无中生有可如此肆无忌惮！杨绛那天在系里的检讨，一字未提"谈恋爱"，怎么没人质问，一致通过了呢？多么冤枉啊！她哪有机会在同样场合澄清事实、说明真相呢！她感到众人的目光都在搜索这个"专谈恋爱"的教师。旁边坐着的保康姐已不知去向。

散场了，群众拥挤着走出礼堂大门，杨绛周围却出现一圈空白，腐朽的资产阶级思想看来比瘟疫更令人害怕。杨绛听到空白之外的纷纷议论，声调里带着鄙夷。有女的慨叹："唉，还不如我们无才无能的呢！"

忽然外文系主任吴达元走近前来，悄悄问杨绛："你真的说了那种话吗？"

"你想吧，我会吗？"杨绛答道。

吴先生立即说："我想你不会。"

杨绛很感激系主任的理解，但还是谨慎地离他远些，免得连累他。她默默地独自一人回家。

锺书在城里，并不知道清华发生的一切，也许是灵犀相通吧，他特地打来电话问杨绛：大会开得怎么样？电话装在保康姐家那边，杨绛只能含糊其辞，不便细说。

阿瑗在城里住校，女佣已经熟睡，如果杨绛是个感情脆弱的女人，经过此番控诉，哪还有脸见人？只有关门上吊了。可她"只是火气旺盛，像个鼓鼓的皮球，没法按下个凹处来承受这份侮辱"[1]。既然问心无愧，也就不怕冤屈。她看一会儿书就睡觉。明早起来，特意打扮得喜盈盈的，拎个菜篮专到校内菜市人最多的地方去转悠，看看不敢搭理她的人怎么避她。有人及早转身，有人假装没看见，也有人照常招呼，还和她说笑。

---

[1]　杨绛《控诉大会》，载《杨绛文集》卷2第243页，人民大学出版社2004年出版。

一周后，她从大礼堂开会出来。人丛中看见一位老朋友老远躲开了她；一位平时并不很熟的女同志却和她有说有讲地并肩走了好一段路，她很感激。避她的，她觉得在情理之中，并无怨尤。当时校园内外，大小社会空气的沉重，她感受深切。

　　此前不久，杨绛和锺书曾出南校门穿过麦田去化学系附设的化学材料实验室访问高崇熙夫妇。他们原住清华宿舍，后来为了方便工作，就迁到校外简陋的实验工厂里住了。生于1899年的高崇熙先生是我国化学界的启蒙人物之一、清华大学化学系的创办者，清华大学研究院理科研究所化学部声望最高的指导教授。大家都承认他业务很好、动手能力特强，可说他脾气不太好，落落寡合。锺书夫妇同他往来，却发现他脾气不坏，人很正直，有点倔。他们跟他很合得来。高太太活泼，善交际，送花给杨绛，还笑说"鲜花送美人"。

　　那天星期日，高太太进城了。家里只高先生一人独坐在那间像教室又像办公室的客堂里，不看书，也不做事，自个儿出神。他对他们的拜访感到意外，请他们坐坐，又倒水招待。锺书问起厂里的运动，答说："没什么事了，快完了。"他笑得勉强，话语很少，似乎有点心不在焉。杨绛觉得来得不是时候，就说是路过，顺道看看他们，还要到别处去。

　　他们起身告辞，高先生并不挽留，只是送了又送。送出客堂，又送出走廊，送出院子，还直往外送，锺书夫妇请他留步，他还要送，直送到工厂大门口，还站在看门人旁边目送他们远去。

　　爱玩福尔摩斯的锺书夫妇总觉得高先生今天有点反常，他好像不欢迎来客，可他也没有简慢；他似乎巴不得客人快走，可是他送了又送，简直依依不舍……两人捉摸半天，没有结果，只觉得怪。

　　过了一天，星期二上午，传来消息：化学材料实验室的高先生昨天自杀了。据说星期一上午工休时，高太太和厂里的女职员在客堂煮元宵吃，回隔壁卧室看见高先生倒在床上，脸已变色，他服了氰化物。

锺书和杨绛，是高先生自杀前夕最后见到的客人。他们看见他的时候，他大约正在打主意或已经打定主意，所以把太太支使进城。

我周末回家，一进院子就听见张奚若太太的大嗓门儿："胡说什么高先生拿了公家的白金坩埚，除了揭发者，鬼才相信！"她正跟我母亲说高先生自杀的事，愤愤不平。

在清华，谁不知高崇熙先生为学校为化学系为学生殚心竭力。清华旧规，教授连续服务五年，可休假一年，赴国外进修，享受留学生公费待遇。高先生在清华连续服务二十五年，一次也没有享受过这种待遇，不是照顾本系同仁，就是因公放弃休假。第一个五年，黄子卿先生愿赴美完成学位；继之萨本铁先生愿赴美研究；轮到高先生，因为修化学馆、国内事变和抗战，未能成行。他一手经办修建的化学馆，被普遍认为简单朴素，利用率高。

据高先生的弟子、原中国科学院化学研究所所长胡亚东回忆，暑假人人休息，高先生独自在化学馆吹玻璃泡，制作化学实验用的蒸馏瓶。当时从美国进口一只蒸馏瓶六元五角美金，高先生制作的每只成本国币两毛钱！

化学实验需用的玻璃器皿，国货不合用，有关单位历来向美国买Pyrex，价格昂贵。后来有工业社请高先生帮忙，义务指导他们出品，我国于是有了 Tyrex 玻璃可取代美国的 Pyrex，但有多少人知道高先生的辛苦付出！高先生所得的唯一报酬，是清华大学化学系添置仪器时节省了许多钱。

化学药品为实验所必需，国内从来无人专门制造，解放前几十年多购自欧美，尤其德国。二次大战供应中断，实验发生种种困难，甚至几乎完全停止。高先生立誓"一俟战事结束返回清华，有机会必领导一机构服务于化学界解决这项困难"。复员后未能马上开始，1949

年初才启动。高先生从开始为新港水泥作分析做起，所得报酬即用以补给化学系药品，并购水银一磅。用这一磅水银制成一磅多的氧化汞，又与人家交换回来两磅水银。氧化汞是做氧气试验的必需品，清华已自供自足，而市上极缺，他们便用所研究的方法，由一磅水银换成两磅，由二而四，四而八，八而十六，所有换来的水银全归化学系。以前在昆明，高先生因化学系需要，曾由孟宪民提供原料为云南地质调查所精制微量分析药品，留给清华化学系一部分。孟先生调入清华后，需用 Index Liquids 多种，购置不易，便商妥由地学系购置原料，由化学系制造，留一部分成品。后又经孟先生介绍，供给北大、南大等多所大学，地质调查所和中国石油公司。

分析用的纯酸，市上卖到二十万元一磅。高先生领导系内书记（相当于文书）研制特纯硫酸，送到北京试售，马上售出。硫酸如此，盐酸亦然。由容量一点一磅的小瓶做到六磅大瓶。因系大瓶，曾由高先生同系中助教两人共同送到北京。也有高校化学系直接来清华洽购。当时既非营业机构，不能用现款，统用交换制，以纯酸换入粗酸及其他化学物，全交系里应用。纯酸不宜在化学馆内制作，他们就在馆后整理出一间日本人留下的洗澡间，专事生产。1950 年 2 月，清华成立了生产委员会。化学材料试验室在这个委员会领导下，正式对外营业，账目均有清单。各大厂矿和北大医学系、生物系等洽订大批纯酸或多种药品，内中多项，只能代为制造，在国内绝买不到。高先生恐误事，而未完全接受。

总之，化学材料实验室以服务为目的，对内对外都如此，在不妨碍教学的前提下，从事生产以补充系里经费的不足。他们不计个人利益，所有盈余除纳税外，都用来增加系中设备。高先生是这样的作风，参加生产的各位助教、书记及练习生也这样；有时怕交货误期，工作至十多小时，出于自愿，毫无勉强。他们想着系中设备全、药品足，学生可多得训练，心里感到安慰。

1950年6月25日，高崇熙先生曾明确向清华校务委员会表示："化学系及化学材料室尤其后者今已稍有规模，一切悉听校务委员会之指示，倘不相宜，今日命令一下，明日即可不接受订单，后日即可停业。

"有人劝我不要太积极，则我以为书记、练习生及同人均积极，我亦不好不推动。美国有 Baker，英国有 B.D.H.，德国有 Merck。听说 Merck 有六百个化学人才，专事制造，故供应全世界，苏联亦有 Institute of chemical regent，所不同者，则我制造而兼教书耳。战前我教书不制造，现在为教书而制造，有人供给，则我不制造，若教书失了资格，情愿做一制造工人，个人事小，学校及同学、人民事大。"[1]

高先生的肺腑之言，大义凛然，掷地有声，可叹这样一位一心为公、多所贡献的杰出化学家、化学教育家，却在"三反"中不堪羞辱含恨以去。高先生自杀后，高太太相继去世。高先生所言所行、其人其事，很快从公众视野中消失得无影无踪。几十年来，各种科学词典、人物传略、大百科全书，包括有关化学的史料记载，几乎没有一处提到高崇熙。改革开放以后，冤假错案——落实政策，高先生一案未听说有结论。但高先生自杀前最后见到的两位来客钱锺书和杨绛，从没忘记过他，1988年9月，杨先生写了《回忆高崇熙先生》。高先生遍布世界各地的弟子也怀念他，他们决心集资要在清华园为高先生立一尊塑像纪念他。2008年4月清华大学校庆，化学系举行了高崇熙教授塑像落成典礼，杨绛看到照片，心上感到安慰。

"三反"运动中，另一位让杨绛思想上受到触动的是燕园东门外果园的主人虞先生。他是早年留学美国的一位园艺学家，很勤劳、敬业。年逾五十，自己上梯子修剪果树，同工人一起劳动。工人称他"吾先生"，带有拥戴的口气，意思是"我们的先生"。

[1] 高崇熙《国立清华大学化学系附设化学材料实验室之经过和计划及与化学系之关系》，载《清华大学史料选编》卷5（下）第696页。清华大学出版社2005年出版。

高崇熙教授遍布世界的弟子
为他在清华园立了一座塑像

虞先生和蔼可亲,小孩子买一两分钱的果子,他总将略带伤残的鲜果,大把大把地捧给他们。杨绛常带女儿进园买果子,他给个篮子让登梯自己摘鲜桃,还带她们下窖看大筐大筐的苹果,买五斤果子至少有六斤重。杨绛见他读线装书,跟他闲聊,成了朋友。

"三反"开始,果园气氛大变,一小部分工人成了积极分子,他们气势很高,不称"吾先生"了。他们告诉杨绛:"这园子归公了。""虞先生呢,跟我们一样了。"虞先生自然不会成为工人阶级,最多算是园子里的雇员罢了。他仍在果园里晒太阳,只是离果摊远远的,免得被人怀疑他偷果子。他吃园里生产的果子,也得上市场去买;在这儿买,人家会说他多拿果子。杨绛几次劝他看开些,得随时世变通,反正照样为自己培植的果树服务,不就结了?但虞先生总"想不通",兴许也受不了那些窝囊气,闷了一阵,病了一阵,终于自己触电身亡。

比起高先生、虞先生的遭遇,清华女孩对杨绛的无端控诉,真是小巫见大巫,算不了什么。且把这番屈辱,当成一种锤炼,增强自己的韧劲儿,否则往后遇上更严厉的批判甚至斗争,又怎么经受得住?想至此,火气退去,理性增强了。

锺书在城里早已经"洗澡"完毕。单位小,人少势弱,远不如清华的运动声势浩大。学生们要求钱先生回校"洗中盆澡"。杨绛忙进城替他请假二星期，徐永煐很爽气，一口答应，还用自己的车，亲自把他们两人送回清华。

锺书和杨绛很认真地把大中小盆洗澡观摩个遍。锺书洗了个中盆，一次通过，他就回城里工作了。至于组织清理，钱杨解放前从未加入任何党派，也不参加政治活动，杨绛代锺书把需要交代的问题、情况一一说清，"忠诚老实运动"也顺利通过。于是有一个星期日，两人随着同校老师排队走到一位党员同事跟前，她当时是党代表，也学老解放区来的干部那样，大衣不穿而是披着，轮流和大家逐一握手，边说"党信任你"。

杨绛松了一口气，心里问自己：我们洗干净了吗？她始终认为，人是有灵性、有良知的动物。人生一世，无非是认识自己，洗炼自己。人需要改造自己，但必须自觉自愿。

14. 我是一个零

　　钱锺书当年毅然应聘北上，主要从杨绛的健康考虑，希望换换环境，她那日渐羸弱的身体能好起来。初到清华，杨绛体力很差，在校园内走动都觉着累。从新林院宿舍到三院开会，不过一里多路，她步行也力不从心，得乘人力车去。那时不少女同志追赶潮流，已纷纷穿起了列宁服，灰色布衣长裤，胸前两排扣子，腰间束根布带。杨绛依然故我，仍穿她的上海旗袍，乘坐人力车，还撑一把小阳伞。这在清华园难免惹眼，一次杨绛刚收伞下车，一位进步夫人过来拿起她的小阳伞，问："这是什么东西呀？"杨绛知道她故意，笑而不答。

　　也许是水木清华郁郁葱葱空气好，或是上课来回走路受锻炼，总之杨绛未经任何治疗，低烧退了，身体渐渐好起来。生活在上海，没有运动场所，也没有新鲜空气。到清华换了环境，果然好了，但也经过半年的锻炼，体力增强了许多。

　　学校在"三反"批判资产阶级思想阶段已停课，后继续停课，转入"清理中层"工作，称"忠诚老实"运动，由党组织代表冯锺芸主持。每日开会坦白自己以前的"问题"（自以为"问题"的问题）。"忠诚老实"运动结束后三数天，开会评薪金，各人多少斤小米，自报公议，由外文系主任吴达元主持。钱锺书在城里工作，没有参加清华开会评小米。杨绛自报的斤数很少，同事们说她还有"散工思想"。因她的主要罪名是不肯当专任，自称"散工"，宁可少得工资，不热心为国家服务。"公议"

的结果,她是650斤小米。钱锺书长期不在清华工作,评薪时又不在场,所以评得很低。

接着,填写表格,报个人志愿、特长等等,待重新分配工作。会仍照开,气氛已大大松弛,如有所待。高等学校院系的大调整已成为大家关注的中心,人们只听说一点传闻,苦于语焉不详,不具体。所以当1952年6月全国高校院系调整方案公布实施,并限于同年9月下旬全部完成,教职员工莫不感到突然和吃惊。

这次调整是为了大规模开展建设的需要,但调整范围之广、幅度之大、伤残之深,尤其是许多所名师荟萃、具有悠久历史和优良传统的名校被肢解,政治、社会、心理、人类学等一大批重要学科被取消,财经和政法学科被削减,专业设置的琐细不合理以及机械照搬苏联高教模式……使中外教育界众多有识之士痛心疾首,目瞪口呆。

调整的总方针,以培养工业建设人才和师资为重点,发展专门学院和专科学校,整顿和加强综合性大学,逐步创办函授学校和夜大学,工农速成中学改属各高校,作为预备班,以大量吸收工农成分的学生入高校。

调整工作以华北、华东两大区为重点。

华北区以北京、天津为重点,只北大、南开两所综合性大学。清华大学的文、理、法学院并入北大,北大工学院并入清华,清华改为多科性高等工业学校。南开大学的工学院、津沽大学的工学院及河北工学院合并成立天津大学。辅仁大学并入北师大;燕京大学文、理、法各系科并入新北大,工科各系并入清华;辅仁、燕京两校校名撤销。新设北京地质、钢铁工业、航空工业等学院,北京林学院、农业机械学院、中央财经学院、北京政法学院等专门学院。

华东区以上海、南京为重点,只复旦、南京和山东大学三所综合性大学。浙江大学改为多科性高等工业学校。南京大学的工学院和金陵大学的电机工程系及之江大学的建筑系合并成立南京工学院。新设华东化工、水利、航空工业、体育、林学院等专门学院。金陵大学、齐鲁大学、圣约翰大学、沪江大学、震旦大学各系科合并于其他院校,五校校名撤销。

调整中,私立大学全部改为公办。

方案规定,教育部根据各校各种专业教学需要,统一调配师资、校舍设备。

调整后,全国综合性大学由五十五所减为十三所,由 1947 年占高等院校总数的 41.4% 下降为 8.5%。文科学生由原占大学生总数的 33.1% 降为 14.9%。中国一下成为世界综合性大学文科在校生和文科教育比重最少的国家。

调整方案重理轻文的倾向十分明显,急功近利、实用主义的色彩浓厚,这点人人都看得很清楚,人文学科的教师尤其敏感。大家嘴上不说,心中不无意见,估量说也没有用,何况讲师以上的教师一个个刚当众洗完澡,"割了尾巴",还说什么说?

我请杨先生谈谈院系调整前后的情况。

杨先生轻叹一声:"唉!我们一到清华,觉清华已不复旧时清华,就想回上海。家具只买必不可少的床、衣橱。桌子借保康姐家的旧桌,箱子当凳子坐,家中简陋之至。但不久就知道今非昔比,工作不由自主了。

"经历了运动,谁都怕教书了。1952 年春我已设法少讲文学而注意语法,发现文句中可发挥处,我称'捉虱',细讲语法,学生有兴趣。

"开会回家,借阅系里一套 Jespersen 英文文法(约七册)[1] 在家细读,打算以后但教基本英语。

"运动后期,锺书留在城内工作。我一人随众开会。同事都灰溜溜,只觉清华解散了,我们都被逐出清华了。

[1] 奥托·耶斯佩森(Otto Jespersen, 1860~1943),丹麦语言学家和英语语法权威。有七卷本的《现代英语语法》(1909~1949 年出版)巨著。

"这年夏天，被召参加文学研究所筹备会，周扬主持。听周扬说，要精选部分教授专门研究文学。入秋，我们已知夫妻俩皆将调入文学研究所，我就不读 Jespersen 了。

"不久，校内揭示板贴出大幅表格，标明何人分往何地何校或何地何单位。我们当然愿意研究文学，大家都怕教书，很羡慕我们呢！"

1952 年秋天清华园内，一派忙碌的搬家景象。揭示板上都已公布谁谁搬何处，各家都忙着准备搬家，情绪不高，觉得是被清华赶出来的人了。

钱、杨被分配去的文学研究所尚在筹备中，成立后将附设于 1952 年 9 月刚由城内沙滩迁入燕京大学校址的新北大。这年 10 月 16 日，杨绛家奉命由清华新林院迁入新北大新建的中关园宿舍。当时锺书和钱瑗都在城里，杨绛搬家只有她和郭妈两人。杨绛把抽屉里的东西不腾出来，一只只抽屉摞在一起，用绳捆上。衣服归入箱子，家具不多，行李甚少，叫了一辆板车，郭妈助她，两人很快就把家搬了。

新房面积不大，是平房。钱锺书诗"家具无多位置才"，是实话。原在燕京大学任教的七妹夫孙令衔，被"调整"到天津大学也要搬家，七妹妹将沙发留给姐姐。她送的红木几和两只红木凳，至今还在杨先生家。新居门前有小院，杨绛植柳五棵。锺书笑她"垂杨合是君家树，并作先生五柳看"。五柳长势喜人，没多久已成荫，"双反"中上了大字报；蒋和森画五柳先生和夫人"举案齐眉"，无恶意，开玩笑而已。

文学研究所是中央人民政府政务院文化教育委员会 1952 年 2 月决定成立的。胡乔木和周扬向何其芳传达周恩来总理指示，要成立文学研究所，要他和郑振铎做筹备工作。时任马列学院语文教研室主任的何其芳，就从本单位抽调些人进行筹备。一年后，筹备就绪，附设于北京大学的文学研究所正式成立，郑振铎、何其芳分别担任正、副所长，力扬任党支部书记。文研所人员编制、工资等属于北大，业务受中共中央宣传部领导。

杨绛在中关园宿舍

1953年2月22日，文学研究所假座燕园临湖轩开会成立。

成立会由郑振铎主持，周扬、茅盾、曾昭抡分别代表有关部门来致贺辞，北大教授杨业治、图书馆馆长梁思庄、外文系副系主任吴兴华等也到会祝贺。

周扬要杨绛坐他旁边，杨绛辞谢不敢，他就和杨谈天，聊起了中国小说，周扬说唯独《三国演义》不谈恋爱。杨绛说，"吕布和貂蝉呢？"周扬没想到杨绛反应那么快，说："那是'政治'。"他很想谈下去，但是开会了。

会后大家由走廊去餐室赴宴，周扬放慢脚步回头等杨绛。杨绛只作没见，缓缓走到赴宴处，许多人聚谈，她就和梁思庄并立说话。

席设三桌，周扬坐第一桌，锺书、余冠英亦同席，郑振铎主持此桌。杨绛负责招待第三桌，都是清华、燕京教授。来宾就席，她走过第一桌时，郑振铎做主席正致辞，他的座位在周扬旁边，空着。周向杨绛点点头并用手拍拍空座，招她坐。杨绛觉得不理无礼，就侧身暂坐。周说："你译的《小癞子》很好，现在译什么书？"杨答："正译一本法国小说 *Gil Blas*。"又问懂得几国语言，并表示 *Gil Blas* 可在《世界文学》登载。

翻译 *Gil Blas* 原是杨绛私下做的事，因为她属英文组，恐专研英国文学，荒疏了法文。她记得女儿病中听爸爸讲 *Gil Blas*，听得津津有味，直咽口水。当时她无暇旁听，也无暇阅读此书，只觉此书值得翻译。没想到锺书只是拿着一本 *Gil Blas* 随意编造，讲得天花乱坠，和原作毫无关系。杨绛自从知道自己调入文学研究所，就放下 Jespersen，立即翻译 *Gil Blas*。文研所一年后正式成立时，她已翻译了半本，觉得并不有趣，更没料到这下她的私货出了官。

杨绛在第一桌侧坐着不安，直想找个借口抽身，听见主持第二桌的何其芳说："这边桌上还缺一人！"知道是唤她回第三桌，但余冠英见周扬在和杨绛谈话，杨不及起身，他就去第三桌占了她的座位。杨绛回也回不去了，只好一身冷汗，坐在周扬和郑所长之间，尴尬之至！

第二天，周扬来文研所与研究员谈话，何其芳独不招杨绛参加；杨绛后来读到《简报》才知此事。周扬接见文研所部分研究员的《简报》，逐一写明了研究员的姓名，所谓"部分"，不过是除了杨绛一人之外的全体（钱锺书次日已进城工作）！杨绛明白这是何其芳因昨天入席的事怒她。"我入所就犯了一个说不明白的错误，成了个媚首长的资产阶级女性！"杨先生自嘲说。

文学研究所成立之初，研究员寥寥几人，即钱锺书、杨绛、余冠英、罗念生、缪朗山、贾芝等。锺书和杨绛同属外文组，不是古代组。那时卞之琳还在南方参加不知什么革命活动，罗大冈也半年以后方到所。外文组内，只有钱杨夫妇和罗念生三位"老先生"；组秘书杨耀民是培养对象，由锺书指导。外文组开始只是一英文组，"年轻人"有朱虹、徐育新和杨耀民。罗大冈来所后方有法文组，没有年轻人；后来年轻人逐渐增加，分入各小组。

钱、杨当时刚过不惑之年，对"老先生"的称呼颇不习惯；老区来的同事比他们年长许多均称同志嘛，随后才琢磨出来"老先生"不过是"老朽"的尊称，不习惯也得习惯。

郑振铎是大忙人，文化部副部长之外还兼着全国政协文教组长等许多职务，时时接待外宾和出访，来文研所的时间不多，至多每周一次吧，跟大家拉拉手，与各小组的负责人碰碰头。所长只是挂名，实际上相当于一名顾问。研究所的大小事情从方针任务、机构设置、研究计划到人员调配、工资定级，统由党员副所长何其芳亲自规划，一手包办，大权独揽。例如研究员评薪定级，基本上是他一人说了算。思想改造后，单位所定薪金，钱锺书700斤小米，杨绛与卞之琳、余冠英、罗念生同为650斤小米。到了文研所，何其芳大笔一挥，卞之琳加至710斤，高于钱锺书。钱锺书700斤小米定为二级研究员；原来同是650斤小米的卞之琳、余冠英皆为二级，而杨绛和罗念生定为三级。杨绛这个三级研究员几十年不变，直到退休仍为三级。

这些，钱、杨并不在意，当年决定留在大陆，就有粗茶淡饭、坐冷板凳的思想准备。何况任用自己熟悉而信任的人亦人之常情，何朝何代何党派团体不是如此。卞之琳到文研所不久，便由他的诗人老友任命为外文组组长。钱杨认为理所当然。钱多年调在城里工作，偶尔回所，总服服帖帖，听任组长调遣。

文研所最初在原燕园的适楼（Sage Hall）办公，研究员不坐班。为坐班不坐班问题，曾争论多年；但没有场所可供研究员集体办公，只有各自分散在家工作，每月交工作报告，每星期到所开一次"碰头会"。"年轻人"都坐班，在一间办公室内。"老先生"不坐班。锺书平时在城里，只在图书馆借书时遇到"年轻人"，他们都向他请教，问问题。

锺书有段时间曾是文研所图书资料室（图书馆）负责买书的人。

何其芳在政治上虽不信任钱锺书，但放手让他管书。购买中外文书籍全按他开的书单，善本孤本也由他做主高价买下来。英法德意等外文新书都由他开书单，若研究员开书单有重复者，必被剔去。每本书他都记得，年轻人找不到某书，问他，他立即拿到。

　　院系调整中，原综合性大学图书馆极为丰富珍贵的人文科学方面的中外书籍留给了工业院校，中共北京市委也收缴了大批原教会学校的藏书，其中不乏珍稀图书。为请求政务院调拨有关图书给文学研究所，钱锺书曾上书呈周总理，申述国家交给文学所编选各国文学名著的任务，因缺少原书，编选困难。而文学所"渴望已久的书籍，现存单位却束之高阁，并没有在学术上发挥更大的作用"[1]。这很惋惜，也极不合理。"如果这批藏书拨给其他藏书丰富的单位，则是'锦上添花'的重复存储，而应'雪中送炭'拨给文学所……"[2]这封专函的结果，文学所接收到一大批中外书刊，补充了图书馆的藏书。

　　钱先生嗜读、爱书，当时那个小小图书室成了他的精神家园。外宾参观非常惊讶，称赞说："你们的图书室不大，藏书却如此丰富周全；无论新的、旧的，应该有的都有了。"锺书很得意。1964年外国文学研究所成立，就要把文学所藏书的外文图书分走，李健吾和外文所一些年轻人来与钱锺书争书。钱锺书、何其芳都不答应，说"你们自有买书费，很富足"。冯至对分到外文所的杨绛说："你对钱先生说，他若要看，可来我所借阅。"杨绛说："他早已看过。他是保全他们图书室的完整。"外文所买书，大不相同，老先生开书单，重重复复，一个作家的许多版本全买。大作家可以如此，小作家也如此。有一位年轻人无知，竟把儿童读物都买了，成为笑谈。

---

[1]　马靖云《记忆中的郑振铎先生》，载《岁月熔金》第24页，中国社会科学出版社2003年5月出版。

[2]　同上。

思想改造运动过后，相当一批知识分子政治热情高涨，纷纷要求参加共产党，北京大学也不例外。他们频频汇报个人思想、反映他人情况，以示向党组织靠拢。

　　党组织通过思想改造和忠诚老实运动考察，也考虑吸收一批知识分子入党。传闻周扬就曾问过何其芳："为什么不发展钱锺书入党？"钱杨夫妇初闻此说惴惴然，思想不无负担。虽然亲眼看到中国共产党和书上看到的苏联共产党大不相同，而且亲身体会到新中国的种种进步，感到党的巨大作用，但他们是 free thinker，崇尚独立之精神、自由之思想，他们不愿放弃自己的文化信仰，不愿过问政治，解放前不参加任何政治活动，解放后也绝不入党。两人正暗暗发愁如何应对党组织召谈；突然，发展钱锺书入党的传说消失得全无影踪，上上下下无人再提此事。

　　钱杨夫妇私下庆幸锺书这回得以"逃脱"，免于不识抬举，却始终没有弄清此事急刹车的缘由。两人虽极尽"格物致知"之能，未能解开谜团。他们做梦也不会想到，就在上级主管部门领导示意文研所发展钱锺书入党后不久，正在有关方面酝酿中科院哲学社会科学部学部委员提名之时，不早不迟，一份反映钱锺书"思想反动""政治历史复杂"的黑材料，摆上了文研所党政领导的案头，材料未与本人见面，举报未经查证核实，就不明不白地装进了钱锺书的人事档案口袋。不仅如此，钱锺书还被当成北大反动教授的典型，写进《北京大学典型调查材料》，由高等教育部报送中央。1956 年 1 月 14 日至 26 日，中共中央召开全国知识分子问题会议，中央办公厅机要室将北大这份典型调查材料收入"会议参考资料"，印发与会者参考。钱锺书的反动名声，亦由此而越传越广。

　　编入《关于知识分子问题的会议参考资料（第二辑）》的《北京大学典型调查材料》，当时是具有一定密级的内部资料；改革开放后，却在北京潘家园的旧货摊上也能淘见。请看该《调查材料》是如何认定钱锺书是反动教授的。原文如下：

> 反动的：一般是政治历史复杂并一贯散布反动言论。如文学研究所钱锺书在解放前与美国间谍特务李克关系密切，和清华大学所揭发的特务沈学泉关系也密切，曾见过"蒋匪"并为之翻译《中国之命运》，还在上海美军俱乐部演讲一次。在解放后一贯地散布反苏反共和污蔑毛主席的反动言论：一九五二年他在毛选英译委员会时，有人建议他把毛选拿回家去翻译，他说："这样肮脏的东西拿回家去，把空气都搞脏了"，污蔑毛选文字不通。中苏友好同盟条约签订时，他说："共产党和苏联一伙，国民党和美国一伙，一个样子没有区别。"他还说："粮食统购统销政策在乡下饿死好多人，比日本人在时还不如"；当揭发胡风反革命集团第二批材料时，他说："胡风问题是宗派主义问题，他与周扬有矛盾，最后把胡风搞下去了"等等反动言论。

然而事实又如何呢？

李克和沈学潜（《材料》居然连名字都搞错了），钱锺书在解放前并不认识。据笔者向有关方面调查了解，李克（Allyn Rickett）原在美国宾夕法尼亚大学研究《管子》，1948 年 10 月与妻子李又安（Adele Austin Rickett）[1] 申请得到富布赖特奖学金来北平清华大学研习中文。

---

[1] 李克和李又安曾向美国驻北平领事反映我国经济政治情况，于 1951 年我国镇压反革命运动中以间谍罪被捕。李又安被判处徒刑三年六个月，1955 年 2 月刑满释放回国；李克判刑七年。于 1955 年 9 月提前释放，遭送出境。两人返美后，顶住麦卡锡恐怖主义的种种压力，不受诱逼，不肯翻供，并于 1957 年由纽约加麦隆公司出版 PRISONERS OF LIBERATION 一书，

李又安自 1948 年 11 月起兼任清华外文系讲师，1950 年 7 月聘约期满，两人即离开清华转入燕京大学研习。李克与钱锺书素不相识。钱于解放后在清华任教时，李克曾由锺书的清华同事周一良先生的介绍，来请教关于《管子》的问题，如此而已。

至于"清华大学所揭发的特务沈学泉"，纯属无中生有。经遍查当时有关档案，清华大学师生中并无沈学泉其人，自然也不曾揭发一个并不实际存在的人为特务。清华只有一名 1948 年入学的外文系男生叫沈学潜，上过钱锺书所授的《英文读本及作文》，课下并无个人接触，更谈不上"关系也密切"。

沈学潜于 1950 年 8 月 30 日以"屡犯偷窃"为北京西郊公安局逮捕，不是什么特务，于政治无关。

钱锺书于抗战胜利后任中央图书馆英文总纂期间，仍居上海，每月到南京汇报工作。有一次，蒋介石要接见政府文化部门有关人员，锺书得知晚宴将会见"极峰"，他不愿见，饿着肚子不赴晚宴就蹓回上海寓所。

解放前在国民党统治区，见过蒋介石的知识分子不知有多少。陈寅恪先生的著名诗句"看花愁近最高楼"，不正是在参加了蒋介石宴请中央研究院评议会成员后所作的吗？如果按照《材料》的观点，凡见过蒋介石者即属"思想反动"或"政治历史复杂"，那可真要打击一大片了。

客观介绍我国的监狱生活，对犯人施行人道主义改造。此书印行 27 万册，对西方世界了解当时遭帝国主义封锁的中国有积极作用。

李克夫妇回国后重返宾夕法尼亚大学从事研究，于 1974 年和 1980 年两次以文化友好人士身份访华。李克于 1985 年由普林斯顿大学出版社出版了他研究多年的 *GUANZI：A Study and Translation*（《管子研究和译注》）一书，并在序言中特向此项研究开始时，曾在学术上指导和帮助他的清华大学许维遹、冯友兰、钱锺书教授，提供材料给他的北京大学朱德熙教授，阅读手稿的燕京大学吴兴华教授以及助他翻译的清华同学英若诚等，表示深深的感谢。

英文版蒋介石著《中国之命运》(*China's Destiny*, *By CHIANG KAI-SHEK*)为纽约麦克米伦公司 1947 年公开发行的书，书上明明写着 Authorized translation by Wang Chong-hui（王宠惠受权翻译），与钱锺书何干？

"在上海美军俱乐部演讲一次"：钱锺书 1945 年 12 月 6 日在上海美军俱乐部用英文演讲《谈中国诗》，本人从未讳言其事。倒是举报者似不知参加对日作战的美军此时称谓盟军，1944 年还经中共同意向延安派过观察组。为盟军介绍本国文化，何罪之有？

钱锺书对毛选的"污蔑"，据说是出自北大西语系一名助教的举报，但当调查者询问时，这位助教感到莫名其妙，他根本不知此事，何从举报？再者，当年编辑中的中文版《毛选》前三卷与英译系同步进行，尚未最后定稿的主席著作根本不准许带出办公室，这也正是钱锺书等必须在城里坐班办公的一个重要原因。谁人有胆敢叫他拿回家去翻译？

至于《材料》所列举钱锺书对党的政策和揭批胡风的那些所谓"反动言论"，钱先生的清华同事和熟悉他的人，听着都觉得好笑。对政治夸夸其谈，不是钱锺书的风格。以钱先生对社会政治的极度清醒，对人间世态的深悉洞察，不论会上会下，谈话绝不直接涉及政治。即使是学术讨论，一旦牵入政治，钱先生即三缄其口，绝不发言。如解放前，钱先生对俞平伯先生的《红楼梦辨》，从学术角度提出过批评。解放后，对俞先生的《红楼梦研究》，将探春丫鬟的名字由侍书改为待书等等，也有意见，但在 1954 年那场轰轰烈烈批判俞平伯《红楼梦研究》的运动中，虽经组织领导再三动员，钱先生未置一词。

钱先生有自己的处世原则，他说过：If we don't have freedom of speech, at least we have freedom of silence. 多少年来，他保持沉默，不做颂圣诗，不做歌德式表态，但也谨言慎行，从不贸然就政治发表意见。

不可理喻的是上述"参考资料"以及其他一些内部材料前些年不知怎的流入社会，散落到了旧书店和废品回收站。有人淘得一份《关于知识分子问题的会议参考资料（第二辑）》，如获至宝，津津乐道，一而再，再而三地在全国各报刊撰文宣扬，引用发表。尤其是关于钱锺书的所谓"反动言论"，明明是些无中生有、强加于人的诬告，竟被作者当做实事广为传播，反复介绍，并把这些曾使钱先生深受陷害的诬告，说成是"钱锺书的内心世界"[1]"钱锺书的直言的一面"[2]，甚至"是关于钱先生人格和思想的一个重要材料"[3]！

为避免混淆是非、以讹传讹，也为了保护钱锺书先生的人身权利，我们曾托友人委婉代达作者，希望对有关钱锺书黑材料的写作能实事求是，符合客观实际；作者没有回应。中国社会科学院文学研究所为澄清事实，避免误导读者，也曾致函刊出《钱锺书与清华"间谍案"》一文的《新文学史料》编辑部，郑重说明"材料中所列举的全部所谓'问题'，钱锺书所在的中国科学院文学研究所，早在上个世纪五十年代已一一调查清楚，做了结论"。那些说法"纯属空穴来风，查无实据"。[4]

以中国社会科学院文学研究所名义出具的这份公函，说的是实话，否则难以想象身为"北大反动教授典型"的钱锺书，怎么可能在1956年春中国科学院为贯彻全国知识分子问题会议精神而实施的职称晋升中，带着如此严重的政治问题升为一级研究员。又怎么可能在1956年9月中共召开第八次党代表大会期间，担负大会文件汉译英定稿的重任。

然而令人不解的是，文学研究所对钱锺书的所谓"问题"既已"一一调查清楚，做了结论"，为什么仍把那些"纯属空穴来风，查无实据"的黑材料继续保存在钱锺书的档案中，是留待需要时再度发挥作用吗？

---

[1] 谢泳《钱锺书的内心世界》，载2003年5月8日《南方日报》；谢泳《中国自由知识分子的内心世界——四个著名知识分子五十年代的言论》，载《随笔》2005年第1期。

[2] 《钱锺书的直言的一面》，载2005年3月25日《文汇读书周报》。

[3] 谢泳《钱锺书与清华"间谍案"》，载《新文学史料》2003年第4期。

[4] 《新文学史料》2004年第1期，编辑部《说明》。

果不其然，黑材料在"文革"中又变成红材料，被革命小将抛了出来。钱杨夫妇虽然为此遭受冲击，杨绛更因庇护"反动丈夫"而被揪到千人大会上挨批斗，他俩还真心感谢革命小将，若不是小将们将黑材料原原本本地捅到大字报上，背了十多年黑锅的钱锺书，和长期受株连、遭冷遇的杨绛还继续会被蒙在鼓里，弄不清这一切的来由。

杨绛自1952年秋分配到文学研究所外国文学研究组，一直没有离开。文研所由最初附设于新北大，1956年1月正式划归中国科学院哲学社会科学部领导；1964年9月文研所几个外文组与全国作家协会所属《世界文学》编辑部合并成立外国文学研究所；以至1977年5月中科院哲学社会科学部撤销，成立中国社会科学院，外文所改属社科院；杨绛始终留在原单位未动。

我想知道杨先生这么多年在文学研究所（包括外文所，下同）的经历和感受，并希望她能先用几句话概括一下。

杨先生很干脆，笑嘻嘻地说："从文学研究所1953年成立，到1977年改革开放后改属中国社会科学院，二十五年间，我是一个零。我开始有点困惑，后来觉得很自在，所以改革开放以后，还自觉自愿地把自己收敛为一个零。

"北大反动教授（包括正、副研究员）共四人。锺书和我居其半。锺书已调进城，我虽无言论，反动教授之妻，反动无疑。所以没人看得起我。

"外文组内又分若干小组，没有一个小组肯接纳我。

"我开始以为共产党重男轻女，夫妇都是'正研'，女的就不算什么了。后来感到不是这么回事。我是所内长期以来唯一的女'正研'，好几位女副所长只是'副研'，但什么都没有我的份儿。我猜想大约因为我不是党员。锺书长期在城内工作，仅周末回所。我们都是所领导心目中的'外人'。

"1953年9月召开的第二次全国文艺工作者代表大会，文学研究所的研究员全都是大会代表，只钱锺书和杨绛不是。

"外文组集体编写《西洋文学史》，不参与者，仅杨绛一人。

"我披上'隐身衣'，乖乖地不闻也不问。我只争取加入现代组，因为我要读新出的书。副组长夏森哄我说，你读了做个报告吧（组内仍不要我）。我只做过一两次报告就不做了，让我读书就行了，别无所求。

"文研所刚成立的时候，外文组还没有个主脑。我记得有一天力扬带了我素不相识的冯至同志同到我中关村的新家来，锺书借调在城里工作，家里只我一人。冯至同志是新北大的西语系主任，他表示我翻译 *Gil Blas* 的工作，不合适。我说翻译 *Gil Blas* 的事，随时可以搁下，另换别的项目。他们问：'翻译多少了？'我答：'一半。'他们两人低声商量了一番，无可奈何地说：'那就翻下去吧。'大约因为半途而废也不好。

"我觉得一身都是错了。身属英文组，职务是'研究'，但我却在翻译法文。不过当时'老先生'都在翻译。罗念生翻译古希腊悲剧，罗大冈翻译《波斯人信札》，老卞在翻译 *Hamlet*，缪朗山大概在为何其芳翻译苏联文学的先进经验。杨耀民在读 *Robinson Crusoe*，并写文章。年轻人读现代文学，大概是老卞领导。"

文学研究所与人民文学出版社合作出版三套丛书：一套文艺理论，一套中国古典文学作品，一套外国古典文学名著。文研所负责选题、供稿，人文社编辑出版。所内研究员都是编辑委员，除了杨绛一人不是。钱锺书是编委，但在城内工作，开会时就命杨绛出席代表锺书。编委每次开会，总要到同和居吃一顿酒席似的晚饭。锺书吃饭回家，总夸赞香酥鸡、乌鱼蛋汤等名菜。杨绛听了很馋，但仅她这个研究员是无缘美食的。

杨绛不是编委，审阅稿件却是她的事。有时作者、译者与责任编辑意见不一、僵持不下，书不能出，就叫杨绛仲裁，由她审定每条意见谁是谁非。这种事，很繁琐，且得罪双方。杨绛说，凡是她所做的工作，人家总认为有钱锺书协助，所以她虽然受委屈，也很占便宜。她的仲裁，每一条都双方服帖。这是不容易的。她做两次仲裁，都双方满意。那时杨宪益、戴乃迭合译的《红楼梦》，也叫杨绛审稿。翻译难免失误，有错不指出，是不负责或瞎了眼。——指出，会得罪专家。幸好他们后来换了版本，不用俞平伯改的《红楼梦》，也不要杨审了。第三次又叫杨绛仲裁，她不干了。这时戈宝权已来文研所，他跟何其芳说，杨绛不是编委，却负责审稿。何说太不公平了，该请杨绛做编委。不料没做几天，只到同和居吃过一顿美餐。"文革"开始了，杨绛同背黑锅。她自笑说："活该！我自己讨的！"不过她即使永远不做编委，身为"老先生"，当"牛鬼蛇神"终归是难免的。

参加文娱活动、社会活动，也没有杨绛的份儿，发戏票排在队末。办事人员拿来一张票，请钱先生看《天鹅湖》，钱先生不去，"那么杨先生可以去"。杨先生自然不去。每年"五一"、国庆观礼，钱先生有大红条，他见杨先生无份，从未参加。杨先生直到1955年"五一"，才得了一张没人要的绿条儿（末等），如获至宝。她想长长见识，特地打扮了去观礼，结果除了人挤人什么也没看到。

杨先生说："最委屈的是说我什么事都不管，所以每次都能按期完成任务。实际上，运动和开会糟蹋不少时间，工作，就不免脱离实际。按计划完成工作者，外文组唯我一人。定计划时，每星期以五天计，每月以二十天计，每年二百天计，我还需赔进早早晚晚零星时间，到'文革'，干脆啥也不干了。

"我翻译《吉尔·布拉斯》，满怀不安，四十七万字急急翻完。1954年译毕，在《世界文学》分期刊出，获得主编陈冰夷在年终总结大会上的表扬。译文分期刊出时，不用注释。我估计结集出版时，加上注释，任务就完成了。我的计划，时间订得很紧。结集出版前，我求锺书为我校对一遍，他同意了。他拿起一支铅笔在我誊清的稿纸上使劲打 ××。我说'轻点轻点，划破了稿纸我得重誊'。他只说，'我不懂'，我说'书上这么说的'。他不管，只管打 ××，把稿纸都划破了。我又急又气，但我明白'我不懂'就是没有翻好。我试试重译一节，他点头了。于是我在原稿上又加工一遍，重抄一次。

"我做注释特别认真，记得曾为一个注，将希波克拉底的《古医学》全书（一本小册子）读完。我的计划订得太紧，要如期交卷就十分迫促。我只在赶工作，忙得面无人色。锺书、圆圆都可怜我，他们从城里回家时，都帮我到燕京图书馆找书，锺书还帮我做了几条有关文艺理论的注，注得特好，可是读者并未注意此书注释之详尽；只夸译文好。看不起我的人，也觉我有一技之长，所以'拔白旗'后，我又得了翻译《堂吉诃德》的工作。

"依照惯例，我于《吉尔·布拉斯》出版前为此书作序，学写了'八股文'。没想到这部法国小说很受欢迎，出版不久就销售一空，出版社要再次印刷，我力求修改后再印刷。争执结果，出版社同意我修改一过再印刷，因此于1959年9月经我全部修改再次印刷。我把原序砍掉三分之二，可是自己的意思对不上点儿，没有添入；我就另写一文，题为《补'五点文'——介绍〈吉尔·布拉斯〉》。

"我称当时写论文的八股定式为'五点文''五点论'，即不论评什么作家作品，只议论以下'五点'：时代和社会背景，思想性、艺术性、局限性和影响。

"有人告诉我：老卞说'杨季康根本没有研究能力'。当时组内公认，有能力写研究论文的，仅罗大冈一人。老卞也写过研究 *Hamlet* 的文章，他正出国访问，开会讨论这篇文章的时候，莎士比亚专家孙家琇到场发言，老卞遭了'缺席批判'，她振振有词。何其芳同志也说'你总该能自圆其说嘛！'老卞的议论很新奇，他把钟情 Hamlet 的贵族千金称为'小家碧玉'。大家都同意孙家琇教授的批评。老卞如在场，他一定有很妙的反驳，可是他不在场，所以委屈了他。大家寄予厚望的，唯罗大冈一人，因为他最'马列'。

"不分研究课题给我，我就自己找题目。1954 年是菲尔丁（Henry Fielding，1707～1754）逝世二百周年，我就研究菲尔丁。菲尔丁是十八世纪英国乃至欧洲最杰出的小说家之一，而据马克思的女儿艾琳娜回忆，菲尔丁是马克思最喜爱的长篇小说家之一。这正符合所内一条不成文的规定：不是马克思提到过的作家，不研究。我把菲尔丁的全部作品读完，凡能找到的传记、批评等也一一研究，引经据典地写了一篇五万字的研究论文，题名《菲尔丁关于小说的理论和实践》。1957年适逢菲尔丁诞生二百五十周年，在《文学评论》第二期发表了。"

杨先生这篇论文没有一点儿八股腔，完全冲破了流行一时的"五点论"框框，视野开阔，思想深邃，观点新颖，材料翔实，文字如行云流水，分析入情入理。它像一股清风，吹入被老一套模式化观念紧箍的外国文学教学和研究园地，受到许多业内人士的欢迎。北大西语系李赋宁教授更是赞不绝口，一再向学生推荐，要大家学习仿效。杨先生听说后知道不妙，果然，反右之后又来了个"双反"，文研所掀起了"拔白旗"运动。郑振铎的插图本《中国文学史》首当其冲，是面大白旗，钱锺书的《宋诗选注》和杨绛的《菲尔丁关于小说的理论和实践》全是白旗。郑先生后来因公遇难成了烈士[1]，就不拔了；《宋诗选注》的白旗拔得正热闹时，由于来自海外学界的不同评价而中断；只有杨绛这面小白旗，被连根拔下，还撕得粉碎。杨先生说："当了白旗，挨了一顿批，我方知'挨批'就是挨一顿乱骂。"

---

[1] 1958 年 10 月 18 日，郑振铎先生在率领我国文化代表团访问阿拉伯联合共和国及阿富汗途中，因飞机失事殉职。

正在大写文论、后被
批为"毒草"的杨绛

改革开放后，上海文艺出版社于 1979 年出版了杨绛的《春泥集》。
书名借用龚自珍的两句诗："落红不是无情物，化作春泥更护花。"她
序文中说："但愿这些零落的花瓣，还可充繁荣百花的一点儿肥料。""落
红"都是经过批判的文章。《菲尔丁关于小说的理论与实践》删去了有
关实践的部分，题目改为《菲尔丁的小说理论》，也收在集内。当时外
文所出版的书，仅此一册。因为"八股文"没市场了。

1954 年钱锺书翻译毛选的工作告一段落，回到文学研究所上班。
他多年学的是外国文学，教的是外国文学，文研所成立时也是外国文
学组成员，回到所里，却未能研究外国文学。兼任中国古代文学组组
长的郑所长明察内情，知道外文组领导未必欢迎锺书，就对杨绛说，"默
存回来，就借调古代组选注宋诗吧"。于是钱锺书被郑先生借调到古代
组；从此，一"借"不复还，一"调"不再动。

放弃外国文学而选注宋诗，非锺书所愿，"碧海掣鲸闲此手，只教
疏凿别清浑"，很委屈呢！但他肯委屈，能忍耐，乖乖服从，尽量把分
派给他的工作做好。

业内人士皆知，宋诗难选，宋代诗人多，诗作更多，却没有一部现成的《全宋诗》。锺书下大功夫搜辑辨认，遍读宋诗。两年里"晨书暝写细评论，诗律伤严敢市恩"。精选了八十位诗人的代表作，有大家，亦有小家。尽管由于种种原因，锺书以为可选的没能选进去，而他以为不必选的诗还是选上了，读者仍不难从选目中体会选家欣赏取舍的见地。特别是作家小传和注解评论，写得精彩，引人入胜。

书稿于 1956 年完成，全书序和十篇作家小传 1957 年在《文学研究》上先后刊出，1958 年由人民文学出版社出版全书，反响热烈。胡乔木说，选注精当，有独到之处，是一部难得的选本；周扬在文学研究所讲演亦赞许《选注》；还有人称这是"那年头唯一可看的有个性的书"[1]。

然而这样一本受到读者爱赏的书，出版不久即遭遇"拔白旗"运动，批判文章纷纷出笼，胡念贻、周汝昌、黄肃秋、刘敏如等异口同声地声讨钱锺书在《宋诗选注》中的资产阶级观点。笔伐而外，还有口诛，一次次开会批判。钱锺书此时已进城参加英译《毛选》定稿回不来，面对面的批判成了缺席批判。所领导让杨绛代领转达，她就每天拿个本子，规规矩矩去坐着，一句不落地记录大伙的批判发言，老老实实代锺书挨批。后来日本汉学泰斗、宋诗专家吉川幸次郎对《宋诗选注》非常重视，推崇备至。小川环树对此书也交口赞誉，撰文推荐，说"这是一本从不同于前人的角度出发对宋诗进行全面观察的书"；"注释和简评特别出色，由于此书的出现，宋代文学史很多部分恐须改写"。

对钱锺书的批判旋即偃旗息鼓，何其芳一再请杨绛代向钱先生道歉。

"何其芳一直把您和钱先生当外人吗？"我问。

杨先生答："没有。或许是黑材料已查清楚，或许经过一段共事，

---

[1] 李慎之《千秋万岁名　寂寞身后事——送别钱锺书先生》，见《文化昆仑——钱锺书其人其文》第 4 页，人民文学出版社 1999 年 7 月出版。

也了解了我们的为人，后来就不见外了。彼此尊重，相处融洽。何其芳曾托我去向毛选英译委员会徐永煐讨还钱锺书，徐笑说：'与虎谋皮！'"

杨先生说过，在性格方面，她比钱先生急躁。她胸无宿物，有话就说。钱先生较她更忍耐，能逆来顺受，她不行。不给分题目，她自己找；讨论学术，有话忍不住就说。

文学所初成立时，冯雪峰和何其芳辩论阶级性和人性问题，杨绛不同意只有阶级性而不承认人性个性，通通笼统归为阶级性。她问道："《红楼梦》贾府四姐妹四个性情，同样的阶级、同样的环境，但四个人一人一个样，怎么解释？《西游记》里猪八戒扛了个钉耙，就算农民阶级了吗？"无人做答。

外文组订研究课题，不是马克思读过并提到过的作家作品，一概不予考虑。杨绛不明白外文组为何放着大小说家都不研究而研究勃朗特姐妹，她欣赏简·奥斯丁（Jane Austin），说奥斯丁是西洋文学史不容忽视的大家，近年来越发受到重视。大伙说，奥斯丁有什么好？马克思从没提到过她。杨绛不服，说"也许马克思没读过简·奥斯丁"。众愕然。何其芳听说了，忙命人向杨传言"不许乱说"。

杨先生后来就以《有什么好》为题，写了一篇读奥斯丁《傲慢与偏见》的专论，深入探讨奥斯丁的作品有什么好，好在哪里，为什么评论家把她称为约翰生博士精神上的女儿。她这篇文章未被重视。

又一次外文组开会讨论八股（杨称"五点文"），其中一点，作者对书中人物的爱憎。杨绛忍不住说"作者对自己所创的角色，不那么简单，可以又爱又憎"。老卞立即驳斥，全组对杨剑拔弩张，叫她举出实例来。杨绛说："Thackeray 之于 Becky Sharp，从品德方面是憎，作为他的艺术创造，是爱。曹雪芹对王熙凤及赵姨娘亦然。"没人能驳倒她，但人人表示她在胡说。会后，有年轻人私下说："其实杨先生的话很有道理的。"

我问杨先生，当了"白旗"挨批以后还写文论吗？

杨先生说："周扬以为拔错了白旗，还热情地鼓励我写，我不敢'拿糖作醋'，打定主意，再写一篇，从此再也不写了。我写了萨克雷《名利场》序文，又挨批，说是'没有红线贯穿'。周扬说，'红线可以要，不能弄一块大红布'。"

"您好像还写了论《红楼梦》和李渔论戏剧，对吗？"我问。

杨先生说："是的，《艺术与克服困难——读〈红楼梦〉偶记》及《李渔论戏剧结构》两文皆作于1959年。庐山会议以前有段时间气氛比较宽松，基于多年读书积累，对小说和戏剧艺术的心得体会，感觉有话想说就写了。此前我根据《英译勒布经典丛书》（*The Loeb Classical Library*）版，并参照其他版本，翻译了亚里士多德的《诗学》；《李渔论戏剧结构》中所引亚里士多德的话，都是我自己的译文。我甚看重此文，因是我的新见。但此文未被重视。第一篇论《红楼梦》发表后，何其芳、周扬皆公然欣赏。茅盾看了也认可。何其芳嘱我再充实些。周扬则于讲话中引用我的标题做讲演的结尾句：'艺术就是克服困难嘛！'文学研究所由张白山传达周扬讲话，我们围坐圆桌，我与张对面，他在纸上写'你的话嘛！'香港亦转载此文。"

"您就不怕再挨批？"我又问。

杨先生说："你可能不体会，写文章也会上瘾，有话要说就想写，手痒。在文学研究所，我仅此二文未受批判。只是反右倾时，老卞以此斥我'破门而出'；杨耀民说'资产阶级思想又抬头了'。'文革'中被指为'毒草'，自不待言。"

因为《吉尔·布拉斯》受到好评，外国古典文学名著丛书编委会又给了杨绛一项翻译任务：重译《堂吉诃德》。她读了英、法译文版本，对照比较之下，发现同样的内容，表达的形式各各不同。要求忠实于原作，还得据原文版本翻译。杨绛不惜下大功夫，于1958年冬开始自学西班牙文。1960年已能阅读拉丁美洲的西班牙文小说，随即着手从西班牙文原著翻译《堂吉诃德》。她从此遁入翻译，未再写文论。

文学研究所随着隶属关系的变更，1956年秋撤出燕园，搬到中科院哲学社会科学部所在的中关村社会楼，1958年冬再迁至建国门原海军大院。职工宿舍也一迁再迁。文研所1959年始有宿舍，在东四头条一号。钱杨夫妇1959年5月迁来，住进由一座办公楼隔成四家的宿舍，面积比中关园平房还小。

东四头条宿舍是个大杂院，家家邻近，互相走动。杨绛与各家都小有来往，有的是本来认识，因孩子而接近。杨绛喜欢小孩，小孩也喜欢她。大杂院里的小孩，杨绛大都认识，哪个孩子家里生活较紧，每顿吃白米粥两碗，没有下饭菜；哪家七岁幼子能为全家焖饭；……孩子们的欢声笑语，他们的种种趣事，她都记得。唐山大地震的时候，那个七岁会焖饭的孩子正在唐山，杨绛急忙问孩子爸爸，幸存无恙，这位爸爸也深感杨先生关心。

杨绛在宿舍大院，与群众多接触，关系比较亲密。下乡学习"社会主义好"，能和农民"打成一片"。1958年10月至12月杨绛随众下乡，尽管有位党外的马列主义老先生嫌杨绛没有阶级立场，只是"婆婆妈妈"，老乡们却喜欢这位被老干部看做"家庭妇女"的"婆婆妈妈"，房东家昵称她为"俺大姑"。杨先生得意说："我在上层是个零，和下层关系亲密。"

15. 体味人性

　　杨绛自称"零"。他们夫妇解放前夕,不肯离开祖国,决意留待解放,准备做"没有用的知识分子",安安分分坐他们的冷板凳,不就成了"零"吗? 虽然是"零",杨绛很自得其乐,因为她可以悠闲地观察世事人情和她自己的内心,这样就能更深入、更真切地体味人的本性。

　　杨绛在外文组受排挤,钱锺书代她不平,他明白自己在外文组工作的前途也很渺茫。但是一切皆在意料之中。他们不在乎,能不教书,做研究工作,杨绛已很满意了。

　　1956年钱锺书升为一级研究员时,气呼呼地点着杨绛的手背说,"从此你就永远是三级了!"原先因为他是二级,现在他已上升,但杨绛却永远压住不动了。不过杨绛真的不在乎。她披上隐身衣,很自得其乐。"隐身衣的料子是卑微。身处卑微,人家就视而不见,见而不睹。"[1] 她并不自暴自弃,人家眼里没有你,心上不理会你,她正好可以保其天真,成其自然,潜心一志完成自己能做的事。何况身处卑微的人,无须显身露面,最有机缘见识世态人情的真相。

　　杨绛原是外文组研究英国文学的,她却在翻译法文小说。她自知荒谬,急急译完交卷,随后研究了英国菲尔丁的小说,写了论文,不料又成"白旗",挨了一顿批判,以后她就遵照组长老卞的话"你就一

---

[1]　《隐身衣》,见《杨绛文集》卷 2 第 192 页,人民文学出版社 2004 年出版。

个人冷冷清清翻译你的《堂吉诃德》吧"。

她当时给人的印象是"个儿中等，身材匀称，皮肤白皙，步履轻盈、端庄"；"没有一般知识分子女性常有的矜持，见人总是和颜悦色，说话慢条斯理，举止温文尔雅"；"是个才貌双全的女子，又是个'文弱书生'"[1]。钱锺书在文学所任职的时候，与杨绛总是同进同出，形影不离，令人羡慕和赞叹。但钱锺书已调到城里去翻译毛选，仅周末回家。杨绛经常是独自一人。年轻人哪里知道，没有人比钱锺书更了解和欣赏杨绛的睿智才华，两人本来感情就好，杨先生在单位受委屈，钱先生自然更关怀体贴她。

杨绛随一伙老知识分子下乡锻炼，钱锺书每日一信，字小行密，情意绵绵又生动有趣。和杨先生一起下放的老先生，有的压根儿没有家信，有的一星期或两星期有一封家信，只杨绛天天有信。钱锺书自己也下乡后，仍偷空写信，但不能每日一封了。杨先生说："这是默存一辈子写得最好的情书，用他自己的话，'以离思而论，行者每不如居者之笃'，'惆怅独归，其"情"更凄戚于踽凉长往也'。"[2]

每封信她读了又读，舍不得丢，都收在衣袋里。衣裳的每个口袋都塞得鼓鼓囊囊的，衣袋里装了十来封信，就行动不便了，只好抽出来藏进提包里。身上轻了，心却重了，虽然这些信谁都读得，政治上绝无见不得人的话，可是经过政治运动的人，谁对无妄之灾不害怕啊！信攒多了，实在无处收藏，杨绛只好硬硬心肠，付之一炬。她在公社缝纫室的泥土地上，当着女伴，焚烧过两次或三次信。如今谈起这件事，杨先生还非常心疼和懊悔当年毁掉的那许多宝贵的信。她只好自己解慰，"过得了初一，过不了月半"，如果留下了，"文化大革命"时敢不烧毁吗？

---

[1] 叶廷芳《外柔内刚的不屈女性》，见《遍寻缪斯》第 129 页，商务印书馆 2004 年出版。

[2] 《第一次下乡》，见《杨绛文集》卷 2 第 311 页。

这时外文所还没有分出去，钱锺书在文学所的一次会上，听到杨绛一组的领导蔡仪汇报说"杨季康在乡下能和农民打成一片"，真是又高兴又好奇。杨绛是生平初次下乡，居然和老乡打成一片！要知道，在那个年代，知识分子能不能和工农打成一片，是革命不革命的分界线呐。

那是1958年"拔白旗"后、"大跃进"的10月下旬，外文组一伙十来个人下乡接受社会主义教育，改造自我。长途汽车到站，杨绛扛起铺盖卷，一手拎提包，一手拿网袋，急急忙忙跟同伴赶往公社。她的行李虽已尽量精减到个人能负担提携，半路上已筋疲力竭。几个男同志走得快，已不知去向；跟不上的女同志和体力弱的落在后面。她大有"前不见古人，后不见来者"的苦恼。她又不能停在半路上，只好拼命往前赶。好在乡间的道路只有一条，总算拼着命赶到了人民公社。

他们分成两队：一队前往富庶的稻米之乡，一队驻在贫瘠的山村。杨绛分在山村太和庄。队长是平易近人的蔡仪同志，他手下有一位办事认真负责，吃苦在先、享受在后的王芸生老先生，另有罗大冈、李健吾、陈友琴三位先生和女伴石真，连杨绛一共五男二女。

一位老先生刚进村，就认准一个农村姑娘像蒙娜·丽莎，于是大家就称她"蒙娜·丽莎"。打麦场上一位高高瘦瘦、撅着一撮胡子的老者，撑着一支长竹竿，正仰首望天，又被另一位老先生命名"堂吉诃德先生"。

他们各备一根木棍，跟着公社的老大妈们一块儿砸玉米棒子，把玉米粒敲得全脱落下来。歇息（称"歇攀儿"）的时候，也互相攀谈说笑。砸完玉米就推独轮车运秫秸杂草，杨绛学会推独轮车，能把秫秸堆得高过自己的脑袋，握住独轮车把，两脚分开，脚跟着力，稳稳推上坡，拐弯，下坡，车不翻倒。她向来走路轻快，从不磨破袜底。推独轮车时，每天袜跟磨破，露出脚后跟。

大批萝卜急需入窖的时候，分在稻米之乡的小队也过来帮忙，一起把萝卜缨子用小洋刀挖净。

他们在农民食堂用餐，早晚是玉米糁儿煮白薯块，中午是窝头白薯。开始还吃得很高兴，一月之后他们全队害了馋痨。一次杨绛在梦里，推开一碟两个荷包蛋，说"不要吃"，她其实是想喝家里早餐用的牛奶红茶。女伴听说后，直埋怨她不吃。早饭时同桌的老先生们也同声怪她不吃，恨不得叫她快端来放在桌上呢。分在稻米之乡的那一队得知他们的馋劲儿，忙买些大米煮了米饭请他过去解馋。杨绛连吃两碗，觉得生平没吃过这么又香又软的白米饭。

五位男士原同睡农民让出的一个大炕。天气转凉后，村里给腾出一间空房。他们打扫干净，买了煤，生上火，小队就有了一个家。村里怕冻着杨绛和女伴儿，让住在工人大嫂家，因为工人有钱买煤，睡的是暖炕。但没几天，工人回家度假，两人连夜搬出，在一间满是灰尘的空屋冷炕上歇了一宵，随后搬入公社缝纫室。室内只有一张竹榻，还有一块三尺宽六七尺长的木板，高架在墙顶高窗底下，离地足有五六尺，算做上铺。睡觉时得登上竹榻，再登上一根木桩子，扶墙把壁爬上去；躺下了挨着墙一动不动，否则会滚下来。女伴说她睡得沉，又加身体重，也爬不上去，杨绛当然睡上铺了。后来村里办了托儿所，托儿所教室前头有大暖炕，杨绛和女伴儿还有外单位的两位女同志就同睡这个大炕。早起卷上铺盖，沿墙摆放。娃娃们全上炕游戏，有的娃娃会骑铺盖卷儿玩，还撒尿，杨绛女伴的铺盖卷儿就不知被哪家娃娃撒了一大泡尿。

杨绛自搬入托儿所，她的情书可以塞入枕套，卷在铺盖里，很稳妥，不用再藏在衣袋里。这许多信，都带回家了，"文革"时才毁掉。

杨绛觉得，过劳动关、饮食关、居住关都不算难，方便关却不好过。晚上可以蹲墙根下"拉野屎"，白天只好上秫秸围住的粪坑。村里沤肥的粪坑粪池大都很满，搭板又窄又滑，踩上去一不小心就有跌下去的危险。每次如厕都不免战战兢兢，唯恐掉进粪坑。

一次杨绛吃了半碗绿豆粉做的面条，半夜闹肚子了，这可怎么是好！黑灯瞎火，得走半条街才到小学后门，那里才有厕所。她那时睡在缝纫室高铺上，只好赶快穿上衣服，带上手电，由高处攀缘下地，悄悄出去。她很希望女伴被闹醒，可以陪她出门。半夜里一个女人在路上走，碰到坏人有危险，可是她又不忍闹醒女伴。女伴睡得很沉，没醒。她一人摸索到通往大厅的门，没想到门上有大锁锁着。她们住在公社的粮库里，粮库当然要上锁。旁边屋里传出阵阵鼾声，吓得她直往远处跑，穿过一个院子又一个院子。借着微弱的月光，只见一处落叶满地，阒无一人，急中生智，想到何不学一回猫咪？她摸得一片碎瓦，充当爪子，刨了个坑；方便完了，掩上土，铺平落叶。待她返回缝纫室爬上高铺，女伴儿一点没知觉。

小队一伙儿在山村安顿下来，就各分组访贫问苦，连带串门儿，认识了一个个老大爷、老大娘、小伙子、大嫂子、大姑娘、小姑娘；还有"挂过彩的"退伍军人、净念"苦经"的疯婆子、患风湿病的年轻人、勤劳不懈的女支书。总之，大伙对"农民阶级"不复抽象，村里人也逐渐熟悉了他们。

很奇怪，老乡们都和杨绛接近，有话愿跟她讲。"堂吉诃德先生"刮了胡子并非老者，他和叔伯兄弟们都眉清目秀，同住这所供全村膳食的大房子。其中一个管食堂，能一手按着碟子，一手拿个瓶子很轻巧一转，变戏法似的端出一碟香油白菜心，给老先生们换换口味。他陪杨绛在食堂左右转悠，指着院里圈着的几头油光水滑的大猪，小声对她说，"这原先都是我们家的"。有位三十来岁的大嫂，请杨绛上她家去，叹气说："来了客，摊张饼请请人家也不能够。"她家窗户纸破了，被风刮得哗哗响，没有面粉打糨糊给糊上。公社化以后，粮食归公，食堂吃饭，家家米缸、面缸、油瓶都是空的，只水缸是满的。

"蒙娜·丽莎"有个长得姣好的妹妹,大约八岁,叫大芝子,皮肤白嫩,眼睛大而亮,眼珠子乌黑乌黑。一次摔了一大跤,脑门上磕了个大窟窿,又是血又是泥。杨绛见了心疼,赶忙找出她带下乡的药品,给孩子洗净伤口敷药,裹上纱布。"蒙娜·丽莎"家里连一块裹伤的破布条也没有。她说她们家的孩子不怕摔,皮肉破了肿都不肿,一下子就长好。大芝子的伤口果然很快就长好了,没留下疤。离开山村前,杨绛和女伴同去向"蒙娜·丽莎"和她的爸爸辞行。"蒙娜·丽莎"牵着大芝子送了一程又一程,最后大芝子跟姐姐学舌说:"想着我们哪!"这话杨先生没忘,至今想着她们呢。

　　杨先生说:"我并未刻意和老乡打成一片,只是老乡喜欢接近我。例如有个初下乡见过的老妈妈,一手伸进我的袖管捉住我的手,一手抚摸我的脸说,'噢唷,才十来天,已经没原先光了'。"老乡们愿跟杨绛说心里话,大概因为她肯倾听,能了解,富有同情心。几年以后,中央明令解散农村食堂,调整所有制,说明杨绛当初听说的那些带点牢骚的悄悄话,正是农民的心声。

　　小队同伙见老乡和杨绛亲近,就叫她做"友好使者",例如给托儿所送礼,过年时给厨房送礼,都叫她送,并教她怎么措辞;每回都能圆满完成任务。

　　她也会和工人亲近。有一次,一起下乡的两个队——驻贫穷的太和庄的五男二女,与驻在富庶的稻米之乡的一队(队长王燎潆、副队长夏森,队员有缪朗山夫人、叶水夫、罗念生等)共十四人同到门头沟参观猿人石窟。那里都是铁路工人。他们到工人食堂吃饭,菜肴丰富而主食有限,只买到几盘菜,一份饭。杨绛就挨到工人吃饭桌上,和他们攀谈,立刻交了几个工人朋友。他们让给杨绛两盘馒头,有八个或十个吧。别的工人也要,杨绛已据为己有,工人朋友也帮着说,确是让给她了。去参观的大伙儿各吃一个或半个馒头,再吃一点点饭。

菜多且咸，主食少，又没水喝。幸亏带了两个水果罐头，好不容易打开，每人尝到一口半口的水果，解不了渴。

待参观游览完毕，急要回去，公共汽车早没有了，只有来来往往的运货卡车。回去约有三十里路程，杨绛说，"干脆走回去吧"。但女同志走不动，男同志也有部分老弱，叶水夫倡议"叫杨季康到十字路口去拦车吧！"

几个男同志走在前面，妇女老弱远远跟不上，杨绛在一批落伍的同志前面走，做两拨儿间的联络人，免得前后失掉照顾。罗念生拦得一辆卡车，司机说他们只运货，不带人。罗念生就急急往前走了。杨绛赶上去和司机商量，恳请通融一下，介绍了他们是什么人，全都老弱，个个口渴得要命，走不回去了。司机对杨绛很友好，准许他们上车，而且开往前去，把罗念生等走在前面的男同志都接上卡车。杨绛坐在司机旁边，石真挤在她旁边。到了两队人分手的长沟，大伙要送司机罐头，他坚不肯收。两队人都安全到达住处。

山村小队的同伙下乡久了难免想家，杨绛也一样，不过她爱说笑，全组都给逗乐了，大家说说笑笑，减轻了对家人的牵挂。晚饭后同在一间屋里，杨绛用不分四声的音调读文件，活像洋人说中国话，大家笑得捧腹。

下乡两月，总结完毕，山村小队和稻米之乡小队一起回北京。杨绛乖乖地受了一番教育，她说："下乡对我大有好处。我对老乡更能了解，更能亲近。农民跟知识分子（士）和工商界差不多，各式各样，也有很刁的农民，只是乡里人较朴实。"

通过一起下乡、共同锻炼，大伙儿发现杨绛并非一个"资产阶级女性"，很有联系群众的长处和自觉改造要求进步的方面。

同事们对杨绛印象的更大改变，恐怕是在"文化大革命"中。

1966 年 8 月 27 日被杨先生认为她非常不幸的一天。白天在办公室，她被迫交出《堂吉诃德》全部翻译稿（第一部已全译完，第二部已译毕四分之三），那可是她的誊清稿，未留底稿。晚上在宿舍大院陪斗，被剃光了半个头，成了"阴阳头"。

钱锺书比她还着急：明天怎么出门啊？那时，"牛鬼蛇神"是不准请假的，得天天在"牛棚"等候挨斗。杨绛却不惊慌，只冥思苦想，上楼回家时灵机一动，有了主意。她记起阿圆几年前剪下的两条大辫子放在柜里，就找出一只掉了耳朵的小锅当毡头，用锺书的压发帽做底，解开辫子，把头发一小股一小股缝上去。足足费了一夜工夫，做成一顶假发。第二天早晨开始，她就戴着这顶假发出门。

杨绛是 1966 年 8 月 7 日被"揪出来"的，对她的劳动惩罚是收拾办公楼的两间女厕所。杨绛不以为忤，自己置办了小刀、小铲子等工具，还用毛竹筷和布条扎了个小拖把，带上肥皂、去污粉、毛巾和大小脸盆放到厕所，就埋头认真打扫、细细擦洗。不出十天，原先污秽不堪的厕所被她收拾得焕然一新。斑驳陆离的瓷坑及垢污重重的洗手盆，铲刮掉多年积垢，擦洗得雪白锃亮。门窗板壁擦得干干净净，连水箱的拉链都没有一点灰尘。定期开窗，流通空气，没有一点异味儿。进来如厕的女同志见了都不免大吃一惊，对杨绛顿生敬重之心。

杨先生自称在"牛鬼蛇神"一伙儿里，无论年龄、资格、地位，她都最小，"揪出"也最晚。可谁也没想到她竟会成为一次专场批斗会的主角。起缘是"清理阶级队伍"时，文学所的革命群众贴了一张钱锺书的大字报，把文学所已经查清了的黑材料又给捅了出来。杨绛闻讯，当晚和钱锺书赶到学部大院，在这张大字报下边贴了一张小字报辩诬。外文所的革命群众起初并不知情，他们以为钱锺书真有如黑材料揭发的那么反动，而身为"牛鬼蛇神"的杨绛，竟敢在揭发钱锺书的大字报上贴小字报申辩，真是胆大包天，反了！她立刻被揪到千人大会上批斗示众。

群众想压服她低头认罪，不料她却气焰嚣张。

问她："给钱锺书通风报信的是谁？"

答："是我。"

又问："打手电贴小字报的是谁？"

答："是我。提供线索，让同志们调查澄清。"

台下一片厉声呵斥："谁是你的同志？"杨绛不客气，干脆就称"你们"。她竟和革命群众顶嘴了，还跺脚说："就是不符合事实！就是不符合事实！！……"

革命群众被惹恼了，递给她一面铜锣、一根棒槌，命她打锣。她正在气头上，没处发泄，下死劲狠敲猛打。这下可闹翻了天，群众驱她到学部大院去游街！

杨绛头戴尖顶高帽，颈上挂着被水泡得发霉的一块脏兮兮滑腻腻的木板，举着铜锣，被押到人众稠密的食堂绕行一圈，又到院内各条大道上去"游街"。走几步，打两下锣，叫声"我是资产阶级知识分子！"背后跟着一串"牛鬼蛇神"。

事后这在所内传为笑谈。群众始知杨绛不是一个娇弱女人，有她"金刚怒目"的一面。很多人说，从此"刮目相看"。谈起这些，杨先生不无得意，说："'文革'中，'牛鬼蛇神'敢和革命群众大发脾气的，外文所只有我一人。"

杨绛虽然顶撞了革命群众，他们后来得知大字报揭发钱锺书的所谓问题均已查清，就没有再为难她。杨绛的"罪"只是顶撞革命群众，她对此罪认错，但重申"没有的事就是没有！"没人驳斥她。

所里的一位学业极优秀的年轻人，曾由所领导指派他做杨绛的徒弟。杨绛认真教，他也认真学，师徒很相投。他处处护着杨绛。但是他是小资出身，所以很乖觉谨慎。经过多年的风风雨雨，直到"文革"，他总是暗暗维护。他深佩导师的胆识，认为她"无事，绝不去惹事；有事，也绝不怕事"。

即使身处逆境，倒霉的事不断，杨绛从未失去她的幽默感和同情心，始终以她锐利的眼光和敏感，在观察这被颠倒的现实生活中的一切。

革命派规定，刚揪出来的"牛鬼蛇神"都得写自我检讨交监管小组审阅。每份发回的检讨都有批语，杨绛得的批语是："你这头披着羊皮的狼！"好厉害呀！杨绛不禁偷偷端详那位审阅者，面容很和善，像是谨厚的人。她不知他的姓名，就把他的批语做他的代号，称为"披着羊皮的狼"，可是她怎么也说不顺畅，总颠倒成为"披着狼皮的羊"，因为在她心里，这位审阅者只是"披着狼皮的羊"。

杨绛对"革命群众"很好奇，忍不住随时就地"探险"。宿舍大院要求家家户户在窗玻璃上用红油漆写毛主席语录，住楼房的，得用很复杂的方法写反字。她为这个任务去向监管小组请一天假。监管员并不为难，一口答应。杨绛会用左手写反字，所以很快就完成任务。在家休息了半天。不久家里煤炉坏了，她又去向另一位监管员请假修理炉子。这是个人的私事，应该业余做，但也得到批准。她曾向那位"披着狼皮的羊"请假看病，其实她并未生病，也未看病，只是劳累。他不盘问看什么病，很和善地点头答应。她渐渐发现监管小组个个是"披着狼皮的羊"。

"牛鬼蛇神"节假日不得外出，还得格外写些心得之类上交汇报。革命派的评价通常是"拒绝改造"，"牛鬼蛇神"已习惯了接受这个罪名。可是有一次，一个新的战斗团的头头放假前训话对他们说："你们该实事求是呀。你们难道有谁拒绝改造了吗？'拒绝改造'和'没改造好'难道是一回事吗？"杨绛听了大为安慰，满怀感激。她"自失去人身，难得听到'革命群众'说出这等有人性的语言"[1]。

上世纪六十年代末七十年代初，全国开展了一场声势浩大的清查所谓"五·一六"运动，学部自然也不例外。运动的起因是"文革"初期北京有过一个称为"首都红卫兵五·一六兵团"的组织，成员人数很少，主要活动是张贴攻击和反对周恩来总理的大字报，大字报的署名是"5·16"三个醒目的阿拉伯数字，其中"1"字画成一个燃烧的火炬。他们的大字报显然是错误的，应该依法惩处；然而不可思议的是却由此在全国范围内开展一场清查所谓"五·一六"的斗争，使数以十万计跟这个小小组织毫不相干的人们，无辜遭到审问、打击和迫害，甚至被逼上绝路。清查运动在林彪事件发生后泄了气，最后不了了之。

外文所开始清查所谓"五·一六"的时候，杨绛已"恢复人身"，被1968年进驻学部的工人解放军毛泽东思想宣传队叫去为江青、姚文元等翻译新时代法国剧院的新花样。当时钱锺书已下干校，工宣队问杨绛能翻译法文吗？她不能说"不能"，但她抗拒说："我的罪行之一，就是为周扬等翻译资料，提供炮弹。现在又翻译资料，安知没有人假借江青之名，要制造炮弹呢？"工宣队说："这事由我们负责。"她只好一个人坐在冯至的所长办公室内苦翻。后来又加入一人翻俄文，但经常是她一个人，因为她的资料很难翻，翻不快。

此时清查所谓"五·一六"的斗争已经开展很久，正在深入。原先无产阶级革命派的头头已承认自己是"五·一六"；成了谁都不屑置理的罪人，杨绛和他招呼，他好像很意外，也很感激。

工宣队的小杨师傅来找杨绛说："抓'五·一六'事重大，你脱离群众不好。"叫她参加斗争。

杨先生回忆说：接下来我就参加了逼供信。以前她一人做翻译工

---

[1] 《丙午丁未年纪事·乌云与金边》，见《杨绛文集》卷2第188页。

作时，常听到邻室受逼的人带哭否认。一方是怒声胁迫，一方可怜巴巴地辩白。等她参加逼供时，了解事先并无根据，一面逼，一面自信逼出来的事实。自以为只要逼，"五·一六"只好吐实。她也随众举拳头，但看出被逼者的无奈。他们无法过关，就自己捏造，如经对质，罪行相同，就算老实。所以他们得串连，一同编造些罪行。

外文所的诱供办法是，只要写材料承认罪行就坦白从宽，当众销毁材料，不入档案，事情就完了。杨绛亲眼看见烧认罪材料（想必是复印件或抄件，原材料还在档案里）。于是"五·一六"们尽量编造相同事件，另外再补充几件自编的；于是"罪行"越来越多，雪球越滚越大。结果外文所左派的年轻人，除了郑土生不肯承认，其他全部都是"五·一六"。每人含泪在毛主席像前承认"对不起主席，欺骗了您"。所谓"欺骗"就是含冤。

军宣队来后，就准备学部群众下干校，工宣队撤走。据阿圆说：德一被迫自杀[1]的当天，逼他自杀的那个工人师傅就被厂方揪回，成了"五·一六"。学部的工宣队，回厂后想必也同样在工厂揪"五·一六"。

外文所是带着清查所谓"五·一六"问题下干校去的。凡是受清查的"五·一六"做牛做马般担负全所最繁重的劳动，在泥泞的路上，拉堆满箱子等重物的车。每天开会，只是斗"五·一六"。

历史有时就那么嘲弄人，军宣队在干校派来监视受隔离的"五·一六"的老先生们，正是革命派于"文革"初期最早"揪"出来的"国民党代表""反动权威""苏修特务""地主"等"牛鬼蛇神"。他们忠于职守，小心翼翼地监视当年的革命派。所以，一次在食堂排队买饭，年轻人郑土生恰排在监视他们的一位老先生背后，就唱起了一支农民

---

[1] 杨绛先生的女婿王德一，北师大历史系助教，被错打成"五·一六"，在学校围剿"五·一六"的斗争中，工宣队一天三个单元斗德一，逼他交出"名单"；他不能无中生有，也不愿诬陷他人，就自杀了。

哀叹歌。

初下干校，在河南息县，杨绛和张佩芬、蒋承俊还有一个绰号"排骨"的瘦人张静云住一块儿。她们先住一间没有窗的六面泥房，又搬入副队长家。他家把藏干草、木头的屋子出清给她们住。最靠里的一角黑暗潮湿，蒋承俊与"排骨"说，"谁住这里，一定得病"。她们让杨绛第一个挑，她就挑那个暗角。她们很惊奇杨绛选那黑角落。杨绛说："我已六十岁，来日无多了，有病也无妨；你们正年轻呢。"那时军宣队正要蒋承俊承认"五·一六"，还诱供她拉上某人。蒋自知"五·一六"难免了，但是她说我偏不扯上这人，我扯别人。

当时，她们四人，一个是"牛鬼"变的老先生，一个是"大资"小姐，一个"五·一六"，还有"排骨"，相处极好，说话没顾忌。息县雨后回住处，路难行，许多人滚成泥团。领导照顾老人，叫杨绛搬家，入住近厨房处，换另一人迁入。同屋三人求杨勿搬，怕别人打小报告。杨绛已住惯，她从不摔跤，所以没有搬。她曾正式声明："你们尽管说，我在帐中听广播（她带有一个小收音机），你们的话听不见。"于是这间小屋就成了"五·一六"聚谈之所。

干校从息县搬到明港军营后，军宣队为了防止串连，订下规矩，晚饭后不许两个人一同散步，散步至少三人。杨绛就找头头说："我们两口子，没人愿和我们走，您就和我们一起走走吧！"头头说："那就不走吧！"杨说："就单让两口子走走吧！"以后，他们公然得了批准似的，两个人一起散步，军宣队也不阻止。

有位"根正苗红"的年轻人，贫下中农出身，山村成长，因秉性愣直，绰号"刺儿头"，"文革"初期是响当当的无产阶级革命派，曾经横眉怒目狠狠批过杨绛，现在也被指控为"五·一六反革命分子"。他因为不肯按领导要求的口径瞎编假话栽诬自己、陷害他人，正面临从严惩处的危险。他在连长陈焜的指示下，向杨绛借过钱，已对杨很信任。

他叹气说:"我也不愿瞎招认,但我上有老父,下有二子,妻多病,若停了我的薪给,就一家人没饭吃了。"杨绛说:"你该实事求是,是就是,不是就不是。你给我写一个家中地址,院方不发工资,我给你寄。只是你得小心,不能说出去,若把我卷了进去,我就无法帮你了。"这事杨绛连钱锺书也没告诉,免得牵连他。但"刺儿头"一次被打急了,说他不怕,他有经济支持。当时他和郑土生都挨打,一起被打着拖出去。

回到小屋,蒋承俊和"排骨"问杨绛:"急了吧?"她只笑笑。她打定主意若问到她,就说陈焜不是叫"刺儿头"向我借钱吗?其他一切否认,谁肯证明?大家都说:"逢到这类事,老先生只求自保,谁也不会做你这等事。"

"刺儿头"曾因爱人重病,快不行了,连长陈焜准他回家探亲,杨绛借给他一百元。回来后,杨绛出于关心,问他爱人怎样了。"刺儿头"以为杨绛要他还钱,就说"还不是花钱吃药、吃好的,补养身体嘛!"杨绛这次下干校总共带了一百五十元,现在还剩五十元。她对"刺儿头"说:"我再给你四十元寄回去,让病人吃药补养。""刺儿头"听了惭愧极了,自己是以小人之心,度君子之腹了。心上暖暖的,深深地感动了。他后来写了一个很大的"人"字压在他办公桌的玻璃板底下,据他说是从杨绛先生身上懂得什么是人,怎么做人。

有个高个儿的年轻人,脚上扎了一个洞,伤口血肉模糊。杨绛见状不忍,叫他把脏兮兮的脚蹬在她膝上,为他清洗伤口,敷药包扎,他从此和杨绛成了好友。

杨绛每天早上早餐前,总把钱锺书送交她的好奶糖装满口袋,见了做牛做马的所谓"五·一六",每人四块或六块,自己吃的极有限。她发现张佩芬吃的糖是上海货,好吃。张佩芬给她吃糖,她总留给钱锺书。张佩芬很妙,她说"男同志既可以抽烟,女同志也可吃糖"。她没受驳斥,连长和排长却常不点名地批评杨绛"人道主义者",这人塞几块（糖），那人塞几块。

杨绛对这类批评并不在意，她向来因"人性论"和"人道主义"受批判。但她深信人性确实存在，人道主义永远是人间温暖的主义，打不倒。人性是宝贵的。每一个人都有人性，也有兽性，不发展人性，倒提倡兽性吗？

这位"人道主义者"兼有科学头脑和艺术家的气质，即使处理生活小事或应付困难也充满智慧。她的急中生智、灵机一动多缘由于此：头天晚上被剃了"阴阳头"，第二天早晨就能戴着连夜自制的假发出门；她一人用粗绳捆扎小床，欠一只手，就请牙齿帮忙，粗绳系上细绳用牙咬住，腾出一只手；"文革"挨斗，头戴三尺长的尖顶高帽，还得做"喷气式"，低头弯腰到九十度，一两个小时下来，头昏腰痛，苦不堪言。她却想出把帽子紧紧扣住，不使掉落，眉眼全罩在帽子里，可使帽子和地面的角度缩小，形成自然低头状，省劲儿不少。如果是陪斗，时间又长，尽可趁监管人员不注意，静心养息，学马站着睡觉。……

杨绛想出来的种种诀窍没有独享，还介绍给落难的同伙尝试。冯至挨斗，杨绛教他："如今晚斗你，晚饭少吃一口。临时嘴里含一块人参，头脑清醒。"他都听了。在干校，烧砖盖房，革命群众让冯至脱鞋踩泥做坯。杨绛又教他带上一条毛巾、一双袜子；踩完泥，擦干脚，换上袜子，可免着凉。他也听了。

我想起杨先生的那些难友中，有人以前没少欺负她，而冯至对她也从来看不起，曾不指名地批评她是"糊涂好心人"等等。我问杨先生："您这是不计前嫌，以德报怨吗？"杨先生笑笑，不答话。我想这也许就是"人道主义者"对人性弱点的一种理解和宽容吧。

杨绛在干校，属菜园班，有时随大队到麦田或豆田锄草。队长分配工作说："男同志一人管四行，女同志一人管两行——杨季康管一行。"可是两个来自农村的年轻人是干农活的能手，他们对杨绛说："你一行也别管，我们留几根'毛毛'给你"。他们一阵风似的往前，至少一人管六行，杨绛跟在后面锄几根他们特意留给她的"毛毛"，心上说不尽的感激。

菜园班班长派杨绛看菜园也为照顾她。钱锺书的宿舍就在菜园西北的砖窑北面不远，走路不过十来分钟。钱锺书看守工具，班长就常叫杨绛去借工具，借了要还，同伙都笑嘻嘻地看她兴冲冲地来来去去，又借又还。

钱锺书还是他们连的通讯员，每天下午到村上邮电所去领取报纸、信件、包裹等回连里分发。邮电所在菜园东南，他去邮电所经过菜园班的菜地，有时绕到菜地看看杨绛，大伙就停工欢迎。杨绛留守菜园的时候，发现小溪干涸，锺书可由她们的菜地过溪往邮电所去，不用绕道，他们经常可在菜园相会。虽然三言两语，时间很短，能够见面，已很知足。

1971年1月3日那天，下午三点左右，杨绛一人留守菜园，有人来问菜园东南方向两个坟墩是不是干校的坟。杨绛告诉他不是，干校的坟在遥远处。过了一会儿，几个人在溪岸动手挖土，刨起了坑。旁边停一辆大车，车上盖着芦席。车旁站着几个穿军装的，想是军宣队。刨坑的动作极快，忽有一人工具坏了，向窝棚跑来借铁锹，杨绛拿了一把给他。只见他们刨到四五尺深，就从芦席底下抬出一具穿蓝制服的尸体，用芦席卷上把他放进坑里埋了，杨绛心里震惊。

借铁锹的人来还工具的时候，杨绛问他死者是男是女，什么病死的。他告诉杨绛，他们是学部某连，死者是自杀的，三十三岁，男性。

他们拉着大车回去的时候，天已昏黑，杨绛慢慢走到溪岸埋人的地方，只见一个浅浅的土堆，谁也不会注意这是一个新坟。

第二天，她告诉锺书，在溪岸上走，留心别踩那新坟，里面没有棺材，泥下就是身体。

邮电所消息多，锺书从那里回来，不但知道死者的姓名，还知道死者有妻有子，那天有好多件行李寄回死者家乡。

她后来又听说学部在清查所谓"五·一六"的逼供信和批斗中，被迫害致死的有二十二人之多；有一个活活被打死的女同志，也有不堪迫害含冤自尽的。新坟底下埋着的不过是其中的一个。

杨绛并不认识那个死者，只是亲眼看他被埋，心上总放不下。村里下大雪的时候，她发愁雪后地崩坟裂，尸体被野狗拖出来。幸好后来地是塌下一些，坟却没有裂开。

清明那天，学部干校大搬家，由息县迁往明港兵营。动身前，菜园班同伙回到菜园，拆除了大小所有建筑，用拖拉机翻了地。杨绛和钱锺书临走同往菜园看一眼告别，只见窝棚、菜畦、井台、灌水渠，什么都没有了，剩下一片土坷垃的空地，那个浅浅的土堆似的新坟也已不知去向。

干校迁到明港以后不久，奉命到学部来"支左"的军宣队新领导发现学部清查"五·一六"运动扩大化，随即停止了运动。

干校在明港，住的是部队留下的营房，无须再像在息县那样从和泥、脱坯、烧砖开始，辛辛苦苦地建造住房，当地也没有田地可供干校的"五七战士"从事农业生产劳动。下乡来走"五七道路"的男女老少，除了每天开会发言，别无他事可干。杨先生说："在明港，我们住的是玻璃窗、洋灰地的大瓦房，伙食比我们学部食堂的好。""我们既不劳体力，也不动脑筋，无功受禄，惭愧呀。看着大批有为的青年成天只是开会发言，心里也暗暗着急。"[1]

干校不干什么，却不准离开。虽然步行一个来小时就能到火车站，可是没有军宣队开的证明信，买不到火车票。请假回京看病也不行，

---

[1] 《干校六记》，见《杨绛文集》卷2第49页。

军宣队不批准。大概是怕干校人员借口看病回京,不再返回明港干校吧。

这年年底,北京给学部干校拍来电报,遣送一批"老弱病残"的学员回京。北京来电的名单上有钱锺书,他在邮电所亲眼所见,干校在具体落实时却调换了别人,原因不明。

1972 年 3 月,杨绛和钱锺书作为第二批"老弱病残"遣送回北京,回到他们已离开两年的干面胡同的家。同年 7 月,学部下放干校的全体人员也全都回北京了。他们回北京后,仍天天开会"学习","老先生"们在家"学习",有时到所里开会。有人说笑话:"'学部'原来是'学习部'!"钱锺书开始写《管锥编》,杨绛翻译《堂吉诃德》。她"文革"前已译完大部分的原稿,下干校前已由原外文组支书找了回来交还给她。因中断多年,她得重新从头再译。

杨绛夫妇是 1962 年 8 月由东四头条迁入干面胡同学部宿舍的。原有四个房间;于 1969 年 5 月由一对革命夫妻带一个小孩迁入,分去一半。这是军宣队在"文革"中采取的一项革命措施,让"革命群众"入住"资产阶级权威"家,名曰:"掺沙子"。

"文革"后期,文研所和外文所的许多革命群众与钱杨夫妇相处多时,已很友善;掺入他们家的这对革命男女,却对已经走出"牛棚"的两位老先生,仍然不能相容。1973 年 12 月,钱、杨以强邻难处被迫逃离宿舍,经请示领导准许,开始了他们的流亡生活。

流亡的第一站,是钱瑗学生时代在北师大的集体宿舍。她原和两个同事午饭后在这里休息。房间在三楼,朝北,因天气寒冷,眼下只钱瑗一人在这间屋歇宿。

他们还没进屋,左邻右舍就出来招呼钱瑗,楼道里许多人都出来看钱瑗的爸爸妈妈了,还有钱瑗在别的楼里的同事、朋友也闻讯赶来。大家听说了他们的情况,都很同情,纷纷从家里拿来被子、褥子、枕头、锅碗瓢盆、菜刀、锅铲、油盐酱醋,甚至味精。有的端来煤炉子、蜂窝煤。

屋里阴冷脏乱，沿东西两墙放着三只上下铺的双层单人床，中间对拼四张书桌。床底下东西堆得乱七八糟，书架上落满了灰尘。杨绛爱整洁，好一番收拾、打扫、整理；又忙在楼道生上煤炉，将钱瑗从食堂买回的饭菜加工烹调，一家人就在新居共进晚餐。这里生活虽然简陋，心上却很舒坦，而且钱瑗不用天天挤车上学校了，再加钱瑗朋友、邻居们的热情友好，让他们感觉温暖。

冬至快到了，天气一天天变冷，寒风一个劲儿从北窗缝里往屋里钻。因为停电，学校宿舍暖气也时有时无。杨绛一家逃出时只穿了随身衣服，不能就这么过冬。她生怕锺书着凉犯病，便央求所内一位身材高大的转业军人充当保镖，陪她回干面胡同宿舍去取了冬衣。不过，锺书还是冻得感冒了。

不久，钱瑗的一个同事知道他们住一间北屋，便将朋友让给他的两间小红楼的房，让他们先过去住，自己仍住原房。小红楼是教职员宿舍，条件比学生宿舍好些。两间房，一朝南，一朝东，阳光充沛。屋里有床和桌椅等学校的家具。

搬家忙乱，谁也没注意到，已着凉感冒的锺书也想帮忙，正"拙手笨脚"地扫除一堆陈年积土，杨绛发现时他已吸进大量尘土，于是引发了哮喘。上校医院打针吃药也不见好。1974年1月18日下午，锺书呼吸愈益急促，喘得上气不接下气了。情况危急，赶快送医院，又吸氧又输液，抢救近四小时才缓解。学校规定，校内汽车不为家属服务，好心的司机还是借机会送钱瑗家属到医院，又答应半夜起来驱车去把他们接回家。

此时学部正在火热进行"批林批孔"运动，幸蒙文学所领导许诺锺书静养，运动可暂不参加。

锺书的哮喘渐渐好起来，由哮喘而引起的大脑缺氧却使他反应失常：手足活动不灵活，言语口齿不清。幸亏只是一时性的，没有落下病根，杨绛一颗悬着的心才慢慢放下。

他们在小红楼度过寒冬，天气回暖以后，杨绛想着不能老占着人家的房子不还，就去学部向文学所军宣队求得一间堆杂物的办公室，在学部七号楼一层西尽头。文学所和外文所的年轻人，出于同情，打扫了屋子，擦洗了门窗，门上配了钥匙，挂上窗帘。沿着东墙西墙摆着借用的铁书架，没了横格，他们用干校带回的破木箱，砌在铁书架上。又怕暖气片供暖不足，给装上炉子，从煤厂拉来一车又一车的蜂窝煤，码在廊下，还装上风斗，防中煤气。

1974 年 5 月 22 日，杨绛和锺书告别了北师大的老年少年朋友，迁入学部这间办公室。见到年轻朋友为他们精心周到的安排，真是感激莫名。

屋子不大，两壁铁书架，顶西墙横放两张行军床，中间一只木箱当床头柜。北窗下一张书桌，锺书用；近南窗，贴西墙，靠床的一张小书桌，杨绛用。桌面小得只能放下一沓稿纸和一本书，工作时，各种大词典不得不摊放床上。厨房在廊下，锅碗瓢盆全放铁书架顶上。

安顿停当，锺书即继续写他的《管锥编》，杨绛继续翻译《堂吉诃德》。两人不管处境如何，读书和工作始终是他们的最大乐趣。

陋室虽小，具有种种优点。文学所的图书资料室就在前面的六号楼里，借书很方便。外文所相距不远，所里的年轻人友好肯帮忙。钱锺书始终没能到外文所工作，但外文所的年轻人对他十分敬重，关怀爱护备至。杨绛很感欣慰。

当然，这里也有困扰人的三灾：一是鼠灾，一只大老鼠住地下，经常出没，专咬锺书的中文笔记稿（咬碎了做窝吧）；二是蚊灾，蚊子多得往脸上撞。上厕所，灯坏了，得颈间挂电筒，一手不停挥扇驱蚊。邻家主妇说"一蹲一个包"；三是白毛虫灾，白的毛毛虫变成白色飞蛾，飞来飞去，杨绛最怕软虫，她用筷子夹了小虫，埋在土里。院子里有一口熬柏油的大铁锅，雨后积水，孑孓滋生。杨绛为灭蚊求人将大锅翻过来，没人肯出力，找文研所、院部和有关办事机构，都没人管。

不过，这些都不能影响他们专心一意工作。他们从1974年5月到1977年2月，在陋室生活两年九个月，杨绛重新译完了全部《堂吉诃德》（原本八册）。钱锺书写完了《管锥编》初稿。其间，还参与完成了《毛主席诗词》的英译工作。这项工作是1969年开始的，中断多年后于1974年11月又继续做。由于锺书"足不出户"，翻译小组的知名人士叶君健、袁水拍，不得不屈尊天天来陋室工作。叶君健与锺书脚对脚对坐，袁水拍挤坐一侧。周珏良代表乔冠华也来过几次。江青对袁水拍、叶君健说："钱锺书不懂诗，你们让赵朴初去点拨点拨。"于是赵朴初奉命而来陋室，对"不懂诗"的钱锺书"点拨"，无椅可坐，只能挤坐锺书椅旁的凳上。钱锺书不声不响，听任他"点拨"。

1976年7月28日唐山大地震，余震不断，波及北京。外文所的楼最不坚固，领导让楼内居住的人全撤到圆穹顶的大食堂去。所里的年轻人放心不下钱杨夫妇住的也是危险房，忙把他们的两张行军床和生活日用品，搬到大食堂，将他们安置在最安全的地方。杨绛家的钟点工，地震回家不来做饭了，杨绛和锺书就吃年轻人的"百家饭"，吃了一家又一家。有段时间，女儿女婿[1]要接老两口去他们家，那时街上住满了躲地震的人，年轻人不放心，一路护送他们到女儿家。后来年轻人自己盖了一座牢固的防震棚，声明除了钱杨二先生，他们的棚里不容宿舍以外的任何人避居。不过钱杨先生并未搬去住。杨先生总说，回忆起地震的时期，心上特别温馨。

这一年，周恩来总理、朱德委员长、毛泽东主席相继去世，老百姓惶惶不知"文化大革命"还要进行到何时，国家民族的前途将怎样？

---

[1] 钱瑗于1974年青年节（5月4日）与杨伟成登记结婚。

10月6日近午,有人来看望钱杨夫妇,在手纸上写了"四人帮已倒"几个字,随即把手纸收回撕毁。杨绛忙走到院里去看看动静,只见"砸烂朱德狗头"的横幅还高挂着,不敢信以为真。院部门口有个小店,酒已售空。那天下午"四人帮"倒台已证实,大家欢欣鼓舞喝酒庆祝。外文所同人凑份子,去四川饭店吃了一顿馆子庆贺,还留影纪念。

长达十年的"文化大革命",践踏了民主和法制;将国民经济引向了崩溃的边缘;各个领域无不遭到颠倒破坏,流毒深广;称为浩劫,绝不过分。"四人帮"倒台,意味着"文革"的终止,怎不令人人拍手称快!

杨绛在十年浩劫中没少受磨难,光亲人就失去多位。可以肯定地说,全国家家户户,没有一家一户免于遭殃。但她只把那种种灭绝人性的举措看成大片乌云,而将同遭大劫的人们,经过不同程度的摧残和折磨,互相加深了解而滋生的一点同情和友爱,比喻为乌云的银边或金边(因为乌云愈是厚密,银色会变成金色)。她从来相信人性,而同情和友爱正是人性的一种表现,人性不会泯灭,乌云也不能永远占领天空。

杨绛说:"乌云蔽天的岁月是不堪回首的,可是停留在我记忆里不易磨灭的,倒是那一道含蕴着光和热的金边。"[1] 杨先生这话说得多么温柔和煦。她真不愧是一位境界高、气度宽宏的人性论者!

---

[1] 《丙午丁未年纪事·乌云与金边》,见《杨绛文集》卷2第191页。

16. 我仍是一个零

　　杨绛和钱锺书在学部七号楼西尽头的办公室已住了两年多，在进入第三个冬天的时候，杨绛照例买了许多蜂窝煤码在廊下，准备过冬。有人提醒她别买那么多煤，她没有在意。他们在这间读书工作兼吃喝拉撒的办公室已经住惯。杨先生说："搬到三里河之前，我们只看中邻近藏书室旁边一小间空屋，黑暗无光，但可存衣物，我想讨过来放放箱子；我们就在那间办公室终老了，因为四邻都是友好的。"

　　她是被恶邻欺侮怕了，所以对这里的友好邻居非常珍惜。她至今记得王燎潆一家五口两代人住隔壁两间；她的家白天室内讨论译《毛主席诗词》，有时闹得她无法工作，就逃入王家去翻《堂吉诃德》。王燎潆很爱女儿，告诉杨绛，女儿说，她昨晚做了一个"爸爸梦"（梦见了爸爸）。他很赞许杨绛能照顾锺书。在干校最照顾锺书的许德政，就住在他们楼上。

　　因为杨绛勤于收拾厕所，每日主动去打扫三次，又掏挖阳沟、保护自来水管道，大家对她有好感；背后八号楼的人也和钱杨要好。外文所的年轻人都友善，他们的孩子由黄宝生的儿子领头，董衡巽的儿子拖在最后，天天都要到钱杨家来转转。她请他们吃糖果蜜饯，会和每个孩子玩。

　　1977 年 1 月间，忽有学部办公处的办事人员给了杨绛一串钥匙，叫她坐学部的汽车，到三里河国务院新盖的宿舍去看房子，并说如有人问，就说因为他们住办公室。杨绛和女儿去看了房子，立即在众多年轻同事的帮助下，收拾了干面胡同宿舍的书籍、衣服、箱笼、家具，连同"陋室"里的全部家当，于2月4日立春那天，由年轻朋友们陪同，乘坐大卡车迁入新居。杨绛怕钱锺书吃灰尘，把他当做一件最贵重的行李，下午搬迁停当后，用小汽车把他运回新家。

新居有四间房，他们把最大的一间作为工作室，也充客厅。临窗一竖一横摆放两张书桌，钱、杨各据一张。沿墙是书橱，只西墙靠门有一对沙发和茶几。其余三间，钱、杨夫妇和女儿各住一间，一间吃饭。周奶奶已由钟点工改为全天，晚上就睡在吃饭间里。院子大，环境清幽，绿荫夹道，早晚可在院里散步。

安顿下来，两人立即全心投入工作。钱锺书修订他的《管锥编》初稿，杨绛开始从西班牙原著重新翻译《小癞子》一书。《堂吉诃德》译完后，《世界文学》要求连载，外文所领导说："此非新书，译的很多，不用登了。"译稿交付人民文学出版社排印，出版社要求译者作序。据杨绛说，外文所领导体谅她"下笔即错"没让她写，而命一年轻人作序，杨绛将有关材料全部提供给这位年轻人。但出版社不接受，为此书稿被压了下来，未能按照合同，如期出版。一年后，杨绛见久不出书，便去讨还译稿，准备留在手边，随时修改。她不知道这就相当于责备出版社违约，不要他们出版了。书已排印，如作者索回原稿，出版社就得大赔本，所以急忙请他们的编辑施咸荣赶写了一篇简短的"内容说明"，赶紧出版了没有序文的《堂吉诃德》。这在该社出版的外国古典文学名著丛书中，是唯一的例外。

新居离学部甚远，交通不便，钱杨平时在家工作，很少到学部去。每月年轻人代领了两人工资，抢着来看看他们。董衡巽、薛鸿时热心为钱锺书借西书，如外文所没有，便从北大借，或北京图书馆借。他俩来得最多，锺书背后称"董超""薛霸"。锺书去世后，杨绛告诉了他们，他们大笑。

锺书所借书要求指定的版本，如版本不符，锺书就会一边翻书一边很客气地说："董公啊……"所以老董每回一听到"董公啊……"就感到很窘，知道偷懒不得。薛鸿时常给钱锺书送去一摞摞他要的书，有时他把书留下，有时他一边和薛交谈，一边快速翻阅一大堆书，等薛鸿时告辞时，让他全部带走。原来这些书他早已读熟，有的在文章中引用，发表前需要认真核对一下。薛鸿时读书、翻译遇到困难，向钱先生请教，多大疑难都能迎刃而解。钱先生有客，杨先生就为他耐心讲解透彻。外文所的同事碰上难题也常托老薛去问。钱先生虽然风趣地说："你们总是来'剥削'我！"但每次都做出最确切的解答，有时还旁征博引，成段背诵中外书籍的相关论述，使他们大开眼界。

尽管钱锺书惜时如命，来"剥削"他的朋友还真不少，不过他总肯帮忙。上世纪八十年代，画家黄永玉画了一张"凤凰涅槃"寓意的大幅国画，作为国家重礼送给一个外国城市，领导让他写一个简要的"凤凰涅槃"的文字根据，以便应对参观者询问。他翻遍了《辞源》《辞海》《中华大辞典》《佛学大辞典》，又遍访北京各寺庙和尚方丈、民族学院、佛教协会请教，都不得要领。眼看出发在即，急得他只能打电话向钱锺书求救了。钱锺书告诉他，凤凰跳进火里再生的故事是有的，古罗马钱币上有过浮雕纹样，也不是罗马的发明，可能是希腊传过去的故事，没准和埃及、中国都有点关系。锺书让他去翻中文本的《简明大不列颠百科全书》第三本。黄永玉马上找到，解决了所有的问题。

搬到三里河新居后，杨绛天天看到对门邹家华在松树底下做大雁功，很羡慕，想学。老叶就教她练，同时送她一本由八十岁老太太杨梅写的《大雁功》。杨绛学得很认真，学得浑身大汗，不久就完全学会了。锺书笑她，她说："我是为你学的，你也得好好学。"杨绛就教锺书做。锺书在她背后，随着她的动作做，学得又快又好，但他淘气说："monkey see, monkey do." 大雁功的效果非常好，是很好的运动。杨绛坚持做了很长时间。

1977年7月24日，何其芳去世。他是文研所所长——钱杨的领导，由领导而成为要好朋友的。他俩同去为他送行。在告别仪式上，他们见到胡乔木、周扬、夏衍等老同志全部到会了，感到长达十年的"文化大革命"是结束了。

胡乔木知道钱锺书病喘，在他们蜗居办公室期间，寄过几次治喘的药方。他们不知他的通讯处，也就没有致谢。胡乔木和钱锺书虽是清华同学，在校时互相并不认识，不过锺书在毛选英译委员会工作，胡是上层领导，对他并无好感，还不点名批评他身穿长袍，服装守旧。

锺书自迁进新居，一直在"格物致知"是何方贤人帮助配给的房，"格"了半天，没有结果。何其芳夫妇同来看他们的新居，并不知情。胡乔木常来拜访，从不提房子的事。只一次偶来夜谈，被周奶奶的床堵在过道上，再次来访时就问"房子够住了吗？"锺书方知这回迁居，是他安排的。杨绛忙答"始愿所不及"，算是向他道谢了。其实周奶奶本来睡在吃饭间好好的，只嫌主人晚上到吃饭间倒开水影响她休息，才把床搬到过道上。后来杨绛把热水瓶挪入卧室，就没事了。

胡乔木第一次来访，是向钱锺书请教一个问题：马克思曾说，宗教是人民的鸦片，他究竟是怎么说的。锺书搬出他刚修订完毕的一部《管锥编》手稿，找到某册某页，指出问题的答案。

胡乔木一见这部手稿，大有兴趣。他翻阅了部分手稿，就着急说："这么多外文，不及早出版，将来谁能校对呀！"锺书忙说："还没有誊清呢。"胡乔木究竟先进，懂得新事物，他说可用 xerox，钱杨二人闻所未闻。1977年11月，《管锥编》全部手稿，在胡乔木指示下，交中华书局用繁体字出版，并指令中华书局从上海调来编辑人员，由傅璇琮主持排印出版。钱锺书交出了全部手稿，如释重负，因为偌大一份手稿，

不知锺书说了什么笑话，胡乔木开怀大笑。杨绛说他与锺书闲谈是"思想上放假"

誊清一过，煞费精力，他还没想到出版呢。

1979年8月，《管锥编》出版，共四册。1986年6月，第二次印刷，因纸型已制成，作者的增订，只能附在书尾。1989年第三次印刷，收入钱锺书《增订》《增订之二》，合为第五册，1991年与读者见面。1994年锺书又最后完成了《增订之三》。1994年12月，中华书局第四次印刷。同年《管锥编》获首届国家图书奖。此书出版，全靠胡乔木大力支持。

"文革"前，胡乔木对钱锺书比较冷漠，而"文革"后却十分亲厚，关心照顾，先后判若两人。钱锺书也不明白什么缘故。他猜想，一个人经过"文化大革命"，受了委屈，吃了苦头，会心胸宽厚。

胡乔木也关心杨绛在干些什么。杨绛说，从西班牙文重译的《小癞子》已定稿，最近因眼前出现飞蚊，是视力的关系，辞典字小查阅吃力，所以没再翻译，在搞创作。胡乔木一向称赞杨绛文笔优美，曾说他是杨绛的忠实读者，读她的作品是一种享受。他愿做杨绛任何一部新作的"第一读者"。胡乔木对杨绛说："你有部分读者。"大概指知识分子，特别是中老年知识分子吧。胡乔木往往从杨绛的谈话里，了解知识分子的情况。

1977 年 11 月，原中国科学院哲学社会科学部撤销，成立中国社会科学院，胡乔木任院长。

杨绛从西班牙文翻译的《堂吉诃德》，终于由人民文学出版社于 1978 年 3 月出版，这是我国直接从西班牙原著译为中文的第一个版本。此书分上、下二册，钱锺书题写书签。《堂吉诃德》定稿时，锺书的《管锥编》手稿也刚校订完毕，他提议和杨绛交换题签。杨绛笑说："我的字那么糟，你不怕吃亏吗？"锺书说："留个纪念，好玩儿。"从此两人的作品出版，都互相题签。

拿到新出版的《堂吉诃德》样书，杨绛真是感慨万千。从 1956 年或1957 年领受外国文学名著丛书编委会要她翻译《堂吉诃德》的任务；她决定要从原文翻译此书，1958 年冬开始自学西班牙语，每天学习，坚持不懈；1961 年着手翻译，运动多、会议忙，一点一滴凑工夫翻；"文革"初，已近完成，译稿又被红卫兵没收；1972 年 3 月从干校返京续翻，觉得一口气断了，接不上了，只好再从头翻起。这部七十二万字的译著，前前后后竟经历了整二十年时间！

《堂吉诃德》一版印刷是"文革"结束后不久的产品，由于百废待兴、物资紧张，纸张粗劣，印刷装订也差。不过这个译本一面世就成了畅销书，首印十万套很快售完。过年第二次印刷，又是十万套。

1978 年 5 月末，西班牙国王和王后访华的先遣队到达中国时，正巧遇上北京书店门前读者排着长长的队伍购买刚出版的《堂吉诃德》中译本的盛况，这给先遣队留下深刻印象。6 月 3 日，西班牙先遣队记者访问了杨绛，谈起这事，她风趣地说："那位忠君爱民的堂吉诃德先生特意先来一步，到北京迎接西班牙国王和王后的造访了。"

1978 年 6 月 15 日，杨绛参加了邓小平同志为西班牙国王胡安·卡洛斯一世和王后举行的国宴。小平同志将《堂吉诃德》中译本作为国礼赠送给贵宾，并将译者杨绛介绍给西班牙国王和王后，行握手鞠躬礼。小平同志也和杨绛握手，问《堂吉诃德》什么时候翻译的。杨绛握手间不及细说，但答今年出版的。

根据当时的规定，工作人员不论因公因私会见外宾，必须向领导汇报。杨绛参加了欢迎西班牙国王和王后的宴会，自然不能例外，她在去向外文所领导汇报的一路上想想心里好笑，这是她入文学所外文组二十多年来第一次会见贵宾，真像是北京土话说的"太阳晒到狗尾（读作"乙"）巴尖上了！"

胡乔木读了杨绛译的《堂吉诃德》，很奇怪这套丛书每部都有序，怎么唯独此书没有序？杨绛不便道出原委，胡乔木说："你写的那篇《堂吉诃德和〈堂吉诃德〉》就很好嘛，为什么不拿来做序？"杨绛就根据胡的意见，以《堂吉诃德和〈堂吉诃德〉》为基础，又加上她写的《塞万提斯小传》，改写成一篇《译者序》。此序考证严密，见解卓越，写得畅达简明，有情有致，读过的都说好；外文所领导仍不让发表，说是"太长了"。但年轻同事们认为领导不必担心，"文责自负"，就拿去给出版社发表了；否则《堂吉诃德》二次印刷仍可能没有译者序呢！

1978 年秋，钱锺书和钱瑗父女先后出国，剩杨绛一人在家留守。

钱瑗原是北师大俄语系教师，1966 年俄语教师改习英语的时候转入英语系。参加公派留学考试时，钱瑗觉得自己没有多大把握；别人都准备一年了，而她是因为有人临时放弃名额才补上的，附带条件是不能耽误教课。

这是我国粉碎"四人帮"后第一次公派出国，去英国留学的需要参加英国文化委员会组织的考试，而赴美国、加拿大、澳大利亚等国

钱瑗从英国寄回的照片，背面写道：
There is a goose in the picture.
P.S.There is another goose（pedagogoose）in the picture！
照片上有一只鹅。另外还有一只鹅（指她自己，口语 goose 指傻瓜）！
Pedagogoose 是钱先生为女儿创造的雅号：pedagogue（学究）加 goose（傻瓜）

留学的，则没有这么麻烦。尽管有人临场退却，钱瑗还是顺利地通过了考试。一位参与组织考试的英国人，后来认识了钱瑗，告诉她考卷是送回英国评判的；成绩返回时，他们许多人都知道钱瑗这个名字，因为她是最好成绩中的一个。

钱瑗于 9 月 12 日经过与同届留英学生集训后飞英，原定一年，后又延长一年。爸爸妈妈很矛盾，一方面希望她学习更多知识，另方面不得不忍受别离的滋味。女儿是他们的宝贝，也是他们亲密的朋友。他们这个三口之家，因为女儿的生动活泼、锺书的幽默淘气而充满情趣。女儿天赋高，肯刻苦，自律甚严，学业修养不用父母操心。她多才多艺，弹得一手好钢琴，能弹奏鸣曲；还善绘画，她画的"爸爸卧读""爸爸入厕"，惟妙惟肖，令人看了发噱。她人缘好，信息多，每每回家"发布新闻"，使很少外出的爸妈耳目一新。

钱瑗在家跟妈妈最亲，妈妈是一家人的支柱，为这个家付出得很多很多，所以她特体贴妈妈，听妈妈的话。爸爸呢，是她的 playmate（玩伴儿），两人顶"哥们儿"，互相开玩笑，有时也耍耍嘴斗点小气。阿瑗有次碰到一个英文生词不明白，连查五部辞典还是不懂，便去请教爸爸。爸爸说："你只查了五部辞典，为什么不查第六部呢？"钱瑗查了第六部辞典，果然找到了她想查的词。一次钱锺书偶遇一俄文生词，问女儿什么意思，女儿给他一部俄文辞典，说："喏，你自己查吧。"锺书没学过俄语，俄语同他所熟悉的欧洲语言文字差别很大，他连俄语字母顺序也不很清楚，压根儿不会查。他知道女儿"报复"，只好认输。女儿也乐于为爸爸效劳，没有为难他。

钱瑗的学生有次到家里来玩，快做晚饭时，阿姨来问做鸡还是做鱼？杨绛让锺书问阿瑗，阿瑗十分干脆："做鱼。"钱先生对北师大同学笑说："看看你们的钱老师多像 the Iron Lady（铁娘子）！"

女儿离家两年，爸爸妈妈想念好苦，心里空落落的。锺书给朋友的信中自哂："愚夫妇遂不免如美国话所谓'empty nest syndrome'（空巢症）矣。"

那时国内还没有电子邮件，只能写信，而且只容许由大使馆转信，一信得走二三十天。女儿来信，老两口争着先读为快，对女儿考试成绩"超英"（超过英国同学），论文有新思想，总是很开心。

他们也常给女儿写信，有时中文，有时英文。锺书除了说笑话家常，也不时就女儿的学习发点议论。也许是因为女儿在英国重点研究文体学，锺书提醒说："Structuralist stylistics is not a bad thing if kept in its proper place（结构文体学如运用得当并非坏事），无奈治文学者十之八九不能品味原作，不仅欲以显微镜、望远镜佐近视眼之目力，而径以显微镜、望远镜能使瞎眼者见物，以繁琐冒充精细，于是造成 René

钱瑗 1979 年在英国兰开斯特大学（Lancaster）

Wellek 所叹'Linguistic imperialism'(*Essays in Cricism*, April 1979，p.120)。世间一切好方法无不为人滥用，喧宾夺主，婢学夫人。The anogation over the end by the means, the handmaid usurping the place of the mistress. 如考据本为文学研究之 means，而胡适派以考据代替文学研究。世事莫不然，非独文学！"

　　又一次论作文，锺书晓谕女儿："功课忙，家信可少写；汝平日动笔太少，又难找题目，现逼得非作八股窗课，大是好事。驾驭文字，非作不可，如打仗非上战场不可，否则终是'Chateau generalship''General of a proper command''a fireside general who loses no battle'。至于诗歌欣赏体会，有一分是一分，不勉强，亦不假冒；impo(et)ster 等自有人在，不少我们也。"

　　钱瑗颇有乃翁之风，嗜书、好学，读得快，记得牢；在英国留学也重实学，不求学位。教育部原规定这批留学生不读学位，因时间太短。后延长一年，原因是为了读学位。钱瑗所在的兰开斯特大学语言系教授主动问她是否想读学位，钱瑗只想多选点自己需要和喜欢的课程，不愿意为读学位而去修那些自己不需要的规定课程，所以她未读学位。老师最初以为她是畏怯，后来称赞她是勇敢。她有胆量，有自信，能努力，虽然未得学位，收获却远胜于求得一个学位。

钱瑗是 1978 年 9 月 12 日出国的，钱锺书这年也出国，比女儿早出发十多天，他是随中国社会科学院代表团于 8 月 31 日去意大利参加欧洲研究中国协会第二十六次会议。代表团团长是经济学家许涤新，团员除了锺书，还有考古学家夏鼐和历史学家丁伟志。

会议在意大利北部山城奥蒂赛依举行。9 月 5 日上午，钱锺书在学者麇集的大厅，用流利的英语回顾中意文化交往的历史，展望中国和欧洲文化交往的前景。这是十年浩劫后，中国学者首次在欧洲学术论坛上亮相，所以钱锺书那充满感情的呼吁 "China no longer keeps aloof from Europe"，格外打动人心。讲演后，回答各国学者提问，人家用汉语问，钱锺书用外语答，坦诚幽默，机灵深刻，欧洲各国的文学典故、民间谚语信口道来，引起一片惊叹。据法国《世界报》报道："听着这位才气横溢、充满感情的人的讲话，人们有这样的感觉，在整个文化被剥夺的十年后，思想的世界又开始复苏了。"在场的历史学家丁伟志激动万分，"真正感受到，钱先生确实是中国文化的光荣"，他"由衷地庆幸我们国家在大劫之后，居然还会保存下来这样出类拔萃的大学问家。正是有赖于此，在经历了十年浩劫的折磨之后，我们国家的'思想的世界'才能够'又开始复苏'"。[1]德国汉学家莫芝宜佳 (Monika Motsch) 博士说："和钱先生的相遇，对我来说，是一个转折点。他给我打开了通向中国文化之门。认识钱先生，我突然发现，我以前想象中的中国是不完整的，只是一个小局部。于是我决定和我的中国朋友史仁仲翻译《围城》，这项工作为我大大开阔了眼界。"[2]

---

[1] 丁伟志《送默存先生远行》，见《文化昆仑》第 11 页，人民文学出版社 1999 年出版。

[2] 莫芝宜佳《钱锺书与杨绛二三事》，《读书》2006 年第 10 期。

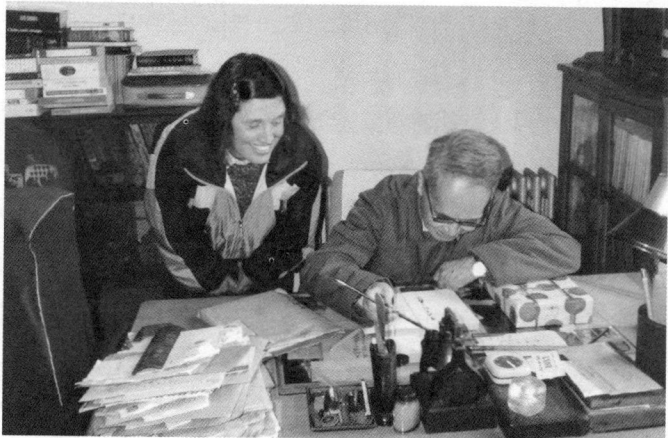

德国汉学家莫芝宜佳见钱锺书先生亲笔签名赠书给她，喜笑颜开

会议结束后，中国代表团访问了意大利各大学，于 9 月下旬回到北京。

钱锺书的习惯，出国访问，不往家寄信，而是写长达一个小本又一个小本的长信，全是对杨绛诉说的话，所见所闻和思念之情，很详尽。这信不用邮票，要亲自带回面交的。杨绛出访时，记的是准备讲给锺书听的事，例如她看到的景物、听到的事情等等。锺书在家留守，每天详尽写下家中琐碎，称为"备忘而代笔谭"的日记，留待杨绛回来看。阿瑗不时也插上几句评语附识，很有趣。

杨绛这一年也添了新的经历。上文已说过，1978 年 6 月 15 日，她参加了小平同志欢迎西班牙国王和王后的宴会，她坐在主宾席上，第一次上了电视。她上海的姊妹都惊诧地看见她了，但是她家还没有买电视机，自己没有看见。1978 年 9 月 8 日至 12 日，她参加了第四次全国妇女代表大会，参加种种活动，见到了各界的妇女精英。这都是她过去没经历过的，增添了一点新的生活体验。

杨绛自 1977 年 5 月从西班牙原文重译的《小癞子》定稿后，开始业余创作小说，接连写了《"大笑话"》《"玉人"》《鬼》《默先生》（题名后改为《事业》）等多篇小说。以至钱锺书信中跟女儿玩笑说："得信，知又大作论文，盖与汝母之大作小说，皆肚里有货之证；若我则搜索枯肠，不成片段，德谚嘲空腹所谓'既无臭屎，亦无孩子'。"

《"大笑话"》以上世纪三十年代北平的一个叫做平旦学社的学术机构为背景，说的是一群高级知识分子太太们的故事。民法专家林子瑜的夫人周逸群，曾拒绝一位年轻大夫赵守恒非礼的要求。她"拒绝了他的身体，却霸占了他的心"。两人保持着微妙的情人关系。后来赵守恒被副社长夫人朱丽勾走，周逸群愤愤不平，寻机报复，用尽心机，想到了生物研究室已故王世骏博士的妻子陈倩，年轻又漂亮；决计把她从上海请来介绍给赵守恒，拆散他和朱丽。周逸群和其他几位太太策划了如何招陈倩来北平，又串通了上海王博士的姐姐，叫她来取王博士的生物切片和处理他的家具。

陈倩虽也是高级知识分子太太，结婚后一直留在上海，还没染上这个圈里的习气。她淳朴文静，洁身自好，因为父亲生病，家里还有母亲弟妹，她在一所女中当校长秘书，挣钱养家。

陈倩到北平后，住在王博士生前寄居的生物研究室主任褚家麟家，原打算办完事即回上海，周逸群却夺下她的车票，硬要她多留几天。她们一伙拽住她刨根问底，"简直把陈倩当个口袋似的翻了一个过儿。"林子瑜怕老婆，不敢干涉，暗暗替她们感到惭愧，太不尊重人了。

学社总务长冯彦猷和太人孙秀设宴为陈倩接风，介绍她和赵守恒大夫认识。赵大夫很中意陈倩，希望过一天在小型精致的宴会上再见见面。不请自到的朱丽，一切看在眼里，待周逸群请宴那天，故意进城缠住赵守恒不让赴宴。

林子瑜见温文尔雅的陈倩，遭到学社这帮太太们摆弄，很有怜惜之情，一心想帮帮她，不让她受骗上当。陈倩觉得林子瑜慈厚祥和，能理解和鼓励自己，又看到他的民法讲稿，感到钦佩，有事愿找他商量。

两人不知不觉互相靠拢，一起走走谈谈。情况仅此而已，朱丽见状却大喜过望，立即施展诡计造成两人有情的声势，报复她的情敌周逸群。她嘴上说邀大伙上她家品尝她自制的冰淇淋，实际只请了林子瑜和陈倩二人，制造他俩单独相处的机会，偷听两人的谈话。她明知周逸群进城去了，故意在陈倩的门缝中插一张周逸群落款的纸条，称有急事，要陈倩去她卧室谈谈。陈倩匆匆去见周逸群，卧室里却只有浴后穿着睡衣的林子瑜。两人知道中了有人设计的圈套，林子瑜劝陈倩马上从大门出去，偏偏这时近代史专家程涣夫人李淑君从后门闯了进来。于是第二天，在学社的太太圈中，就传出了一个"大笑话"：要抢人家的情人，给偷掉了自己的丈夫！

陈倩从串线的电话中听到这个"大笑话"，真有说不清、道不明的委屈！决定马上离开这个是非之地。她去沈凤家向褚太太和孙秀等辞行，客厅里大说大笑，十分热闹，她刚一露面，立刻鸦雀无声。她告辞刚转身出门，太太们马上哄然大笑，像炮声似的将她轰将出来，直追着她登上火车。车轮的响声听来也像在不断地说："大笑话！大笑话！大笑话！"

这篇小说写的只是几天内发生的事，然而一波三折，极富戏剧性。每个人物各有不同性格，她们的言谈举止、打扮和心态，无一不切合各人的身份和性格，形象个个鲜活。把一群高级知识分子太太们的空虚无聊、勾心斗角、无事生非，刻画得活灵活现，入木三分。

《"大笑话"》虽然表面上看似一群太太们无事生非，其实这群太太只是故事的背景，故事是写男女主人公情深意厚的恋爱，只是笔墨十分轻淡，似有若无而当事人心中自知。故事开头明白指出：爱嚼舌的当做笑话讲，有些人心上却留下了很深的刻痕。

林子瑜对陈倩的怜惜爱护，陈倩对林子瑜的感激仰慕，都是导致情爱的根源。林子瑜虽然娶得如花美眷，多年来只是受驾驭的丈夫，他早已看破了这辈无聊的太太。陈倩虽然父母双全，自小被外祖母要去给女儿做伴，父母对她已漠不关心。她从小到大，从来没有一个知心体贴的人。林子瑜是第一次见到了志趣高洁、聪明可爱的意中人；陈倩是第一次见到了一个心心相印的大丈夫。他们中间这段纯洁深挚的情爱，各自蕴藏内心深处，终身难忘。

常言"乐莫乐于新相知，悲莫悲于远别离"。林子瑜和陈倩的分手，不是"远别离"，而是永别，他们从此不会再见了。林子瑜是陈倩生平第一个有情人，或许是唯一的有情人；陈倩或许是林子瑜最后的有情人，或许也是唯一的知心有情人。

《"大笑话"》是一个悲剧性的爱情故事，钱锺书认为这是杨绛写得最好的中篇小说。

杨绛的《"大笑话"》和钱锺书的《猫》，有异曲同工之妙，描绘和讽喻的都是高级知识分子，只不过《猫》的人物有某些人的影子，而《"大笑话"》的男女人物则完全出于创造。《猫》的作者自己出台说话发议论；《"大笑话"》则全凭描写和人物互相对话，作者并不露面。

小说《"玉人"》创作于1978年。主人公郝志杰上大学二年级的时候，应老友方谦受之邀，一起陪他母亲在苏州一个大官僚留下的花园度暑假，老方的母亲租了园子里几间房养病。大官僚已经去世，园主的独生女枚枚小姐常随着妈妈过来做客，"方家哥哥""郝家哥哥"叫得很亲热。她那时也就十五六岁，面容娇媚，体态轻盈，皮肤白皙，像玉人一般，郝志杰印象很深。一年以后，一次老方向志杰说，刘太太想要志杰陪她的枚枚出洋去。志杰脱口而出"高攀不上"，事后却很后悔。但老方从此不提此事，志杰也不好追问。但许多年过去，志杰已是两个孩子的父亲，往事未能淡忘，写过一首《玉人何处》的诗，被他贤惠的妻子田晓看到了，气得落泪。

1943年，郝志杰辞掉二乐中学的教职，又退了房，打算全家随老方去内地，不巧动身那天遭遇车祸压伤了腿，住进医院。幸有老方介绍，田晓才找到一间不用金条"顶"的客堂间落脚。不过住在楼上二、三层的房东许太太狡黠多诈,说好楼下厕所为郝家专用,她却偷配钥匙,指使女仆们使用,并往楼下厕所倒痰盂、小马桶,弄得污秽满地,臭气难闻。

志杰出院回家,田晓让他埋伏在厕所窗后,给房东太太来一个猝不及防,当面拆穿她的谎言。许太太果然偷偷打开了厕所的门,身后端着痰盂、小马桶的女仆正要往里倒,志杰一拐杖推开了窗户,未及大喝一声,就听得娇滴滴一声吴侬软语:"啊呀——啊呀!——郝家哥哥!""噢,枚枚呀!"只是这个枚枚今非昔比,面容因吸鸦片烟而发黑,两腮胭脂搽得鲜红,也遮掩不了,所以孩子们叫她"猴屁屁"。

许太太走进客堂间,于是一场厕所引起的纷争成了他乡遇故知、叙旧话家常。结果自然是楼下厕所归郝家专用。不过这幢楼房很快就被许太太卖掉,志杰不得不重回二乐中学教书,求得一间储藏室居住。他们不再去内地了。田晓问志杰:"为了你的'玉人',甘心一辈子卖给二乐了?"志杰郑重声明:"我是想明白了。我原是驯良的牛马,不是吃人的老虎狮子——或臭虫跳蚤,反正我到了后方,照样还是推磨,推磨是我的活儿,推磨也顶好。"

他想到了当银行小职员的父亲,常感叹自己像推磨的老牛,蒙着眼,驾在磨上,一圈又一圈,走了一辈子,没迈前一步。志杰在大学的时候,意气风发,觉得自己的前途不知有多么远大光明,谁料一转眼,他也快成推磨的老牛了。

也许他和爸爸同是老牛,就得这么一代又一代驾在磨子上,转多远路也到不了别处。

小说《鬼》,写于1979年,题名曾改为《见不到阳光的女人》,但是后又改回原题。写一个父母双亡、遗产被过继的哥哥全部侵吞的贞姑娘,惨遭哥嫂虐待,为贪图聘礼,她被嫁给王家少爷当二房。王少爷结婚十年无子嗣,太太盼望贞姑娘能为王家续香火。少爷对贞姑娘丝毫不感兴趣，贞姑娘却暗地里爱上了少爷的家庭英文教师胡彦，私愿与他结婚远走高飞。她深更半夜钻墙缝、破院门，偷偷来到外书房与胡彦相会，活像《聊斋志异》中的故事一般，胡彦只觉得似梦非梦，怕自己着了鬼迷，终不敢久留，辞馆而去。

这边贞姑娘冒险受惊，又着了凉，昏睡几天，病了一场。病后发现受孕，太太巧施妙计，命少奶奶假装怀孕，贞姑娘到乡下躲避了一段时候，回家假装少奶奶生下了孩子，冒充正房所出。这男孩承载着全家的希望，取名阿望，受到百般疼爱，只可怜少奶奶本来体质就弱，经不起装怀孕、坐月子这一番折腾，竟至一病不起。贞姑娘升为姨娘，心怀感激惭愧，真不知阿望的出生是成全了太太母子，还是太太母子成全了她母子。

不久，杨绛又写了《事业》，这是她近年唯一写真实人物的小说，以她曾经就读的苏州振华女校为背景，以振华的老校长王季玉先生为生活原型。既然是小说，其中自有许多艺术想象和创造，并不是纪实。

杨绛极富于艺术想象，她构思的小说情节安排往往出人意料、别开生面，故事看似离奇有趣，不是人所习见，但又合情合理，符合人生真相。她心肠仁厚，很有爱心，对自己所创造的人物遭遇，如陈倩的被摆弄、受冤屈，郝志杰当老牛推磨的无奈，贞姑娘的虚度青春，无不寄予深切的同情；对终身未婚、"嫁"给了学校的老校长，笔下更是充满了敬爱之情。

这些年，杨绛真是成果累累。除《堂吉诃德》外，从原文版翻译的《小癞子》，1978年7月由上海译文出版社出版。1979年10月，文学论文集《春泥集》由上海文艺出版社出版。内收论文六篇，虽大多在《文学评论》《文学研究》和《文学研究集刊》发表过，收进集子时，做了较大修改。论文包括《堂吉诃德和〈堂吉诃德〉》《重读〈堂吉诃德〉》《论萨克雷〈名利场〉》《菲尔丁的小说理论》《艺术与克服困难——读〈红楼梦〉偶记》《李渔论戏剧结构》。出版时，加了序。
1981年初香港文学研究社出版了杨绛的短篇小说集，题名《倒影集》。
收入了杨绛1977年以后写的四篇小说《"大笑话"》《"玉人"》《鬼》《事
业》，附录她1934年的一篇习作《璐璐，不用愁！》。人民文学出版社
于1982年1月出版了《倒影集》。杨绛在《致读者》中说：

> 故事里的人物和情节，都是旧社会的。在我们的新时代，
> 从前的风俗习尚，已陈旧得陌生，或许因为陌生而变得新奇了；
> 当时是见惯不怪的事，现在也会显得岂有此理而使您嬉笑、使
> 您怒骂。这里收集的几个故事，好比是夕照中偶尔落入溪流的
> 几幅倒影，所以称为《倒影集》。[1]

我请问杨先生最满意的作品有哪些？

杨先生说："我没有满意的作品。较好的是《干校六记》和《洗澡》。
好多篇中短篇小说是试图写写各种不同的人物，我都改了又改，始终
没有满意。锺书认为《"大笑话"》最好。我总认为小说应写出活脱脱
的人物，而故事必须自然逼真，感情动人，格调勿庸俗。"

我又请杨先生谈谈《干校六记》创作的经过。

杨先生说："干校回来，我很感慨，想记下点干校的事。《干校六
记》是从干校回来八年后才写的，是读了《浮生六记》才决心写的。
我的题目和六记都照《浮生六记》的样。我是费了好大一番心思写成的，
自信这部《六记》，超出我以前的作品，所以，我动笔前告诉锺书，我
要写一篇《干校六记》，他泼冷水说：'写什么《六记》！'他说没用，
我还是把我想好的写了出来。我写完后给他过目，他不声不响，立即

---

[1] 《杨绛作品集》卷1第208页，中国社会科学出版社1993年出版。

为我写了一篇'小引'，我就知道他这回是真的觉得好，不是敷衍。平时他矢口否认敷衍，我总不大相信，因为他经常敷衍人，我对他的称赞都不相信了。他对我请看文章，总很为难。他若说我好，我不信；如果文章不好，他批评不好，又怕伤我。

"这部《六记》当时在大陆不好出，就托三联的范用帮助将稿寄香港，范用看了喜爱得不肯寄出，他自己又不敢用。后来香港《广角镜》的李国强给他来电报说，'你再不寄，我就专程飞到北京来取稿'。范用只好寄出稿子，李国强亲自下印厂，一星期内就出版了。

"《干校六记》，若不是胡乔木同志开绿灯，不会出版的。他不知怎么看到了，就叫邓绍基传话给文学研究所许觉民，说这本书大陆上也该出。同时，在领导人宴请赵元任的会上，又对赴宴的锺书如此说，并说了十六字考语：'怨而不怒，哀而不伤，缠绵悱恻，句句真话。'虽然如此，书出版后，只在柜台底下卖。丁玲说《班主任》是小学级的反共；《人到中年》是中学级；《干校六记》是大学级。"

这些事今天听来会觉得可笑，当时却确实这样，"伤痕文学"还被斥为"缺德文学"呐。然而读者毕竟有自己的鉴赏眼光，这部书在许许多多人的心里蓦然唤起对干校生活的回忆，把人们感到而不能说出的感想充分而深切地表现出来。美国首任驻华办事处主任洛德的夫人读了此书后向作协提出要见杨绛，杨绛见了他们夫妇。以后美使馆请茶会、请看电影、请吃饭，不断拉拢。杨绛只去了一次茶会，末后这位夫人又请杨绛为她的作品写一篇书评，杨绛婉言拒绝了。

《干校六记》1981年由香港广角镜出版社和北京三联书店先后出版，一时洛阳纸贵，好评如潮，在国内外引起强烈反响。日文本为日本汉学家、《围城》的日文本译者中岛碧所译，1982年在日本《水篙》杂志分期刊出，并出版了单行本。英文译本有美国汉学家葛浩文（H.Goldblat）、中国旅美学者章楚和澳大利亚学者白杰明（J.Barme）翻译的三种。法文

译本两种，在巴黎出版。俄文译本为
苏联汉学家索罗金（V.Sorokin）翻译，
1987 年发表于苏联科学院《远东问题》
双月刊。1992 年中国社会科学出版社
出版了《干校六记》校订本，台湾《联
合报》全文重刊，台湾时报文化出版
公司将《干校六记》收入该公司出版
的"人间丛书"。

1983 年英国《泰晤士报·文学副
刊》发表 W.J.F. 琴纳的书评，称《干
校六记》是"二十世纪英译中国文学
作品中最突出的一部"。索罗金在俄文译本的《前言》中说：通过几个
短篇描述的平常事件、日常的喜怒哀乐，精心刻画了中国知识分子最
杰出部分的精神面貌。

国门打开以后，杨绛随中国社会科学院代表团出访两次。第一次
是 1979 年 6 月去法国，梅益率团，团员除了杨绛，还有经济学家吴敬琏、
仇纪华等。他们访问了许多学院和学术机构，与相关专业的学者座谈
交流，参观游览名胜古迹和图书馆、博物馆。许多场合，法国导游的
中国译者说不清楚或翻不出来，都由杨绛翻译，补充讲解，生动具体，
头头是道，大家非常满意。例如卢浮宫顶上有披挂武士用长矛戳住毒
龙，杨绛能说出：这是英国的保护神圣乔治，因为他杀了毒龙，救了
英国公主。杨绛是一位翻译家，常常需要查阅各种资料做注解，所以
知识面广。又如参观酿酒厂，她能讲解酿酒的方法，因为她听懂了法语，
能用恰当的中国语言表达。吴敬琏高兴地说："杨先生是我们的骄傲！"

第二次出访是去西班牙。杨绛翻译的《堂吉诃德》出版以后，西
班牙三任大使都热情邀请她访问西班牙，她因为自己的西班牙文是为

了翻译这部书而自习的，能翻译文字而不擅口语。一般人不了解笔译与口译的区别，容易产生误解，所以总托故辞谢。那第三任大使先征得中国社会科学院马洪院长同意，1983 年组织了一个代表团访问西班牙。杨绛就随团访问了西班牙。团长仍是梅益，他很喜欢与杨绛同行，一路上给她讲自己的生平和他怎么翻译《钢铁是怎样炼成的》的故事。

杨绛这次是带着有关塞万提斯和《堂吉诃德》的问题去的，有的放矢，不虚此行。除了马德里等大城市，他们到了塞万提斯的家乡阿尔加拉，参观了他的故居。那是他小时候住的房子，上下两层，很矮小。楼下厨房里还保存着早年的炊具。塞万提斯的铜像，跟真人一般大小，就立在他故居附近的闹市中。1986 年 10 月，西班牙为了纪念北京和马德里结成友好城市，特复制了塞万提斯这尊铜像，千里迢迢运到北京，在北京大学校园清幽的树丛中落座。

在塞维利亚的印第安总档案馆，杨绛看到塞万提斯 1590 年呈送国王菲利普二世的申请书，自陈曾为国家效力，想在美洲殖民地谋个官职。原件是手写稿，字迹不易辨认，不过可以看清塞万提斯的亲笔签名。总档案馆馆长得知杨绛是《堂吉诃德》中文本的译者，特将原件复制一份赠给她留存。

杨绛西班牙之行的另一个大收获，是意外解决了一个多年的疑难问题，那就是《职方外纪》中说的西班牙古名贤多斯达笃为什么绰号"焦黄脸儿"。《堂吉诃德》里有位托斯达多（el Tostado），杨绛考证出他是阿维拉主教，据说是位多产作家，显然就是《职方外纪》里那位著作等身的名贤了。可是托斯达多是绰号，杨绛意译为"焦黄脸儿"，他为什么有这个绰号，杨绛无从查考。

杨绛在旅店早餐桌上，见到烤得干脆焦黄的面包干，包装纸上印有 Pan tostado 字样，她想"焦黄脸儿"大概就是这种颜色吧；可是西班牙人的肤色大都是白的，不是焦黄的啊。游览托雷多古城的时候，

1983 年 11 月摄于马德里塞万提斯故居门前

　　参观大教堂，在历任主教像的陈列室里，没有阿维拉主教的像。导游说，阿维拉主教的像在阿维拉。杨绛问起阿维拉主教托斯达多。导游说托斯达多的著作摞起来和他本人一样高。托斯达多这个绰号通常用来称呼多产作家。又说这位主教有吉普赛人血统，面色焦黄，所以绰号"焦黄脸儿"。阿维拉主教是我国文献里最早出现的西班牙作家，所以杨绛弄清了"焦黄脸儿"的缘由，不知有多高兴！

　　代表团附带访问英国，杨绛不失时机，抽得一周时间在大英博物馆的阅览室，浏览国内看不到的书籍和稿本，无意间又看到塞万提斯的两封信。一是他 1582 年 2 月 17 日，从马德里寄往里斯本给印第安事务大臣谋求美洲官职的信。当时西班牙刚征服葡萄牙，大臣随国王菲利普二世同在里斯本。此信比西班牙档案总馆收藏的那封早写八年。

　　塞万提斯还有一封更早的亲笔信，刊于 1863 年《西班牙文献目录公报》，是他在阿尔及尔做俘虏时写给西班牙国务大臣的，呼吁国王解救陷落俘虏营的两万名西班牙基督徒。

杨绛回国以后，就"焦黄脸儿"和塞万提斯的三封信，写了《〈堂吉诃德〉译余琐掇》，后收入散文集《杂忆与杂写》中。

我问杨先生访问法国、英国，可曾旧地重游到旧居去看看，或写下游记？杨先生笑说："重返巴黎、伦敦，每天忙得要命，回家还要总结，不愿学别人的样做什么文章。锺书忌讳我去'收脚印'，[1] 我告诉他，旧地未得重游，没找到，只坐在汽车里远远望望而已。锺书赞我知他忌讳而旧地未到，无由'收脚印'。"

杨绛文笔美，口才也好；虽然她总自谦不善言词，对发言最发憷。

1982 年 4 月 23 日，我国对外文委、西班牙大使馆和北大西语系举行塞万提斯逝世三百六十六年的纪念。大使点名要杨绛发言。他是主席，叫杨绛坐在他右面。满座都是拉丁美洲各国大使。第一个发言的介绍塞万提斯生平，大家沉默听讲。轮到杨绛发言，几句话一开头满座嘉宾都拍手大笑了。她说：

> 我今天有幸，能来参加塞万提斯逝世三百六十六周年纪念会。我忍不住要学桑丘·潘沙的样说一句成语。我们中国人有句老话："天上一日，人间一年"——就是说，天上的日子愉快，一眨眼就是一天，而人世艰苦，日子不那么好过。我们一年有三百六十五天或三百六十六天。塞万提斯离开我们人世，已三百六十六年，可是他在天上只过了三百六十六天，恰好整整一年。今天可以算是他逝世的"一周年"。
>
> 我们今年今日纪念他，最恰当不过。

---

[1] 《收脚印》是杨绛在清华大学读书时的一篇习作，写人死后魂灵儿去各处收回自己生前的脚印。见《杨绛散文》第 10 页，浙江文艺出版社 1994 年版。

1986 年 10 月 6 日,杨绛在西班牙驻华大使馆接受国王颁给的"智慧国王阿方索十世大十字勋章"后与大使合影

当初对外文委拒绝召开这个纪念会,因三百六十六年不零不头,不是整数。杨绛的开场白因此特受欢迎。她的下文是为中国译者争面子的话,说得风趣,掌声不断。杨绛上场时,大使对她只是握手鞠躬为礼;分别时大使行的是吻手礼,大使夫人和她拥抱吻颊,礼貌也升了级。他们都称赞她讲得生动有趣。

又一次,为塞万提斯铜像揭幕式,杨绛用塞万提斯去世前一年说过的几句玩笑话做开场白,一下把大家吸引住了,静静地听她讲完塞万提斯的戏言今天变成事实的故事。

为了表彰杨绛翻译西班牙名著《堂吉诃德》和《小癞子》的贡献,1986 年 10 月西班牙驻华大使代表国王胡安·卡洛斯一世和西班牙政府,授予杨绛"智慧国王阿方索十世大十字勋章"。中国社会科学院赵复三和钱锺书参加了颁奖仪式。

社会活动的频繁,没有影响杨绛的创作和研究。她重新审校已重印三次的《堂吉诃德》,再次校阅已经出版的从原文翻译的《小癞子》,

钱瑗从英国留学归来，"我们仨"重又团聚

又写了许多篇怀人忆事的散文。1986年11月三联书店出版了她的第二部文学论文集《关于小说》，收入了她在新时期的六篇论文：《事实—故事—真实》《旧书新解——读〈萨蕾丝蒂娜〉》《有什么好？——读奥斯丁的〈傲慢与偏见〉》《介绍〈小癞子〉》《补"五点文"》和《砍余的"五点"文》。其中《事实—故事—真实》作于1980年，是她这一时期的一篇重要文论，是她从多年对小说的理论研究和自己的创作实践中总结出来的认识，她引用中外古今的典型实例说明小说是艺术创造，不是真人真事的白描写照，小说创造的规律，简括起来就是"事实—故事—真实"这样一个程式。小说即便取材于事实，哪怕是真人真事，经过小说家的艺术想象、艺术创造，性质已经改变，人物不论塑造得怎么鲜活，已不复是原来的真人，故事发展不论怎么合情合理，贴合世情常态，也只是虚构的故事。因此小说人物的经历并非作者的经历，故事如写得栩栩如真，唤起读者的兴趣和共鸣，那正是作者艺术想象、"模仿真实"创作的成功，读者完全没有必要去竭力从虚构的故事里寻求作者真身，还要掏出他们的心来看看。目前"红学"变成了"曹学"，即是这种风气的一例。

1979、1980 年，钱锺书参加社科院代表团访问了美国和日本，到了多所大学讲演、座谈、进行交流。在美国四个来月，从东海岸到西海岸，锺书一直和费孝通住在同一间屋里，费孝通很奇怪锺书只给在英国的女儿发明信片，怎么不给杨绛写信，他还送邮票给锺书，让他寄信。他哪里知道锺书的信是亲自面交的，不用邮票。

访问回国，美国哈佛、普林斯顿、耶鲁、哥伦比亚、芝加哥等大学要求授予钱锺书荣誉文学博士学位、邀请赴美讲学的书信电报纷至沓来。他们知道我国当时规定国外薪金不归个人，因此特意额外赠送数千美元的书籍。锺书自然是一一婉言谢辞。

锺书从此再未出国，杨绛也一样。钱瑗于 1980 年暑假学成回国回家，三人重又团聚，叙不尽的情，说不完的话，他们就喜欢这样常相厮守，哪里也不想去。

1982 年 5 月的一个星期天，胡乔木登门，请锺书"出山"，当个副院长，给中国社会科学院撑撑场面。锺书着急，说他没有时间。乔木说："一不要你坐班，二不要你画圈，三不要你开会。"锺书无话可说，只好看在老同学面上"蒙命承乏"。

锺书一向视仕途为畏途，现在真是无可奈何。杨绛笑他"这番捉将官里去也"。

胡乔木此举并非他个人突发奇想，早在 1975 年 7 月，他向邓小平汇报中科院哲学社会科学部领导班子时，邓小平就嘱咐，学部在适当时候要考虑增加学术界人士担任副主任。中国社会科学院成立后，胡乔木在实际工作中也感到，副院长确需有专做学问的著名学者出任，他想到了钱锺书和夏鼐。

　　1982 至 1993 年，钱锺书做了社科院副院长，深自敛抑。他是唯一的非党员副院长，他努力做好分内的事，并不要办公室，不要秘书，汽车也只到医院看病时才坐。杨绛也深自敛抑，绝不出头。自 1977 年以来，她已不复是零，但她自觉自愿始终做零。

17. 最贤的妻，最才的女

　　杨绛真是勤奋，上世纪八十年代初写了许多各具特色的散文；1986 年 4 月，又动笔写起了长篇小说《洗澡》。

　　散文，有些是应约之作，有的是有感而发。

　　《回忆我的父亲》和《回忆我的姑母》，原是应中国社会科学院近代史所要求介绍的简历和传记资料，杨绛认真追忆和思索，从国内外搜集查对有关材料，尽自己的理解，写成可供参阅的资料。她写完后就送给了近代史所交卷，题名《一份材料》。胡乔木读后给杨绛打电话说："这样情文并茂的文章，怎么称作资料啊！"他自作主张，改题为《回忆我的父亲》，后在刊物上发表。

　　《回忆我的父亲》写她父亲杨荫杭清末由日本留学回国，因鼓吹革命，被清廷通缉，不得不再度出国，由日本赴美留学。入民国，他任职司法界，因秉公执法遭官官相护的当局压抑，愤而辞职改业律师，直至退休。《回忆》里也写了贤淑能干的母亲带领全家随父亲北上南下，操持一切。杨绛以她优美动人的文笔，写尽一家人的悲欢离合。她通过父亲的为人处世、言谈主张，凸显出他的性格和志向，以及对家人深挚的爱。尤其她母亲在逃难中去世、无法安葬一节，读来令人泪下。本文的日语译者、日本汉学家中岛碧对此也非常难过，她曾当面向杨绛行三鞠躬礼，为日本侵华给他们家带来的不幸深表歉疚。

　　《回忆我的父亲》实际也是杨绛家家史的缩影，开明的家长、和睦的家人、廉正的家风，不留任何遗产给子女，只让他们接受良好的教育。这样的家庭，在旧中国并不多见。杨绛的性格形成，与家庭环境和父母亲的影响很有关系。

杨绛是爸爸最疼爱的女儿，她时时想念爸爸。有一回小弟弟的儿子来见，她看他眼部长得像她爸爸，激动得几乎掉泪。

杨绛的三姑母杨荫榆是民国时期的女教育家。她1907年赴日本留学，入东京女子高等师范学校，1912年毕业。1918年赴美国留学，入哥伦比亚大学，获教育学硕士学位。回国后，曾任国立北京女子师范大学校长、国民政府大学区立民众教育院讲师、江苏中学英文教师、苏州东吴大学日文及教育学教授。1938年1月1日在苏州遭日军杀害，年54岁。

由于立场和教育理念的差异，杨荫榆上世纪二十年代，被革命派视为"推行帝国主义和封建主义奴化教育的代表人物之一"，[1]因所谓"女师大事件"遭到革命派痛骂，其主将且主张将杨荫榆、陈西滢等作为"落水狗"予以痛打。

杨绛对三姑母当时在女师大的作为不大清楚，她尽力回忆，就自己所知写下她了解的三姑母，有血有肉，个性鲜明，客观真实，不因至亲而加褒贬。杨绛写完三姑母畸零不幸的一生，最后说：

> 她跳出家庭，就一心投身社会，指望有所作为。她留美回国，做了女师大的校长，大约也自信能有所作为。可是她多年在国外埋头苦读，没看见国内的革命潮流；她不能理解当前的时势，她也没看清自己的地位。如今她已作古人；提及她而骂她的人还不少，记得她而知道她的人似已不多了。

---

[1] 《鲁迅全集》卷1第562页注释10，人民文学出版社1956年版。

这个结语分析在理，得到知情者的认同，《回忆我的姑母》发表以后，当年的女师大学生写信给杨绛表达她们对老校长的怀念，说了许多她在校的作为，她们根本不赞成驱赶她走。可见革命派虽然其势汹汹，也压服不了所有的人。2005年，北师大的《校友通讯》上就有校友著文呼吁恢复历史的本来面目，"还杨荫榆一个公正、公道！"

《记钱锺书与〈围城〉》，是杨绛针对广大读者以小说为历史，纷纷从《围城》小说里寻求作者真身而写的。

自从《围城》1980年重新出版，立刻成了畅销书，一印再印。故事写得引人入胜，人物栩栩如真，引起读者的极大兴趣和共鸣，不由得研究起《围城》和它的作者来。尽管小说里的人物故事纯属虚构，子虚乌有，大家还是一个劲儿地把主角往作者身上套，于是方鸿渐似乎就成了作者本身，有位专爱考据的先生，居然推断出钱锺书的牛津文凭也靠不住。研究的热情不止于此，还要掏出作者的心来看看，他们写信、打电话提出各种问题让解答，还登门求见，要一睹作者风采。总之熙熙攘攘，热闹非凡，搞得钱锺书不胜负担。

胡乔木偶对杨绛说："何不写篇'钱锺书与《围城》'，总体做些说明？"他是想为锺书解围。正巧杨绛也有此意，就写了这篇不论对钱锺书或《围城》都具有文献意义的作品:《记钱锺书与〈围城〉》。分为"钱锺书写《围城》"和"写《围城》的钱锺书"两个部分。人民文学出版社就把这篇文章收入《围城》，作为附录。

钱锺书写《围城》，没人比杨绛更熟悉内情，整体构思、情节穿插、人物塑造、创作过程，她都一清二楚。锺书写唐晓芙，还跟杨绛要求借她做个影儿呢。

写《围城》的钱锺书，情况就不那么了然了。杨先生说："我并不知锺书幼年事，所记都是经我一一盘问，他自己讲的。"钱锺书说好些事若不是杨绛一点一滴问他，他自己也快忘记了。

他俩就这样，一个回答一点一滴的询问，一个勤奋整理，如实创作；杨绛的《记钱锺书与〈围城〉》很快就写成了。

1982年6月，杨绛把她写完的《记钱锺书与〈围城〉》稿子给锺书过目。他读后提笔蘸上他惯用的淡墨，在杨绛稿子后面一页，写了这样几句话：

> 这篇文章的内容，不但是实情，而且是"秘闻"。要不是作者一点一滴地向我询问，而且动情地写下来，有好些事迹我自己也快忘记了。文笔之佳，不待言也！
>
> 钱锺书识
>
> 一九八二年七月四日

钱锺书的这一页附识，杨绛当时以为是称赞她，单给她一人看的，就收下藏好。没想到这一藏竟藏了十五年！

《记钱锺书与〈围城〉》完稿后，未马上发表。原因是钱锺书开始不愿发表，说"以妻写夫，有吹捧之嫌"；尽管杨绛此文，只据事实，既未称赞，也不批评。后来胡乔木将稿子要过去看，很赞赏，问为什么不发表？这时锺书已想通了，同意发表。那是1986年5月。当时钱锺书的"附识"，没有和正文一起刊出，1987年5月收入散文集《将饮茶》中，也仅登了正文。十年后杨绛又看到那一页"钱锺书识"，恍然明白这些话不是他捧老伴儿，是写给别人看的。他准是想到了几十年前，"魔鬼夜访钱锺书"时对传记的那番讥刺，《记钱锺书与〈围城〉》，虽非为他立传，但杨绛毕竟写了他的往事。所以他特地证明，杨绛写的都是实情，不属魔鬼所指的那种传记。

人民文学出版社2004年出版《杨绛文集》时，在《记钱锺书与〈围城〉》一文后面收入了钱锺书的这页附识，并影印了"钱锺书识"的手迹。

在《记钱锺书与〈围城〉》的第一部分，杨绛像堂吉诃德挥剑捣毁木偶戏台那样，把《围城》里的人物，砍得七零八落，满地都是硬纸做成的断肢残骸，随后对它们进行解剖分析。原来《围城》里的人物故事，没有一个真人，没有一件实事。有的可能有点影子，有的干脆连影子也没有；即或有真人实事的一鳞半爪，经过艺术想象、拼凑点化，已创出了从未相识的人，捏造出从未想过的事。

杨绛用她"事实—故事—真实"的小说创作程式，解析一切小说和真人实事的关系；说明《围城》是小说，钱锺书不是方鸿渐。这番剖析也许使有考据癖的人们扫兴，然而这是事实。

第二部分，杨绛以不多文字最扼要地勾画出一个活脱脱的钱锺书，写出了他的真性格。大大增加了读者对他的理解，连他"拙手笨脚"的来由都一目了然。

杨绛认为"《管锥编》《谈艺录》的作者是个好学深思的锺书，《槐聚诗存》的作者是个'忧世伤生'的锺书，《围城》的作者呢，就是个'痴气'旺盛的锺书"。[1]

杨绛用"痴气"二字概括了《记钱锺书与〈围城〉》的全貌。"痴气"在第二部分出现频率很高，这真是杨绛采用的一个绝妙的词儿。尽管无锡人所谓的"痴"，含有疯、傻、憨、稚气、骄气、淘气等许多意义，表现在钱锺书身上总是那么天真可爱。

杨绛在《记钱锺书与〈围城〉》最后说：

> 我自己觉得年纪老了：有些事，除了我们俩，没有别人知道。我要乘我们夫妇都健在，一一记下。如有错误，他可以指出，我可以改正。《围城》里写的全是捏造，我所记的却全是事实。[2]

---

[1] 《记钱锺书与〈围城〉》，见《杨绛文集》卷2第157、158页，人民文学出版社2004年出版。

[2] 同上，第159页。

这篇文章的内容，不但是真实情，而且是真"秘闻"，要不是作者一点一滴地向我询问，而且勤情地写下来，早晚必然失踪我自己也忘记忘记了。文笔之佳，无待言也。

锺书识 一九八二年

被杨绛收藏了十五年的锺书附识

342

《记钱锺书与〈围城〉》发表后，受到广大读者的热烈欢迎。2003年初，外语教学与研究出版社要出版《围城》的英译本，定要将杨绛的上述作品译成英文，附录书后。杨先生起初没有同意，说："我认为英译的《围城》，不需我这篇文章做注解。中国读者能读原文，或早已读过，也无需从这篇译文学习英文。而外国人不了解我国传统旧家庭，不了解我国过去几十年的社会情况，不了解中国诗文典故，不了解中国习俗，我这篇文章还需大量注解才能让外国读者了解。所以无助于他们阅读《围城》，反会造成对钱锺书的误解。此文十年前已有法文翻译，但我至今未同意出版。"但外研社同志坚持要登，他们太喜欢这篇作品了。后来杨先生实在拗不过他们的再三请求就同意了。

为了帮助译者比较准确地把握原作，杨先生曾就译者初稿中反映的问题仔细跟他交换意见，并细细校阅最后译稿。"痴气"二字贯穿全文，但极难译，eccentric, simplet or simple-minded, 或 foolish 或 silly 或 crazy 或 dumb 都缺少"痴气"的可爱。杨先生说她是以知心伴侣的口气写这篇文章的，译者大受启发，找到了感觉；但绞尽脑汁，没能想出一个可以涵盖原作全部含义的单词。考虑到钱锺书的"痴气"在不同场合有不同的表现，便选用了一组不同的词语如 puckish bent, charming mischievous quirks, sweet quirkiness, charming idiosyncratic ways. 以此为基调，又采用一些稍微过分的词组，如 eccentric prattling, idiosyncrasies and foibles 等，以丰富文字。

《丙午丁未年纪事·乌云与金边》作于 1986 年。虽然作者自称所记只是一个"陪斗者"的经历，仅仅是"文化大革命"里的小小一个侧面；实际却反映了整个"文化大革命"。全篇没有"文革"题材作品通常所见的那种残暴、愤怒和仇恨；只是通过一串串记事、一个个细节，耐人寻味地揭示"文革"的一切颠倒、人性扭曲，它的疯狂和荒谬。

作者道出了人们经历过、感觉到而又说不清楚的话。比如当时被"揪出"的"走资本主义道路的当权派",被"横扫"的"牛鬼蛇神",经常互相勖勉、互相安慰的一句"官话":"相信党,相信人民。"可是在那个时候,有谁看到党在哪里,人民又是谁。

我们只看到"革命派"虎狼似地抄家、监管、批斗,杨绛却通过细细观察、耐心探测,发现他们中的许多人良知犹存,还有人性,不过是一些"披着狼皮的羊"。

有位文学所的年轻人,为他"文革"初期上干面胡同钱杨先生宿舍"抄家",曾当面向钱先生表示忏悔和歉意。钱先生说,对于伤害他的人,特别是年轻人,他都不会记仇的。

在经过了揪走资派、横扫一切"牛鬼蛇神"、清理阶级队伍、清查"五·一六"之后,她憬然悟到"冤有头,债有主",革命派和"牛鬼蛇神",革命小将和老家伙,只是不同阶段的运动重点,同样受害,彼此之间并无不可调和的矛盾。

读了《丙午丁未年纪事》才知道原来"文革"竟可以这么写,当然这也不那么容易仿效,杨绛是用自己那颗仁厚博大的心在感受"文革",感受那个荒谬的时代,所以能写出与众不同的作品。如果对人没有起码的同情和友爱,创作技巧再高明,也难写出真正感人的作品。

以上四篇作品,结集由北京三联书店于1987年初出版,题名《将饮茶》。杨绛以她1983年10月底写的一篇短文《孟婆茶》代序,真是再合适不过。将饮茶,饮的就是孟婆茶。

在《孟婆茶》里,杨绛登上一条传送带似的交通工具,上去时领到一个对号入座的牌子,号码字样几经擦改已看不清。她按着模糊的号码前后找去,教师座满了;作家座也满了;翻译者的座,标着英、法、德、日、西等国名,也都没有她的位子。管事员就问她是不是"尾巴"上的,"尾巴"上没有定座,因为都是没有地位的,可是她手上拿着座牌呢。他们懒得去查对簿子,就在传送带的横侧放只凳子,让她坐下。

传送带离开红尘世界，不断往西开行。据管事员说是去孟婆店上楼喝茶。喝了孟婆茶，什么事都忘得一干二净。杨绛不愿忘记历史忘记过去，决定不上楼喝茶。管事员警告说："你不上楼，得早做准备。楼下只停一忽儿，错过就上楼了。"又说："上楼的不用检查。楼下，带着私货过不了关。"私货不是行李，指藏在人脑里、心里、肚里的思想、经验、记忆。说话间，传送带已开进孟婆店，眼看就要向上开，杨绛赶忙跨出栏杆，往下就跳。只觉得头重脚轻，睁眼一看，原来睡在床上。管事员"带着私货过不了关"的警告，还言犹在耳。她于是决定把自己的私货，及早清理一番。

杨绛极富艺术想象，擅写这类亦真亦幻、似梦非梦的作品，引人入胜而寓有深意焉。

作为"代后记"的《隐身衣》也同样精彩。穿了几十年隐身衣的杨绛和锺书，自能体会它的好处，所以尽管有种种不便，他们还是觉得隐身衣总比国王的新衣好。

我很惊奇杨先生的文章怎么写得那么多又那么好！杨先生说："写文章其实是偶尔心有所感，渐渐酝酿，渐渐成熟，然后就写出来了。就像旧书上说的履巨人足迹而有感，便怀孕而生了某伟人。"

杨绛以后又陆陆续续写了不少散文，1991 年把抽屉里的稿子整理一下，汇成一集，后交由花城出版社出版，题名《杂忆与杂写》。分为"忆旧"和"拾零"两个部分：第一部分是忆旧之作；第二部分是从遗弃的旧稿中拾取的，篇目按内容性质排列。

杨绛在《杂忆与杂写》的自序中，引了英国诗人蓝德（Walter

Savage Landor，1775 ~ 1864）的两行诗：

> 我双手烤着
>> 生命之火取暖；
> 火萎了，
>> 我也准备走了。

这使得广大喜爱杨绛的读者，看了心里酸酸的，默默地为她老人家健康长寿祈祷。

蓝德此诗的前两行是：

> I strove with none,
>> for none was worth my strife,
> Nature I love
>> and, next to Nature, Art.

杨先生译为：

> 我和谁都不争，
>> 和谁争我都不屑；
> 我爱大自然，
>> 其次就是艺术。

这简直就是对杨先生的写照，非常贴切。

蓝德的诗，以其品位高贵典雅著称，我们年轻的时候也很喜欢。记得上引四行短诗，有些版本中题为 *On His 75th Birthday*，而实际上蓝

德活到八十九岁。这就是说，行将
熄灭的 fire of life 延续了十四年才
sinks。广大读者有理由期望杨绛先
生健康长寿，继续写出更多佳作。

《杂忆与杂写》的忆旧部分，
写了好几位劳动者：老王、顺姐、
林奶奶等等，其中《老王》已成了
现代散文名篇。香港的小孩都知道
老王可怜，杨绛阿婆"在家听到打
门，开门看见老王直僵僵地镶嵌在
门框里"。他们的教科书上有。我很
好奇杨先生怎么如此熟悉老王他们，个个描摹逼真，活人似的跃然纸上。
是否出于悲悯之心？

杨先生说："老王、顺姐、林奶奶等，都是我的贫贱朋友呀。他
们和我要好，和我什么都谈。我对他们有充分的认识，写的都是实情。
我对他们不是悲悯，只是友好，很平等的友好，一点点不高高在上。
写他们很现成，写出来就是一个 character，不必费心思创造。"

杨先生又说："我第一个贫贱朋友是老李妈，因为她爱花花儿。[1]
她说：'带气儿的我都爱。'她告诉我从天津迁到北京时，她的大黑狗
直跟到火车站，说着说着几乎掉下眼泪。她很会做菜，每次和我议菜单，
说说笑笑，我们很友好。另一个贫贱朋友是清华菜场的贩子，我是大
主顾。他总把死鱼留给我喂花花儿。后来他得了病，告诉我他要死了，
但没死。他说自己代人杀鸡剖鱼，杀生太多，从此改行了。"

杨先生真诚对待自己的贫贱朋友，她很珍惜同他们的友谊。《顺姐

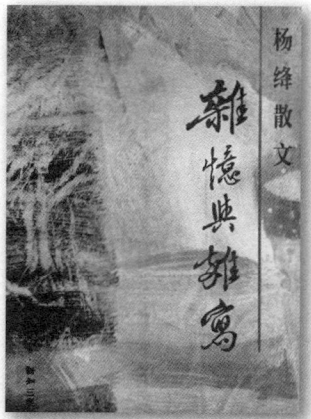

---

[1] 花花儿是杨绛在清华任教时养的一只猫。见《花花儿》，《杨绛文集》卷 2 第 234 页。

的恋爱》主人公周奶奶1981年大病告归，由子女接回家去了。周奶奶的子女称呼杨绛"钱姨妈"，可见杨绛和周奶奶是以姊妹相处的。杨先生二十多年一直和她保持联系。

2003年国庆前一天，得周奶奶小女儿的电话，说她妈曾切实嘱咐，她如果病了，一定要通知钱姨妈，现在她妈病了。杨先生立即亲自"打的"去看望，还带了许多礼物和一台小型粉碎机到周奶奶家去慰问。那年杨先生已九十二岁。小型粉碎机是她自己常用的，因为有些东西她嚼不动了。周奶奶得了脑血栓，会哭会笑，不会说话了。杨先生跟周奶奶贴贴脸，她就笑，二人相视时，她流泪了。临别时再贴一次脸，周奶奶依依不舍。杨先生塞了一方绣花手帕到周奶奶手里留作纪念，她很受感动。那天两人还合了影。2005年12月，周奶奶去世。杨先生电话中告诉我这个消息时，语带哽咽。

《杂忆与杂写》还未交给花城出版社出版时，胡乔木已病重，不久就去世了。杨绛再也听不到他对自己作品坦诚的批评和建议了。

胡乔木生病的时候，谷羽同志打电话来说，乔木得了《杂忆与杂写》的自订稿本，让孩子们给他读，一口气听了好多篇，不肯罢休。锺书猜想，准是对《控诉大会》感兴趣。"文革"以后，许多老同志对自己上世纪五六十年代的工作进行反思，乔木同志当亦不例外。《控诉大会》所反映的全国知识分子第一次思想改造运动，乔木同志曾参与领导。

在杨绛家里，圆圆和锺书是她作品的热心读者。阿圆曾对爸爸说："妈妈的散文像清茶，一道道加水，还是芳香沁人。爸爸的散文像咖啡加洋酒（whisky），浓烈、刺激，喝完就完了。"杨绛肯定说，锺书少年之作很精彩，她的散文只是平平淡淡。

听李慎之先生说，钱锺书自己承认"杨绛的散文比我好"，还说"杨绛的散文是天生的好，没人能学"。钱锺书是真心实意地欣赏杨绛。杨绛出访时，他在家里写"备忘代笔谭"准备留给杨绛回家看的，里面写道:"有出版社要将我年轻时的作品与你现在的作品放在一起出版,我不太献丑了吗?"

锺书曾对杨绛说:"照常理讲,我应妒忌你,但我最欣赏你。"早在上世纪的1943、1944年,杨绛编剧的《称心如意》《弄真成假》《游戏人间》等被搬上舞台,反响热烈,杨绛名气不小。《围城》出来后,人们问作者钱锺书是谁?都说是杨绛的丈夫。所以锺书有诗"世情搬演栩如生,空际传神着墨轻;自笑争名文士习,厌闻清照与明诚"。

朋友来信称赞杨绛的书,锺书总是很高兴,还天真地对人家说"内人著作承赞,弟亦 bask in the reflected glory"。[1] 别人问起孟婆茶的典故,他忙不迭地帮助作答:"孟婆茶(汤)"之说乃江浙流传神话,作用等于 Lethe[2]。《谐铎》载《鬼门关十景》诗,即有《孟婆亭啜茗》一首。吾国神鬼故事中每道此,而编词典者皆不屑取材小说,遂多致阙。譬如《西游记》中太上老君居"离恨天",乃"离开愁恨之天"(快乐之天),而词典中只用元曲"离恨天"(因别离而愁恨之天)之意。故编词典非通人不可。[3]

杨绛的长篇小说《洗澡》,是 1986 年 4 月初动笔,1987 年 11 月写完的,1987 年 12 月修改定稿。杨先生说:"《洗澡》是我的试作,我想试试自己能不能写小说。"

杨绛写《洗澡》,也像钱锺书写《围城》时,她做锺书的第一读者一样;杨绛每写完一章,锺书就读一章。读完"游山"的一章,锺书对杨绛说:"你能写小说。你能无中生有。"

《洗澡》写的是解放后知识分子第一次经受的思想改造,最初叫"脱裤子,割尾巴",过去在延安和老解放区都这么叫,割什么尾巴,割旧

---

[1]　钱锺书 1993 年 7 月 19 日致王岷源、张祥保书。

[2]　希腊神话:忘川(冥府一河流名,饮其水即忘却过去一切)。

[3]　钱锺书 1987 年 5 月 3 日致王岷源书。

社会带来的旧思想和旧的生活方式。新解放区的知识分子听不惯"脱裤子"的说法,因此改称"洗澡"。

故事发生在解放之初北平的文学研究社,它是由私立国学专修社脱胎发展出来的。国学专修社社长姚睿原是北平一所名牌大学的中文系教授,抗战爆发,大学内迁,他因患有严重心脏病,没有随学校去后方。他辞去教职,当了国学专修社社长,他的助手马任之和夫人王正都是中共地下党员。

姚睿爱书,中西文学书籍收藏极丰富。他也仗义,有几屋子书,都是为了照顾随校内迁的同事,高价收购的。姚睿不善经营,祖传下来的许多田地房屋,全部落到账房手里,只剩下家居的一所精致的四合院带花园。专修社所在的大院也是姚家的房产,被账房将大部抵押给了一家企业。

姚睿婚姻美满,太太爱好音乐,弹得一手好钢琴,很晚才生得一个美丽的宝贝女儿姚宓。抗战胜利前夕,姚睿心脏病突发去世,姚太太闻讯中风瘫痪。当时不到二十岁的姚宓正在大学读书,她由账房将四合院抵押筹款,把母亲送进医院,为父亲办了丧事。她中断了学业,到原先读书的大学图书馆当了一名小职员,挣钱贴补家用。

姚太太出院,姚宓的未婚夫刚大学毕业,他主张把姚太太送到天津托付给姨妈照管,姚宓和他结了婚一同出国深造。姚宓唾弃了未婚夫的主张,也唾弃了他本人。她卖了所住的四合院,迁入专修社大院东侧的一个小跨院,重金聘请名医名按摩师为母亲诊治,姚太太竟得康复。

姚睿的助手马任之抗战胜利后就不见了,专修社由王正照旧带着两个专修生工作。

北平解放,国学专修社由政府接管,成立了文学研究社,马任之任社长兼古典文学组组长,新近入党的傅今任副社长兼外国文学组组长。马任之到任后将姚宓调来文学研究社管图书室,随后又推荐她以同等学历参加外文组研究工作。

文学研究社研究中外古今文学，人员来自四面八方。即以外文组来说，余楠从上海来，他留过学，在上海一所杂牌大学教课，又在某某要人津贴的综合刊物当主编，他们称这个要人为"老板"。解放前夕，余楠想跟一个朋友的亲戚到南美经商，可是那个朋友自己要去，照顾不到他。他又央求一个香港朋友为他在香港的大学里谋个教席；人家嫌他英语中国调儿太重，普通话又乡音太浓。

余楠多年来追求一位胡小姐，胡小姐也选中他当丈夫。但是他不便离婚，所以和胡小姐的婚事，一直拖延着。胡小姐在这家刊物工作十分卖力，很得老板赏识。解放军过江前老板就溜了，行前为酬报胡小姐，做好安排，为她未来的丈夫弄到一个在联合国教科文组织的职位。她本人不够资格，只能给她丈夫。余楠早把这个职位当做他的到口馒头了。他结婚早，已有二子一女，夫人宛英贤惠朴实。余楠向来极悭吝又精明，他对胡小姐说，只要与宛英谈妥，到时一走了之即可，无需通过法院判决付费赡养等等。胡小姐要求出国前举行正式婚礼，余楠主张婚礼在亲友家的客堂间举行，所谓"沙龙结婚"。胡小姐要一枚钻戒做信物，余楠认为太俗，把他和宛英结婚时人家送的一对田黄图章"愿作鸳鸯不羡仙"拿来充数。胡小姐心中本有爱恋的人，只因对方夫人"占着茅房不拉屎"，死不肯离婚，才不得已而求其次找到余楠；今见余楠这种小气劲儿，把她当什么啦，不由得大怒。反正她手里拿着"洋官儿"的王牌呢。她采用余楠指点的"一走了之"离

婚法及"沙龙结婚"法,和她的意中人远走高飞。余楠接到胡小姐来信时,她和情人早已抵达巴黎。

余楠被胡小姐甩了,却对宛英说"出洋是个骗局,骗我和你离婚的"。还说他讨饭也不能扔了宛英!宛英倒替他发愁:学校的事辞了,外国和香港又去不成,怎么办?听说共产党已经过江了。余楠说:"共产党来了也不怕,房子卖了,就无产可共。大不了你炒五香花生,我挎个篮子去叫卖,……再不然,做叫花子讨饭去!"

说到讨饭,宛英想起二三月间北平文学研究社有个姓丁的同学前辈邀余楠去北平,当时他说"还没讨饭呢!"余楠也想起来了,马上发一电报,冒充早已写了回信,定于月底举家北上。对方杳无音信,到了月底,又发一电报,告诉车次。宛英发现丈夫是个撒谎精。上了火车心里还不踏实,万一人家不请余楠了呢?可是到了北平,丁宝桂不但自己来接站,文研社也派了两人来料理,已为他们留了宿舍。

许彦成、杜丽琳夫妇是分别从英国和美国留学回来投奔新中国的。杜丽琳在美国得了文学士和教育学硕士学位。许彦成在美国毕业后随老师去了英国,杜丽琳希望许彦成读个博士学位,但他只顾钻研他喜爱的学科,不看重学位。杜丽琳的哥哥在美国经商很成功,可以为许彦成找到工作。许彦成的老师时任某州立大学校长,也可为他觅得教职,但他执意回国,尽管工作还没着落。

朱千里在法国待过五六年,研究法国文学。

身材高大、脸长得像河马似的施妮娜,人称"老河马",原来不知干什么的,只是跟着从前的丈夫去苏联待了两年,现在算是苏联文学专家。仗着副社长傅今的新夫人江滔滔是她的密友,这桩婚事又是她撮合的,因此在社里很拿架子。施妮娜在她主持的第一次组会上就出尽洋相,把马拉梅的象征派诗和波德莱尔的《恶之花》,称为"马拉梅儿,《恶之花儿》",又把《恶之花》称为"小说儿"。还认定巴尔扎克的《人间喜剧》是戏剧，巴尔扎克写了《红与黑》；可是她仍被任命为外国文学组副组长，大概是一切都要学习苏联老大哥的经验吧。

江滔滔不知是个什么作家，也分在外文组。

年轻人除了姚宓，还有统一分配来的转业兵陈善保，研究生罗厚和大学毕业的女生姜敏。

杨绛写小说，先想人，在脑中孕育创造人物，"live with my charcters"。一个个人物在她脑子里慢慢形成，逐渐丰满，故事情节先有个大致布局，然后根据人物的性格，发展他们的活动。

余楠、宛英、许彦成、杜丽琳、朱千里、姚宓等人物不知在杨绛脑中酝酿了多久，怎么一个个形象那么逼真，鲜蹦活跳，简直跟身旁日常所见的熟人一般。看完书多久，都能记得。杨先生声明，《洗澡》的地名机构，纯属虚构，人物和情节都是据实捏塑。

《洗澡》分为三个部分，每部若干章。前两部是铺垫和前奏，第三部"洗澡"。小说语言活泼自然，笔调轻快幽默，读来使人不时发出会心的微笑。三部的题目采用古典诗文的名句，点出深刻的含义。

第一部题目"采葑采菲"，下文是"无以下体"，出《诗经》。"葑"，蔓菁也。"菲"，蕢菜、芜菁之类。这种菜蔬，摘取嫩头吃，根须可弃。"葑菲"指旧社会过来的知识分子。他们头脑陈腐，充满封建思想、资产阶级思想。但这类知识分子还当利用，让他们献出一技之长，为人民服务。新中国不拘一格采用人才，把旧社会过来的知识分子都"包下来了"（给工作、给待遇）。"采葑采菲，无以下体"是新中国对旧知识分子的态度和政策。

第二部"如匪浣衣"，也出《诗经》。从这些知识分子的行为，可看出他们的脑筋实在脏——不同程度地不干净。头脑肮脏，当然做不出贡献，所以洗脑筋是必要的。

第三部分"沧浪之水清兮，可以濯吾缨"，出《孟子》，亦见《楚辞》。

下文是"沧浪之水浊矣，可以濯我足"。"清斯濯缨，浊斯濯足矣。""沧浪之水"也许可比"运动"或"方法"，水清吗？水不清。这番"洗澡"只是白洗。

小说以许彦成与姚宓的爱情为主线贯穿全局。许彦成虽被称为"老先生"，实际不到三十岁，比姚宓大不了几岁。他心地善良，思想纯正，看不惯余楠那套自我吹嘘、溜须拍马、拉拉扯扯，一味向上爬；更为不学无术、妄自尊大的施妮娜欺侮姚宓愤愤不平。他欣赏姚宓好学深思、娴静优雅，对母亲贤孝，富有家庭责任感；他怜惜她小小年纪，竟要承受如此沉重的生活负担。姚宓喜欢许彦成广博多学而平易近人，对人关心肯帮助，和他很谈得来。

许彦成对姚宓由怜而爱，姚宓对许彦成因信任而亲近，由敬而爱。两人不由自已越来越密切。许彦成情不自禁约姚宓游香山，约了又出于责任感怕自己会干出什么傻事来，决定取消游山。姚宓口说"不相干"，却泪水盈眶，转身上了出城的车，又上了去香山的车。彦成不放心，遥遥跟着。姚宓快到香山临下车才看见彦成，她决心不和他同游，下了车，等乘客下完又钻上车，原车返回。上午就赶回办公室。

香山那边，彦成下车来回找，不见姚宓，以为她已进香山公园，忙买票进园。放眼望去，不见姚宓，寻了一阵，也不见她的影儿，心想她或许转一转就回家了，如没回家早发现也比晚发现好，他急不可待地赶回城，跑到姚家看到姚宓的自行车靠在门道里，心上一块石头落了地。这时已是午后。

不幸那天陈善保和余楠的女儿余照也游山，看见许彦成和姚宓一个在前门一个在后门等车。回来一说，马上被一向妒忌姚宓的姜敏抓为把柄制造绯闻，宣扬姚宓陪许先生游山如何如何。幸好姚宓回来早，勤杂工打开水看见她，而杜丽琳证明她丈夫在家休息没有游山。

许彦成因为游山的事很感愧疚，没有机会向姚宓道歉，凑巧他曾帮助姚宓整理过她的小书房书籍，就留纸条夹在小书房的书里，如此一来一往互诉衷曲，感情更深。彦成表示他已找到自己的另一半儿，他要离婚。姚宓极力劝止，说她绝不走到他们中间去，绝不伤害杜先生。姚宓的冷静，使彦成又难过又佩服。他们还当面倾心交谈一次，说了许多知心话，"觉得彼此间已有一千年的交情，他们俩已经相识了几辈子。"他们决心克制自己的感情，互相支持，克服困难，一步步走下去，努力超拔自己。两人只做亲密的朋友。

不久"三反"运动转入思想改造，人人过关，所谓"洗澡"。老先生们暴露丑恶的资产阶级腐朽思想，揭露个人隐私，越丑越好，越彻底越好。

"标准美人"杜丽琳自运动开始，已将披肩发剪短，穿上她特意用肥皂水泡过的新制服和方头布鞋。她很会说话，她的检查完全符合运动标准。她痛骂自己的剥削家庭，批判自己错误的人生观、安逸的生活方式等等，她下定决心，不再迷恋个人幸福、计较个人得失，努力顶起半边天，做新中国有志气的女人。

杜丽琳又在大家批判后，承认对剥削家庭的亲人恨不起来，足见自己思想感情没有彻底转变。她保证，从此和他们一刀两断、划清界限。说着流下眼泪。

主席让大家鼓掌欢迎杜先生愿意洗心革面，投入人民队伍。又说自我改造不是一朝一夕的事，需要长期不懈地改造自己。

余楠丑态百出，妄想蒙混过关，被陈善保揭出"卖五香花生"的事，不得不深挖他的反共思想反动经历。

朱千里本身问题并不严重，可是他开始却玩笑对待运动，经受不住群众的批判声势压人，吓得服药自杀，洗胃后还得乖乖地老实检查。

杜丽琳吓唬许彦成，可能姚宓会揭他什么，然而他们的感情已经受过考验了。许彦成本来就没什么问题，他的检查诚恳、自然、实事求是，他没有说自己是洋奴，大家拍手通过了。

"洗澡"完毕，接着是"忠诚老实"运动，每人交代自己历史上和社会关系上的问题。然后重新分配工作，当初文研社不拘一格收集来的人才经过清洗，都安插到各个岗位上去了。

作者对"洗澡"的认识很明确："洗澡"没有得到预期的效果，原因是谁都没有自觉自愿。她说：

> 假如说，人是有灵性、有良知的动物，那么人生一世，无非是认识自己，洗炼自己，自觉自愿地改造自己，除非甘心与禽兽无异，但是这又谈何容易呢。这部小说里，只有一两人自觉自愿地试图超拔自己。读者出于喜爱，往往把他们看做主角。[1]

杨绛写完《洗澡》，女儿看了旧版的前言就说："妈妈这本书走入禁区了，党从未认为思想改造是错。"但杨绛说："我也并未以为知识分子不需改造思想。人是 an alloy of base metals，人人需洗炼。但这是个人的觉悟，政治运动无补于事。

《洗澡》，胡乔木和杨绛谈论过三次，很欣赏，对杨绛说："你写的几对夫妻身份都很合适。你是简·奥斯丁派，不是哈代派。"他也提出一个问题："这是写得好的一部小说，怎么书中没有一个好的党员？如傅今这般的领导，太糟了。"杨绛说："他是'入党做官'的投机分子，不是老党员。"乔木点头。他说："你只是没有明写。"他想到了王正照顾姚宓就是一个。马任之和王正借姚謇掩护，他们都是地下党。胡乔木又说："假如当时是地下党组织，解放后不会消失，要扩张的。"但他对这点并不责怪，因为杨绛不会懂得党内的决策。

《洗澡》1988 年 11 月香港三联书店出版；同年 12 月北京三联书

---

[1] 《〈洗澡〉新版前言》，见《杨绛文集》卷 1 第 211 页，人民文学出版社 2004 年出版。

店出版，1990 年再版。新版《洗澡》由人民文学出版社 2004 年 1 月出版；台湾时报出版公司 2004 年 3 月出版繁体字本。郁白（H.Chapuis）翻译的《洗澡》法译本 1992 年 2 月在巴黎出版；Judith M.Amory 和史耀华翻译的英译本 2007 年在香港出版；《洗澡》汉英对照本人民文学出版社 2007 年 12 月出版。

《洗澡》出版后，海内外评论很多，印象最深的是施蛰存从语文纯洁角度评论的一篇。施先生说："语文纯洁，本来是读者对作者，或作者自己对他的作品的最低要求。但在近十年来，却已成为最高要求，在一群三十岁左右的青年作家的作品中，要找一本像《洗澡》那样语文流利纯洁的作品恐怕很不容易了。"[1] 他认为杨绛"自是语文高手"。

施先生又说：

《洗澡》给我的印象是半部《红楼梦》加上半部《儒林外史》。

《红楼梦》的精神表现在全书的对话中。一部小说中的对话部分，不是为故事展开服务，就是为塑造人物性格服务。一部《红楼梦》中的许多对话，绝大部分都是为塑造人物性格服务的。没有这许多对话，就没有一部《红楼梦》了。

《洗澡》的作者，运用对话，与曹雪芹有异曲同工之妙。每一个人物的思想、感情、性格都在对话中表现出来，一段也不能删掉。……

《儒林外史》的精神，不用解释，因为《洗澡》中的人物，也都是"儒林"中人。不过最好的一段，许彦成、杜丽琳和姚宓的三角故事，都是吴敬梓写不出来的。这个三角关系，

---

[1] 施蛰存《读杨绛〈洗澡〉》，见施蛰存《文艺百话》第 356 页，华东师范大学出版社1994 年版。

写得非常高雅，对现代青年会有良好的教育作用。[1]

我问过杨先生，施蛰存先生提出对许彦成和姚宓相互关系的处理是不是由于她的理想主义，或还有"发乎情，止于礼"的儒家伦理观念？

杨先生答说："许彦成和姚宓在当时的形势下，只能这么做。不过这并不是最后结局，最后怎样，我也不知道。我在《新版前言》中说过，这是一个运动的横断面，没有结尾。"

哈佛大学中国文学教授王德威认为，《洗澡》是一部中国杰出的作品。它怀着希望和恐惧探讨中国知识分子在新中国第一次政治运动中的感受。杨绛运用她善反讽和妙语的风格，描述遭受挫折的男男女女试图在新的社会秩序下寻找着落的那个时代，即使觉察到政治狂热和人性残酷，也从不失去她的幽默感和同情心。

《洗澡》被许多人视为《围城》的姐妹篇，实际有很大不同。《围城》是一个主角贯连全部的小说，而《洗澡》是借一个政治运动做背景，写出那个时期形形色色的知识分子；是一个横断面，既没有史诗性的结构，也没有主角。《洗澡》只有对话和描述，没有《围城》那种大段议论。《洗澡》笔调温润，讽刺挖苦不像《围城》那样尖刻。

杨绛创作的这许多作品，恐怕很难有人想得到她都是在料理家务、应酬答谢和看护病人的忙碌中偷空写成的。

二十世纪八十年代初，杨绛因七妹妹杨桼的病心情很不好，她得了胰头癌。杨绛曾亲到天津去探病。小八妹阿必走后，七妹妹就是最小的妹妹了。她从小机灵厚道，能"引老小"，引得娇惯的阿必乖乖听话。她又喜欢读诗作画，小时候几笔就勾出一幅阿必肖像，长大后在国画方面很有造诣。

---

[1] 施蛰存《读杨绛〈洗澡〉》，见施蛰存《文艺百话》第356页，华东师范大学出版社1994年版。

七妹妹杨棽、妹夫孙令衔和儿女在天津

　　杨绛疼爱七妹妹，七妹妹每来她家小住，必热情款待，关怀备至。周奶奶都说，太太疼孙太太比疼女儿还疼。她哪里知道七妹妹受的创伤最大，她常在梦中惊叫而醒。杨绛当然极爱怜她。七妹妹的丈夫、天津大学教授孙令衔，是杨绛的东吴大学同学，"文革"中受迫害自杀。七妹妹的一个儿子在工厂工作，"文革"中被工人当"五·一六"逼供信活活打死，送回尸体。他的妻子把尸体救活，渐渐养好，恢复工作。一次出差到北京，公交车上遇到老友谈起旧事，忽然病发，下车后躺在车前待压死，被司机毒打一顿，由天津厂方领回，又跳楼自杀，终究死了。

　　七妹妹于 1982 年 10 月病逝，姊妹情深，杨绛心里非常难过。

　　周奶奶生病回家了，包三妹新来摸不着边，样样得杨绛教。包三妹不识字，还挺认真，去买菜要求"先生"全给画上：牛奶、鸡蛋、面包、黄瓜……有的东西画不出，只得写上字请售货员帮看看。包三妹会过日子，不乱扔东西。一次，钱先生收到一只大包裹，包裹皮儿上写着"钱锺书收"，边上还有钱家和寄件人的地址，包三妹舍不得丢，缝入她围在身上的大围裙里。她的大围裙有七八层，全部钱财都在这

杨绛《方五妹和她的"我老头子"》的生活原型包三妹

七八层的大围裙里，她成天围着，晚上睡觉才解下。杨先生对她说："你倒好，丢不了，地址都在围裙上写着呢。"

钱杨最头痛的是来客多，应接不暇，没有多少时间做事。女儿代父母给长辈们写信也说："爸爸正补充修订《谈艺录》，但是每天客人多，做不了多少事；妈妈也是，很苦恼。"

《围城》重新出版以后，来访来信更多，杨绛尽量帮锺书挡驾，有人却不听招呼闯门而入。有家不知什么消费报的记者定要采访钱锺书，不理主人家的辞谢。那人纠缠好长时间，后来，忽然自己走了。锺书对杨绛笑说："他大概发现我穿的布鞋上面有一个洞，想想同他们的提倡消费不搭界吧！"

《围城》出来，北京、湖南、广州、辽宁、中央等多家电视台要求把《围城》搬上荧屏，钱锺书都拒绝了，小说妙趣横生的幽默语言，要在影视媒介中体现不是一件容易的事。上海电影制片厂的黄蜀芹、孙雄飞、屠岸德等却锲而不舍，他们反复阅读这部小说，体会它的哲理内涵，寻求表现书中人物形象和性格特点的表现手法。他们花了三年时间写出了改编《围城》的电视剧本。请了钱杨的老友、作家柯灵做文学顾问。1989年9月到北京登门求见。

他们拿着柯灵的介绍信，钱杨不好不给老朋友面子。为了节省锺书的精力和时间，杨绛帮助接谈，意见能说到点子上。她为导演黄蜀芹、编剧孙雄飞详细介绍钱锺书当年创作《围城》的经过。黄蜀芹后来说，她从杨先生"写《围城》的是淘气的钱锺书"这句话得到了灵感。

杨绛把他们留下的电视剧本读了两遍，对四十多处提出意见，对如何开头结尾都有详细的修改。最重要的是她指出，方鸿渐的性格是被动的，什么都不主动。电视剧不要给人造成他从这个女人追到另一个女人的印象，似乎他很荒唐。其实方鸿渐这个人心肠软、意志弱，略有才学，却不能干。钱锺书也强调"方鸿渐是个被动的主角，Things happen to him"。杨绛还说："方鸿渐在感情问题方面也是被动的，实际上苏文纨在追他，他还受了鲍小姐的骗，与孙柔嘉结婚也是女方主动。"

在场景选择、道具设置、人物形象动作设计上，杨绛也有种种建议。

关于怎样突出主题，杨绛觉得应表达《围城》的主要内涵。她写了几句关键的话给黄蜀芹。那就是：

> 围在城里的人想逃出来，
> 城外的人想冲进去。
> 对婚姻也罢，职业也罢，
> 人生的愿望大都如此。

意思是"围城"的含义，不仅指方鸿渐的婚姻而言，更泛指人性中的某些可悲因素，就是对自己处境的不满心理，所谓"东山望得西山高"。钱锺书很赞同杨绛的解析，并且引王国维《红楼梦评论》中称引叔本华的一段话来佐证。

杨绛概括《围城》内涵的几句话，后来在电视剧开头作为开场白吟诵，对突出主题起到画龙点睛的作用。

夫妇间能对彼此的作品了解如此深刻、体味如此准确，而且配合默契，实在少见，难能可贵啊！

电视剧《围城》放映以后，钱杨都看了。他们很欣赏李媛媛饰演的苏文纨，很到位。方鸿渐、高校长、孙柔嘉、汪太太、"四喜丸子"等都演得不错。全剧大小角色，都是大明星，那位每分钟一句"兄弟在英国的时候"的教育部督学，虽不是剧中重要人物，演得多么出色。《围城》剧组部分同志曾到钱杨家做客。陈道明建议将杨先生的《洗澡》也改编成电视剧，她没有答应。

锺书体质弱，又有宿疾哮喘，夏天较好，入冬天气变冷，暖气未来以前，稍不小心就会受寒感冒引发哮喘。杨绛总是小心翼翼照顾防范，有时仍难避免。

一次，一位美国客人带着感冒未愈的儿子来访问钱锺书，害得钱杨两人都感冒了。锺书咳嗽不停，上痰不止，引起哮喘大发，只好到医院就医。杨绛又请了认识的护士教她打针。有朋友赠锺书抵抗感冒的针剂，又有护士教她如何打针，她每天硬着头皮给锺书打针，也学会给自己打针。锺书心感杨绛带病看护，每次打完针都向她说"谢谢"。给朋友写信，也不忘告诉人家："季康已身负病而料理病人，亦甚劳瘁。"

在锺书眼里，杨绛几乎是无所不能的人。有天傍晚，起居室的灯管不亮了，电工已下班，这怎么办？一晚上能做好多事哪。杨绛说："让我试试。"她端来一张小桌子，上面加一只凳子，又加一只小凳，很利索地爬上三层。日光灯管安在屋顶中央，没有地方可扶，杨绛就一只手掌顶着天花板，另一只手检查灯管，灯管两头时常接触不良，杨绛曾多次爬高修理，锺书佩服得五体投地。那时杨绛已年近七十了。她留在天花板上的手印，至今依稀可见。

杨绛善编织，全家的毛衣、毛裤、背心等，全是她打的。有一次，杨绛要捐掉一件她为锺书织的旧衣，锺书双手抱住不放，说"慈母手中线"。杨先生说：我很感动。我待锺书，慈母的成分很多。他从小嗣出，没有慈母，伯伯对他好，究竟是男人。这对他性格的形成，很有关系。"

1992 年夏，杨绛脑血管小有梗塞，大夫"黄牌警告"，医治见好。钱锺书担心极了，比自己生病还着急：她是家里的顶梁柱，可不能倒下啊！杨绛病愈，开始整理父亲的文稿，编为《老圃遗文辑》，写了《前言》。

第二年 2 月 5 日，春节过后不久，锺书并未感觉身体不适，但医院要他住院检查，杨绛已知病情，陪住医院照顾。北京医院的放射科主任韦嘉瑚，理解杨绛内心的焦虑，让她坐在自己身旁，同看锺书 CT 检查的屏幕。韦大夫非常认真，一遍遍扫得极仔细，她说："我一心想免他受动手术之苦。"然而 CT 扫描结果，钱锺书输尿管中生了瘤子，那个部位已经变形。

因为手术风险甚大，医院慎重，左检查、右检查，一而再，再而三地会诊，查了足有一个月，照了不知多少片子，最后研究结果还是动手术。杨绛未让锺书知道病情（术后化验结果出来后方告知他），咬咬牙签字同意动手术。因为风险虽大，不能不动手术。

手术于 1993 年 3 月 5 日上午进行。邵洪勣大夫主刀，杨绛住家对门的叶大姐特为她请了三〇一医院的李主任"保驾"。吴蔚然院长"监场"，早上七点多就到医院查看手术室，亲自把锺书躺着的小床推入电梯去手术室。杨绛和圆圆还有社科院派来的一位女同志，在病房门前等候。手术长达六小时之久，杨绛母女一直忐忑不安，后来得知手术顺利完成，取出输尿管中的肿瘤和一个坏死的肾，才放下心来。

杨先生回忆说："不久看见一队大夫推着原来那只小床回来，我简直要含泪跪迎了。我谢谢邵大夫'累您站了六小时'。他说'还得保持同一姿势'。那就比站立六小时艰苦多多了。锺书尚未清醒，闭着眼只连声说'屙屎'。我以为他说什么死，忙对他说'我是季康'。吴蔚然是同乡，懂无锡话，和圆圆都听明白他说的是拉屎。其实锺书并非要拉屎，只是去掉了一个肾，有这种感觉。吴院长立即亮了锺书的监测仪屏幕，心跳很平稳，意思叫我放心。

"吴蔚然院长特准我第二天进病房看望五至十分钟。伤口很长，前面缝了十八针，后面二十二针，共缝了四十针。锺书已能下地，由吴蔚然扶着下床如厕。撤去特护后，又由我住院陪护。

"锺书病中很愉快，吴蔚然院长和医护人员都十分照顾。吴院长经常闯入病房，和锺书说几句笑话。内科主任钱贻简说锺书最能和医护人员合作，是最 patient 的 patient[1]。小大夫和护士偷偷来请在《围城》上签个名。住院期间病人不让看书，我们两个有说不尽的话。

"我陪锺书住院，苦了圆圆；她是后勤，很辛苦。她婆家的大姐在香港喉癌去世，家人得设法一点一点告诉婆婆。婆婆脆弱受不了，圆圆得想出种种方法，把这个坏消息委婉地透露给她，总算没有晕倒。家里没一个人能想出办法，全靠圆圆。"

杨绛在医院陪住期间，抽空将《老圃遗文辑》整理完毕。于1993年10月由长江文艺出版社出版。

1993年3月31日上午，司机小王送来鲜花一束，接钱锺书和杨绛出院。他们迎着阳光，在春风吹拂下，欣欣喜喜地回三里河寓所。

---

[1]　最有耐性的病人。

18. 剩了我一个

　　锺书住院两月，回到家里非常快活，杨绛身体向来比他好，但是她的医疗关系被好心人擅自转换了，就医困难、费时，她久不看病吃药，成了病人。她慨叹说，世事真是不由自主。她得了心脏病，经常心绞痛，又加剧烈的胃痛，回家后成了病人。她很疲惫，晕晕乎乎，扶墙而走。

　　杨先生说："我以前如不消化，会头晕，晕时天旋地转，不能睁眼，不能吃东西，不能动，只能闭目休息。这次出院后有个奇怪的感觉，觉得我像一杯水，杯子在旋转，水就随着旋转。我说给锺书听，他也不知什么道理。坐着不觉得，走路如踩在云雾里，飘飘浮浮。出去散步，需他挽着我。如有汽车驰过，我就随风欲倒，得揪住锺书。

　　"后来吴蔚然院长介绍心脑血管专家为我看病，经检查才知道我得了冠心病，左心室肥厚，主动脉硬化，又高血压。中医李辅仁大夫向来为锺书看病，我经常陪去，李大夫也愿意为我看病。我不好意思打扰，只请他的女徒弟给把脉处方。李大夫命我把药方给他看，摇头不赞成。他说：'我主动给你看病，你的病不好，钱先生的病也不会好。'他诊室外有护士长把门，她让我进去看病。直到 1994 年夏锺书再次住院，我一直服中药调理。两人同煎药、同服药，同'行药'。服药后散散步，称'行药'，锺书教我的。"

　　钱锺书成天把他的诗改了又改，杨绛敦促他把《诗存》选定。她说："你我都已似风烛草露，应自定诗集，免得俗本传讹。"锺书以为然。

锺书与杨绛在三里
河寓所院里散步

　　杨绛帮他推敲字句，说他的某诗某句不妥。锺书说："没韵了，没法改了，你若改得一字，我奉你为'一字师'。"杨绛为他改了一句，七个字呢。锺书又修改了一个字，所以"一字师"还是他。

　　改到 1959 年锺书书赠杨绛那十绝句，第八首上联："百宜一好是大然，为说中年镜懒看。"杨绛说："我从来不爱照镜子，不是中年才懒照。"锺书于是将"中年"改为"从来"，即"百宜一好是天然，为说从来镜懒看"。[1] 所以《槐聚诗存》上的这句诗，与卷首锺书 1959 年所书十绝句的手迹，文字略有不同。

　　锺书改完诗，杨绛为他抄。杨先生说："其实锺书自以为健好，精

---

[1]　见《槐聚诗存》第 115 页，三联书店 1995 年 9 月第二次印刷。

力已大不如前了。我头晕抄诗，抄错许多字。我对锺书说：'我只管抄，你管校；自己的诗，自己校容易。'但是他直到印成书，才发现错误。抄书的纸只宜圆珠笔，但三联叫我用钢笔醮墨水抄，我自知书法拙劣，很拘谨，所以字比平时更劣。我自己都觉得不像我的字了。我要重抄，锺书不忍，硬说很好，不让我再抄。"

《槐聚诗存》选定又抄完后，锺书很高兴，拉着杨绛的手，感激说："你是最贤的妻，最才的女！"

锺书当时自我感觉良好，对杨绛说："咱们就这样再同过十年。"杨绛无此奢望，脱口说："你好贪心啊！我没有看得那么远，三年、五年就够长的了。"锺书听了深感忧虑，默默退入起居室电视机旁的躺椅里，不再作声。

提起这事，杨先生就叹气，说："我真后悔，脱口而出，无法收回，只深怪我不该这么说。我总自责，是这两句话，害得锺书愁出了病，1994年又住院。

"他平时不会系表带，每天我为他戴，晚上为他解。自从我说了这两句话，他乖乖地让我教会他自己戴。我就为他换一条松紧的手表带。我把家中重要的事也交托了圆圆。我至今自责。无法自慰。"

其实杨绛也不必太自责，她的确很虚弱，她即使不说，锺书也能感觉得到。他从未见过杨绛这么病弱，因此闷闷的，担心极了。杨绛是他的精神支柱，她可不能倒下。他回想近年难忘的一些生活情景，认定杨绛是累坏了，积劳成疾；而他不能想象，没有杨绛自己将怎么生活。

还记得"文革"后期，为躲避恶邻，举家逃到圆圆宿舍暂住。那么脏、乱、差的小屋，被杨绛几下拾掇得干净整齐，可容坐息。锺书流亡期间病发告急，送往北医三院抢救，急诊室没有可供病人躺的地方，杨绛找到暖气片上的木框子。让锺书躺在上面休息,等待司机来接回学校。

他们在北师大由圆圆宿舍搬到小红楼，又由小红楼迁至文学所七号楼办公室；锺书衰病，腿脚也不灵便，全靠杨绛扶持，如他自己所说："得以泥菩萨过江。"他给友人写信道："杜诗所谓'强移栖息一枝安'，打包治装偏劳季康一人，弟因病得闲，而局内人作旁观，终觉内疚耳。"在文学所七号楼西尽头的办公室住定以后，锺书写《管锥编》需用他的读书笔记。笔记本留在原先的家里，尘土堆积很厚，杨绛在外文所的年轻同志陪同下，用两天工夫整理出五大麻袋。两天里没好好吃饭，却饱餐尘土。1975年严冬，锺书睡眠中闻到煤气味，半夜从床上起来，跌倒在地。杨绛因服安眠药，闻到煤气味，却醒不过来，听到锺书跌倒，才惊醒；赶紧穿衣起床，给倒地的锺书穿上厚棉衣，打开北窗流通空气。又忙把他扶上床，开了南窗，用帽子围巾把他包裹严实，两人挤坐一处静候天明。锺书说不出话，但他捏捏杨绛的手，表示自己还好着，让她放心。……两人真是患难与共，生死相伴，怎能分离？

缓解二老焦虑的灵丹妙药，莫过于他们的宝贝女儿。圆圆自从爸爸得病就搬到三里河来住，周末才去婆婆家，这里放着她的大量教学参考书，离学校也比西石槽婆家近些。圆圆每日回家，为家里买些日用物品，说说外面的新闻，他们听着觉得新鲜。她还忙里抽空研究菜谱，时不时做几样时令菜肴，请父母尝鲜。锺书能吃一点儿，杨绛没有胃口，偶试尝两口，圆圆就高兴得了不得，直"谢谢妈妈""谢谢爸爸"。杨绛翻阅旧日记，看到这年"6月25日，我午后睡得一觉，锺书喜极而涕"。"8月7日，午后睡着，锺书喜极，谢谢我。甚感其意"。她感慨说："这和圆圆连声'谢谢'，情绪相同。"

包三妹最佩服圆圆，说她孝顺。她也跟着圆圆称杨绛"阿娘"。

圆圆是爸妈的安慰，也是他们的骄傲；他们从未刻意教育女儿，但是圆圆为人处世，在性格和作风方面，同他们有许多相似之处。

杨先生说："圆圆也像锺书一样惜时如金，嗜书如命。连翻书的样

圆圆也跟爸爸一样,
惜时如金,嗜书如命

子都像,哗哗地一页页很快翻过,一目十行,全记得。"

外出开会,与会议主题无关的活动安排,圆圆概不参加;大伙浏览名胜的时候,她独自留在旅馆读书备课。她宁可多去了解当地师范院校外语教学的情况、与教师们交流经验或讲学,也不去游山逛水。所以许多地方师范院校的外语同行,都认识和喜欢这位钱老师。

钱瑗在英国进修的时候,文体学课的期末作业是分析 G. M. 霍普金斯的作品。霍普金斯是英国维多利亚时代最富有独特风格的作家之一,他的诗歌糅合了纤细的感情、知识的力量和强烈的宗教情感。作品语言丰富,节奏运用独特,现代读者若非具有相当的语言修养,很难理解和欣赏。钱瑗为了赶在图书馆放假闭馆以前查完资料,每天十个小时连续两周在图书馆读书,圣诞节和新年全花在这篇论文上了。她虽然未能和大家一起欢度节日,却因苦读有心得而感到无比快乐。她提前三天交卷,教授在她的论文上写了密密麻麻的评语,表示赞许。

钱瑗非常注意措词用语的准确,随身带有三件宝贝:中文大字典、牛津英文字典和朗曼英语文化词典。她极注意字典和词典的版本,她的牛津和朗曼的英文词典已不知换了多少版本。北京外文书店的营业员都说:"钱老师总买那些大部头词典,而且特别懂行,版本的事比我们知道的多多了。"有位朋友得到一本新从英国带回的朗曼《文体学词典》，当作新闻告诉钱瑗；她不但知道这书，还说 K. 威尔士著的书中有错误。

钱瑗 1981 年留英回国不久，就在北师大开了"英语文体学"课程，用她流利娴熟的英语、生动有趣的实例，把文体学这个国内还很陌生的领域展示给她的学生。她编写的应用文体学讲义，系统性强，实例丰富，对实例的文体分析更是精彩，成为国内这类教材中教师的首选。她受国家教委之托编写的《高校英语专业文体学教学大纲》，供我国高校参考执行，对全国高校英语专业文体学教学的发展，起了开拓性的推进作用。她以自己对文体学的独特见解，帮助许多兄弟院校开设《英语文体学》课程，受到同行好评。

钱瑗乐于与人分享她的知识和研究成果，对自己的作品没有保留。她的 *Practical Stylistics* 出版以前，就把打印稿送给需要的朋友应急了。兄弟院校英语教师开这门课程，向她求助，她都无保留地把她所有的材料，包括油印讲义、参考书目、练习答案以及有关文章等等全送给他们；电话上请教，也总是耐心细致地解答。

1987 到 1993 年，北师大有一个中英合作培养"英语教学"研究生的项目，从开始筹建到圆满结束，一直由钱瑗负责主持。她自申请立案到与英国文化委员会协商培养方案、课程设置以及师资的培养等，始终突出了中方的实际需要。将提高语言能力的课程列为必修课；要求所有研究生都要有一段时间的教育学习，作为必修学分。方案规定，为提高学科的质量，每年派一名教师去英国学习，英方每年派出两名合作专家、免费提供一定数量的教学参考书等等。英方派来的专家，需经项目负责人认可并接受指导，他们的工作成绩也由她评估。

一次有位新来的英国专家说他准备怎么怎么教，钱瑗说不行；他开始不服，据钱瑗形容"他一双湛蓝的眼睛骨碌碌地望着我，像猫"。后来钱瑗带他到图书室，把他该看的参考书——介绍给他，指示他根据北师大学生的具体情况，应如何教课。学期终了，这位专家承认钱瑗让他工作辛苦，但也受益匪浅。

中英合作项目五年中培养了研究生和助教班学生九十余名，被英国海外发展署和英国文化委员会誉为"最成功的项目"之一。北师大英语语言与教学学科，正是在这个项目的基础上发展起来的。钱瑗是一名优秀的学科带头人。

钱瑗那些年为研究生开设了《英语应用文体学》《语言学与英语》《语言交际与意义》《英语教学的研究方法与统计》《英语教材分析》等多门重要课程；为了教好《英语教学的研究方法和统计》，她专门自学了英语高等数学。

钱瑗讲原则，对自己要求严格。

她是国家教委高校外语专业教材编审委员会成员，有次评审一位资深教授和同事合作的教材，钱瑗认为这部教材总的很好，但仍有需要修改的地方，并一一指出问题所在。后来这位教授见到钱锺书说："你女儿竟评到我头上来了。"锺书笑说："她说得有理，你就要听。我就是这样的，我在家很听女儿的话。"

又一次对包括编审委员编写的教材投票，大都获得满票。钱瑗的《实用英语文体学》是一本公认的优秀教材，但开票结果，差一票满票；朋友们断定，是钱瑗自己没投那一票。

女儿的成长成熟让爸爸妈妈欣慰，也让他们担心；她实在太忙太累了，迟早会吃不消。每天一早挎个大包去赶车，紧张得一只脚穿黄鞋一只脚穿黑鞋都没发觉。回到家电话也多，有时答问，一谈就是几十分钟。晚上通常备课到深夜。还常出差，像钱锺书对朋友所说："渠赴外地开会，年必三四次，合计出门至少两个月。"杨绛心疼女儿，问"能不能偷一点儿懒？"女儿笑笑摇头。

不过，只要三人团聚在一起，他们就过得很开心，直到1994年7

月底钱锺书再度重病住院。

据杨先生回忆，"1994 年 7 月 30 日，我阴历生日，临睡锺书高烧，我们母女通知了司机，把他送往医院急诊，锺书就被医院扣留了，我陪他。圆圆坐小王车回家取衣物，需费时间搜寻，嘱小王归。自己乘出租车往医院，匆匆忘带钱包，女司机感她匆忙为父母服役，不要钱。但圆圆留下她家地址，自坐出租车千方百计找到了她，把车钱还她。出租车司机及她家人等都诧异圆圆为人之诚，实属少见。

"锺书这次先是肺炎，平复后检查发现膀胱长出三堆癌细胞，8 月 19 日连切带烧，四个小时，手术成功。但仅有的一只肾突然罢工，急性肾功能衰竭，医院抢救，十多天后渐渐恢复功能，病情平稳。"

钱锺书牙床萎缩，假牙脱落，无法咀嚼，病中无力重配假牙，只好吃"鼻饲"。鸡、鱼、虾、土豆、蔬菜用打碎机制成泥，加上骨头汤或排骨汤，由管子从鼻孔输送入胃。做"泥"很麻烦，这可忙坏了圆圆，幸有包三妹帮助打杂。

杨绛身体原未完全恢复，医院陪住两月后日感不支，快要撑不住了，直在生病的边缘挣扎。总护士长也看出来了，命她回家休息。杨绛在医院觅得一名能干的生活护理工，日夜服侍病人，喂食、吸痰、翻身、擦洗等，有经验且尽心，锺书可少遭罪，可算不幸中的大幸。

杨绛回家后，每日上午到医院看望，下午在家做鼻饲食料，两台电动打碎机轮流开动，一台机子过热，换另一台。

圆圆工作忙，不能常与妈妈同去医院看望爸爸，每周去一两次，跟爸爸谈谈家中事、校中事。她比妈妈早退，急于回家备课。1995 年锺书已无力说话，但他喜欢女儿，圆圆来陪爸爸坐坐，他也高兴。圆圆一般比妈妈早退一小时，如提前几分钟，锺书必生气说："没到时间呢！"再过几分钟，即唤圆圆说："走吧。"锺书不用看表，但知时间，一点也不差，所以圆圆称"爸爸'灵童'"。

钱瑗也想多陪陪爸爸，只是她太忙，没有时间。爸爸曾笑她一身三任，实际恐怕五任六任都不止。她首先是位尽职尽心的教师，不断创新的学科带头人；又是孝顺的女儿，贤惠的媳妇，温柔的妻子，知心的朋友，还有数不清的社会职务和活动同她的专业有关。她又特别认真，追求完美，这就使她花的时间和精力比别人多。

一次，为兄弟院校的同行代评职称，钱瑗在审查过程中感到所提交的论文有抄袭嫌疑，她没有简单凭印象填写评审意见，而是花了整整一个晚上找到了抄袭的原文作证，有力有理地提出否定的意见。请评职称的学校还专程向北师大写了感谢信，因为那个抄袭者是一味向上爬，而使学校难于应付的刁徒。

她非常爱护自己的学生，不仅向他们传授知识，还关心他们的生活，包括他们的爱情和婚姻。学生感到钱老师知心，乐于跟她交流。"文革"中有一名来自山东农村的女生，卷入了运动漩涡，压力很大，又不堪忍受对她人格的侮辱，从宿舍四层跳楼自杀，没有死却瘫痪了。毕业时因瘫痪没能参加工作分配，被遣送回山东老家。那是一个穷得连一床棉被都买不起的贫困家庭。钱瑗每月汇款供养她生活，直到这个学生去世。

钱瑗积极参加教师队伍建设，作为主管专业教学的副系主任，尽量帮助教师提高教学水平。教师们开设新课程，她帮开出系列参考书目，阅读他们的读书笔记和教学大纲，讨论如何教好新课，工作严谨细致而耐心。

1978 和 1990 年，钱瑗两次去英国进修和访问，用节约下来的生活费买了大批教学参考用书送给北师大外语系。她搜集复印的各种宝贵资料，费心录制的许多磁带，包括电台节目、诗人朗诵自己的作品等有关资料，也全给了系里，她自己要用，有时还借不到。她送给家人的礼物，只是一个厨房用的计时器给妈妈，一只点煤气的点火器给爸爸。

成天像陀螺转个不停的钱瑗，难得在雪后的校园留此一影

　　钱瑗苦口婆心地动员她旅美的优秀学生回母校任教，甚至搬出了爷爷钱基博老先生的话，要学生记住。爷爷曾说："我也不知道哪国的月亮圆，只知道没有哪个国家写过像中国那么多的月亮诗。一个有修养的中国人，无论走到哪里，看到月亮，就会想起自己的家乡。"

　　在学校，钱瑗总是怀抱一摞摞书匆匆来去，她不但上师大的课，还有北大的课、北外的课，更别说那种种名目繁多的社会工作了。好心的同事见她像陀螺似的转个不停，很为她担忧，要她放松一点儿，并警告说"你这张弓绷得太紧会断，像蒋筑英……"钱瑗一脸的无奈，只是说身不由己了。

　　钱瑗自己这么忙和累，还总想帮帮妈妈。准备鼻饲饭食是一种非常费神的事，这还是杨绛向医院争取来的。她尝了医院为鼻饲病人提供的匀浆，有猪肝味、豆粉味。猪肝、豆粉都是锺书不宜吃的，又看了病人的排泄物，向专管这几间病室的某大夫提出："你不是说他不该吃豆粉吗？"她恼怒说："你不怕烦，你就自己做吧。"

　　杨绛做鸡鱼蔬菜泥，炖各种汤。两种蔬菜或炒或煮，搅碎成泥。鸡胸肉要剔得一根筋没有，鱼肉不能带一根刺。还要炖骨头汤。中医大夫教杨绛怎样把西洋参泡软、切片、炖汤，这是饮料。杨绛体力不支的时候，曾请人帮做菜泥、鸡泥；但鱼泥一定自己做，不放过一根细小的刺，因为鼻饲的管子极细，一经堵塞，鼻饲的机器就不能运行了。她在这类繁琐的食料、饮料操作中，倾注了全部心力。锺书入院病势沉重，体质虚弱，这是后话，而生命能维持至四年以上；除了良好的医药治疗，新鲜丰富的营养也是重要原因之一。

1995 年春夏，钱瑗开始咳嗽，原以为是着凉感冒，没有在意。杨绛要她去医院检查，她为节省时间，只到校医处看看，诊断为支气管炎，给些通宣理肺丸，服用不见效。她就一边上课，一边喝止咳糖浆。入秋以后，咳嗽越来越厉害，还屡犯腰疼，有时疼得弯不下腰去捡地上的东西，只能蹲下身子去摸。晚上洗完脚不能擦脚，就用一根棍儿挑着毛巾擦。这都瞒着妈妈，因妈妈负荷已太重，不能让她担心。但有一天早晨，腰疼得起不了床，只好叫妈妈，妈妈无力，包三妹将她抱起。这才打电话向系里请假不去教课。

钱瑗总说她腰疼是"挤公共汽车闪了腰"。还告诉妈妈："每天乘 13 路倒 22 路，乘客都熟了。有人说'大妈，您什么时候退休啊，瞧您的大书包占一个人的位子'。"虽然她来回往往都站着，很少坐。妈妈听了一点都不觉可笑，只感到心上又痛、又苦。

这年秋冬，钱瑗虽然腰疼，还赶到成都参加全国高校外语教材编审委员会的会议，据说讨论的教材中，有一部是她主审的。开完会回京，腰疼加剧。在解放军医院照 X 光片，腰椎有阴影；北医三院做核磁共振检查，肺部也有阴影。大夫说，得住院治疗。

1996 年 1 月 17 日下午一时，司机小王和伟成陪送钱瑗住进胸科医院，她临走时对妈妈说："妈妈等着我，我很快就回来。"当时家里有客，钱瑗对客人说："阿姨，常过来看看我妈妈啊！"

北京胸科医院是座老医院，远在西山脚下，院子挺大而建筑陈旧、病房简陋。钱瑗一人住一小间。她的腰椎骨已为病菌严重破坏，入院即完全卧床，从此没有起来，生活全靠护工帮助料理。护工刘阿姨质朴敦厚，从河北农村来，因丈夫丧葬欠下一大笔债，出来打工还债。她起先称呼钱瑗"大姐"，后来叫"钱教授"，在钱瑗坚持下，改称"钱瑗"。钱瑗每天订饭，都多订一份菜给刘阿姨，荤素搭配。她托人把刘阿姨的工资存入银行，还督促她给家里写信。一次刘阿姨在楼道打滑，摔了一跤，钱瑗忙给她买伞和防滑拖鞋。

钱瑗住院后，每天打点滴、吃药，躺在病床上看书、写信、工作，一点也没闲着。从 1996 年 1 月至 4 月，她继续指导博士生的课题，为学生们修改论文、作业，还写了一篇关于中学英语词汇教学策略的文章，并反复修改，这是她早就答应《中小学外语教学》杂志的，还了一笔文债。她想念爸爸妈妈，又写了几篇回忆文章。躺着写字很困难，由刘阿姨帮助扶住纸板，写写手就酸疼。

胸科医院虽然离市区很远，学校同事、学生时常来看望，朋友们关心钱瑗的病，从四面八方赶来问候，包括中学同学。屋里常是鲜花斗艳，笑声不断。钱瑗与大家谈笑风生，兴致很高，但从不提自己的病；对妈妈也一样，报喜不报忧。母女俩每晚通电话，称作"拉指头"，因为不及"手拉手"近乎，只能"拉拉手指头"。

钱瑗住院两个多月病情不见好转，1996 年 3 月，主治大夫带着钱瑗的胸片和腰片去友谊医院会诊。专家立即确诊为晚期肺癌，并称病人剩下的时间不多了。这个残酷的事实来得太突然，医院和学校决定向钱瑗隐瞒实情，只告诉了她的丈夫杨伟成。考虑到杨绛一身背着两个病人，已很疲惫艰难，不能再增加她心上的负担了，所以也一直瞒着她。

钱瑗在病房急切地等待会诊的结果，医生告诉她是骨结核，很严重，想使她对长期住院有思想准备。她当时似乎松了一口气，但随之而来的病情恶化和化疗的种种反应，身体感觉十分虚弱痛苦，聪明如钱瑗，不会不知自己究竟得的什么病。她的脸向来是红扑扑、白里透红的娃娃脸，这时已变得十分苍白消瘦；一头浓密的黑发掉得精光，开始还戴顶小白帽，后来天热，干脆秃头。她笑说："我现在是尼姑了！"同事笑慰她："是个很漂亮的尼姑呢！"

钱瑗有个很喜欢也很相知的学生在美国教书，不时来电话问病，他发现老师越来越虚弱，声音细微，说话吃力，忍不住问有什么药他可以在美国给买。钱瑗强笑说："叶坦哪，你还不知道，有的病，药是治不好的。"电话那头已经泪流满面。

提起圆圆生病至去世那段不堪回首的岁月，杨先生总是非常悲痛，却尽力忍住眼泪。

杨先生说："圆圆病苦都瞒我，因妈妈负荷已重。她瞒我的事，我也不敢告诉锺书，而代圆圆瞒。只告诉圆圆住院，患骨结核。我说明骨结核可治愈，一年或八个月就好，还可割除坏骨。锺书说：'坏事变好事，从此可卸下校方重担了。此后也有理由可推托不干了。'

"圆圆总不要我去，说见了我，讲话乏力。答应了让我去，临时又推故不让我去。我每晚和她通电话，她有说有笑，有趣事多多，新朋友也多，又常索书索音乐磁带。但有时乏力，就说因抽胸水、因查 CT 等，我怕她累，不敢多谈。圆圆托我转信给爸爸，也请传话，电话中告诉的事，全部都转。

"我去看她，见她朋友众多，满屋是花，她脸色苍白，一次不如一次，后来头发也掉光了。她只说是'特别厉害的骨结核'，所以也做化疗。我去了总没机会两人相对讲话，只能看一眼。往往是医生来了，我只可退出。"

钱瑗不要妈妈去看她，是怕妈妈见了她的惨状伤心。她因肺癌扩散，肺功能衰弱，已离不开吸氧；长期平躺不能翻身，背上褥疮已溃烂；肠胃不能蠕动，全靠输液，可输液的静脉已经扎烂，只好在肩胛骨下开个小口输液。另外，医院路途太远，她也怕妈妈太累。

钱瑗住院不久，包三妹的老头子突然中风，立即辞归。

真是"屋漏偏逢连夜雨"。家中只剩杨绛一人，确实非常劳累，尤其采购制作各种"泥"的原料，体弱无力，买了拎不回来。从商店到家有相当一段路程，天晴还好，菜篮可两手轮流着拎或用双手提。下雨时，一手撑伞一手拎篮，拎不动，只好走两步，歇一歇，换换手。苦极了！

有段时间，有人介绍一位死了丈夫的中年妇女来帮忙，她咋咋呼呼，指手画脚，不干实事，在许多人家待不下去，被称作"邪门儿"；来了男客就献殷勤、搭讪，丢下活儿不干去拉关系。杨绛告诫她，遭她痛骂。杨先生电话中与圆圆提起"邪门儿"，阿圆说："妈妈，像我们家三个人这样的关系是不多的。"杨先生说："这句话，使我时时想起'我们仨'，说不尽的伤心。'邪门儿'没多久就不干了，家里还是我一人。"

1996 年秋，公安部门"严打"（投机倒把、贪污盗窃），钱锺书在医院的护工儿子出事了，被派出所拘留，护工请一天假去找她的老东家求情保儿子出来，杨绛得在医院值班。阿圆在电话中听说妈妈要通夜值班，心疼得不得了，警告说："妈妈，你要吃不消的。"吃不消又怎么办，一时找不到合适的人，只有勉强撑着。

锺书躺在床上不知怎么回事，见杨绛留在医院陪他特别高兴，笑了。可是杨绛笑不出来，担心锺书夜里拔管子：鼻饲胶管容易拔，拔尿管却很痛苦，要出血的，并且要专家才能重插。杨绛防他拔管子，得手脚并用，一条腿压住他的袖管，两只手管住他的另一只手，还要防他掀被窝儿，很费事。这在年轻人已不好管，而杨先生当时已八十五岁了，并由于牵挂两个病人，已心力交瘁。白天锺书很乖，不费事。晚上服了睡药，就不由自主地只想拔管子；一夜过来，杨绛几乎瘫软在椅子上了。医护人员天亮进来探视病员，忙不迭先抢救杨先生。

钱瑗患肺癌晚期的事，一直瞒着杨绛，1996 年 11 月 3 日，医院发出病危通知，嘱准备后事，女婿才说实情。这天晚上，他带了医生同来报告圆圆病危，因恐杨绛激动中风。杨绛心如刀割，但她能镇静，血压也未升高。事后细细一想，圆圆入院不久，即断定病已是末期的末期，早已没希望了，只求圆圆无痛苦而去。

伟成等一群人走后，当时家中只杨绛一人。她与叶大姐通电话时失声痛哭。叶大姐说："老杨啊，不论什么时候不论什么事，我永远站在你一面。"她电话委托有关方面再复查，看有希望否。会诊结果，结论相同。

这个打击实在太残酷太沉重了。杨绛原想锺书痊愈回家的希望已很渺茫，但愿与女儿做伴儿长相厮守，万没想到女儿竟要先他们而去，她的心都碎了。

1996年11月12日，圆圆报病危后八天，杨绛到北京医院，锺书忽对她背后大声叫"阿圆"七八声，然后对杨绛说："叫小王送阿圆转去。"杨绛问："回三里河？"锺书摇头。又问："西石槽？"答："究竟也不是她的家，叫她回自己的家里去。"杨绛答应转告圆圆后，他才安静。据护工说，以后钱先生梦中只喊季康、绛或娘，不复唤阿圆。圆圆病情，亦绝口不问。

圆圆日益虚弱，自知不起，电话中说："娘，你从前有个女儿，现在她没用了。"杨绛听了心如刀割。她回忆说：

"（1997年）3月3日，圆圆末次见我时，与我手拉手，我只说：'安心睡觉，我和爸爸都祝你睡好。'她会意，笑了个鲜花似的笑，甚美。闭目片刻，扬言曰：'我有一个秘密！'即闭目不说话。我和伟成、小王都未问'什么秘密'。这天，我带去了圆圆最心爱的衣裳，交给刘阿姨。

"第二天，伟成往看圆圆，带了圆圆的婆婆阿奶，我也同去。阿奶抚圆圆手，伟成坐另一边，圆圆未开口，也未张眼。午后二时左右，小王送我与阿奶归，伟成留医院陪伴圆圆。那天下午，北大的陶洁和北外的吴冰赶到医院，圆圆已经闭着眼睛不能说话了。吴冰说：'钱瑗，我和陶洁看你来了。'圆圆因陶洁未开口，忽然睁开眼睛，四下看看，目光清湛，很平静。医生说她的低压已经量不到了，让她们回家。陶洁临别说：'钱瑗，我走了，你好好休息。'圆圆居然还点了点头。下午五时多，圆圆在安睡中去世，额上的细纹逐渐舒展平滑。

"圆圆3月4日去世，8日火化。我还得到医院看锺书，也不忍面对那令人心碎的场面，没去参加遗体告别仪式，只在心里默默地为她送行。

"圆圆生前即有言，不留骨灰。北师大外语系的师生舍不得钱瑗，还是将她的骨灰带回校园，埋在文史楼西侧她每天走过的一棵雪松树下。大概是圆圆去世百日后，我到树旁坐坐。后来被人看见了，我怕系里来招待我，忙悄悄蹓了。我套用东坡悼亡词：'从此老母肠断处，明月下，长青树。'但是，我肯定，圆圆不在树下。看了树，只叫我痛失圆圆。"

说到这里，杨先生大悲恸，语不成声。

圆圆走后，杨先生的一大难题是怎么对锺书说。说出真相恐怕对他打击太大，隐瞒实情又能瞒得几时？女儿去世，她惶惑悲痛，还得在锺书前装作阿圆安好。

杨先生说："圆圆病中，我每天为父女传话，还将阿圆写的文章读给锺书听。而锺书自1996年11月叫小王送圆圆回自己家后，我造谣传话，他闭目不要听。圆圆最后电话道别，我忽得灵感，换了一种骗法，说圆圆须穿钢丝背心，方能坐起，如袁震；锺书又信我了，又肯听我编造的消息了。

"香港回归前后（圆圆已去世四个月），锺书身体较好。我想乘此告他实情，免得他体弱不能支持时，我怎么交代？他心上只在想圆圆，我能瞒到底吗？所以我费了整整一星期，一点一滴地告诉。如"圆圆现在没病了""她没痰了""她不咳嗽了、能安眠了"以及如何比爸

爸舒服。他知道我终于说实话了，第一次就心里明白。但到第七天明说"她已去了"。锺书的手发烫，温度立即上升，但是从此也就心安了。他虽不说，我能看出他的忧虑。锺书自 1995 年后身体越来越弱，自知此生不能再见女儿，我换了骗法，他又信了，但又多了忧虑。这回说明白后，他反心安了。我问：'若我聪明点，还能骗你吗？'他摇头。后来我告诉锺书：'阿必也是 3 月 4 日去世，8 日火化。'锺书点头，似颇以为慰：'必阿姨接了圆圆去了。'"

　　锺书二次住医院的同年 10 月，杨绛的三姐闰康去世，第二年 11 月，大姐寿康去世。因为锺书住院，两位姐姐病中她都未能去上海探望。

姐妹的相继离去，使杨绛很伤感，八个姐弟现在只剩她和小弟保俶了。最小的阿必去世时，七妹妹预言："我们姊妹五个'从小至为大'。"她果然第二个去世。三姐病重时，杨绛说："她在等我先走呢。"锺书忙制止她："瞎说，还有我呐！"意思不能丢下他。三姐去了，随后是大姐去世，漏下了中间的杨绛。

1995年去世的还有夏公，这使钱杨都很难过。他们相互来往不多，但是深感他对知识分子的理解和关心，他的人情味令人觉得温暖。解放前，夏衍托李健吾代赠他的《上海屋檐下》给杨绛，索杨绛的《喜剧二种》，杨请李健吾转去。当杨绛索落自甘，做一个零的时候，夏衍在北京文艺界一次座谈会上，听李健吾高谈阔论，一力揄扬钱锺书；夏衍说："你捧锺书，我捧杨绛。"夏衍向人介绍杨绛，总着重说她自己是作家，不只是钱锺书夫人。拔白旗后，夏衍对周扬说："杨绛，我遍找不得，原来在你这儿。"夏衍托人向杨绛转达，她的《喜剧二种》可重出，杨绛辞谢了。

1991年7月，杨绛八十岁生日，没有做寿，夏公让女儿沈宁送来他亲笔题写的一首诗祝寿：

> 无官无位，活得自在；
> 有胆有识，独铸伟词。

钱锺书每次住院，都是夏公立即给社科院打电话要他们来人关心。在他心里，钱杨"这是一对特殊的人物"。[1] 在北京医院，锺书是大夫们认为最乖的病人，夏公是最不乖的病人。杨绛在医院陪住的时候，每天都分享沈宁给爸爸做的菜肴。圆圆去世，沈宁帮杨绛一起挑选给

---

[1]　柯灵《促膝闲话中书君》，《读书》1989年第3期。

阿圆穿的衣裳。

对杨绛而言，周扬、胡乔木、夏衍的相继离去，意味着一个时代的终结。

杨绛确是一个特殊的人，病弱的身体、忙碌的家务、悲凉的心境，都未能阻止她提笔写作。1993 年 11 月病中，她写了《记章太炎先生谈掌故》；1994 年 4 月病中，写了《临水人家》。前者记述她在振华女校被老师指派为章太炎讲演做记录的趣事。后者写她读大学时，苏梅（苏雪林）为她介绍的法语老师——一位被骗婚来华的比利时女士。两篇文章后于《十月》杂志 1998 年第二期上发表。阿圆去世后，杨绛想念女儿，在圆圆六十岁生日那天，写了最佩服圆圆的包三妹，化名方五妹，在《十月》1997 年第五期刊出。

1994 年春，杨绛病中翻阅并清理钱锺书旧稿，发现了锺书 1938年 2 月在巴黎整理的陈石遗老人昔日同他谈诗的记录，纸已破碎，忙逐页加衬粘贴。阿圆体谅妈妈双手无力，帮助钉成小册子。锺书在小册子封面记其事，还题了"石语"二字。谁也没想到这竟是他们俩最后一次合作。锺书原想留个纪念，无意发表。1996 年初，社会科学出版社社长郑文林访问杨绛，见到这本手稿，定要拿去出版。《石语》是1996 年 2 月出版的，开本较大，定价不低，读者有些意见。有人挖苦说这是"钱锺书又在玩弄他的生活艺术"。那是以己之心度人之心了。钱锺书当时重病住医院，《石语》手稿是杨绛交出去的。她认为保存手稿，最妥善的方法是出版。

钱锺书不愿出全集，认为自己的作品不值得全部收集，经不住三联书店的执意请求就同意了。《钱锺书集》编辑的时候，锺书虽已住院，精神还很好，有些文字的变更是杨绛与锺书商量之后改定的。杨绛读了锺书的《论交友》，对他说："我了解你所谓'狎友'，指 Dr. Johnson的 Boswell 和 Goldsmith，而读者未必了解这等交情，且你的'狎友'

远不够格。文章里的语言，会引起误解。"锺书同意，嘱杨绛删改，杨绛就按他的意思删去几句。

钱锺书重病中不能为自己的作品集作序，出版社请杨绛代劳，杨绛很谦虚，也很郑重。她以眷属的身份，写了《钱锺书对〈钱锺书集〉的态度》，作为代序。发表前，请教了好多位朋友，听取他们的意见，又仔细斟酌修改，才交给出版社。[1]

这篇代序，虽由杨绛以眷属的身份写出，全是钱锺书要说的话，他们是知心伴侣。这篇《代序》，《钱锺书集》每册都有，不必我在此多说了。

《钱锺书集》于2001年1月出版，锺书本人没能见到。他自从确悉爱女已去，病情急剧恶化，到后来更加气虚体弱。杨绛每天仍去看他，尽量帮助他减轻痛苦，给予安慰。以前两人见面总说说话，后来锺书无力说话，就捏捏杨绛的手，再后来只能用眼神来交流了。充满情意的对视，于彼此也是莫大的安慰。

杨先生说："锺书病中，我只求比他多活一年。照顾人，男不如女。我尽力保养自己，争求'夫在先，妻在后'，错了次序就糟糕了。"

锺书早些时候曾向杨绛交代，他死后不留骨灰，不设灵堂，恳辞花篮，不举行告别仪式，不开追悼会。杨绛说："我自己，这样办得到；你嘛，就很难说了。"锺书说："那就要看我身后的人啰！"

1998年12月19日凌晨,医生感到钱先生情况不好,连忙通知家属。杨绛赶到床前,锺书等不及,自己合了眼,一眼没合好,杨先生帮他合上。锺书的身体还是温热的,她轻轻在他耳边说："你放心,有我呐！"据说,听觉是最后丧失的,锺书该能听到杨绛的话。

社科院领导闻讯赶来，杨绛就跟李铁映院长说："钱先生去世不举

---

[1]　杨绛《钱锺书对〈钱锺书集〉的态度》，载《钱锺书集》各册首页，生活·读书·新知三联书店2001年1月出版。

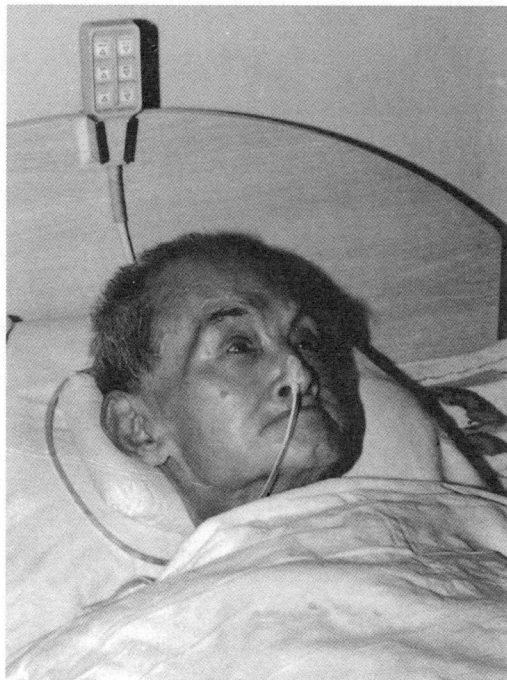

卧病的钱锺书，摄于
北京医院北楼311室

行遗体告别，不开追悼会，不留骨灰。钱锺书这样交代我的。我们虽然不是共产党员，我们都是良民，奉公守法，赞成丧事从简。领导如果不同意，我会坚持向你请求再请求按照钱锺书本人的意愿行事，我会没完没了地向你请求。"口气异常坚决，一直说到电梯口。李铁映没作声，最后说："你给我出难题了。这事我做不了主。"

杨绛看着医院按规定把锺书送出病房。她和护工收拾了遗留的东西，离开这间锺书住了一千六百个日夜的311病室、她的又一肠断处，回家。

当晚，杨绛接到总书记的电话，对钱先生的去世表示哀悼，希望杨绛节哀保重，然后说："杨绛同志，非常佩服你们，你们是真正的唯物主义者。中央同意不举行仪式。"

我那时不在北京，是从纽约的电视中得知这一不幸的消息的。天哪，钱瑗才走一年多，杨先生受得了这么沉重的打击吗？我拨通了电话想安慰她。杨先生竟意外地平静，叫我放心，她挺得住，还有许多事情要做呢。此刻是北京时间下午一点，她正要出发去医院陪送钱先生遗体前往八宝山火化。

事后听朋友们说，那天相送的只有少数亲友。钱先生身穿中山装，里面是杨先生手织的毛衣毛裤、阿圆为爸爸做的一条厚裤。身上覆盖着白布单，上面撒玫瑰花瓣。杨先生一直陪送到焚化炉前，久久不肯离去，真是难舍难分。遵照钱先生遗愿，骨灰没有领回，而随众人的骨灰一起深埋于北京郊野大地。

钱先生从去世到火化，全过程五十七个小时。后事处理之迅速麻利，实属少见。这也避免了媒体追寻和惊动更多的人，足见杨先生办事的果断。

海内外各种团体、个人吊唁的电报、电话、信件不断。法国总统希拉克的亲笔唁函令人感动。钱锺书先生曾多次婉辞法国总统和夫人及法国驻华使馆邀请访问法国；并婉言辞谢法国政府1984年颁授他勋章，自谦对法国文化没有那么多贡献。但法国总统不那么看。雅克·希拉克有自己的评价，他的唁函全文如下：

法兰西共和国总统

致　杨绛女士　　　　　　　巴黎 1998 年 12 月 24 日

杨女士，

得知您先生的逝世，我感到十分沉痛。

在钱锺书先生的身上体现了中华民族最美好的品质：温、良、恭、俭、让。

法国深知这位二十世纪的文豪对法国所做的贡献。自三十年代钱锺书先生就读于巴黎大学时，他就一直为法国文

依依不舍送锺书

化带来荣誉并让读者分享他对于法国作家和哲学家的热爱。他极大的才情吸引了他的全部读者。正如您知道的，其作品的法文译本，无论是短篇小说、长篇巨著《围城》，还是评论研究，都被我国广大的读者视为名著，受到他们的欢迎。

我向这位伟人鞠躬致意，他将以他的自由创作、审慎思想和全球意识铭记在文化史中并成为对未来世代灵感的源泉。

杨女士，我希望在这一不幸中分担您的痛苦，并以法国人民和我自己的名义，请您接受我深切的哀悼之情。

雅克·希拉克

英国文化大臣克里斯·史密斯（Chris Smith）1999年1月20日致函唁慰杨绛，说"钱锺书是本世纪一位杰出的知识分子和学者，他以广博深湛的学识，给西方学者留下深刻的印象"。"他的去世标志着中国文化的一大损失。"

日本汉学家、《围城》日文译者荒井健、中岛长文、中岛碧给杨绛发来唁电。

海内外报刊、网站纷纷刊出悼念文章，寄托哀思，送钱锺书远行。

1998 年 12 月 27 日法国《世界报》刊出 Francis Deron 写的悼文，称钱锺书为"本世纪最后一位伟大的中国文学家"，并说"正处于现代化建设并追逐物质享乐时的整个中华民族失去了一位最伟大的思想家"。

法国《解放报》1998 年 12 月 29 日刊出 Claire Devarrieux 的悼文《钱锺书：一个时代的结束》。

英国《泰晤士报》1999 年 1 月 21 日刊出的《悼钱锺书教授》一文，特别提到 1986 年英国女王伊丽莎白访华时，演讲中引用了钱锺书在牛津的论文《十七、十八世纪英国文学中的中国》中的一段话做中英传统友谊的答辞。

有人打电话告诉杨绛：清华校园南北主干道两旁的树干之间，牵起了长长一串串白色的千纸鹤，在凛冽的寒风中飞舞。这是清华学子听到钱先生的噩耗后纷纷自动折叠的，他们以自己的方式悼念他们的老学长，为钱锺书先生送行。杨先生落泪了。

往日充满天伦乐趣的三里河寓所，冷冷清清，已不复是"我们家"，杨先生只把它当作人生旅途上的客栈，在此歇息，"打扫现场"。她说："家在哪里，我不知道。我还在寻觅归途。"

19. "逃——逃——逃——"

"逃——逃——逃——"

"逃逃逃逃逃！"

读过杨绛《记杨必》的朋友，都会记得小八妹阿必的这个念词。她从小怕洗脸，看到佣人端上热腾腾的洗脸水，便觉不妙，先还慢悠悠轻声自念"逃——逃——逃——"，待妈妈拧了一把热毛巾，她拔腿就跑，一连喊着"逃逃逃逃逃！"，最后总被妈妈捉住，哭着洗了脸。

几十年过去，杨绛清晰记得穿着小棉裤小棉鞋的阿必快速逃跑的样子。所以"文革"中当杨必在睡梦中去世的消息传来，杨绛立刻想起了她的"逃逃逃逃逃！"，这回她没有被捉住，干净利索地跑了。

圆圆与必姨一样，同是睡梦中过去的。杨绛又想起阿必的"逃逃逃逃逃"，她心如刀割，没能捉住女儿。

锺书先是恋恋不舍，不想逃。但病魔将用痛苦来捉他了，他也只能逃走。虽然逃得慢，却幸运地没让病痛追上。

圆圆和锺书的离去，对杨绛来说，不止是人天两隔的永别；而是失去了自己生命的一部分。那种精神和身体、心理和生理交织的伤痛，非个中人很难体会，是无法承受，也无法治疗的，唯一的办法，只有逃。

杨先生说："锺书逃走了，我也想逃走，但是逃哪里去呢？我压根儿不能逃，得留在人世间，打扫现场，尽我应尽的责任。"

据杨先生说，她的责任太多了。那么多的手稿、读书笔记，收藏的文物，全家的东西，都待她整理和处理呢。事情够繁重也够琐碎的。她得付出很大的劳力，才能胜任。她已经身心交瘁。第一得为她那颗伤痛的心，找到一个可以逃避的庇护处。心有所归，她才喘歇得一口气来。

"锺书藏书不多，我在家藏的几柜子书里寻寻觅觅，找可以得到安慰的书，可以指导我的书，尤其要找一本可以逃避悲伤的书，一头扎进书里，把自己忘掉。忘掉自己，就是逃避。"

她读了些古圣贤哲的书。中文的，如《孔子》《孟子》《老子》《庄子》等。外文的，如 Marcus Aurelius[1] 的《沉思录》、Epictetus[2] 的《金玉良言》《柏拉图对话集》等。最后她选中了柏拉图的《斐多篇》，反复读了好多遍，决意翻译这篇对话。

柏拉图的《斐多篇》描绘的是苏格拉底就义当天，在雅典监狱与门徒们的谈话，谈的是生死问题，主要谈灵魂、灵魂不灭。苏格拉底说："真正的追求哲学，无非是学习死，学习处于死的状态。"[3] 所谓死，就是灵魂和肉体的分离。处于死的状态，就是肉体离开了灵魂而独自存在，灵魂离开了肉体而独自存在。

苏格拉底又说："真正的哲学家一直在练习死。在一切世人中间，唯独他们最不怕死。"[4] 他们一直在追求智慧，一直想避开肉体，肉体还留在世上，我们叫尸体。灵魂是看不见的，它不朽也不可消灭。灵魂离开肉体可在另一个世界的某个地方生存。因此苏格拉底在饮鸩致死前，对负责处理他丧事的 Crito 说，你埋藏的是我的遗体，不是埋苏格拉底。

---

[1] 马可·奥勒留（121~180），罗马皇帝。

[2] 爱比克泰德（约55~约135），与斯多噶派有联系的哲学家。

[3] 《杨绛文集》卷 8，《斐多》第 301 页，人民文学出版社 2004 年出版。

[4] 同上，第306 页。

苏格拉底坚信灵魂不灭，坚信真、善、美、公正等道德观念。他宁愿饮鸩而死，坚持自己的信念。因信念而选择死亡，历史上这是第一宗。

杨绛不识古希腊文，哲学也非她的专业，翻译起来相当不易，她自称"正试图做一件力所不能及的事，投入全部心神而忘掉自己"。[1]

杨绛于钱锺书去世后不久，开始这项工作，她确是投入全部心神而忘掉了自己。可是心神和体力是分不开的。她已经身心交瘁，疲惫得不能支持了。

宿舍小区主管部门正大兴土木装修房屋，喧闹纷扰，日间电钻声尖利刺耳；晚间大卡车又来搬运砖头石块，夜夜不得休息，杨绛不胜其苦，自己觉得要垮了。有朋友看到杨先生当时的处境，担心她的健康，建议她到大连休息一下，她同意了。1999 年 8 月 16 日，她在女友的陪同下飞到大连，住了二十八天。杨绛游览了这座海滨城市的各处名胜，非但恢复了体力，也大长识见，解决了当时翻译中的一个大难题。

杨先生曾把她翻译《柏拉图对话录》比作"五关斩将"。解决一点疑难，就闯过一关。她翻到柏拉图把人间的天空，比作鱼在海里见到的海面，她不能理解，工作不能进行了，只好搁下。正在她进退为难的时候，来到大连休息游览。她去了大连的海底公园，到了海底下，看见蓝色的海面，如人间的蓝天一模一样，恍然大悟，闯过了这重难关。回北京后忙又继续工作。

她已翻译了这篇《对话录》的一半，忽记起钱锺书认为西洋古典书籍最好的版本是"勒布经典丛书"版，而她的翻译却根据美国哈佛大学出版社的英译本，就忙请友好的同事为她借得 Loeb 版的《柏拉图对话集》希腊原文与英译文对照本（英国伦敦 1953 年版）第一册《斐

---

[1] 《〈斐多〉译后记》，见《杨绛文集》卷 8，第 375 页。

多篇》，又参考研究了英美出版的许多种《斐多》专家对这篇对话录的评论和注解。勒布对照本的英文译本，译得很死，有些句子几乎不可解。参考了《斐多篇》专家们的注解，才能了解。哈佛版的译笔流畅易读，但按勒布本校对时，方发现不忠不实，还有错误，勒布版虽是死译，却是死盯着原文翻的。读不懂的句子，经参考专家们的注解，就意义分明，而且显然是原作的意义。杨先生按勒布版本再三校改，改掉了哈佛版所有的错误，也加深了她对这篇《对话录》的了解。

杨绛按照自己翻译的习惯做法，一句句紧盯着原译文而力求通达流畅。尽量避免哲学术语，努力把这篇盛称语言生动如戏剧的对话，译成戏剧似的对话。她成功了。深奥抽象的说理在她传神的译笔下，表达得浅显、生动、具体，环环相接，丝丝入扣。读者通过苏格拉底和门徒的对话，可以感受到他们的语气、神情和心态。

注释尤其精彩。不论是希腊神话故事或古希腊哲学家和他们的理念，三言两语，简明扼要，文字生动活泼，对加深理解正文起了很好的辅导作用。对于苏格拉底临终的一句话，杨绛的注解并不仅仅采用自己的一家之言。除了注明医药神（Aesculapius）是阿波罗的儿子，有起死回生的医术，还说明国外一些注释者的不同注释。

有些注释是很下功夫精心做出的。例如苏格拉底"相信地球上四面八方都有大大小小各式各样的空间"。[1] 这里的"空间"一词，杨绛是这样注释的：

> 原译 hollow，不指地上的凹处或洞或溪谷。人处在苍穹之下，大地之上。在旷野处，可看到苍天四垂，罩在大地之上，Hollow 就指天地间的空间。众人所谓"天"，并不是真的天，

---

[1] 《斐多》，见《杨绛文集》卷 8 第 364~365 页，人民文学出版社 2004 年出版。

只是空气，还弥漫着云雾。苏格拉底把这片青天比作蓝色的海面。他幻想中的净土或福地在地球大气层外的表面上。这个表面，在我们天上的更上层。[1]

杨绛译注的《斐多》，2000年4月由辽宁人民出版社出版；香港天地图书公司和台湾时报出版公司相继出版繁体字本；2006年6月，中国国际广播出版社又出版了汉英对照本。

评论认为，柏拉图的《斐多》对西方文化的影响仅次于《圣经》；而杨绛先生的译文充分还原了该书的文学价值和哲学价值。辽宁版《斐多》首印一万册，很快脱销。北京第二外国语学院一位年轻的英语教授，跑了许多书店才买到一本。她说不管跑多少书店，一定要把杨绛先生译注的《斐多》买到。她不仅赞赏杨先生的译文忠实流畅，更为杨先生没有因为遭遇重大不幸而封笔感到高兴。朋友们读此书后，见杨绛译笔轻盈自然流畅如昔，注释精致，文风严谨如旧；知道她没有被接连失去亲人的巨大悲痛击倒，也深感欣慰。

自从钱锺书去世，朋友们都很担心杨绛的健康，怕她过度忧伤影响身体。德国汉学家、波恩大学教授莫芝宜佳1999年暑假不远千里专程来北京探望。当时杨绛还在大连。她追到大连，在大连同住几日，一起飞回北京。

莫芝宜佳二十世纪七十年代末与钱杨结识以来，一直保持着亲密的友谊。钱杨都夸莫芝宜佳聪明可爱，富有幽默感。她所译的《围城》，是唯一能让读者笑出声来的外语译本。她也是最早研究《管锥编》的外国学者之一。1998年听说钱锺书病情严重，莫芝宜佳也曾远道来京想看看钱先生，说几句安慰的话；因锺书病体极度虚弱，医院拒绝探视，

---

[1] 《斐多》，见《杨绛文集》卷8第365页，人民文学出版社2004年出版。

未能获最后一见。

莫芝宜佳精通希腊文，熟悉柏拉图，见杨绛在译《斐多》，欣然为她的中文译本作序。莫芝宜佳了解杨绛是凭借全神贯注的工作压抑自己的悲痛，工作不会停顿，便问她接下来打算做什么？杨绛答："打扫现场。最重要的是处理锺书留下的大量中外文笔记和读书心得。"她给莫芝宜佳看了钱锺书笔记的目录和片段内容，这位懂得汉、英、德、意、希腊、拉丁等多种文字的专家又惊又喜，"馋"得不得了。她自告奋勇帮助编排全部外文笔记，为此第二年暑假又来北京，把钱锺书手稿的外文部分全部整理一遍，做出了一份长达一百多页的详细目录。

钱锺书的大量中外文笔记和读书心得，作于上世纪三十至九十年代，其中除了极小部分外文笔记是打字机打的，其余全是手写。锺书去世后，杨绛经反复整理，分出三类。

第一类外文笔记，包括英、法、德、意大利、西班牙、希腊、拉丁文。笔记本一百七十八册，打字稿若干页。全部外文笔记共三万四千多页。

第二类中文笔记，附带有锺书自己的议论，也偶有少许评语。中文笔记数量和外文笔记不相上下。锺书起先把中文笔记和日记写在一起，1952 年思想改造运动时传闻学生要检查"老先生"的日记，他就把日记部分剪掉毁了。所以这部分笔记支离破碎，且散乱了，也有失落的部分，整理很费工夫。

第三类是日札，钱锺书的读书心得。他为日札题了"容安馆""容安室""容安斋"等名称。容安馆原是锺书为他们 1952 年院系调整后迁入的中关园小平房取的名称，取陶渊明《归去来辞》"审容膝之易安"。以后几次迁居，在他都是"审容膝之易安"，所以日札名称一直未改。

日札共二十三册、两千多页，分八百零二则。每则只有序号，没有篇目。日札基本上是用中文写的，间有大量外文，也有接连几则都是外文。不论中外古今，从博雅精深的经典名著到通俗浅显的小说、笑话、戏曲、唱本，以至村谣俚语，钱锺书都参考比较引证，而有心得。《管锥编》里处处可见日札里的心得经发挥充实而写的文章。

钱锺书的笔记，多年来随主人颠沛流转，由国外到国内，由上海到北京，下过干校，住过办公室，从铁箱、木箱、纸箱以至麻袋、枕套里进进出出，历经磨难，伤痕累累。纸张大多已经发黄变脆，有的模糊破损，字迹难辨，一页都破成两半。杨绛点数每册的页数，只好小心翼翼地揭开脆薄的破纸，每页夹一纸条，然后点数纸条。七万多张手稿的整理，杨绛倾入了多少时间和精力！

面对这凝结着锺书心血和智慧的页页手稿，杨绛不能不感慨万千。札记也好，笔记也好，锺书对自己所读的古今中外书籍，都已互相比较参考引证，融会贯通，心有所得，只待发挥充实，撰写成文了。他在《管锥编》序文中说，原计划该辑还有《全唐文》等书五种。他读《全唐文》等书的心得，日札里全有。锺书原先打算用英文写一部论外国文学的著作，素材和理念在外文笔记里已做准备，也只待落笔，最后都未能实现。大好时光都在无休止的政治运动中消耗殆尽，晚年老病并至，只有壮志未酬人先去了。怎能不令人深感遗憾！

钱锺书生前，常爱翻阅一两册他的中外文笔记，并把精彩的片段读给杨绛听。杨绛想为他补缀那些破损的册页，锺书阻止说："有些都没用了。"锺书去后，杨绛又想起了他这话。有些笔记对锺书是"没用了"，但对于研究他学问和中外文化的人总该有用吧。这毕竟是他一生孜孜矻矻积聚的知识，积毕生读书所得；杨绛决心尽自己所能，为有志读书的求知者，把锺书留下的笔记和日札妥为保存。

出版钱锺书手稿是一项巨大的工程，由于手稿的数量很大，需要巨额的资金投入，而此类书籍读者有限，销量并不乐观。在异常激烈的市场竞争中，除非具有对于钱锺书手稿的学术价值和深远影响的远见卓识，具有保护珍贵文化遗产的强烈责任心，并有相当实力者，否则是很难会接受这项工程的。

2000 年秋，商务印书馆的总经理杨德炎先生，在全面考虑了各方面的情况后，拜访了杨绛，商务印书馆愿投入近三百万元巨资立项，将钱锺书先生的全部手稿扫描印行，保留原貌，公之于众。杨绛非常感激商务印书馆的支持，相信公之于众是最妥善的保存。她祈愿她的这个办法能使"死者如生，生者无愧"。

商务印书馆购进了最先进的扫描设备，聘请了技术熟练的扫描员对手稿进行扫描。经过两年的编辑整理，于 2003 年出版了二千五百七十页的《钱锺书手稿集·容安馆札记》三巨册。《钱锺书手稿集·中文笔记》可望于 2008 年内出版。

上个世纪八十年代，杨绛从社科院外文所退休后，自称"不务正业"了。她随意创作自己想写的东西。她的散文集《将饮茶》《杂忆与杂写》，小说《洗澡》，最初都是交由三联书店出版的。包括《谈艺录》《管锥编》《围城》等十种作品的《钱锺书集》也在三联出版。

作者认同三联的文化理想，看重三联的品牌特色；出版者能够倾听作者意图，合作关系融洽。三联几任总经理都到过钱杨府上做客，彼此以朋友的方式交流，有时还开开玩笑。沈昌文快退休的时候，向钱杨介绍将接替他工作的董秀玉，谈到性格，沈昌文说"我阴柔，她阳刚"。钱锺书哈哈大笑，说："你阴柔，好，不搞阴谋就好！"

因为出版《钱锺书集》的事，杨绛常与董秀玉通电话，她不在家时，通常接电话的是她母亲董老太太。杨绛问："我怎么称呼您呀？"老太太答："我这人直话直说，大家都叫我伯母，你也叫我伯母好了。"杨绛就称她"伯母"。这位"伯母"从女儿处得知杨绛比她还年长一岁，诧异说："我听听她声音很年轻呀。"杨绛叫了"伯母"很开心，董老太太也当作笑话任她叫"伯母"，两位老人有了这点滑稽的关系，很亲热。

杨绛始终称呼董老太太"伯母",直到老太太 2000 年去世。

年轻的三联人,由于工作联系,杨绛也认识一些,且各有评语:谁谁快人快语,率真可爱;谁谁沉稳干练,责任心强;谁谁敏而好学,文笔流畅……总之,在杨绛眼里,这是一群思想活跃、积极向上,有事业心的男孩女孩,"后生可爱",他们是三联的未来和希望。

2002 年 11 月,上级主管部门任命的新总经理,在董秀玉的陪同下来看望杨绛,杨绛以读者和作者的身份,语重心长地与他谈三联牌子老,品位好,希望多向三联老同志请教,保持发扬三联文化品牌特色。

然而后来情况的发展变化,令所有关心三联的人都不能不感到吃惊。据媒体报道,在新总经理上任的一年多时间里,一向遵纪守法的三联卖开了书号刊号,干出了"一号多刊"的违规行为。在没有专业队伍、没有教育部门合作的情况下,出版和制作各色教材教辅二百多种,超过三联同期文化图书的出版量。《读书》杂志被要求多介绍"吃、喝、拉、撒","时尚靓装",遭到抵制后,突然冒出《读书》"中国公务员"版,风格与《读书》风马牛不相干。《竞争力》杂志在相关负责人毫不知情的情况下,出现《竞争力·人力·财富》版。

2003 年 3 月末,杨绛读了《文汇读书周报》等媒体披露三联书店问题的报道,又听说三联的十四名中层干部和业务骨干以真名实姓向上级主管部门反映新任总经理的问题;年轻人的挺身而出使杨绛感动,心上却不无忧虑,她知道打击报复的厉害。

"小孩们'豁'出去啦,我要帮帮他们。"杨先生在电话中说。随即做出一篇短文,让我帮助发出。这就是《杨绛写给〈文汇读书周报〉的几句话》,该报于 2004 年 4 月 2 日发表;《南方周末》于此前一日刊出,摘取杨先生概括三联特色的一句话为标题"不官不商有书香"。两报均影印刊出杨先生此文手迹,亲切表达一位九十三岁高龄老人对公众关心事件的参与。

杨先生话语不多而寓意深长。很快，报刊上出现了陈乐民的《忆往昔，"三联咖啡"……》、许纪霖的《文化品牌才是最大财富》、资中筠的《令人感动的精神》、葛兆光的《三联出版人的理想及其他》、邵燕祥的《办给领导看有什么不好？》……网上则更加热闹，从一个方面反映出人们对三联文化的关心。如果不是有关方面打了招呼，可供欣赏和玩味的文章当远远不止这些。

　　2004年9月，新总经理在上任一年零十个月后，被调离北京三联书店，其在任期间被揭示的诸多疑点，没有继续追究。人们也不奇怪，眼下对这类问题的处理，往往如此。

　　据杨先生说，他们出书的出版社于1992年12月对钱杨两人的作品，稿酬改行版税制。他们两人的收入，就比从前增加了不少，而钱瑗也没有需要，他们的日常生活都是很朴素的。1993年初他们就打算捐个奖学金。没想到钱先生从此连连生病，1996年，钱瑗也病倒了。钱先生病重而钱瑗已病危的时候，杨先生又对钱先生提起奖学金事。钱先生虽然病重，神识始终灵清。他们在病榻前商量好，这个奖学金不用他们个人的名字，就叫"好（hào）读书奖学金"，用以帮助那些爱好读书的清寒子弟，顺利完成学业。好读书是他们一家三口的共同爱好，他们都将读书治学作为自己的人生追求。好读书的外文名称为Philo-biblion，拉丁语的爱好读书，也是钱锺书任中央图书馆英文总纂时所主编馆刊的名称。奖学金决定设在全家人最爱的清华大学，锺书和杨绛都曾在清华做学生、当教授，杨绛还"三进清华"，她正是在清华与钱锺书系上了月下老人的红线；而对于钱瑗，清华是她童年美梦的摇篮。

　　2001年9月，当钱锺书的作品逐一安排妥当，杨绛就抓紧落实这个心愿。经过友好协商，9月7日，杨绛和清华大学教育基金会理事长贺美英签订了《清华大学好读书奖学金基金信托协议书》。自签字即日起，将钱锺书和她 2001 年上半年所获稿酬现金七十二万元及其后他们所发表作品获得报酬的权利，全部捐赠母校教育基金会设立"好读书奖学金"。清华大学教育基金会在享有钱锺书、杨绛作品的财产权利的同时，负有义务维护钱杨的著作权及与著作有关的权益不受侵犯。

"好读书奖学金"的宗旨是鼓励和帮助那些爱好读书而家庭经济困难的学生，顺利完成学业；希望学成之后，有朝一日能以各种形式报效祖国，回报社会。

好读书奖学基金逐年增长，迄今已有六百三十多万元。这个数额在清华众多的奖学金中不算很高，但它的人文价值意义和影响是难以用数字来衡量的。钱锺书和杨绛本身生活并不宽裕（据我所知，杨先生自 1952 年工资定级，到 1987 年退休，级别从未动过），却把一字一句辛苦创作译作的报酬全部捐献出来，这在世界作家中也不多见。纽约有家出版社请求重新印行英文版《围城》，所拟合同条件十分苛刻，后来得知作品预约金和版税是付给作者在母校设立的 Philobiblion Scholarship，大为感动，痛快答应版权方提出的一切修改意见，立即签约，并专门写信向杨绛致以敬意和问候。

在杨绛的译作中，从西班牙文翻译的《堂吉诃德》销量最广。二十多年来，先后以"外国文学名著丛书"本、"青年文库"本、"世界文库"本、"名著名译"本、"中学生课外文学名著必读"本和"名著名译插图本"等许多种形式出版，总印数已达八十万套。此外，还有台湾联经出版公司 1989 年出版的繁体字本，随后又收入该公司的"联经经典丛书"。日本公文教育协会多年来一直采用杨绛译本《堂吉诃德》的若干章为中文教材。报酬相当可观。

2005 年是西班牙著名小说《堂吉诃德》（第一部）出版四百周年纪念年，西班牙和拉丁美洲开展了一系列纪念活动。人民文学出版社西班牙文学编辑胡真才同志参加了西班牙文化界纪念《堂吉诃德》出版四百周年的活动，接受了西班牙《国家报》及《世界报》《理智报》的专访。在波哥大第十八届国际图书博览会上，胡真才作为中国的《堂吉诃德》学者做了《〈堂吉诃德〉在中国》的讲座。他在讲座中谈了杨绛先生翻译《堂吉诃德》的前前后后，以及她建立"好读书奖学金"的善举。胡真才风趣地说："好读书奖学金中当然有《堂吉诃德》很大的贡献，这说明堂吉诃德没有死，他还在中国实行他的骑士道呢。"他的讲话在听众中引起强烈反响，有人泪光闪闪。大家认为杨绛就是堂吉诃德的化身，她为了更为忠实地翻译《堂吉诃德》，毅然在四十七岁开始自习西班牙文，这和堂吉诃德知难而进的精神一脉相承；她把作品所得的报酬全部捐给困难大学生，正是堂吉诃德急公好义、扶助贫弱的思想体现。好几位女士托胡真才把她们的信和礼品带给杨绛，以表达她们的钦佩之情。

女记者安娜·玛丽亚的信中说："塞万提斯延误了三百多年到达中国，这是上帝的安排，它要让这书通过一个合适的人选的手——那就是您那仁爱的被上帝赐福的手——传给中国。如果没有您的手，堂吉诃德恐怕还在丝绸之路上徘徊着呢……""好读书奖学金是一种人道的神圣的形式，它的博爱精神激励着我们，我们社会中众多政治家和社会'精英'应该以您为榜样，热心帮助他人。"

女诗人多拉·卡斯特利亚诺斯与三位女作家联名给杨绛写信，表示哥伦比亚知识女性的惊喜，和对她最热烈最诚挚的祝贺。她们最后说："请您保重身体，亲爱的中国作家杨绛，因为您的生命是人类的财富。"

一个名叫安娜·玛丽的女学生则更为热情天真，她说："我为您的堂吉诃德精神倾倒，我应是您的姊妹，因为我也具有堂吉诃德精神。""愿您勇往直前，加油啊！"

许多清华学子入校不久，就听说"好读书奖学金"和它背后的故事，并以能获得这项奖学金为荣。

杨绛每年都收到获奖学生手写的来信，向她表示感谢和敬意，说同学们非常羡慕他们"居然有机会直接给杨绛先生写信"。他们介绍各自的生活、学习和参加社会活动的情况。有的主持讲座，参加大型越剧演出；有的担任系级刊物主编；有的作为合唱队员参加了全国大学艺术表演；还有的陪同美国志愿者到了宁夏最贫困的一个县帮助训练小学英语教员。许多人是清华紫荆志愿队的成员和北京奥运志愿者。

　　他们的信生动活泼，各有特色，充满青春气息。有个女生用⌣表示开心，她希望杨绛先生常常⌣⌣。看得杨先生都乐了。

　　获奖学生中不乏钱杨作品的读者，有位 2005 年全国高考广东的理科状元、语文科也是第一名的男生，中学时期就读过钱锺书的《围城》《写在人生边上》《宋诗选注》和杨绛的《我们仨》。许多人读过杨绛为清华大学九十周年校庆写的《我爱清华图书馆》，他们也常去图书馆老馆。一位化学系的女生写道："冬天的早晨从高高的拱形窗户射进来的阳光明亮而温暖，夏天的傍晚倚在爬满爬山虎的窗户旁休息再惬意不过"；想到多少年前，那些从清华走出去的大师级的人物，也曾在这里看书钻研，"心里生出一种很庄严、很神圣的感觉"。一位医学部的男生说，每当他到老图书馆自习，"会常想到杨绛先生和钱锺书先生也曾在这里学习钻研，心中备感亲切"。他"一定会谨记钱、杨先生好读书的风范和教诲，努力成为志趣高远、学业精深、体魄强健的清华人"。

　　获奖学生的来信，杨先生看得很仔细，清晰记得各人的志趣和性格；把他们作为可爱的小朋友，关心和爱护。有位来自江苏偏远农村三口之家的女生，父亲下岗，失去经济来源，母亲患有精神性疾病，做了手术，需长期服药，医药开支很大。她是在很困难的条件下坚持学习的。杨先生很同情，托人带话鼓励她坚强面对。杨先生自己抗战时期在上海有过切身体验：贫困孕育智慧，艰难能使人坚强。

　　"好读书奖学金"的获奖学生一个共同的心愿，是会见杨绛先生，

杨绛在家接待清华"好读书奖学金"获奖同学，她说话幽默，逗得大家直乐

当面聆听教诲。杨先生虽已多年闭门谢客，还是几次接待了这些可爱小友的代表。

外语系的女生带来了一个玻璃罐，里面装着她们用糖纸叠的一千个各色五角星。她们以此表达对老学长健康长寿的祝愿。杨先生嘱咐外语系的同学不仅要努力掌握语言，更要注意多读文学经典原著以丰富语言，涵养人生。如今折叠五角星的同学早已完成学业走向社会，她们的小小五角星，还在杨先生家的书柜里待着。一位法学院的获奖学生还将他的诗作呈请杨先生指正。

同学们看到杨先生家素粉墙、水泥地、老家具，简单朴素而满室书香，都有说不出的感动。有人告诉他们：plain living and high thinking（英国诗人W. Wordsworth语）是钱杨的生活方式。小区有邻居说杨绛"傻"，"捐掉几百万，买座别墅住住多好！"杨先生听了笑笑而已，有没有对"形而上"境界的追求，想法总不一样。

杨先生回忆起二十世纪三十年代的清华学习生活、清华外文系的全盛时代，同学们听得津津有味。他们请老学长谈谈对清华校训的诠释，杨先生说："'自强不息，厚德载物'，我的理解'自强不息'是我们要从自身做起，努力学习，求知识，学本领。'厚德载物'是一个道德标志。我们努力求知识、学本领，为的是什么呢？如果我们没有高尚的思想境界去承担重任，那我们的努力就失去了价值。'自强不息'是'起'，起点的起；'厚德载物'是止，'止于至善'的止。这八个字也是我对'好读书奖学金'获奖同学的希望。"

同学们来访，总觉得时间过得太快，如果不是怕妨碍杨先生休息，大家真舍不得离开。

朋友们看到杨绛每天忙忙碌碌，有条不紊地"打扫现场"，冷静平和，都以为随着时间的流逝，她已逐渐走出失去亲人的阴影；实际上，平静只是外表。她的哀痛，深藏在心里。

小区装修房屋时，主管部门为每家阳台做了封闭，杨绛家应她的要求例外，这个寓所的里里外外留有太多美好的记忆，杨先生虽已把它当成暂时栖身的客栈，仍不忍抹掉一点往日的印痕。

杨先生听力受损以前，我们晚上常通通电话说说话。

杨先生卧室窗前有棵病柏，枝叶稀疏，两只喜鹊飞来筑巢，杨先生欢迎它们来做伴儿，特在阳台上准备了扫帚上的细枝，供它们采用。

杨先生电话中常常谈到喜鹊一家的故事，筑巢的进展，小雏的诞生和夭殇，院子里的喜鹊齐来悼殇等等；她的语气也随着喜鹊一家的悲喜离散而悲悲喜喜。我很惊讶杨先生观察的细致，后来读了杨先生的《记比邻双鹊》，[1] 才知道母鹊的悲啼，双鹊对空巢的守望，曾怎样使她跟着伤心。唉，此情此景触动了她深藏心底的伤痛！

---

[1] 杨绛《走到人生边上》第 120 至 126 页，商务印书馆 2007 年 8 月出版。

中秋晚上，我打电话过去问候，阿姨说："奶奶今天不知怎么啦，整天都在看书，这会儿还在看书。"她当然体会不到杨先生心中的苦，每逢佳节倍思亲啊！

　　正是本着这样的思绪，杨绛译完了《斐多》；想念女儿，又写了《我们仨》。她曾对病中的锺书说，我要写一个女儿，叫她陪着我。钱先生点头表示同意。《我们仨》主要写圆圆。在点点滴滴的往事回忆中，杨先生与锺书和阿圆又聚了聚，写到动情处，泪滴时时溅落纸上，不能自已。

　　杨绛的愿望没有落空，在她温润细腻的笔下，女儿活了，活得有血有肉，与妈妈相依相慰，一如既往。素不相识的读者看了《我们仨》，也喜欢上了这个钱瑗，她"刚正，像外公；爱教书，像爷爷"，锺书认为"可造之才"，杨绛的生平杰作。

　　《我们仨》字里行间弥漫着难以言表的亲情和忧伤，读来令人心酸，许多人是流着眼泪读完此书的。人们羡慕"我们仨"这个不同寻常的遇合，更同情和痛惜他们的失散。"我们三人就此失散了，就这么轻易地失散了……"这发自心底的深重叹息，多么悲伤，多么凄惶！我仿佛看到杨先生眼圈红红、泪珠晶莹。

　　"世间好物不坚牢，彩云易散琉璃脆。"杨先生的感叹提醒我们要感念存在，珍惜当下。《我们仨》于 2003 年在大陆和港台同期印行。只北京三联书店自 2003 年 7 月至今，已印刷二十五次，发行五十六万两千册；在物欲横流、道德沦丧、人情淡漠的社会风尚中，折射出人们对于真情的渴望和寻求。

　　钱瑗去世多年，并未被遗忘。敬师松下，时有花束。每逢忌日，她的朋友记得写信或打电话给杨先生，安慰老人家。当钱瑗去世七周年之际，她在香港经商的一个学生，为了纪念敬爱的老师，捐了一百万元港币在母校北师大建立钱瑗教育基金，奖励优秀教师。汶川

"剩了我一个！" 2003 年岁尾摄于三里河寓所

大地震后，又决定在四川灾区建立一所命名"敬师"的学校。钱瑗在香港的另一个学生，在他主编的《香港文学》上刊出纪念钱瑗特辑。许多钱瑗的同学同事朋友也纷纷写信作文，谱写出这个立志要当教师尖兵的钱瑗真诚和积极的一生。三联书店将这些纪念文章收拢来，以杨绛的《尖兵钱瑗》代序，于2005年8月出版了《我们的钱瑗》，受到读者欢迎。有人把它看成是《我们仨》的姊妹篇。

这本书，杨绛读后说："我看了心里很难过，钱瑗许多事情都瞒着我，我原来不知道的。"如她发病前后的痛苦困难等等。不过对钱瑗说的"人其实很了不起，天堂就在人的心里"等话语和观点，杨先生还是赞同并感到欣慰的。

收入杨绛全部创作译作的《杨绛文集》八卷本，2004年5月由人民文学出版社出版，杨绛为《文集》写了《杨绛生平与创作大事记》。交稿付印后，出版社筹划举行一次杨绛作品研讨会，还打算请杨绛先生做客新浪网谈创作。没想到杨先生风趣地说："稿子交出去了，卖书就不是我该管的事了。我只是一滴清水，不是肥皂水，不能吹泡泡。"她强调"《文集》里的全部作品都是随遇而作，而且我只不过是一个业余作者"。杨先生的话说得如此坦诚谦逊，出版社也就不再勉强她。

2005年的新年，杨绛是在医院迎来的。除夕前几天，她感冒发烧，在小区诊所打点滴没管用，住进了医院。入院两天，烧就退了，一切恢复正常。元旦下午，我去医院探望，看到杨先生宁静入神，像在转念头，我知道老人家又在酝酿什么新的题目了。杨先生近年一直在思考生与死的问题，该不是与此有关吧。

杨先生很快出院了，回家马上写下她在医院病床上想好的一个题目：《走到人生边上》，并且开了一个头。此后两年多，写写停停，凭着她的"倔脾气"，潜心读书，查找资料，苦苦思索，寻求答案。2007年8月，终于完成《走到人生边上——自问自答》书稿，在思索过程中，发现几件事可写成散文，作为注释，就把这些篇散文附为正文的"注释"一同付梓。此书2007年8月由商务印书馆出版，台湾时报出版公司随即出版了繁体字本。

这本书"自问自答"的思辨色彩，似与杨绛先生以往的风格迥然不同，实际与前几部作品有着一种内在的联系。如果说译作《斐多》是对于生命归宿、灵魂不灭的探索，《我们仨》向彼岸的亲人无声地倾诉不尽的思念，《自问自答》则显示出作者穿越生死界限，与亲人重聚交流的渴望和追求。杨先生甚至想到了自己将以怎样的形态面貌上天堂和亲人相会：

> 如果是现在的这副面貌，锺书、圆圆会认得，可是我爸爸妈妈肯定不认得了。……我若自己声明我是阿季，妈妈会惊奇说："阿季吗？没一丝影儿了。"我离开妈妈出国时，只二十四岁。妈妈会笑说："你倒比我老了！"爸爸和我分别时，我只三十三岁，爸爸会诧异说："阿季老成这副模样，爸爸都要叫你娘了。"

> 我十五六岁，……是一个很清秀的小姑娘。……带着我
> 十五六岁的形态面貌上天，爸爸妈妈当然喜欢，可是锺书、
> 圆圆都不会认得我，都不肯认我。锺书绝不敢把这个清秀的
> 小姑娘当作老伴；圆圆也只会把我看作她的孙女儿。[1]

当然，《走到人生边上》的意义和用心远不止于此。杨绛先生九十六岁开始讨论哲学，探索人生的价值（生）和灵魂的去向（死）。"她不依据任何已有的理论或教义，完全依靠自己的生活经验和独立思考，一步一步自问自答，能证实的予以肯定，不能证实的存疑。"[2]

她对于只承认物质现实，不相信精神价值的时代状况感到忧虑；对人们的"不信不迷"——只相信看得见摸得着的东西，视信仰为迷信，很是困惑。杨先生不禁问道："'真、善、美'看得见吗？摸得着吗？看不见、摸不着的，不是只能心里明白吗？信念是看不见的，只能领悟。""什么都不信，就保证不迷吗？"在信仰缺失的时代提出这样的疑问，令人无法不佩服她的敏锐与勇敢。

有评论认为《走到人生边上——自问自答》是2007年的一本奇书。杨绛站在"人生边上，发出自己最后的声音。这也是人文世界的声音。要对中国大陆虚无主义做回击，人生必须有不懈的追求，也要深思生死边缘的价值"。评论特别称道："九十六岁的文字，竟具有初生婴儿的纯真与美丽。"[3]

贵州一读者的独生子，因见义勇为惨遭歹徒杀害。这位与儿子三十年相依为命的母亲极度伤心，痛不欲生，经人推荐反复读了《走到人生边上》，特别是"人生实苦"和"人需要锻炼"两节，深受启发，

---

[1] 《胡思乱想之二》，见《走到人生边上——自问自答》第154页，商务印书馆2007年8月出版。

[2] 周国平《人生边上的智慧——读杨绛〈走到人生边上〉》，见《读书》2007年11期第8页。

[3] 邱立本《九十六岁的文字》，载2007年11月22日北美《世界日报》E4版。

情绪逐渐趋于平静。她写信给商务印书馆，请编辑同志代送一束"最香最美"的鲜花给杨绛先生，感谢杨先生的书使她恢复了生活下去的勇气。汶川大地震时，她已回到上海，除了自己献爱心，还为死去的爱子献上一笔"来自天国的捐赠"。

杨先生今年过了生日就九十八岁了，用她自己的话说，已走到人生边缘的边缘上，但她依然心明眼亮，精神饱满，敏锐勇敢，一刻也没有停止思考。读了《走到人生边上》的"结束语"，就知道她"远没结束"，因为她每个自答，都带着个问号呢！

她带着失去亲人的悲痛，独自一人，在人生的边上，徘徊寻思，她自称还是一个在逃的人。

"逃——逃——逃——"她还没有安息，没有回家。

后记

　　尽管由于父辈的交往和情谊，我被钱锺书先生称为"世妹"，杨绛先生唤我"师妹"；然而在我心中，一直是把他们当做长辈敬重和对待的，admire in distance，虽然倾慕，从不打扰。两位先生和钱瑗的许多故事，我最初都是从杨先生最小的妹妹杨必那儿听说的。

　　杨必姐抗战期间在上海工部局女中就读，与我大姐学淑同班。那时我们家住公共租界康脑脱路，离学校不远，杨必姐放学后常上我家和学淑姐一起做功课。她思维敏捷，悟性特强，又善于表述，无论多复杂的问题，都能三言两语说得清清楚楚。学淑姐说跟杨必一块儿做功课真叫开窍。她是转学生，在杨必的帮助下很快适应了新的学校生活。

　　杨必姐皮肤白皙，黑发浓密，眉毛弯弯，眼角稍稍朝上，眼里总是带点儿嘲讽似的盈盈笑意。她可是位天生的演员，言语生动，表情丰富，观察细微，模仿起人来，惟妙惟肖。有时模仿一些公众人物让我们猜，往往一猜就中，不是大家会猜，她实在太能抓住人的特点了。她在学校是优秀生，受到各科老师的喜爱，被同学们称做"梁宝宝""孙宝宝""郭宝宝"（指某先生的宝贝），……可她表演起她们教课和训斥学生来，一点不含糊，笑得我们一个个前仰后合，乐不可支。

　　我母亲也很喜欢杨必姐，每次放学来家，总要拉拉手，"肚皮饿了哦？吃点点心，再做功课"。说着端出汤汁鲜美的馄饨、香喷喷的蟹壳黄或旁的点心。家里每有什么好吃的，也总要给杨必留着。我们说"妈妈偏心"，母亲却说："杨必妈妈不在了，你们说我该不该宝贝她？"我们答"该"。不过我知道她有非常宝贝她的爸爸和姐姐们。

奇怪，我从未去过杨必姐家，对她家人的印象竟是活灵活现的；而我们家的情况，她家似乎也相当了解：从我父亲抗战时期的日记看，我们家有些事情，包括学淑姐中学毕业、北上燕京大学等等，最早给远在昆明西南联大的父亲传递信息的，竟是钱锺书先生！这些信息当也来自联络两家的杨必姐。

1946年秋，我们家由上海迁回北平，与留在上海工作的杨必姐渐渐失去联系，但我从未忘记过她。

多年以后，在北京初次见到杨绛先生，不知是否由于杨必姐的缘故，言谈之间，很感亲切，似乎相识已久。

杨绛先生的创作和翻译作品，我读的不少，有的读过不止一遍，关于作者的故事也听说许多，我曾自以为对作者比较了解，待相处日久，才发现杨绛先生本身就是一部书，一部历尽沧桑的人生大书，我的阅读和了解不过刚刚开始。她那充满智慧的谈话，幽默风趣的说笑，卓然独立的思考，深邃锐利的眼光，沉稳细致的处事，令我惊叹不已。

我离开工作岗位以后，有时间帮助杨先生打打杂儿，交流的机会多了，彼此也更熟了。每与杨先生当面交谈，或接听她的电话，或处理她交办的事，我总不忘忠实记下她的所思所言、所感所叹，作为我的"读"杨笔记，细细咀嚼，慢慢回味。经年累月，竟也记了许多本小册，每每翻阅，都深感获益良多，意味无穷。

杨先生近年闭门谢客，自称"龟蛰泥中"，很少外出，也不上网，每天只在家读书写字；但对外界一点儿不隔膜。我们偶谈一些新发生的事件，她都情况了然、判断准确。她的信息丰富、料事如神，往往使我感到吃惊。

她有一颗博大的心，世事全在胸中，与大众同悲喜。

2003年，"非典"肆虐的那个春天，杨先生每天准时坐在电视机前，收听那位面无表情的卫生部发言人发布"非典"和"非典"疑似病例的最新数字，心情沉重。几年过去，人们对"非典"已不再关心甚至淡忘的时候，杨先生始终清晰记得那些为抗击"非典"、保护人民健康而献出了生命的白衣天使：叶欣、李晓红、邓练贤、段力军、丁秀兰、王晶……并为他们的家人难过。还有众多感染"非典"的医务人员，后遗症严重影响到他们的健康和生活，杨先生也一直挂在心上，直到听说卫生部2006年4月出台了一项"非典"后遗症人员医疗费用报销办法，才稍微松了一口气。

政府为抗击"非典"有功人员颁奖，杨先生立刻想到了勇敢冲破封锁、第一个向世界公众和卫生组织警示"非典"在中国肆虐的蒋彦永大夫，他没有获奖，反而得咎，但在人们心里，他是免于使灾难更大发生的一位真正的英雄。

听说邹承鲁院士去世，杨先生叹息：又一位说真话的人走了。她非常伤心，因为邹夫人李林和她的父母都是杨家的好友。

邹先生曾痛心地计算过，他从1951年回国到1978年，二十七年中能够做工作的时间不到十年。三分之二的时间被花在政治运动上了，即使不搞运动的那三分之一时间也难以工作，因为不断要开会！

钱锺书、杨绛先生当年又何尝不是如此！

杨先生关心人，人们也喜爱她。她的fans很多，世界各地的读者来信不断。2004年岁尾，杨先生小恙住院一周，医护人员对她关怀备至，出院时依依不舍，直送她下楼登车。有位年轻大夫送给她一棵圣诞树，接上电源，能闪烁出五彩缤纷的光亮。此后每年圣诞，杨先生都会请阿姨把圣诞树搬出来通电，我知道她不只是欣赏它漂亮的闪光华彩，也想念协和医院那些可爱的小友。

钱瑗和钱先生走后，每逢他们的忌日，我都过去陪陪杨先生，怕她伤心；听她说说"我们仨"的故事，话话家常。

与杨先生相处越久，越感受到她的人格魅力，也越钦佩她的为人。我每回翻阅自己的"读"杨笔记，都有说不出的感动，觉得那许多珍贵的史料、动人的故事该与所有喜爱杨绛作品的读者共同分享；我萌发了以听杨绛先生谈往事的方式为她写一部传记的想法，并且不揣冒昧地跟杨先生说了。我自忖文笔欠佳，杨先生未必同意，没想到杨先生一口答应，大力支持，有问必答。

两年里，我挖空心思、刨根究底地问，杨先生认认真真、仔仔细细地答，有时口头，有时笔答，不厌其烦。书稿完成后，杨先生给审阅修改；出版前，又亲为作序、题签。读者读罢此书如还喜欢，那实在是因为杨先生倾注了心血。

本书出版之日，临近钱锺书先生忌日，谨以此书献给钱先生在天之灵，纪念钱先生去世十周年。本书虽然主要写杨绛先生，但实际上钱杨是不可分的。

                                        2008 年 8 月 3 日

附录1　胖安娜

　　一位曾经参加 1978 年欧洲汉学家会议的朋友，讲过这样一个故事：那年 9 月 5 日在意大利北部的山城奥蒂塞伊，欧洲研究中国协会举行第二十六次会议的第二天，钱锺书在学者麇集的大厅穷源溯流、引人入胜地回顾中国和意大利交往的历史，预测中国和欧洲文化交流的前景。他在结尾时举出意大利大批评家德·桑第斯曾不客气地说："意大利不能像中国那样和欧洲隔绝。"今非昔比，"好些河水已经流过桥下了"；而后话锋一转："我也不妨说，北京附近那座世界闻名的古迹卢沟桥，即西方所称马可·波罗桥下，也流过好多河水了，中国和欧洲不再隔绝。尽管马可·波罗本人对哲学、文学等人文学科'黯淡地缺乏兴趣'，让那座以他为名的桥梁作为欧中文化长远交流的象征吧！"

　　这可是十年浩劫后，中国学者首次在欧洲学术论坛上亮相，所以钱先生那充满感情的呼声"China no longer keeps aloof from Europe！"格外打动人心。讲演毕，回答各国学者提问，钱先生引经据典，妙语如珠，以至法国学者于儒伯先生激动地大声说："他知道的法国东西，比我还多！"人家用汉语问，钱先生用外语答，坦诚幽默，会场一片赞叹；空气空前活跃，如果不是会议时间所限，踊跃的提问不知将进行到何时。会下，钱先生成了一些欧洲学者和记者包围的对象。

　　一天开会时，有人发现钱先生不见了，一同赴会的中国代表也不明其去向。会后，他没有回中国代表团住所，据说是被一位胖胖的女士给"拐"走了。许（涤新）、夏（鼐）二老和年轻的丁伟志代表非常着急，不知道这位胖女士何许人也。

原来将钱先生从会场拽走的是捷克斯洛伐克汉学家、中国当代文学翻译家安娜·多雷日洛娃女士。她前一天去会见过中国代表团团长许涤新，要求找钱锺书谈谈，得到了允许，但许老事多记性又不太好，一转身就把这事全忘了。

安娜，一个十足的"中国迷""中国文化迷"，二十世纪五十年代曾在北京大学留学。她听了钱先生的精彩讲演和答问，佩服得五体投地，特别是钱先生"中国和欧洲不再隔绝"的宣言，使她十分兴奋，非要和钱先生本人谈谈不可。她找到钱先生对他说："走，咱们去喝杯咖啡。"钱先生着急地说："我没钱。"安娜说："没事，我有。"于是两人找到一家咖啡馆落座。安娜自言译过钱先生的《灵感》等为捷文，并以钱锺书为题写过一篇论文，现拟翻译《围城》。又问到少数民族文学，钱先生回答不出。安娜说她译过《阿诗玛》，译作畅销，又谈了一些别的问题。这次会谈，开始了彼此长达十多年的友谊。

这以后，安娜曾十多次来中国访问，从捷克政府代表团的国事访问到艺术团体的访问演出，都能看见安娜活泼的身影，听到她朗朗的笑声。安娜说她当年的一些同学知友现在成了当权派，他们不时给她派些到中国的美差，让她有机会多到她喜爱的国家跑跑，会会老朋友。安娜的中国朋友的确不少，在一次由她主持的捷克室内乐演奏会上，杨绛先生就见到李德伦、瞿独伊、孙新世等许多人都来为她捧场。

安娜每次来北京，都少不了到南沙沟钱、杨先生府上坐坐。安娜与杨绛先生是好朋友，安娜的丈夫多雷日洛夫教授也和钱杨夫妇交上了朋友。安娜爱读杨先生的散文，欣赏她人如其文，灵性、秀气；杨先生喜欢安娜智慧风趣、率真可爱，昵称她"胖安娜"。安娜跟杨先生无话不谈，她说：最解放的女人都不结婚，女人结婚是牺牲；不结婚，但是要一个孩子。

安娜喜欢红玫瑰，钱先生八十岁生日，安娜正巧在北京，她捧来一大束红玫瑰，让杨先生数数多少朵。她祝愿钱先生长寿，与杨先生相伴，健健康康地活下去。安娜与杨先生紧紧握手，杨先生能感到她的诚挚。

钱先生和杨先生与安娜夫妇最后一次晤叙，是二十世纪九十年代初期的一个晚上。在北京日坛附近的一家饭馆，捷克客人约请钱杨夫妇来这里话别。他们将于次晨离京回国，谁也没有想到这竟是他们两对夫妇最后一次共进晚餐。没有任何预感，只是依依惜别，似有说不尽的话。吃完饭已经很晚，其他顾客陆陆续续全走完了，饭馆已快打烊，许多餐桌椅子已经倒放在桌上。他们将四把椅子并在一起，面对面地坐在那里，促膝谈心。安娜说："我真爱你们中国，我们的国家多难，现在还比较乱，看不到头绪和希望。"她说她不是不能生育，能生育而不生，因前途茫茫，她怕孩子出生受苦不幸，不如不要。

这以后，安娜没有再来中国，杨先生和她没有再见过面，但她们相互关心，保持着通信联系。不久，得知安娜患了骨癌，很疼，还锯了腿。后来，安娜的丈夫多雷日洛夫教授来信，悲痛地告知：安娜走了。再后来，安娜和多教授的朋友给杨先生来信说，多教授也走了。

杨先生是位重感情的人，虽然远隔千里，安娜夫妇的先后离去使她深感怅然。

安娜去世的消息，也使所有她的中国朋友感到难过。二十世纪五十至八十年代因公访捷的同志，几乎没有几位不是这位著名的安娜负责接待的。她谈吐幽默，性格豪爽，说一口流利的北京话，给每个受到接待的同志都留下了深刻的印象。我至今仍能清晰记得 1959 年 7 月我们在布拉格机场初次见面的情景。《人民日报》副总编辑王揖同志

与胖安娜在捷克斯洛伐克（1959 年 9 月）

和我，在保加利亚海滨瓦尔纳参加国际新闻工作者协会执委会议期间，受到捷克斯洛伐克记者协会主席迈尔斯的邀请访捷。当我们抵达布拉格机场时，先期回国的迈尔斯主席偕安娜迎接我们。她那时年轻漂亮，穿一件式样别致的连衣裙，笑吟吟地同我们一一握手，自我介绍说："我叫安娜·多雷日洛娃，不是奥伯拉赫特（捷克伟大诗人和优秀小说家）的'无产者安娜'，也不是契诃夫的'挂在脖子上的安娜'。"几句话，把我们全逗乐了。

随后一周，我们深入工厂、农庄、学校、民家采访。王揖同志和我都不是初次来捷克，不过这回有了安娜陪同引导，巧妙地拉近我们与采访对象的关系，谈话自然轻松，效果迥然不同。工作余暇，我们随安娜到捷克的杰出诗人、小说家扬·聂鲁达常去的小酒馆喝啤酒。在捷克民族英雄伏契克被囚禁的狱前留影，请安娜以捷语教我们读出伏契克用鲜血和生命留下的最后名言："人们，我们是爱你们的，你们可要警惕啊！"

我们在迈尔斯主席的安排下，走遍了捷克斯洛伐克的山山水水，旅途中有知识丰富的安娜相伴，绝不会感觉寂寞单调，文学典故、民间谚语、俚歌笑话，随口道来，令人忍俊不禁。王揖同志赞扬安娜堪称"一部优良的捷克斯洛伐克文学活字典"。

最难忘在旅游胜地高塔特拉山，因游客爆满，我和安娜不得不同挤在一间客房休息。我们联床夜谈，几乎没有合眼。安娜好不容易逮住这个机会，一个劲儿地与我探讨：反右派斗争对中国知识分子、中国文化会有什么影响？对兄弟国家知识界又会有什么影响？她一个又一个地打听她那些在反右中遭受挫折和灾难的中国朋友们的下落。我很惭愧，由于外事纪律，我不能畅所欲言，但我从安娜对我国反右运动的严肃思考，对反右中遭遇不幸的朋友的无限关切和同情，看到她性格行为中深沉的一面，感受到她对我国文化的真诚热爱。我在心里对自己说：安娜不只可爱，而且可敬。

分别的时候，安娜塞了一个"好兵帅克"玩偶在我包里。1963 年9 月以后，中苏关系急剧恶化，我国与东欧国家关系自然受到影响，从此我再也没有听到安娜的消息。但她送我的"好兵帅克"，虽然历尽沧桑，仍然一手拎箱、一手敬礼，好端端地立在我的书橱里；十年浩劫中，因为母亲的悉心收藏，幸免于难。

一次，杨绛先生偶然在我家看到了这个"好兵帅克"，他憨态可掬，圆睁的两眼直勾勾地望着你，无法不引人注意。我告诉杨先生，

安娜送给我的玩偶"好兵帅克"

这是一位捷克朋友送的，她叫安娜。杨先生微笑说："世界真小！"于是我们聊起来共同认识的安娜。最后，杨先生摩挲着帅克已经有些褪色的军装，轻声叹息："唉——骨癌。"我不再作声，我知道杨先生心里难过，她不仅痛悼安娜，也思念同为骨癌夺去生命的爱女阿圆。

原载 2010 年 5 月 4 日上海《文汇报·笔会》

附录 2 "爱得厉害……怎么说？"

贾忆华，这名字多么中国味儿！可她却是一位十足的意大利女士，美丽高大，热情奔放，一双蓝蓝的眼睛清澈明亮、笑意盈盈。她大名西雷维亚·卡拉曼德雷（Silvia Calamandrei），是一位通晓多种欧洲语言的作家、翻译家。她热爱中国，热爱中国文化，中文能读会写，只口语稍差。

西雷维亚在中国的幼儿园"毕业纪念照"

西雷维亚与同学的游戏小照

　　西雷维亚引以为豪的是她跟其他"老外"不同，她曾是位"北京姑娘"：在北京上的幼儿园、小学，参加过中国少年先锋队，戴过红领巾……她至今还珍藏着一帧摄于 1954 年 6 月的"北京市博士幼儿园"毕业纪念照，六位老师和六十多名幼儿园毕业生的"严肃"合影，其中只有一个小"老外"，七岁的贾忆华。

　　西雷维亚是 1953 年随父母来北京的，那年她六岁，她父亲弗兰哥·卡拉曼德雷（Franco Calamandrei）、母亲玛丽亚·特丽莎·瑞噶特（Maria Teresa Regard）是意共《团结报》的记者；当时新中国建立不久，中意两国尚未建交，弗兰哥夫妇和其他意大利媒体的报道对意大利人民了解中国、促进两国经济文化的交流，发挥了良好的作用。

　　他们一家那时住在米市大街的北方饭店，同住的还有英共《工人日报》记者阿兰·魏宁顿（Allan Winnington）夫妇和法共《人道报》记者贝却敌（Willfred Burchett）等。西雷维亚就在住家附近的史家胡同上小学，学会了北京话，会写许许多多汉字，拥有可爱的同学朋友。分别的时候，真是难舍难分，他们送自己的小照给她，背面歪歪扭扭地写着："贾忆华，别忘了我们！""贾忆华，记着回国写信来啊！"

1956年夏，国际共运发生分歧，西雷维亚的父母工作调动回国，西雷维亚也不得不结束她十分喜爱的"北京姑娘"生活，时间虽然不算很长，却给她留下了难以磨灭的印象；她后来长期在布鲁塞尔受教育和工作，心中却对北京、对中国念念不忘。为了通过书报广播更多地了解这个她度过童年的第二故乡，她发奋学习中文，甚至1974年独自一人跑来中国，进入北京语言学院重修汉语。

那时"文化大革命"还在火热进行，西雷维亚当年的小学同学

西雷维亚幼时随母亲登长城

也有的当了红卫兵，成为造反派。她对史无前例的"文革"充满了好奇和新鲜感觉；可是她的爸爸妈妈都不这么看。特别是爸爸，对中国发生的这场"革命"抱质疑和反对态度。弗兰哥在中国采访多年，见过周恩来总理，与外国在华进步人士爱泼斯坦、斯特朗等都是好朋友。他担心女儿在"文革"中的中国待下去会受影响，说不定哪天回意大利去"反修""反文化"。当时的意共总书记陶里亚蒂早就被反上了，他这个意共爸爸恐怕也会在被反之列。所以西雷维亚在北京只进修一年就离开了，当然也因为她当时留在比利时的儿子才两岁，需要照顾。

西雷维亚对中国"文化大革命"的重新认识和反思，源于二十世纪八十年代对中国作品的大量阅读和研究，也正是在此时她喜欢上了杨绛的作品，尤其是她的《干校六记》《丙午丁未年纪事》《隐身衣》《孟婆茶》等散文，赞赏她举重若轻的言词中蕴含着沉甸甸的人生哲理，幽默的背后是含泪的微笑。她特别欣赏杨绛式的反讽，一针见血、耐人寻味。1992 年，西雷维亚写了长文，题名《阿丽丝在"文革"岁月中：奇怪呀！越来越奇怪啦！》，向意大利读者介绍她所了解的杨绛作品及其人。随后，翻译出版了前面说到的那些杨绛的散文；2008 又翻译了杨绛新作《走到人生边上》的"前言"和第一章。

因为翻译杨绛的著作，西雷维亚从 1992 年开始与杨绛先生通信，熟悉和喜爱意大利文化的钱锺书先生高兴时也在杨先生手写的英文复信中加上两句。这些书信都被西雷维亚当宝贝似的珍藏着。

我和西雷维亚通电邮，起于代杨先生授权翻译。她今春来电邮说，将要来北京，希望见见杨先生。我问杨先生怎么办？杨先生回答："通信快十年了，又远道来，见就见吧。"西雷维亚自谦中文口语很糟糕（very poor），希望用英语或法语交谈。我如实报告杨先生，帮忙家务的小阿姨热心过度，插嘴说："奶奶，您行吗？要不要吴阿姨一块过来？"只见杨先生眉毛一扬，嘴一撇："笑——话！"不服气地一笑。我忙对小阿姨说："你忘了，杨先生可是翻译大家。""我不是担心奶奶年纪大了吗！"她讪讪地答说。

6月9日早晨，我去竹园宾馆接西雷维亚去杨家。登上三楼，就见杨先生已在门口迎候。西雷维亚见面就问："我能亲亲你吗？"杨先生笑笑，不曾想她一气连亲带啃，啧啧有声，杨先生怪不好意思。

宾主刚才落座，西雷维亚起身立正，面对杨先生，高举右臂，行了一个少先队队礼。她告诉杨先生，她曾是北京的少先队员，这次故地重游，童心大长，时时回忆起在北京度过的美好童年。杨先生说起记得以前看过西雷维亚小时候的照片，短发、长裤、方口黑布鞋，一副北京女孩模样。

西雷维亚一一展示她送给杨先生的礼物：骑着驽马的堂吉诃德和跟班桑丘，这是她参加意大利文化代表团访问西班牙时人家送的，小巧玲珑，分量却很重，做工精致，表情生动。桑丘歪倒了，我把他扶正，与堂吉诃德并列。杨先生摇头："不对，桑丘从不这样，他总是跟在后面。"说着把桑丘往后挪挪。第二件礼物是关于她祖父皮柔·卡拉曼德雷（Piero Calamandrei）的画册。这位祖父是意大利著名的法学家、教授，他热爱中国文化，1955年参加意大利官方派出的第一个经济文化代表团访华，回国后与同行出版《今日中国》一书，向意大利人民介绍新中国。老舍先生曾为该书作序。他也是位反法西斯的老战士，参加过反对墨索里尼法西斯独裁统治的斗争和"二战"中的抵抗运动，为奠定意大利的民主贡献了力量。

谈到墨索里尼，杨先生笑说："Moussolini is always right especially when he is wrong."（墨索里尼什么时候都对，错的时候更对。）西雷维亚叹道："可惜这样一贯自认正确的官员，意大利现在还有。""哪国没有？但愿这样的官越来越少。"

西雷维亚的另一件礼物，是意大利南部巴里"皮柔·卡拉曼德雷"高科技和商业学校的学生们讨论杨绛作品的录像光盘。学生们在教师的帮助下阅读杨绛作品，配以图像和引文说明。西雷维亚也展示了杨绛先生写给她的亲笔信。令人惊讶的是，杨绛作品中那些肯定的语句启发了洋学生们的思想，尤其是杨绛着重指出的宁肯埋头做事，也比指望皇帝的新衣强；贪婪和恶性竞争毁灭了人性等主题深深触动了他们的心。这些可爱的年轻人，在讨论最后形容杨绛为"a Young Lady born in 1911 who is still asking questions and looking for answers from the new generations"（"一位生于 1911 年的少女，现仍在提出问题并向新一代的人寻求答案"）。

西雷维亚深为这种不同文化、不同辈分之间的对话所取得的成就感动和鼓舞，希望杨先生能够分享。

杨先生签名送给西雷维亚两本书作为纪念：一本是最新印次的《走到人生边上》，一本是《听杨绛谈往事》。对于后者，杨先生说："这本书不是我写的，但是我讲的，可信。"

两人似有说不完的话题，不觉时间的流逝。最后，杨先生问西雷维亚："什么时候回国？""6 月 12 日离开北京去布鲁塞尔看望儿子一家就回国去。""为什么不和孩子多团聚团聚？""得赶回意大利参加公民投票，就禁止核能、反对水源私有化和反对给予性丑闻缠身的总理豁免权说'Si'。在意大利，我们用'Si'来说'是'。"杨先生会意地点头，随口用法语吟诵出但丁的诗句："比萨呀！因为你，美丽的土地上，那里处处听见'西'字（"Si"）的语音，人民全都蒙羞了。"（但丁《神曲·地狱》第三十三篇）随后又学钱锺书先生经常背诵的意大利文，说："你们进来的人，休想再出去！""啊……！"西雷维亚万没想到百岁老人反应竟如此灵敏，惊

杨绛与西雷维亚的合影

喜得赶快搂搂杨先生。

　　道别的时候，西雷维亚甜蜜地拥着杨先生久久不放。出门后，我说："西雷维亚，我真怕你把杨先生给弄疼了。要知道杨先生说她从前是 china doll（瓷娃娃），现在是 China Old Lady！"西雷维亚说："我明白，我只是想通过拥抱，把我的倾慕、我的爱、我的热情和温暖、我的……统统传递给她。这种感情我说不清，总之，爱得厉害、爱得要命、爱得一塌糊涂，用通俗的汉语该怎么说？"

　　"爱死你，杨绛！"

　　我们俩都乐了。

原载 2011 年 7 月 17 日上海《文汇报·笔会》

附录 3　杨绛先生回家纪事

　　不知是天意还是巧合，2016 年 5 月 24 日下午，我去协和医院看望杨绛先生，万没想到这竟是与老人的最后一见。

　　因为有些日子未去探视，保姆小吴见我走近病床，贴着杨先生的耳朵说："吴阿姨来了！"久久闭目养神的杨先生，此刻竟睁大眼睛看了我好一会儿，嘴角微微上翘，似有笑意，居然还点了点头。随后轻轻地嘟囔了一句，隔着氧气面罩，听不很清，意思应该是"我都嘱咐过了……"我从未见过杨先生如此虚弱，心上酸楚，强忍住几将夺眶而出的泪水，答说："您放心，好好休息。"杨先生已没有气力再说点什么，以眼神表示会意，随即又闭上了双眼。据一直守候在杨先生身旁悉心照顾的保姆和护工说，此后到"走"，杨先生再也没有睁开过眼睛。

　　不久，杨先生的侄媳和外甥女也来探望。内科主任及主管大夫请我们到会议室，介绍杨先生病情，说她目前大致稳定，但已极度虚弱，随时有意外发生的可能。我还是一句老话，即使发生意外，请勿进行抢救。这是杨绛先生反复交代过的，她愿最后走得快速平静，不折腾，也不浪费医疗资源。

　　杨先生的身子暖暖的，手足却凉。小吴和护工不断摩挲杨先生的手臂使它热乎，又用热水为杨先生泡脚生暖。她静静躺着，乖乖地听任她们摆布不作声。

我盯着监测仪，不祥之感突如其来。时间已到晚上八点多钟，大大超过了探视时间，可我还想在杨先生身边多呆一会儿，后来经不住传达室同志的一再催促，才依依不舍地离开。他们为等候我们交还探视证、取回身份证，已耽误下班好几个小时了。

当日午夜时分，医院来电话报告杨先生病危。我和清华大学教育基金会项目部部长池净，还有杨绛先生遗嘱的另一执行人周晓红以及杨先生所在单位中国社会科学院外国文学研究所陈众议所长，从京城的四面八方急急奔往协和，一心想着亲送杨先生最后一程。但待我们到达病房，杨先生已经停止了呼吸。那是 2016 年 5 月 25 日凌晨 1:30，所幸老人临走没有受罪，有如睡梦中渐渐离去。

方经洗面、净身、换衣的杨先生，面容安详，神情慈和，就跟睡着了一样。协和医院的值班副院长、值班医师、护士长、护士同志，与我们一起向这位可敬可爱的老人深深鞠躬道别。我们谢过了连日来为治疗护理杨先生辛勤劳累的医护人员，缓步推送杨先生去太平间安放。

杨绛先生遗嘱交代：她走后，丧事从简。不设灵堂，不举行遗体告别仪式，不留骨灰。讣告在遗体火化后公布。对于杨绛先生这样一位深为读者喜爱的作家、一位大众关心的名人，如此执行遗嘱，难度很大，首先媒体一关就不好过。幸亏周晓红同志和我，作为杨绛先生的遗嘱执行人，在杨先生病势危重之际，已将杨先生丧事从简的嘱咐报告国务院有关负责同志，恳请领导知照有关单位打破惯例，遵照杨先生的意愿丧事从简办理。后来丧事办理顺利通畅，全如杨先生所愿，实与领导的理解和大力支持有关。

2016 年 5 月 27 日清晨，协和医院的告别室绿植环绕，肃穆简朴。没有花圈花篮，也没张挂横幅挽联，人们的哀悼惜别之情，全深藏心底。杨绛先生静卧在花木丛中，等待起灵。她身穿家常衣服，外面套

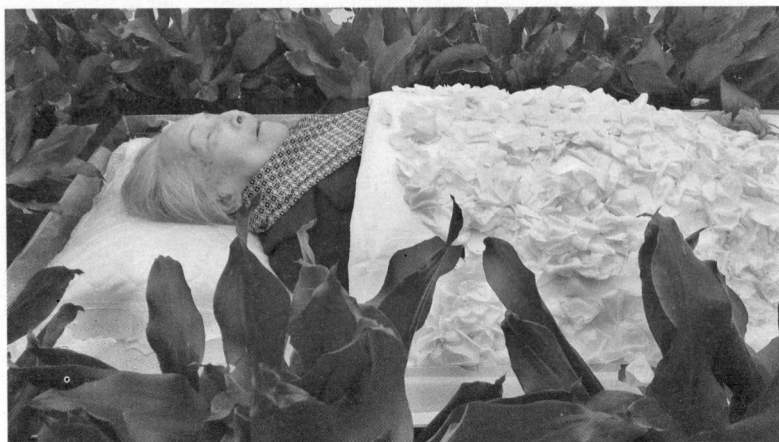
杨绛先生安卧在花木丛中

着上世纪八十年代出访西欧时穿的深色羊绒大衣，颈围一方黑白相间的小花格丝巾，素雅大方。这都是按杨先生生前嘱咐穿戴的，她不让添置任何衣物。化了淡妆的杨先生，头发向后梳得整整齐齐，细眉高扬，神采不减生前，只是她睡得太熟，再也醒不过来。

尽管没有通知，许多同志还是赶来送别杨先生。全国政协主席俞正声来了，副主席陈奎元来了；国务院副总理刘延东来了，看望了亲属并讲话；中央组织部、宣传部负责同志来了；中国社会科学院、清华大学、作家协会负责同志来了。温家宝同志、吴仪同志也来了，他们是以杨绛先生生前友好的身份来相送的。温家宝同志慰问了杨先生的亲属。吴仪同志悄悄来去，将两枝自家院里种的粉红玫瑰放到杨先生身旁，知道她喜欢。这里没有前呼后拥，也无嘈杂喧哗，人人都轻手轻脚，生怕把睡梦中的杨绛先生闹醒。

起灵前，众至亲友好行礼如仪，将白色的玫瑰花瓣撒在杨先生覆盖的白被单上。我和周晓红等乘坐灵车陪伴杨先生去八宝山，陈众议所长留下向媒体发布讣告。讣告内容如下：

著名作家、翻译家、中国社会科学院外国文学研究所研究员杨季康（笔名：杨绛）先生，以一百零五岁的高龄于2016年5月25日凌晨1：30与世长辞。

遵照杨绛先生遗嘱，她去世后，丧事从简。不设灵堂，不举行告别仪式，不留骨灰。

杨先生生前已将她和丈夫钱锺书先生二人全部作品著作权中因作品使用而获得的财产收益捐赠母校北京清华大学教育基金会，设立"好读书奖学金"，用以鼓励清华大学家庭经济困难但好学上进的学子，能够没有后顾之忧地完成学业，并希望领受奖学金的学子学成后，能以各种形式报效祖国、回馈社会。清华大学教育基金会履行协议，在享有钱杨作品因使用而获得的财产收益的同时，有义务负责全面维护钱杨二人作品著作权以及与著作权相关权利不受侵犯。

关于许可他人依照我国著作权法的规定使用钱锺书、杨绛作品的权利以及钱杨作品的发表权，杨绛先生已委托专人行使。家中所藏珍贵文物字画，已于生前全部无偿捐赠中国国家博物馆。书籍、手稿以及其他财产等，亦均作了安排交代，捐赠国家有关单位，并指定了遗嘱执行人。

杨绛先生遗体已于5月27日火化。

从讣告看，杨绛先生生前对身后所有重要事项，已一一安排妥帖；与众不同的是，这一讣告居然经杨先生本人看过，并交代遗嘱执行人，讣告要待她遗体火化后方公布。

杨先生那种"向死而生"的坦然，对身后事安排考虑的睿智、周到、理性，往往使我感到吃惊和钦佩。

对于年老衰迈、死亡病痛这类话题，一般人特别是老年人，不喜欢也不愿多提，杨先生却不忌讳，不但谈论，且思考琢磨，体会多多。我就听杨先生说过"病"与"老"不同：她以为"病是外加的，临时性的，不论久病、多病，可以治愈。'老'却是自身的，是生命日渐萎弱，以至熄灭；是慢吞吞地死。死是老的 perfect tense，老是死的 present participle； dying 也。老人就是 dying 的人，慢吞吞，一面死，一面还能品味死的感受"。

杨先生自嘲当了十多年"未亡人"和"钱锺书办公室"光杆司令，已又老又病又累。可是她无论读书、作文、处事怎样忙个不停，永远都那么有条有理，从容不迫。

同住南沙沟小区的老人一批批走了，杨先生也等着动身；只是她一面干活儿一面等，不让时光白白流过。

为保持脚力，每天"下楼走走"的步数，从 2008 年的七千步渐减为五千步、三千步，由健步而变成慢慢儿一步走；哪怕不再下楼，退到屋里也"鱼游千里"，坚持走步不偷懒。

日复一日的"八段锦"早课，2016 年春因病住院才停做。"十趾抓地"还能站稳，"两手托天"仍有顶天立地之感，"摇头摆尾"勉强蹲下，"两手攀足"做不到就弯弯腰，"两手按地"则只能离地两三寸了。

毛笔练字，尽量像老师指导的那样，"指实、掌虚、腕灵、肘松、力透纸笔"，少有间断。只是习字时间，已由原来的每天九十分钟步步缩减为六十、三十、二十分钟，直到后来无力悬腕握笔。

杨先生这"钱办"司令真是当得十分辛苦，成绩也斐然可观。

《钱锺书集》出了，《宋诗纪事补正》《宋诗纪事补订》出了，《钱锺书英文文集》出了，《围城》汉英对照本出了，尤令人惊讶的是，包括《容安馆札记》（三巨册）、《中文笔记》（二十巨册）、《外文笔记》

（四十八巨册，附一册）在内的皇皇七十二巨册的《钱锺书手稿集》，竟于杨先生生前全部出齐。很难想象，杨先生为此倾注了多少心血。以上每部作品，不论中英文，杨先生都亲自作序，寄予深情。

还有，钱锺书先生的尊人钱基博老先生珍藏多年的谭复堂（谭献）《复堂师友手札菁华》也出版了。杨先生因为手札珍贵，担心丢失，不想拿出家门，宁请人民文学出版社编辑同志登门扫描。连续十多天，她让出起居室供人文社同志们工作，自己躲进卧室读写。

杨先生在忙活钱著出版的同时，不忘自己一向爱好的翻译和写作。她怀着丧夫失女的无比悲痛翻译柏拉图的《斐多》，投入全部心神而忘掉自己。她仔细研究原著多种版本的注释，按照自己翻译的惯例，一句句死盯着原文而力求通达流畅。她成功了，把这篇盛称语言生动如戏剧的对话，译成戏剧似的对话。

《斐多》出版后，杨先生私下说，她原来倒没想深究灵魂死不死，而更想弄清"绝对的公正""绝对的价值"究竟有没有？如今不是仍在讲"真、善、美"吗，是非好恶之别，是先天的，还是后天的呢？

杨先生思念女儿，又写了《我们仨》，在点点滴滴的往事回忆中，与锺书和圆圆又聚了聚，写到动情处，泪滴溅落纸上。

《走到人生边上》，则写得不那么顺当，有过周折，颇费心思。听杨先生说，此作起意于她九十四岁那年，立春之前，小病住院。躺在病床上，闲来无事，左思右想，要对几个朋友"人死烛灭""人死了就什么都没有了"的一致信念来个质疑。

没想到一质疑，便引发了许许多多问题。这些问题并非从未想过，有些还是经常想的，只是不求甚解，糊里糊涂留在心上。糊涂思想清理一番，已不容易，要一个个问题想通，就更难了。不料问题越想越多，好似黑夜走入布满乱石的深山僻径，磕绊跌撞，没处求教。自忖这回只好半途而废了，但是念头愈转愈有意味，只是像转螺丝钉，转得愈深愈吃力；放下不甘心，不放又年老精力不足。正像《堂吉诃德》里丢了官的桑丘，跌入泥坑，看见前面的光亮却走不过去，听到主人的呼喊又爬不起来。

杨先生说："我挣扎，这么想想，那么想想，思索了整整两年六个月，才把自以为想通的问题，像小姑娘穿珠子般穿成一串。我又添上十四篇长短不一的注释，写成了这本不在行的自说自话。"她为台湾出版此书的繁体字本写道："我这薄薄一本小书，是一连串的自问自答。不讲理论，不谈学问，只是和亲近的人说说心上话、家常话。我说的有理没理，是错是对，还请亲爱的读者批评指教。"

此前及其后，杨先生的《文集》《全集》先后面世。出版社营销部门的同志出于职业习惯，总想弄个研讨会什么的热闹热闹，或请杨先生上上电视、做客网站，吹吹自己。他们好心，却不清楚，这对不喜张扬的杨先生来说，几乎是不可思议的。

杨绛先生一生淡泊名利、躲避名利，晚年依旧。我印象较深的，就有三例：

中国社会科学院授予杨绛先生荣誉学部委员，她没去领受荣誉证书；讣告中也没让写上这一头衔。

2013 年 9 月，中国艺术研究院函告杨先生已入选为第二届中华文艺奖获奖候选人，请她修订组委会草拟的个人简历，并提供两张近照。杨先生的答复是："自揣没有资格。谢谢！"

2014 年 4 月，钱、杨二位先生曾就读的英国牛津大学艾克塞特学院（Exeter College）院长佛朗西斯·卡恩克劳斯（Frances Cairncross）女士来函称，在艾克塞特学院建立七百周年之际，该院以推选杰出校友为荣誉院士的方式纪念院庆，恭喜杨绛先生当选牛津大学艾克塞特学院荣誉院士，特此祝贺。

杨绛先生不使用电脑，便口授大意，要我代复电邮说：

尊敬的 Frances Cairncross 女士，

我很高兴收到您4月25日的来信

首先，我代表我已去世的丈夫钱锺书和我本人，对牛津大学艾克塞特学院建立七百周年表示热烈的祝贺。我很荣幸也很感谢艾克塞特学院授予我荣誉院士，但我只是曾在贵院上课的一名旁听生，对此殊荣，实不敢当，故我不能接受。

杨绛

佛朗西斯·卡恩克劳斯是牛津大学艾克塞特学院建立七百年来的首任女性院长，已任职十年。此次当选的荣誉院士只有两位，全系杰出女性。一位是西班牙王后，一位就是杨绛先生。佛朗西斯·卡恩克劳斯怎么也想不明白，别人求之不得的殊荣，杨绛竟然拒绝。她转而求助于我，要我帮助说服动员，一定将她5月4日的来信所言充分转达杨绛先生。

佛朗西斯·卡恩克劳斯院长生怕杨绛先生误解艾克塞特学院授予她荣誉院士，系因她是钱锺书先生的遗孀，因而再三解释：

1. 杨绛自身就是一位杰出的学者，艾克塞特学院知名校友众多，我们却从未考虑过授予其遗孀荣誉院士。杨绛的情况很特殊，事实上如果她接受这一荣誉，将有助于在欧洲弘扬她的学术成就。

2. 她对塞万提斯研究做过重要贡献，我院设有阿方索十三世西班牙语言和文学讲座，现任阿方索十三世讲座教授埃德温·威廉逊（Edwin Williamson）也是一位研究塞万提斯的学者，他本人对杨绛女士在此领域的研究也深感兴趣。

FROM THE RECTOR
FRANCES CAIRNCROSS

OXFORD OX1 3DP, UK
+44 (0) 1865 279605
rector@exeter.ox.ac.uk
www.exeter.ox.ac.uk

**EXETER
COLLEGE
OXFORD**

25 April 2014

Dear Yang Jiang,

Exeter College has the privilege of electing distinguished persons to Honorary Fellowships of the College. I am pleased to tell you that at its Governing Body yesterday, the Fellowship elected you *nem con* to just such an Honorary Fellowship in recognition of the extraordinary contribution that you have made to the field of literature and literary scholarship. We also hope that it will mark our admiration for the work of your husband, our alumnus Qian Zhongshu, in whose company I believe you visited our College in the mid-1930s.

You will be pleased to hear that there are no duties attached to an Honorary Fellowship, but it does bring some privileges. You are entitled to:

- Common Table (free lunch and dinner),
- Senior Common Room (SCR) membership, including the right to dine and to introduce guests at High Table,
- 'Lunching Rights' – the right to lunch in the Old Bursary, and
- To use an SCR guest room for yourself.

I realise that you may not be able to take much advantage of these privileges, but I hope you will do us the honour of accepting this token of our esteem and admiration.

Yours sincerely,

Frances Cairncross, CBE, FRSE

牛津大学艾克塞特学院院长写给杨绛的信

3. 目前我院还没有女性学者获此殊荣；作为牛津大学的首位女院长之一，我对此深表遗憾，这也是我热切希望她能接受此荣誉的原因之一。

我将佛朗西斯·卡恩克劳斯院长托付的话，详细转达杨先生，并将她的电邮打印送杨先生亲自阅看。然而杨先生再次辞谢，5月7日命我大致如此作答：

尊敬的 Frances Cairncross 院长：

您 5 月 4 日的来信，我已认真仔细拜读。您和您的同事们对我的褒扬和赞赏，您再次敦促我接受 Exeter 学院最高荣誉所抱的热切、真诚，我深感亲切，受到感动，甚至回想起 1935—1937 年我与钱锺书在 Exeter 学院、在 Bodleian Library 一起度过的那段美好时光。

然而，我仍不能不坦诚直告尊敬的阁下，我如今 103 岁，已走在人生边缘的边缘，读书自娱，心静如水，只求每天有一点点进步，过好每一天。荣誉、地位、特殊权利等等，对我来说，已是身外之物，所以很抱歉，虽然我非常感谢您们的深情厚谊，我仍不得不辞谢贵院授予我荣誉院士的荣誉，敬求您们原谅和理解。

致以最良好的祝愿！

杨绛

佛朗西斯·卡恩克劳斯院长此时大概已对杨绛先生的"倔"脾气有所领会，于是回复说："以我对您超众脱俗品格的了解，您具有尊严和思虑缜密的回信应在我的预料之中。未能将您延揽入我院授予的极少数的杰出女性荣誉院士中，我个人非常难过，但我尊重和接受您的

437

理由。感谢您为回应我们的请求，做如此认真的思考。"

　　杨绛先生心感佛朗西斯·卡恩克劳斯的理解和宽容，提出《钱锺书手稿集·外文笔记》出版后，将请商务印书馆代为寄赠牛津大学艾克塞特学院图书馆和佛朗西斯·卡恩克劳斯院长各一套，以表达对母校的栽培和对院长的感激之情。钱锺书这些涉及七国语言的笔记，正是他上世纪三十年代在艾克塞特学院求学时做起的，使用的还是艾克塞特学院的练习簿。

　　佛朗西斯·卡恩克劳斯要我转达杨先生，深表谢意。她写道：

　　　　您亲切友好的来信，对我前些日子的失望是一个莫大安
　　慰。杨绛提出赠与学院和我的美好礼物，让我深受感动。我
　　的同事请您代我们向她热情致谢。

　　杨绛先生历来低调，不爱出头露面；九十岁前已决心"蛰居泥中"，安安静静做自己的事。哪里想到 2013 年暮春，中贸圣佳国际拍卖公司拍卖钱锺书、杨绛书信手稿一案，不但把她从泥中揪了出来，还抛向风口浪尖，连日登上社会新闻的头条！

　　2013 年 5 月下旬，媒体连连曝光中贸圣佳拍卖公司将于 6 月 22 日，在北京举行钱锺书、杨绛、钱瑗书信及手稿等共计一百零一件作品专场拍卖会，包括六十六封钱锺书书信和《也是集》手稿，杨绛十二封信和《干校六记》手稿，六封钱瑗书信等。拍卖公司公告，这批手稿、信札定于 6 月 8 日在现代文学馆展出。公司已将这些拍品拍摄成数码照片，刻制光盘，广为散发、宣传。6 月 1 日在现代文学馆召开研讨会，进行预展。于是钱锺书先生的书信手迹满天飞。所谓的"钱学研究家"们，兴高采烈，为拍卖公司造势助阵，在媒体和网站，大肆披露宣扬钱杨私人书信内容。甚至有一位所谓的"旅美钱学家"

居然还根据拍卖方提供的光盘，对钱锺书先生的书信作了笺证。

个人隐私竟可拍卖，怎不令人吃惊！自然引起社会关注。

这次拍卖的，主要是二十世纪八九十年代，钱、杨与时任香港《广角镜》杂志总编辑李国强的通信。杨先生立即去电质问；李国强答非所问，以后干脆不回应。

2013 年 5 月 26 日，杨先生决定依法维权，发表公开声明："此事让我很受伤害，极为震惊。我不明白，完全是朋友之间的私人通信，本是最为私密的个人交往，怎么可以公开拍卖？个人隐私，人与人之间的信赖、多年的感情，都可以成为商品去交易吗？年逾百岁的我，思想上完全无法接受。"她希望有关人士和拍卖公司尊重法律，尊重他人的权利，立即停止侵权，不得举行有关研讨会和拍卖，否则她会亲自走向法庭，维护自己和家人的合法权利。她说"现代社会大讲法治，但法治不是口号，我希望有关部门切实履行职责，维护公民的'通信自由和通信秘密'这一基本人权。我作为普通公民，对公民良心、社会正义和国家法治，充满期待"。

杨先生的话感动了无数有良知的人。

真是得道者多助，声援源源而来。

清华大学和其他高校的民法、知识产权法及宪法领域的权威法律专家，对私人信件拍卖引发的法律问题进行了专题研讨。一致认为：未经作者同意，拍卖私人信件严重侵害了作者及他人的隐私权和著作权，违反了社会公序良俗，应依法禁止。

国家版权局有关负责同志表态认为："钱锺书私人书信将被拍卖的行为，可能涉及物权、著作权、隐私权、名誉权等多项权利。就著作权问题而言，书信作为文学作品，著作权属于作者，即写信人。拍卖活动的相关行为在对信件进行处理的时候，未经著作权人同意，不得对书信做著作权意义上的任何利用，否则涉嫌对著作权人合法权益的侵害。将书信的全部或部分内容公之于众，就可能涉嫌侵犯著作权人的发表权。"

中国拍卖行业协会也表示"深切理解并尊重杨绛先生的感受和反应。鉴于由此给杨绛先生带来的困扰，目前正积极协调有关人士，希望委托人能充分尊重杨绛先生的意愿"。他们还建议并督促有关拍卖企业积极融通各方，在法律的框架内，秉持杨绛先生一贯遵守的"对文化的信仰"和"对人生的信赖"精神，使问题尽早妥善解决。

2013年5月31日，因中贸圣佳拍卖公司即将举行研讨会、预展等活动，时间紧迫；杨先生的代理律师急去法院登记立案，申请诉前禁令。6月3日，北京第二中级人民法院发出诉前禁令裁定，责令被申请人中贸圣佳国际拍卖公司在拍卖、预展及宣传等活动中不得以公开发表、展览、复制、发行、信息网络传播等方式实施侵害钱锺书、杨绛夫妇及女儿钱瑗书信手稿著作权的行为。这是新民事诉讼法实施以来，该院发出的首例知识产权诉前禁令。

在此期间，还有另一插曲：2013年6月1日，杨先生读报始知，保利拍卖公司亦有三封钱锺书、杨绛信件将于6月3日上拍。6月2日，代理律师上午向保利公司发函请立即停止侵害。杨绛先生亦于下午发出紧急声明，严词反对保利在内的拍卖机构拍卖钱、杨书信，并表示绝不妥协，一定坚持维权到底！各媒体网站很快播发。当日18时许，保利拍卖公司在其官网上公告，钱锺书、杨绛三封信件撤拍。

2013年6月6日，中贸圣佳拍卖公司在法院发出禁令三天后，宣布停拍钱、杨书信手稿，然其侵权行为已造成伤害，诉讼继续。

由于法庭开庭审理此案在即，一百零二岁高龄的杨先生体弱不宜亲自出庭，10月26日拍摄录像，以备当庭播放。她在录像中，强烈表示对于这件事，在思想上完全无法接受，感情很受伤害。"我打这官司，不仅是为自己，也是为了大家，否则给别人的信都可以拿来拍卖，那以后谁还敢写信？社会上人与人之间的信任和承诺都没有了。两位被告做错了事，就应承担责任。"她委托律师代为诉讼，希望法庭依法判决，支持她的请求。

经过激烈的庭前辩论等许多程序，2014年2月17日，北京二中院一审宣判钱锺书书信手稿拍卖案。判定中贸圣佳国际拍卖有限公司停止侵害书信手稿著作权行为，赔偿杨绛十万元经济损失；中贸圣佳公司和李国强停止侵害隐私权行为，共同向杨绛支付十万元精神损害抚慰金，两被告向杨绛公开赔礼道歉。

中贸圣佳公司不服，向北京市高级人民法院上诉。

2014年4月10日，杨绛先生得知，北京市高级人民法院已就她诉中贸圣佳公司、李国强侵害著作权及隐私权案做出二审裁定，驳回中贸圣佳公司的上诉，维持一审原判。至此，持续几近一年的案件，终于告一段落。杨绛先生将所获赔偿金，全部捐赠母校清华大学法学院，用于普法讲座。2014年岁尾，此案被最高人民法院知识产权庭评为本年度的十大知识产权案之一。确像杨先生说的，她这回挺身维权，不仅是为自己，也是为了大家。

长时间的应对侵害，费心劳神，于杨先生的健康不无影响。她预感来日无多，更加紧对身后诸事的处理。

2014年9月，杨先生将家中所藏珍贵文物、字画，还有钱锺书先生密密麻麻批注的那本韦氏大字典，全部捐赠给了中国国家博物馆收藏。移交时，周晓红和我在场，杨先生指着起居室挂着的条幅字画，笑说："这几幅虽然已登记在捐赠清单上，先留这儿挂挂，等我去世以后再拿走，怎样？免得四壁空荡荡的，不习惯也不好看。"国博同志立答："当然，当然。全听您的。"

遗嘱已经公证。书籍、手稿等重要物品的归属，也都做了交代。所收受的贵重生日礼物，杨先生要我们在她身后归还送礼的人。其他许多物件，一一贴上她亲笔所书送还谁谁的小条。为保护自己及他人隐私，她亲手毁了写了多年的日记，毁了许多友人来信；仅只留下"实在舍不得下手"的极小部分。

杨先生后来也像父亲老圃先生早年给孩子们"放焰口"那样，分送各种旧物给至亲友好留念。有文房四宝、书籍、墨宝，也有小古玩器物等等。我得到的是一本纽约麦克米伦公司 1928 年版的 *THE GOLDEN TREASURY OF SONGS AND LYRICS*（《英诗荟萃》），杨先生在此书的最后一页写道："学昭妹 存览 绛姐赠。"我惊诧于杨先生的神奇：我从未跟她提及喜读中英旧诗，她竟对我与她有此同好，了然于心。我深知这本小书有多珍贵，它曾为全家的"最爱"，原已传给钱瑗，钱瑗去世后，杨先生一直把它放在枕边，夜不成寐时就打开来翻阅，思绪萦怀，伴她入梦。许多页面，留有她勾勾画画的痕迹。我得到的另一件珍贵赠物，是一沓杨先生抄录于风狂雨骤的丙午丁未年的唐诗宋词，都是些她最喜欢的诗词。第一页上赫然写着："文革时抄此，入厕所偷读。"我能想象这一页页用钢笔手抄的诗词，当年曾被她贴身带入劳改厕所，在清理打扫之余，"猴子坐钉"式地蹲坐便池挡板上，偷偷诵读，自娱自乐。这具有历史意义的文物，我怎敢领受？可是杨先生执意说："拿着，留个纪念！"

杨绛先生表面看似理性、清冷，其实她是很多情的。她一向把读者当成朋友，把理解她作品的读者视为知己。她存有许多对她作品反应的剪报。她拆阅每一封读者来信，重视他们的批评建议。她对中学语文教师对她作品的分析，发出会心的微笑。孩子们听说她跌跤，寄来膏药，让她贴贴。许多自称"铁粉"的孩子，是由教科书里的《老王》开始阅读杨绛作品的。有位小青年因为喜爱杨先生的作品，每年 2 月 14 日，都给她送来一大捧花；后来他出国留学去了，还托付他的同学好友代他继续送花，被杨先生称为她的"小情人"。前些年，她还常与读者通信。她鼓励失恋的小伙儿振作，告他：爱，可以重来。她劝说一个绝望的癌症患者切勿轻生，而要坚强面对，告诉他忧患孕育智慧，病痛也可磨炼人品。她给人汇款寄物，周济陷于困境的读者而不署名……

　　杨先生走后，我们在清理遗物时发现一大袋已经拆封的读者来信，多数来自大陆，也有"台粉""港粉"还有"洋粉"寄来的。杨先生在许多信封面上，批有"待复""当复"……最后可能都没有作复。这里，我想借此文之一角，向杨先生亲爱的读者朋友说声"对不起"。杨先生最终没能如你们所愿，和大家见个面、回封信，实在是因为她已太年老体弱，又忙，力不从心了。她感谢你们的关心、爱慕和呵护，给她孤寂的晚年带来温暖和快乐。在她内心深处，真的很爱你们！2011 年 7 月，杨先生百岁生日前夕，同意在《文汇报·笔会》上作"坐在人生边上"的答问，也正是想通过这样一种方式，说说自己的亲身经历、谈谈人生感悟，向亲爱的读者最后道别。

　　今年春节，杨先生是在医院度过的。旧历大年初一，我去协和探视，床前坐坐，聊聊家常。末了杨先生又交代几件后事。我心悲痛，不免戚戚；杨先生却幽幽地说，她走人，那是回家。要我"别太难过，说不定以后我们还能在天上再聚聚呐"。

　　2016 年 5 月 27 日上午 9 时许，我去八宝山送杨先生回家。当电化炉门"咔嚓"一声关闭，杨绛先生浴火重生之际，我脑海中突然冒出杨先生上述那话。我知道，杨先生不信上帝，也不信佛，她之所以有时祈求上苍，不过是万般无奈中寻求慰藉，也安慰他人。她仿佛相信，冥冥之中，人在做，天在看。然而不论如何，我宁愿相信灵魂不死，但愿有朝一日，还能与这位可爱的老人在天上再聚聚。

2016 年 7 月 30 日午夜